普通高等院校经济管理类"十三五"应用型规划教材
物流系列

电子商务物流

刘常宝 主编

机械工业出版社
China Machine Press

图书在版编目（CIP）数据

电子商务物流 / 刘常宝主编. —北京：机械工业出版社，2018.8（2022.6重印）
（普通高等院校经济管理类"十三五"应用型规划教材·物流系列）

ISBN 978-7-111-60671-0

I. 电… II. 刘… III. 电子商务 - 物流管理 - 高等学校 - 教材　IV. F713.365.1

中国版本图书馆 CIP 数据核字（2018）第 179318 号

　　本书以全新的知识架构，系统介绍了现代电子商务物流原理以及基本模式、扩展模式和创新模式，内容涵盖了电子商务物流的先进理念、商业模式和电子商务物流的基本运作流程以及电子商务政策法规等方面。本书内容新颖、条理清晰、体系科学，用创新整合思想贯穿始终，既注重电子商务与物流的各自行业特性，又着力从行业发展现状上诠释两者相互融合的机理和衍生出的全新模式。同时通过最新行业案例与商业模式，引导学生从行业融合与契合的角度理解电子商务物流的各种创新模式。从点、线、面、体的逻辑推演过程，分析电子商务物流全新模式的创新历程。最后，章末设置的知识、素质、能力三个方面的演练模块，帮助学生提高综合分析能力、预测能力和解决问题的能力。

　　本书既可作为高等院校电子商务、物流管理、市场营销、工商管理等专业的本专科生的教材，也可作为企业营销人员、管理者、经理人、研究人员、营销咨询培训师的培训教材和指导工具书。

出版发行：机械工业出版社（北京市西城区百万庄大街22号　邮政编码：100037）
责任编辑：鲜梦思　　　　　　　　　　　　责任校对：殷　虹
印　　刷：北京捷迅佳彩印刷有限公司　　　版　　次：2022年6月第1版第5次印刷
开　　本：185mm×260mm　1/16　　　　　印　　张：18.25
书　　号：ISBN 978-7-111-60671-0　　　　定　　价：40.00元

凡购本书，如有缺页、倒页、脱页，由本社发行部调换
客服热线：（010）88379210　88361066　　　　投稿热线：（010）88379007
购书热线：（010）68326294　88379649　68995259　　读者信箱：hzjg@hzbook.com

版权所有·侵权必究
封底无防伪标均为盗版

Preface 前言

目前,电子商务物流作为行业融合的产物,在互联网经济的背景下,正发挥其巨大的经济价值,其增值性和创新性几乎颠覆了传统物流行业的运作模式,其盈利方式和商业模式也日益受到行业的追捧。未来,单纯的电子商务人才和物流管理人才也将被电子商务物流融合性复合型人才所取代。故在设计体系构架时,本书不再将电子商务与物流分割为两个不同性质的功能模块,而是相互融合,甚至契合在一起。课程教学也要防止将两者割裂开来或进行加法形式的结合,而应使它们无缝对接,整合为一门系统完整的课程,从而对接当下电子商务物流企业的业务需要,使高校的专业建设与企业行业发展相契合。

本书将以往基于"电子商务背景下的物流管理"的编写思路,转为使用更加适合当下行业创新实际的融合性、系统性思想来处理两者的关系,以"基于互联网背景下的电子商务物流模式创新"为编写本书的指导思想,用行业电子商务物流的成熟商业模式作为黏合剂,紧紧地将电子商务与物流管理契合在一起,并将这个编写思想贯穿全书,让教师将电子商务与物流两个课程体系整合为一个有机整体,为学生今后在相关融合性就业与创业中拓宽知识和技能创造条件。在本书的编写过程中,编者始终站在行业发展的前沿,用最新的理念、行业成果、完善成熟的经典理论以及创新拓展的商业模式来丰富课程知识体系。在此基础上,本书还适应互联网经济的新变化,拓展了知识领域,引进大数据理论与技术方法,使课程知识服务于行业发展,同时培养大学生的创新意识与创新能力。

本书体现出如下特点。

(1)理论框架体系的逻辑性与创新性的统一。本书使用总分式体系设计的逻辑方式,实现对行业各种电商创新模式的解析,帮助学生全面系统地理解电子商务物流模式的演变过程。

(2)理论分析与商业模式的统一。在传统电子商务物流理论的基础上,诠释新电子商务物流商业模式的运作机制与商业价值,帮助学生了解现代商业模式的理论渊源。

(3)课程知识与行业现状的统一。本书通过专业知识的系统剖析,以及行业最新案例的导入,帮助学生实现学业与职业的无缝对接,完成学生向职业人的转变。

(4)经典理论与前瞻趋势的统一。本书将行业卓越优秀的电子商务物流企业的前瞻性商业模式与传统经典理论框架有机结合,使学生在学习中实现现实感与未来感的契合,从而提高学生的综合分析能力和预测能力。

全书分为11章，第1章为电子商务物流概述，阐述传统电子商务与物流的含义、特征以及融合之后新概念的本质、特点与类型及对行业发展的意义；第2章为电子商务物流体系，从电子商务基本商业基础模式推演出四种基本的体系模块和新的顶层设计。第3～6章是电子商务物流的基本业务运营分析，以当下的全新商业模式和组织模式为研究基点，以创新务实为脉络和主线；第7～10章以电子商务物流模式的前瞻性创新理念为引导，对正在实现未来行业趋势的创新模式与创新理念进行系统务实的分析；第11章介绍自2013年以来我国政府出台的与电子商务物流相关的政策法规，并对政策法规做了科学的解读。考虑到有一部分商业模式正处在创新阶段，诸多理论与体系尚未被推广，故此，在诠释中给学生留有一定的思考和完善的空间，以适应学生运用互联网思维和创新思维来对接未来岗位的实际需要，这也符合应用型高校人才培养的目标。

参加本书编写的作者均是多年从事电子商务、物流管理、市场营销等专业教学的一线教师，他们既有丰富的电子商务专业、物流管理专业的教学经验，又有一定的前瞻性和对创新性知识的驾驭能力。

本书主编刘常宝负责对全书进行构思、统稿、总撰、修改、定稿。在编写过程中，编者参阅了大量相关行业报告、政府法规、专业教材、专著和网络资料，并援引当前相关互联网与信息技术知识、电子商务与物流的法律知识、电子商务物流行业运营问题研究资料，在此特别说明，并对相关作者表示感谢！

本书涉猎知识范围广，体系模型新，理论探究前沿，行业研究落地，编写难度较大，基于此，书中难免有不妥之处，敬请广大读者不吝赐教。

刘常宝

2018年5月

Suggestion · 教学建议

在教学中,本课程应将课程置于互联网技术和信息技术广泛运用与不断发展的背景之下,关注电子商务与物流相整合、融合到契合的过程,通过行业最新案例,把握从传统电子商务与物流的理论构架建构到电子商务与物流融合的基础模式再到升级的创新模式和扩展模式三个环节上的层层演进逻辑。明确以信息平台构建为行业发展基础的共享经济对融合的客观需求,利用行业成熟的案例和权威的理论,对电子商务物流管理知识进行科学系统的传授,把电子商务与物流两者融合的思想贯穿教学活动的始终。教学中力求案例选取新、准、精,研究角度新颖、板书体例条理清晰、商业盈利与盈利模式具有很强的创新性和实战性。学生通过对本课程的学习,要求能够理解电子商务物流融合与创新的现实意义,并能够在互联网及信息技术的背景下,掌握相关企业实施融合创新的过程与规律,总结活动的基本模型、流程与核心点。建议教学课时为 48 课时。

学时分配表

章号	内容	建议课时
第 1 章	电子商务物流概述	4
第 2 章	电子商务物流体系	6
第 3 章	电子商务采购	4
第 4 章	电子商务物流配送	4
第 5 章	电子商务物流运输	4
第 6 章	电子商务仓储物流	4
第 7 章	电子商务物流的基本模式	6
第 8 章	电子商务物流的扩展模式	4
第 9 章	电子商务物流的创新模式	4
第 10 章	电子商务物流的理念创新	4
第 11 章	电子商务物流政策法规	4
总计		48

前言
教学建议

第1章 电子商务物流概述 1
- 学习目标 1
- 导引案例 1
- 1.1 电子商务物流的概念 2
- 1.2 电子商务与物流管理的关系 7
- 1.3 电子商务物流的本质 9
- 1.4 电子商务环境下物流业发展的趋势 13
- 1.5 我国电子商务物流发展战略 14
- 本章小结 21
- 复习思考题 21
- 课内实训 21
- 课外实训 21
- 案例分析 21

第2章 电子商务物流体系 23
- 学习目标 23
- 导引案例 23
- 2.1 电子商务物流的体系设计 24
- 2.2 电子商务物流的 ERP 系统 31
- 2.3 电子商务物流的 SCM 体系 36
- 2.4 电子商务物流的 CRM 体系 41
- 2.5 电子商务物流 SRM 体系 44
- 本章小结 47

复习思考题	48
课内实训	48
课外实训	48
案例分析 1	48
案例分析 2	49

第 3 章　电子商务采购　50

学习目标	50
导引案例	50
3.1　电子商务采购概述	51
3.2　电子商务采购模式的分析	55
3.3　电子商务采购的主要程序与步骤	59
3.4　跨境电子商务采购模式	62
3.5　大数据采购新优势	66
本章小结	69
复习思考题	69
课内实训	69
课外实训	69
案例分析 1	70
案例分析 2	71

第 4 章　电子商务物流配送　72

学习目标	72
导引案例	72
4.1　电子商务物流配送概述	73
4.2　电子商务物流配送优势与功能	77
4.3　电子商务的物流配送模式	80
4.4　电子商务物流配送流程优化	84
4.5　电子商务物流配送技术	87
4.6　电子商务物流配送现状与改进	90
本章小结	93
复习思考题	93
课内实训	94
课外实训	94
案例分析 1	94

| 案例分析 2 | 95 |

第 5 章　电子商务物流运输　97

学习目标	97
导引案例	97
5.1 电子商务运输概述	98
5.2 物流运输节点	102
5.3 信息技术及政策对运输的影响	108
5.4 国际货物运输	115
5.5 网上运输	117
本章小结	122
复习思考题	122
课内实训	122
课外实训	122
案例分析 1	122
案例分析 2	123

第 6 章　电子商务仓储物流　125

学习目标	125
导引案例	125
6.1 电子商务仓储概述	126
6.2 电子商务仓储物流的主要模式	130
6.3 电子商务仓储物流规划	134
6.4 我国仓储信息化运作模式	139
6.5 电子商务仓储物流运作中的问题与对策	146
本章小结	150
复习思考题	151
课内实训	151
课外实训	151
案例分析 1	151
案例分析 2	152
案例分析 3	153

第 7 章　电子商务物流的基本模式　155

| 学习目标 | 155 |

| 导引案例 | 155 |

7.1 电子商务物流 B2B 模式　156
7.2 电子商务物流 B2C 模式　165
7.3 电子商务物流 C2C 模式　168
7.4 电子商务物流 O2O 模式　170

本章小结	178
复习思考题	179
课内实训	179
课外实训	179
案例分析	179

第 8 章　电子商务物流的扩展模式　181

| 学习目标 | 181 |
| 导引案例 | 181 |

8.1 电子商务协同物流　182
8.2 电子商务物流联盟　190
8.3 电子商务物流一体化　193
8.4 第四方物流　199
8.5 第五方物流　202

本章小结	206
复习思考题	207
课内实训	207
课外实训	207
案例分析	207

第 9 章　电子商务物流的创新模式　209

| 学习目标 | 209 |
| 导引案例 | 209 |

9.1 电子商务虚拟物流　210
9.2 电子商务金融物流　218
9.3 电子商务物流地产　225
9.4 电子商务智慧物流　230

本章小结	237
复习思考题	238
课内实训	238

| 课外实训 | 238 |
| 案例分析 | 239 |

第 10 章　电子商务物流的理念创新　240

学习目标	240
导引案例	240
10.1　电子商务物流 BPR	241
10.2　电子商务精益物流	246
10.3　电子商务冷链物流	249
10.4　电子商务无车承运物流	254
本章小结	261
复习思考题	261
课内实训	262
课外实训	262
案例分析	262

第 11 章　电子商务物流政策法规　264

学习目标	264
导引案例	264
11.1　电子商务物流政策法规制定的背景	266
11.2　电子商务物流法规体系建设现状与重点	270
11.3　我国电子商务物流法律法规体系框架	273
11.4　跨境电子商务法律规范体系	276
本章小结	279
复习思考题	279
课内实训	279
课外实训	279
案例分析	279

参考文献　282

Chapter 1 第1章

电子商务物流概述

学习目标

1. 熟悉电子商务物流发展的历史和趋势，了解电子商务物流的概念及特点。
2. 熟悉电子商务物流的本质及行业发展状况，掌握"互联网+"背景下电子商务物流的表现形式及业务特征。
3. 了解电子商务物流基本理论产生的基础及其在经济活动中的价值，熟悉电子商务物流的基本运作模式，了解有关国家实施电子商务物流融合发展的战略思路。

导引案例

电子商务物流野心之阿里巴巴的智能物流规划

电商的野心有多大，在物流上的投入就有多大。国内最大的两家电商——阿里巴巴（简称阿里）和京东，为了进一步扩大自己的投递领域，不约而同地将物流的比拼押注在了新式"武器"上——阿里推出了自己的智能车。

菜鸟"ACE"计划启动。阿里的物流部门菜鸟网络称，将投入100万辆智能物流车来加强人工智能在其快递网络中的应用。2017年5月22日，在杭州举行的2017全球智慧物流峰会上，菜鸟网络发布了一项代号为"ACE"的未来绿色智慧物流汽车计划。

根据菜鸟网络的说法，作为试点项目的一部分，这款新型智能车已经在深圳和成都推出。该公司估计，在未来十年，该智能车的全面推广，每年能够为整个物流行业节省100亿元。

菜鸟网络之所以积极推动其智能物流计划，是因为国内的"消费升级"要求整个物流行业充分优化效率。

2016年，中国包裹的投递总量增长到313亿次。马云在会上表示，在接下来的5～8年，中国的包裹可能会激增至每天10亿次投递。中国物流需要进一步投资人才和技术，以应对每天增长的快递业务。

"这将给每个物流公司带来挑战，而解决这一挑战的唯一办法是投资前沿科技，培养年轻的人才。"马云说道。

菜鸟网络自称管理着世界上最大的零售消费数据库。根据阿里巴巴截至2017年3月31日的年报显示，在阿里巴巴旗下网站销售的所有商品中，有81%的包裹是通过菜鸟网络发出的，这一数字高于上一财年的60%。为了进一步提高快递的时效性，菜鸟网络已经牵头发起了菜鸟联盟。截至2017年5月，全国已经有超过1 000个区县的消费者可以享受到菜鸟联盟的当日达和次日达服务。

此外，在人工智能领域，菜鸟网络2017财年相继在广州、嘉兴等地启用了全自动化的智能仓库。这一形式上的创新和转变，对于物流行业来说既是一个转变和改革，也是对其他物流的一个深度打击。

资料来源：http://business.sohu.com/20170523/n494165323.shtml.

1.1 电子商务物流的概念

1.1.1 电子商务物流概念的基本内涵

进入21世纪，互联网渗透到商业活动的始终，网络购物不仅改变了人们的消费习惯，还方便了人们的生活，人们足不出户就可以买到自己需要的商品。但是，人们在购物过程中也遇到了诸多问题，如发货不及时、运费过高、物流服务不到位等。这说明传统物流业务活动已经滞后于电子商务的发展，电子商务物流（简称电商物流）尚不能完全满足人们对物流服务的要求。同时我们看到，电子商务的快速发展也为物流业的发展带来了机遇，但挑战也伴随其中。

从应用层面上看，电子商务物流是一整套的电子物流解决方案，也就是企业资源计划（Enterprise Resource Planning，ERP）系统，而电子商务物流行业的运作及相关操作，仍需借助设备和人力，所以我们认为电子商务物流运作的起点依旧是传统物流。配送活动是物流的浓缩，目前国内的各种物流配送虽然超越了简单的送货上门阶段，但在层次上，以配送为例大多数仍是传统意义上的物流配送，因此，从物流系统的配送来看，电子商务物流急需在传统物流配送的基础上实现系统化、信息化、现代化、社会化，需要转换为新型物流系统，使得传统物流功能与现代电子商务手段更紧密地契合。

1. 电子商务物流的内涵

电子商务物流产生的渊源在于电子商务技术的不断渗透和推进。美国经济学家、麻省理工学院的托马斯·马龙教授最早提出电子商务概念，他把电子商务分为狭义的电子商务和广义的电子商务。前者指的是在运用电子化的买卖过程中，卖方找到潜在客户并了解其需求，而买方找到潜在卖主并了解其产品的销售条件等。后者指的是在商业活动中所有方面都得到了信息技术的支持,这些活动不仅包括买和卖,还有设计、制造和管理等。显然,这里强调的是电子商务的信息技术和经济运行环境,其中已经涉及物流管理的元素,因此可以说,最初的电子商务系统中已经涉及物流管理内容。

电子商务是指人们利用电子手段进行以商品交换为中心的各种商务活动。物流则是供应链活动的一部分,是为了满足客户需要而对商品、服务以及相关信息从产地到消费地的高效、低成本流动和储存进行的规划、实施与控制的过程。电子商务物流正是与电子商务这一新兴商务模式相配套的物流,是实现商品从生产者到消费者转移的重要保障。

所以,电子商务物流是融合了电子商务和物流,在传统物流概念的基础上,结合电子商务中商流、信息流、资金流的特点而提出的,是电子商务环境下物流新的表现方式。因此,电子商务物流的内涵可以表述为"基于商流、信息流、资金流网络化的物资或服务的物流配送活动,包括软体商品(或服务)的网络传送和实体商品(或服务)的物理传送"。

2016年3月23日,商务部等六部门发布了《全国电子商务物流发展专项规划(2016—2020年)》明确指出:"电子商务物流是主要服务于电子商务的各类物流活动,具有时效性强、服务空间广、供应链条长等特点。"这是国内首次对电子商务物流概念进行权威界定,这个定义视野开阔,对电子商务物流特点的总结也相对科学准确。

2. 电子商务物流的特点

电子商务时代的来临,给物流带来了新变化,也使电子商务物流具备了区别于以往传统物流的一系列新特点(见图1-1)。

(1)物流信息化。信息的传递、信息的商品化和整个作业流程的信息化,是电子商务物流必须具备的基本特征。物流信息化表现为物流信息的商品化、物流信息的代码化和数据库化、物流信息处理的电子化和计算机化、物流信息传递的实时化和标准化等。电子商务物流的信息化是先进技术设备应用于物流领

图1-1 电子商务物流的特点

域的基本前提。电子商务时代,物流信息化是电子商务发展的必然要求。因此,条码技术(Bar Code)、数据库(Database)技术、电子订货系统(Electronic Ordering System,EOS)、电子数据交换(Electronic Data Interchange,EDI)、快速反应(Quick Response,QR)及有效的客户反映(Effective Customer Response,ECR)、企业资源计划等技术与观念在电子商务物流中将会得到普遍应用。信息化是电子商务物流的基础,没有物流的信息化,任何先进的技术设备都不可能应用于物流领域,信息技术及计算机技术在物流中的应用将会彻底改变传统物流的面貌。

（2）物流网络化。物流领域网络化的基础是信息化，网络化是电子商务物流活动的主要特征之一。这里的网络化有两层含义：一是物流配送系统的计算机通信网络，包括物流配送中心与供应商或制造商的联系要通过计算机网络，另外与下游顾客之间的联系也要通过计算机网络通信，比如物流配送中心向供应商提供订单的过程，就可以使用计算机通信方式，借助于增值网（Value Added Network，VAN）上的电子订货系统和电子数据交换来自动实现，物流配送中心通过计算机网络收集下游客户的订货过程也可以自动完成；二是组织的网络化，即所谓的企业内部网（Intranet），企业内部网通常建立在一个企业或组织的内部并为其成员提供信息共享和交流等服务，如万维网、文件传输、电子邮件等。

（3）操作自动化。互联网、信息技术、物联网三大技术是电子商务物流发展的基础，也是物流进入智能化和智慧化的前提。由于视频识别、标签、编码技术的广泛应用，因此使得操作自动化成为一种可能，通过操作的自动化能够提升物流系统效率，从而更好地满足大规模电子商务物流的需求。电子商务物流的自动化能够增强物流的作业能力，减少物流作业中出现的差错，提高生产效率等。物流自动化的设施非常多，如条码/语音/射频自动识别系统、自动分拣系统、自动存取系统、自动导向车、货物自动跟踪系统等，目前这些技术正逐步被运用在物流作业流程中，图1-2是电子商务物流自动化流程示意图。

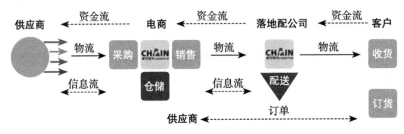

图1-2 电子商务物流自动化流程

（4）服务人性化。电子商务营销活动具有件量小、频次高、退换货比较频繁的特性，面向一个个具体的个体买家，体验式、场景化，需要商家根据不断出现的服务需求去完善服务机制和模式，提供更加人性化的服务，满足不断升级的消费需求。人性化与柔性化的电子商务物流就是为了适应生产、流通和消费的需求而发展起来的一种新型物流模式。它要求物流系统根据消费者"多品种、多批次、小批量、短周期"的需求特点，灵活组织和实施物流作业。特别是物流集散中心已成为城市功能的有机组成部分，选址为市区边缘和交通枢纽的物流中心，通过电子商务信息平台实现物流人性化服务的特征。

（5）时效精准化。时效精准化就是按照合同的约定和委托方的要求，按时去完成物流服务，时效精准。在未来的电子商务环境下，物流管理以时间为基础，货物流转更快，制造业逐步实现"零库存"，仓库又为第三方物流企业所经营，这些都决定了"保管仓库"进一步减少，而"流通仓库"将发展成为配送中心，以保证物流时效的精准化。

（6）增值服务多样化。在电商物流服务过程中，除了基本服务外，电商物流还能够提供多样的增值服务。主要的增值服务包括以下几个方面：拓宽价值链，使得行业更具有竞争力；运输路径的选择与规划，帮助企业完成物流作业中大量的决策和运筹；提供高层次的决策支持，尤其是对库存水平的确定、物流配送中心经营管理的问题；提供智能化技术支持，智能化是增值服务的基础，比如协助企业使用计算机通信方式，借助增值网上的电子订货系统和电子数据交换，实现物流配送中心与供应商订单自动交换，提高企业的物流现代化水平。

（7）物流透明化。由于信息技术、互联网技术、物联网技术的使用，因此不同的利益主体能够跟踪整个物流活动的全过程，这使整个物流过程更加透明化。物流客户可以通过电子商务信息平台随时了解对方物流服务的情况，保证全面掌控服务过程。

1.1.2 电子商务物流的主要模式

电子商务行业竞争的白热化，促使物流打破电子商务中的瓶颈环节，用科学的电子商务物流运作打造企业新的核心竞争力。商业模式为盈利模式服务，从资产结构和价值实现方面可以将电子商务物流分为以下几种模式。

1. 轻公司轻资产模式

轻公司，国内最早的代表企业是 PPG。这种模式是指电子商务企业（简称电商企业）做自己最擅长的（如信息平台、大数据），而把其他业务（如生产、物流）都外包给第三方专业企业去做，最终把公司资产规模做小，把客户群体做大。

电子商务物流中的轻公司轻资产模式，着重于管理好业务数据，提高物流信息的价值，租赁物流中心的资源，并把配送环节全部外包。这是早期电子商务企业的传统运作模式，这种模式可以使电子商务企业真正实现"归核化"和"服务外包"。

轻公司轻资产模式，减轻了电子商务企业在物流体系建设方面的资金压力，但对与其合作的第三方依赖度很高，如果第三方的服务出现问题，势必牵连电商企业。据有关统计数据显示，第三方物流的投诉率是电商企业自建物流的12倍。显然，这种运作合作模式需要具备较高的合作风险管控能力。

2. 垂直一体化模式

垂直一体化，也被称为纵向一体化，即从物流配送中心到运输、仓储、包装等活动，全部由电商企业整体建设完成，这是完全不同于轻公司轻资产模式的物流模式，它将大量的资金用于物流管理队伍、运输车队、仓储体系建设，典型的企业有京东物流、苏宁易购等。

垂直一体化模式，改变了传统电子商务企业过于注重平台运营而轻视物流功能的状况，将较多的资金和精力转投物流体系建设，通过增加物流企业固定资产获取的优势提高在电子商务业务上的核心竞争力。

3. 半外包模式

相对于垂直一体化模式的电子商务物流资本投入过于复杂和庞大，半外包模式是比较经济且相对可控的模式，它也被称为半一体化模式，即电商企业自建物流中心和掌控核心区域物流队伍，而将非核心区物流业务进行外包。

这种半外包模式，仍然需要电商企业投入大量资金进行物流体系建设。垂直一体化模式或半外包模式，绝大多数都是由电商企业将业务扩展到了物流业领域所致，这种跨界经营无论是被动扩张还是主动扩张，其目的都是提升电子商务的物流服务水平。但是，需要电商企业投入较多的资金和精力，并且需要电商企业具备较大的物流管理经验，因为在运作中存在较高的经营风险。

4. 云物流模式

该模式借助云计算、云制造等信息技术概念，云物流模式就是指充分利用分散、不均的物流资源，通过某种商业体系、标准和平台进行资源整合，使社会资源为企业所用，节约企业自身资源，相关概念还有云快递、云仓储。

从理论上讲，云物流实现了"三化"。一是社会化，如快递公司、派送点、代送点等成千上万的终端都可以成为企业整合的资源，菜鸟驿站模式就是典型的云物流模式，将"四通一达"的物流资源进行整合。二是集约化，众多社会资源集中共享一个云物流平台，实现规模效应，如菜鸟驿站模式。三是标准化，通过搭建统一的管理平台，改变物流行业经营的散、乱局面，实现各个环节的规范服务。

云物流模式利用订单聚合的能力来推动物流体系的整合，包括信息整合、能力整合。目前，大多数云物流只是提供了一个信息交换的平台，解决了供给能力的调配问题，但不能从根本上改变行业配送能力的整合问题、服务质量问题、物流成本及物流效率的控制问题（见图1-3）。如何整合和管理好云资源，这也是云计算、云制造面临的共同问题。

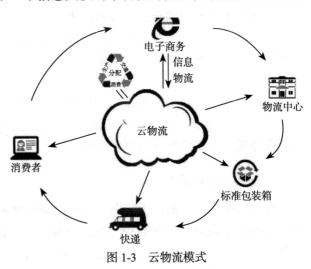

图1-3 云物流模式

在电子商务时代，物流发展到集约化阶段，一体化的物流配送中心的功能就不是单一地提供仓储和运输服务，还必须开展配货、配送和各种提高附加值的流通加工服务项目，也可按客户的需要提供其他服务。现代供应链管理，即通过从供应者到消费者供应链的综合运作，使物流达到最优化。企业应该追求全面、系统的综合效果，而不能坚持单一、孤立的片面观点。

5. 增值物流模式

互联网时代，供应链不再仅仅是作为一种战略观念存在，而且还是一种可视化的产品，并且是可增值的产品。物流供应链构建的目的不仅是降低整体成本，更重要的是提供用户期望以外的增值服务，以产生和保持行业竞争优势。从某种意义上讲，供应链是物流系统功能的充分延伸，是产品与信息从原料到最终消费者之间的增值服务。

在经营形式上，增值物流模式构建的是契约型关系（见图 1-4）。这种电子商务物流中心与公用物流中心不同，它是通过签订合同，定向为一家或数家企业（客户）提供长期服务，而不是为所有客户提供服务。这种物流中心可以由公用物流中心来进行管理，也可以自行管理，但主要是提供物流服务；也有可能所有权属于生产厂家，交由专业的物流公司进行管理。

目前，供应链系统物流完全适应了流通业经营理念的全面更新，从而缩短将以往商品经由制造、批发、仓储、零售各环节间的多层复杂途径，最终到达消费者的整个供应链长度，实现由制造商经配送中心直接送达各零售点甚至客户。供应链增值物流使未来的产业分工更加精细，产销分工日趋专业化，大大提高了社会的整体生产力和经济效益。

图 1-4 增值物流模式

1.2 电子商务与物流管理的关系

现代物流管理与电子商务之间既有区别又有内在联系，电子商务的发展为物流企业管理组织进行整合提供技术支持。现代物流业如果把电子商务互联网思维作为未来主导的战略思想，就此形成虚拟或联合企业，就能实现优势互补，形成共享经济模式。上下游电子商务物流企业如果建立垂直一体化的网络组织，就会充分利用知识和信息共享来协调相互利益关系，实现业务流程再造及组织架构重建。

1.2.1 物流是电子商务的重要组成部分

电子商务的本质是商务，在其营销系统、支付系统、物流系统三大子系统中，商务的核心内容是商品的交易，而商品的交易会涉及四个方面：商品所有权的转移、货币的支付、有关信息的获取与应用、商品本身的转交，即商流、资金流、信息流、物流。在电子商务环境下，这四个方面都与传统情况有所不同。商流、资金流与信息流这三种流的处理都可以通过计算机和网络通信设备实现。物流系统作为三大子系统最为特殊的一种，人们应当改变以往对物流在电子商务中地位的认识，将物流活动置于电子商务环境下，重新界定电子商务物流的功能价值。当前，线下大多数商品和服务，仍然可以使用传统的物流运作渠道和模式，随着电子商务的进一步推广与应用，传统物流模式将会被电子商务物流所取代，物流能力滞后于电子商务能力的情况将会改观，新模式物流的重要性以及对电子商务活动的影响正被越来越多的人注意。

1.2.2 物流是实现电子商务的价值基础

物流作为电子商务的重要组成部分,是实现电子商务价值的重要保证。离开了现代物流,电子商务过程就不完善了。

1. 物流服务于商流

在商业活动中,商品所有权在购销合同签订的同时便由供方转移到了需方,而商品实体并没有因此到达需方。在电子商务条件下,顾客通过网络购物,完成了商品所有权的交割过程之后,电子商务活动并未就此结束,只有商品和服务真正到达顾客手中,商务活动才终结。所以,在整个电子商务活动中,物流实际上是以商流的后续者和服务者姿态出现的。没有现代化的物流,商务活动的价值就无从体现。

2. 物流是实现以"顾客为中心"理念的根本保证

电子商务的出现,可以最大程度地方便最终消费者。消费者不必到拥挤的商业街挑选自己所需的商品,只需坐在家里上网浏览、挑选,就可以完成购物活动。但是如果消费者所购商品迟迟不能到货,或商家送的货非自己所购,那么消费者的网购欲望和行为必然就会大大减少。物流是电子商务实现以顾客为中心理念的最终保证,缺少现代化物流技术与管理,电子商务给消费者带来的便捷等于零,消费者或许会转向他们认为更为可靠的传统购物方式。

1.2.3 电子商务对物流的影响

电子商务对物流的基本影响与作用体现在以下两个方面。一是电子商务交易方式对物流的影响。有形商品的网上商务活动是电子商务的一个重要构成方面,如何在通过网络完成交易后,保证交易的对象——物品在消费者所需时间内到达消费者所期望到达的目的地,及时实现5S物流配送目标,不仅是电子商务的需要,而且是物流的基本职能。二是电子商务技术对物流所产生的影响。电子商务不仅是一种新的交易方式,同时也是一种新工具和新技术的应用;对于物流而言,作为一种经济活动,电子商务也需要新工具、新技术来支持其创新与发展,以提高物流的效率,降低物流的成本,获得更高的利益。归纳起来,其中主要影响表现在以下方面。

1. 电子商务将改变人们传统的物流概念

电子商务为物流创造了一个虚拟的运动空间。在电子商务环境下,人们在进行物流活动时,物流的各种价值及功能可以通过虚拟化的方式表现出来,人们可以通过各种组合方式寻求物流的合理化,使商品在实际的运动过程中达到高效率、低费用、短距离、短时间的目的,并实现物流在网络上的实时被监控。在电子商务环境下,物流的运作是以信息流为中心的,信息不仅决定了物流的运动方向,而且也决定了物流的动作方式。在实际动作过程中,通过网络上信息流的传递,人们可以有效实地对物流进行实时控制,从而实现物流功能实现的合理化、及时化,电子商务发展也会对企业的经营管理提出更高的要求。

2. 电子商务将改变物流的运作方式

电子商务使传统物流企业发生了转型、升级，使物流环节逐步减少。在电子商务交易的过程中，伴随着物流、信息流与资金流的发生，物流必须通过商品实际的空间位移才能实现，其他三种流都可以通过网络来实现。在互联网上，借助电子商务模式，客户可以直接在网上面对销售商并获得个性化服务，所以传统的物流渠道必须进行企业组织重组，消除不必要的流通环节，增加适合网络经济要求的物流运行组织。

3. 电子商务将改变物流企业的运营形态

电子商务的发展极大地拓展了物流的服务。在电子商务环境下，由于网店、网上银行的出现，商务处理也进行了信息化处理，整个市场只有物流处理还是实物化工作。物流企业成了代表所有生产企业及供应商向用户进行供应的唯一最集中、最广泛的供应者，因此电子商务的发展对物流业的发展产生了巨大的内推动力。在电子商务环境下，各种网上销售的商品琳琅满目，而且品种不断增多，需求的多样化、少量化、多频次对物流功能提出了更高的要求。在物流功能实现过程中，时效要求更加及时，服务更加周到，价格更加合理。电子商务环境下的企业竞争将进一步加剧，电子商务技术的运用必将使企业不断降低成本，提高服务水平。

总之，电子商务要求物流以整个社会的宏观视角来进行自身系统的组织和管理，以打破传统物流分散、无序的状态。这就要求企业在组织物流的过程中，不仅要考虑本企业的物流组织和管理，而且更重要的是要考虑全社会的整体系统（见图1-5）。物流企业联合起来形成一个协同竞争的状态，实现物流的高效化、合理化和系统化，是未来电子商务物流的发展趋势。

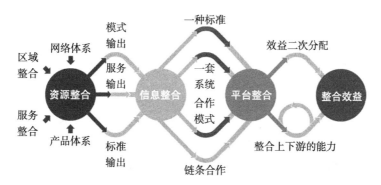

图1-5 电子商务与物流业务整合流程

1.3 电子商务物流的本质

对电子商务物流本质的探究，其目的就是发现电子商务物流存在的原因与发展的动因所在，同时也是电子商务物流的发展模式与方向确定的基点。随着我国电子商务模式的全面推进，尤其是网络购物的爆发式增长，大大促进了电子商务物流服务业的蓬勃发展，尤其是电子商务企业纷纷自建物流。目前，我国大多数具有先行优势的电子商务企业在物流相关领域都进行了巨大的投入。

在电子商务物流服务业中，快递物流服务业的扩张速度惊人，已经成为社会商品流通的重要渠道。据统计，与淘宝网合作密切的圆通、申通等快递企业，其六成以上的业务量都来自网络购物。显然，电子商务物流发展的主要动因就是促进网上购物等商务活动价值充分实现。

1.3.1 电子商务以商务为本质

电子商务是以商务为本质的，而电子商务只是高效实现物流管理效益的一种手段和模式。如目前 B2B 电子商务模式，其商务方面的电子化、数字化和网络化，本身并不改变第三方物流公司所提供的物流服务的性质。全球范围内的商务活动，把物流活动的区域和流程拉得很长。对第三方物流公司来讲，随着 B2B 电子商务模式的推进，物流业务从原来简单的买方或者卖方委托的船运、空运、铁路运输以及相关的仓储和配送服务，扩展到更多的物流增值服务。电子商务物流网络化使电子商务在经营模式上与传统商业有了本质的区别，其关键点就是商品销售与物流服务借助网络技术实现了价值最大化。

1. 电子商务物流将进一步加剧市场竞合模式形成

电子商务物流网络与传统商业物流网络的差异主要体现在线上与线下结合之后的服务效能提高方面。电子商务物流网络服务平台的构建，使物流服务企业具备跨地区的快速配送能力，具备长距离运输、配载和准时投递的能力。从趋势来看，电子商务活动所带来的物流服务需求的增长是显而易见的，但市场分工会越来越细，专业化程度也会越来越深。第三方物流服务企业与电子商务企业在各自的业务内容上没有变化，只是在两者业务之间会要求有更深入的融合与合作，如电子商务公司拥有自己的物流中心，其配送工作通过 3PL（Third Party Logistics）完成，在商品拣选完成后需要与第三方物流公司的配送实现无缝衔接。2011 年，在 250 亿欧元规模的德国电子商务市场上，前十大电商企业如 amazon.de、otto.de、neckermann.de、telekom.de、conrad.de 等，无论是否有自己的物流中心，几乎全部通过第三方物流公司实现"最后一公里"的配送，表现出成熟市场的分工合作和有序竞争。这种模式也是互联网共享经济的表现形式，供应链之间的业务衔接也变成现实，经济体之间的业务界限相对模糊，共享经济模式的实现成为可能。

2. 竞合的目标是最大限度地实现规模经济效益

21 世纪将是电子商务真正产生效益的时代，国内外电子商务的迅猛发展向我们提出了一个亟待研究的规模经济性问题。电子商务主要凭借互联网提供的现代通信手段和信息处理技术改造信息流程，并以信息流引导商流、资金流和物流，从而达到快速而有效地实现交易的目的。其经济性，是指满足降低成本和提高效益的目标要求，需具备一定的规模条件才能达到。电子商务的规模经济性实质上是以互联网上强大的信息流来调控商品流与资金流，是实现网上信息流与物流、商品流、资金流协作运行的结果。电子商务的三种类型及其所体现的规模经济的特殊性，在不同电子商务物流的形式下，会促使企业之间的联系更加紧密，供应链、区块链思想得以成为现实。传统意义的企业局部的规模效应被更大范围内、更广泛企业参与的企业供应链所取代，电子商务物流成为连接企业之间业务的桥梁和纽带，促使企业从资源共享向信息共享和利益共享转变。

3. 促进第三方物流更加柔性地适应市场需求

我国第三方物流发展速度滞后，引发规模以上的制造业企业与流通企业自建物流，这本身就是历史的回归，越来越多的电子商务企业自己投资建设物流配送中心和快递网络，如京东商城，希望获得快递经营资质以帮助自己解决"最后一公里"的问题。另外，快递企业如顺丰，通过投资电子商务网站向上延伸，试图分得电子商务物流这块大蛋糕的一部分。B2C公司和快递公司之间的跨界竞争，短时间内近乎白热化，但是，从趋势上看，以商品流通为目的的电子商务物流企业，以自身业务需要构建物流业务流程与系统，可以在资金与利润的双重压力下，整合电子商务与物流管理两者的业务空隙，逐步将两个行业之间的共性部分科学地对接和整合，以此促进社会资源利用的最大化。

因为电子商务物流本身并不是简单的物流功能的体现，如快递或配送，而其要求更多的信息技术、互联网技术、物联网技术的支撑，在互联网平台下实现资源利用最大化和利润最佳。电子商务公司因自身业务拓展的需要介入物流领域，通过借助网络经济的长尾效应和节点理论，平衡电子商务企业的淡旺季，解决物流企业波峰波谷带来的对物流系统的挑战。尽管很多电子商务企业在自建配送中心，形成自营物流模式，但是电子商务企业之间共享资源是发展趋势，有实力的电子商务企业建立的大型电子商务物流企业将逐步引导未来物流企业的发展方向，不仅提供与物流公司同质化的物流服务，而且最后可能会逐步演化为独立的第三方电子商务物流公司。

4. 电子商务物流企业将是未来典型的网络经济模式

网络经济模式（Brokerage Model）是指企业作为市场的中介商，通过虚拟的网络平台将买卖双方的供求信息聚集在一起，协调买卖双方的供求关系并从中收取交易费用的商业运作模式。这种企业可以是商家对商家的、商家对消费者的、消费者对消费者的或消费者对商家的经纪商，因此有人称之为交易所型的厂商，其负责制定关于提供和获得信息的规则，以及交易者达成协议和如何完成已达成协议等的规则，即网络经纪商实质上是为消费者提供一间虚拟的"在线会议室"，消费者通过"轮流发言"来寻找适合的交易对象。这样的例子有B2B电子交易市场、旅行服务机构、在线经纪公司和在线拍卖所等。电子商务物流企业则是其中最为典型的网络经济模式，其自身经济活动融合了现代网络经济理论和物流经济理论，在优势互补的基础上，形成具有时代特征的网络经济模式，成为共享经济模式的前奏和序曲。

1.3.2 电子商务物流以信息技术与网络技术为手段

正如电子商务企业以信息技术与网络技术为手段一样,未来电子商务时代必然要求物流高度信息化与智能化。我国电子商务物流信息化建设起步较晚,很多企业还没有建立起物流信息系统。信息化是电子商务物流现代化的关键,应优先于物流设备自动化,才能与优质电子商务企业密切合作。在物流信息化建设方面,需要政府、电商企业、物流企业、IT厂商等相关方面相互配合,协同作战。把握好物联网与云技术研究和推广的良好契机,将我国电子商务物流系统导入世界先进水平的快车道。

1. 电子商务物流信息化建设的要点

(1)信息标准化。需要在政府主导下全力推进物流信息标准化建设,如电子数据交换标准建设,从而实现物流信息资源共享与整合。

(2)创新机制。强化物流信息化建设意识,推进电商和物流企业的体制、技术、管理创新。

(3)组织精细化。引进、吸收发达国家先进的管理经验,合理安排物流中间环节,建立扁平高效的组织结构。

(4)人才培养。重视电子商务环境下物流信息化人才的培养,促进我国电子商务物流信息化的进程。

(5)流程优化。加强电子商务物流流程的研究,推进电子商务和物流公司的业务流程再造;不要盲目地在现有流程的基础上推进物流信息化,否则无法实现高效的电子商务物流系统;流程再造就是通过系统方法来清除无效的物流流程,以提高物流系统效率,减少浪费。

(6)新技术应用。要在现有的科技水平基础上更好地应用计算机、网络和数字技术,将现代通信技术与计算机数据处理技术相连接,最大限度地发挥电子商务物流信息化的综合优势。

(7)发展第四方物流。将云计算技术超强的运算能力、管理能力、智能决策能力和跟进服务能力应用于物流信息化建设;建立区域和全国物流公共信息平台,发展第四方物流。

(8)可视化管理。推进可视化物流管控平台在电子商务物流业务中的运用,使物流作业透明、可控、可追溯;自动化的运用与实现考虑到电商业务对订单处理能力和效率的要求,许多电商企业选择自动化程度较高的物流解决方案。

2. 发展电子商务物流技术工作的主要内容

(1)物流中心管理信息自动化。在物流中心建设中,要充分借助现代信息技术,如条形码技术、射频识别技术、电子数据交换技术、电子订货系统、销售时点系统等,实现信息的自动、快速、准确地采集、存储、传递、加工及处理,为物流中心的管理和智能监控提供及时、可靠的信息支持。

(2)物流中心业务操作信息自动化。借助如条形码、射频识别技术、语音等系统,全程支持物流操作,全面实现无纸化物流作业。这样既能提高物流作业效率,又能降低出错率,实现信息流与物流作业的同步。

(3)分拣自动化。对于需求量高、分拣作业量大的品规采用成熟的自动分拣技术,这样既可以提高分拣效率,又可以降低劳动强度。在采用自动分拣的同时,一定为手工分拣留有操作空间,以便在高峰需求时以采用灵活的手工分拣作为补充。

(4)包装自动化。采用高效环保的自动包装系统,既能够提高包装效率,又能够有效降低包装体积,如法国 Savoye 公司的 JIVARO 自动包装线。

1.4 电子商务环境下物流业发展的趋势

电子商务作为网络时代的一种全新的交易模式,是互联网基于浏览器/服务器应用方式,实现消费者的网上购物、商户之间的网上交易、在线电子支付以及有关方的网络服务的一种新型的商业运营模式,使得商贸合作可以足不出户就完成。但是,客户的获得感与企业的价值点是靠线下全方位的物流服务来实现的,电子商务与物流功能的相互融合是现代商业活动发展的必然。电子商务给传统物流服务乃至整个经济带来了颠覆性的变化,这是交易方式的一场革命,同时也是对传统交易与服务的一种挑战。电子商务是 20 世纪信息化、网络化的产物,电子商务物流作为互联网上最大的应用领域,已经得到了各方面的关注,也影响并推动了诸多经济领域的创新和变革。

1.4.1 信息化是现代电子商务物流发展的必由之路

在步入电子商务时代的同时,其他服务项目必须同时并进。要提供最佳的服务,物流系统必须要有良好的信息处理和传输系统。另外,信息必须共享,由于传统的物流与众多的企业有业务关联,企业自身对经营信息的保护意识导致很难建立物流信息共享平台,因此,如何建立信息处理系统,从而及时获得必要的信息,对物流企业来说是一个较大障碍。同时,在将来的物流系统中,能否做到尽快将货物交到客户手中是衡量一个企业服务质量的关键。

1.4.2 多功能化是物流业发展的方向

在电子商务背景下,物流向集约化方向发展是必然趋势,这就要求物流业不仅能提供传统的物流业务仓储和运输等传统服务项目,还必须进行配货、配送和各种提高附加值的流通加工服务项目,或者按客户的要求提供其他的特殊服务。电子商务使流通业经营理念得到了全面的更新,从而使未来的分工更加精细,产销分工日趋专业化,大大挖掘了深层次的生产要素资源和经济效益。从战略角度来看,供应链是物流系统的充分延伸,是产品与信息从原料到最终消费者之间的增值服务。这种观念是物流经营理念的全面提升与更新,也使得企业的经营效益跨上一个新台阶。

1.4.3 一流服务是物流企业所追求的服务目标

目前,大多数物流企业属于独立第三方服务组织,作为介于买卖双方之间的第三方服务企业,将服务作为第一宗旨。客户对于物流企业所提出的服务要求是综合性的,因此,如何更好地满足客户不断提出的服务要求,始终是物流企业管理的中心课题,也是目前诸多高校及研究机构所有研究问题的关键部分。电子商务物流企业需要提供给客户优质的服务与系统,从而达到与客户双赢的目标,并且可以与客户长期合作,成为战略合作伙伴,这也必须是所有物流企业所应该努力的方向。

1.4.4 全球化是物流企业竞争的风向标

电子商务时代,由于企业销售范围的扩大,企业的销售方式及最终消费者购买方式的转变,因此物流成为一项极为重要的经济活动。电子商务的发展加速了全球经济一体化的过程,其结果将使得物流企业向跨国经营和全球化方向发展。对于生产企业而言,要求集中精力制造产品,减低成本,创造价值;对于物流企业而言,要求花费大量时间和精力更好地从事物流服务,对接电商业务,实现电子商务与物流功能的最优整合,满足客户对物流企业提出的更高要求。同时,全球经济一体化使商业与服务企业的责任更重,面临的挑战也更多,电子商务物流服务水准的提高是它们迎接挑战的重要利器。

1.5 我国电子商务物流发展战略

"互联网+"经济是以云计算、物联网、大数据为代表的一种新型经济形态,这种形态可以发挥互联网在生产要素配置中的优化和集成作用,将互联网与传统行业相互交融,促进经济的发展。"互联网+"凭借着它跨界融合、创新驱动、重塑结构、尊重人性、开放生态、连接一切的特点,提高了客户需求产品或服务的精准性。

随着营改增政策的实行,物流成本不断增加、公路运输费用持续上升、油价上涨、公路交通环境较差、运输信息闭塞等因素导致整体货运量的下滑、货运能力过剩,这些问题迫使传统物流行业进行自身改革,所以实现物流信息网迫在眉睫,电子商务物流模式运用更是趋势所在,是未来新经济形式的战略重点。"互联网+"概念的提出,给整个物流行业带来了新的机遇和挑战,众多物流运输企业纷纷改革,借助"互联网+物流"的政策,致力于整顿物流运作秩序,促进新技术运用,提高信息利用价值以及透明度与及时性,依靠企业自身的改革创新推动物流行业的发展与壮大。显然,我国电子商务物流的发展方向就是与互联网无缝对接,在更大范围内实现网络经济的规模效应。

1.5.1 互联网背景下的电子商务物流

"互联网+物流"绝非物流企业简单开发一个 App 而已,应该利用互联网、信息技术、物联网技术,从产业链条的双向延伸上找到创新的突破口,从平台角度延伸出数据、金融、流量等商业价值，把互联网思维渗透到物流业中，使电子商务的商业价值将呈几何级裂变。

1. 企业内部网下的电子商务物流

企业内部网是企业内部各单位、部门、职员的联系网络，无论在任何地方，只要是企业的人员，都可进入网络，而外界则不能侵入或阅览，而且网络可连接各董事、管理人、各工厂负责人的个人计算机。企业内部网会直接影响中小企业现有文化及架构，企业内部网作为互联网发展的初级阶段，可以实现局部的资料开放和信息沟通渠道畅通，员工可以直接与最高层沟通，不再受制于各中层管理人，企业的工作更顺利，管理上也减少了阻碍。

企业内部网电子商务通常是一个公司或企业进行电子商务的第一步，是典型的B2B模式，现在很多大公司都开展了企业内部网电子商务。例如，美国乡村房屋贷款公司与银行和商业伙伴联网，有500个客户、250个商家使用该公司的企业内部网；阿根廷最大的酿酒公司Cervecrias Quilmes与6家酿造厂和4个大型经销中心共享企业内部网；中国联想电脑公司和用友软件公司也已建成企业内部网电子商务模式。这种电子商务包括了商务信息交流、商品交换和资金清算的过程，为更大范围的电子商务物流信息沟通奠定了基础。

2. 互联网背景下的电子商务物流

伴随着传统企业转型升级的深入推进和产业结构的优化调整，以平台经济为核心的集约型发展模式得到快速推广，以电子商务物流平台为代表的经济格局初现雏形。从趋势来看，未来的电子商务物流是平台经济的时代。通过对资源的整合，互联网电子商务物流企业都处于快速发展的态势，商业机会日益明朗，商业价值逐渐攀升。互联网推动电子商务物流企业快速成长的主要原因有以下几个方面。

（1）"互联网化"成为推动物流全行业向前发展的原动力。互联网正在改变餐饮行业、旅游行业、汽车行业和房产行业，互联网对物流行业低效、混乱局面的重塑必然是大势所趋。面对速度和体验的双重需求，互联网物流企业应运而生。

（2）电子商务的快速发展催生了物流行业的初步崛起。电子商务的高速发展需要很好的物流模式来耦合和推动，否则将会给经济发展带来瓶颈和制约。当物流量完成从制造业驱动向电商业驱动的快速转变时，电子商务物流可以满足用户碎片化需求，并且它还具有体验性、个性化、空间分布广的特点。与此同时，货物流通也越来越倾向于小批量、多批次、高频率的运作模式。在这一背景下，传统快递企业仅仅依靠低水平的规模扩张将难以支撑，必须寻求互联网物流企业在这方面的突破。

（3）海淘成为购物新趋势。这是互联网物流企业快速成长的催化剂，现阶段，海淘、跨境电子商务（简称跨境电商）成为时尚消费的一种选择，移动互联网物流在提供海外直购服务方面有着天然的优势，其在跨境电子商务中扮演着重要的角色，直接决定了未来各公司的服务水平和市场竞争力。

（4）"互联网+"代表的新经济形态已然深刻影响到物流全行业。在网络化的世界里,物流互联网化将追求更高效、更精细的分工。"互联网+"不仅是一种技术手段与传统行业的融合,而且是将互联网思维深植于物流行业。"互联网+物流"的市场由规模化向细分化、个性化、多样化演进,这将使物流运营更为科学高效,当然也需要与之匹配的企业同步发展(见图1-6)。

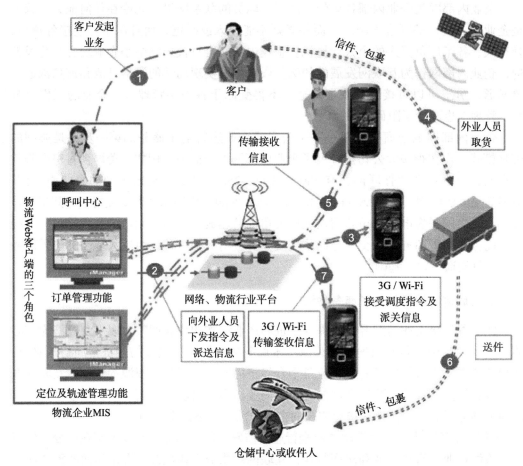

图1-6 "互联网+物流"模式

案例

2015年5月,商务部发布《"互联网+流通"行动计划》(简称《计划》)的前3天,京东商城就推出了酝酿已久的"众包物流"新模式,即将外卖O2O的配送工作交给大众来完成。其招聘页面显示,只要拥有一部智能手机且年满18周岁,即可应聘众包兼职配送员,男女不限、时间自由,经培训后上岗,每单配送完成后可获得6元的收入。

京东创新性的举措,在一定程度上缓解了当前快递配送过程中存在的"派件难"问题。拥有自营物流的京东如此重视抵达用户的"最后一公里",也让其他快递企业和电商公司出手"自助"。长期以来,快递企业和电商企业形成了相互依存的关系,但快递企业囿于资金、规模等诸多限制,导致其自身运营模式存在缺陷且用户体验不佳,最终限制了电商行业的快速成长。正因为如此,2015年5月15日,圆通速递对外宣布获得阿里巴巴联手云峰基金的战略投资,此次战略投资完成后,菜鸟网络将与圆通速递开展更深层面的合作。

圆通速递和阿里巴巴的合作是快递巨头与电商巨头首次直接对接,产业链上下游由资本层面带动的深度整合,将给整个市场带来巨大影响和示范效应。快递企业和电商企业的"结合"不仅在于资本层面,也不只是直接扩大了服务于电子商务的快递业,更在于快递企业能够利用移动互联网的优势,在管理监控、运营作业、金融支付等方面实现信息共享,也就是实现整个供应链信息化。此外,快递企业还能根据用户的消费习惯和需求,在线上为用户推出透明化、标准化的服务和各类线下体验,获得增值收入,实现资本和运力的双聚合。

资料来源:http://finance.people.com.cn/n1/2016/0427/c1004-28308847.html.

1.5.2 "互联网+物流"是电子商务物流的升级模式

"互联网+物流"形成的首要因素在于将改变原始物流和电子商务物流的运作模式,全面推行信息化,实现智慧物流和智能物流。"互联网+"形势下的信息化,不仅是单纯地建商业网站、搭信息平台、开发应用App,而更多的是利用移动互联网优势,在管理监控、运营作业、金融支付等方面实现信息共享,用互联网思维和信息化技术来改造物流产业,在新的领域创造一种新的物流经济生态。

1. "互联网+物流"是电子商务物流新的蓝海

电子商务物流企业实施"互联网+"是一种基于长远目光的战略考虑,物流作为母行业在向其他业态渗透的过程中会相对容易。新的盈利模式中也许免费提供物流,但延伸出来的业态却能够盈利。各企业若能深耕"互联网+"领域,在流程管控、配送效率、用户体验上做到极致,就能够在互联网物流的红海中拥有一片天空。

"互联网+"是创新2.0下的互联网发展新形态、新业态,是知识社会创新2.0推动下的互联网形态演进及其催生的经济社会发展新形态。通俗来说,"互联网+"理念是利用信息通信技术以及互联网平台,让互联网与传统行业进行深度融合,充分发挥互联网在生产要素配置中的优化和继承作用,将互联网的创新成果融于经济社会各领域之中。

2. "互联网+电子商务物流"是新的升级版

"互联网+电子商务物流"是指借助移动互联网、云计算、大数据、物联网等先进技术和理念,将互联网产业与传统交通运输业进行有效渗透与融合,形成具有"线上资源合理分配,线下高效优质运行"的新业态和新模式,满足公众更便捷出行、更人性化服务和行业更科学决策的需求,加快推进物流服务业由传统产业向现代服务业转型升级。

"互联网+"引领的数据革命使电子商务物流更智慧,我国"互联网+"行动计划的提出，将推动移动互联网、云计算、大数据、物联网等与现代制造业相结合，促进电子商务、工业互联网和互联网金融健康发展，引导互联网企业拓展国际业务。对于电子商务物流而言，大数据应用将使电商企业与物流企业之间形成联动机制，"互联网+"与物流发生化学反应，互联网使物流更"聪明"，大幅提高物流效率，降低物流成本。"双十一"所带来的全民购物狂欢经历了从最初的"爆仓"、物流瘫痪，到如今的从容应对，这背后离不开大数据应用对智慧物流的决策支持。同时，物流智能化趋势在电子商务领域越来越明显。

3. 新的电子商务模式将推动传统物流行业转型升级优化

物流价值空间巨大，目前只是开发了冰山一角。随着电子商务交易的主体和产品类型的更加丰富，制造业越来越柔性化，物流的服务方式和价值体现也随之发生变化，电子商务物流融入价值链中也会承担更重要的角色。各类专业市场纷纷开始建设网上市场，面向能源、化工、钢铁、林业、医药等行业的垂直电子商务平台，通过线上线下融合加速发展。物流是电商与客户直接连接的环节，电商企业现在从线上竞争的"红海"转向线下"蓝海"，而线上线下渠道全面打通所形成的物流网络覆盖和服务将成为竞争胜出的关键。电子商务物流企业为适应新的服务要求，模式将出现创新性变革，激发出巨大的商业活力。

4. 为跨境电子商务和农村电子商务经济助力

加速"出海""下乡"成为电子商务物流未来重要的发展方向。电子商务物流迎来发展契机，物流服务转型势在必行。随着"一带一路"倡议的逐步实施、经济全球化和分工国际化的进一步深入，跨境电子商务物流发展迎来难得历史机遇。当前跨境电子商务平台陆续搭建，跨境电子商务物流模式不断创新。以自贸区为代表的海关特殊监管区域成为窗口和桥梁，海外仓、保税仓纷纷设立，"买全球""卖全球"和"送全球"的格局正在逐步形成。2016年，我国跨境电子商务交易规模为12 000亿元，同比增长33.3%。⊖苏宁也已经明确将跨境电子商务作为未来发展的重要战略之一，苏宁海外购业务已覆盖日本、美国、韩国、德国、澳大利亚、荷兰等多个国家。目前在海外已经有53家实体门店和独立仓储，拥有三大海外自营基地，如日本Laox24家免税店、苏宁易购美国公司等。

2015年5月，商务部发布了《"互联网+流通"行动计划》，该文件提出将在农村电子商务、线上线下融合以及跨境电子商务等方面创新流通方式，释放消费潜力，解决电子商务"最后一公里"和"最后一百米"的问题。这对物流业来说是机遇也是挑战，随着以网购为代表的电子商务成为消费主流，该行业若无法突破自身瓶颈，必将限制电子商务的发展，而"互联网+"无疑具备颠覆物流、快递企业传统的运营模式，以及使其再度焕发生机的能力。电子商务巨头也纷纷抢占农村市场。2013年，苏宁就将触角伸向了农村电子商务，将原先三四级市场的代购点、售后服务网点变为

⊖ 该数据由中国电子商务研究中心发布。

1 000多家苏宁易购服务站,未来规划是1万家。电子商务物流开始探索O2O新模式,O2O的兴起给电子商务物流带来了机遇,也带来了巨大的挑战。电子商务物流在广阔的农村市场进行O2O探索将成为今后的趋势。

案例

中投顾问在《2016—2020年中国电子商务市场投资分析及前景预测报告》中表示,2016年1月18日,顺丰电商产业园、普洛斯空港物流园、港投物流园项目集中开工仪式在郑州航空港实验区举行。

此次开建的三个项目是航空港区优化航空物流业资源配置、打造国际航空物流枢纽、加快国际货运集散中心建设的一项重要举措。相关项目建成后将使港区的物流资源配置更趋于合理,进一步推进航空港区航空物流枢纽向规模化、专业化、品牌化、信息化方向发展。

顺丰电商产业园项目总占地面积300亩⊖,总投资额7.05亿元,建筑总面积20万平方米,主要建设快件分拨中心、电子商务物流中心、电子商务冷库及电子商务楼。该项目致力于打造以电子商务仓储物流、创业孵化、投资并购、摄影视觉、营销策划、专业培训等服务配套的专业型电子商务集聚中心。普洛斯空港物流园占地面积167 900平方米(约252亩),总建筑面积10.6万平方米。该项目致力于打造国际航空物流中心、国际冷链物流配送中心、电子商务结算配送中心、国际医药分拨配送中心等现代服务业仓储物流配送平台设施的现代物流园区。

港投物流园项目总投资2亿元,规划占地50亩,建筑面积4.3万平方米。该项目致力于为郑州航空港经济综合实验区提供一个正规、标准的物流仓储和配送中心。

资料来源:http://www.sohu.com/a/55232462_124738.

5. 电子商务物流政策红利正在微观与宏观方面显现

《"互联网+流通"行动计划》提出,力争在2016年年底,我国电子商务交易额达到22万亿元,网上零售额达到5.5万亿元。这意味着,快递和物流企业都将拥有巨大的发展潜力,用好"互联网+"才能最大限度地挖掘自身潜力。

目前,政府的《"互联网+流通"行动计划》将努力解决两个瓶颈问题。一是解决电子商务"最后一公里"问题,如积极发展中小城市和农村电子商务,完善其快递配送、物流仓储等基础设施,同时,鼓励电商企业走出去,通过建设海外仓储,打造境外物流体系;二是打破电子商务"最后一百米"的瓶颈。

(1)从微观角度看:"互联网+"能解决车辆利用率不足的"痛点"。中投顾问在《2016—2020年中国电子商务市场投资分析及前景预测报告》中指出,当前我国物流行业有700多万户小微物流公司和2 000多万名货运司机。他们之间的信息极不对称,每年有高达600多亿元的信息费支出且车辆有效利用率不足50%,回程空放严重。

⊖ 1亩=10 000/15平方米。

从 2014 年开始,就有许多企业利用物流信息平台来解决货车返程空放问题,但目前的信息平台只是一个配货网站,无法彻底解决整个物流市场运力过剩的问题。可喜的是一些平台在摸索中找到了自己的模式,如云鸟配送平台做的就是货物配送,只针对企业服务,不针对个人。当企业把同城配货需求发到平台上时,平台会按照所有车辆匹配的结果来进行投标。

物流业存在信息化程度低、行业分散、效率较低等诸多不足,让互联网企业"有商机可乘"。线上和线下的结合使得供需双方找到了对接的平台,线下找不到价廉物美的,可以到线上平台找;线下找不到完全匹配、业务模型相似的,也可以在线上平台找。

(2)从宏观角度看:《"互联网+流通"行动计划》可以实现物流园区内的资源整合,供需平衡。无论快递还是物流,都不是收件和投递那么简单,而是涉及整个供应链体系的问题,特别是与电商企业的有效衔接问题。正是意识到了这一点,作为"小商品之都"的浙江省义乌市搭建了 19 个电子商务园区,园区的孵化带动了义乌日均快递量突破百万件。

真爱网产业园区有 36 家大型电商企业入驻,超过 3 万平方米的仓储面积,2014 年实现产值 5 亿元。园区致力于打造电子商务综合服务平台,并提供整合解决方案,构建电子商务优势供应链。园区内已经有 EMS、申通、圆通、百世汇通等 4 家快递企业,日均出货量近 5 万件。企业选择与真爱网商合作,看重的不仅是园区的培训学院与人才培养模式,还有一站式的仓储物流体系。由于快递公司驻点服务,因此公司每天 6 000 多个订单全部由仓库直接发出,客户体验有了较大提升。

产业园模式的兴起不仅加快了电子商务的发展,也带动了物流快递业的升级(见图 1-7)。申通在真爱网产业园每天业务量大约 7 000 件,而公司大部分业务都来源于各大电子商务产业园。与以往业务分散在城市各个角落不同,产业园的集中模式不仅有利于快递业降低劳动成本,而且提高了收件效率。

图 1-7　2016 年中国物流产业链图谱

资料来源:中国电子商务研究中心。

本章小结

电子商务物流的内涵可以表述为基于商流、信息流、资金流网络化的物资或服务的物流配送活动,包括软体商品(或服务)的网络传送和实体商品(或服务)的物理传送。电子商务物流的特点是物流信息化、物流网络化、操作自动化、服务人性化、时效精准化、增值服务多样化、物流透明化。电子商务物流从资产结构和价值实现方面分为几个主要模式:轻公司轻资产模式、垂直一体化模式、半外包模式、云物流模式、增值物流模式。

电子商务与物流管理的关系:物流是电子商务的重要组成部分;物流是实现电子商务的价值基础。电子商务对物流的影响:电子商务将改变人们传统的物流概念;电子商务将改变物流的运作方式;电子商务将改变物流企业的运营形态。

电子商务物流的本质:电子商务是以商务为本质;电子商务物流以信息技术与网络技术为手段。我国电子商务物流战略:实施互联网背景下的电子商务物流;"互联网 + 物流"是电子商务物流的升级模式。

复习思考题

电子商务物流从资产结构和价值实现方面分为几个主要模式?各自的主要特点是什么?

课内实训

2015 年 5 月,商务部发布了《"互联网 + 流通"行动计划》,该文件提出,将在农村电子商务、线上线下融合以及跨境电子商务等方面创新流通方式,释放消费潜力,解决电子商务"最后一公里"和"最后一百米"的问题。对此你能提出哪些创新的电子商务物流项目?这些项目的盈利点有哪些?

课外实训

以小组为单位,利用课余时间对校园电子商务物流市场进行一次调查,调查可以根据自己对商家了解的情况,自行拟订初步方案,设计简单调查流程,调查完后做出调研PPT,有照片和文字说明。

案例分析

鲜花产业的"网上丝绸之路"

2017 年 6 月 13 日,中国互联网订购鲜花模式的首创者——泰笛生活(简称泰笛),亮相 2017 南亚东和南亚国家商品展暨投资贸易洽谈会,与云南省政府签署全面合作战略——正式入驻昆明呈贡信息产业园,并设立全资子公司,共同推动"互联网 + 花卉"产业发展的步伐。

尽管"互联网 + 鲜花"会引发新一轮产业流通革命,但两者的融合发展并非一片坦途，鲜花的运输与保鲜问题一直困扰着花卉产业。鲜花属于易腐非标类产品，产品价值易逝且具有时效性，从采摘、贮藏、运输到最后送到消费者手中，任何一个环节的差池都会影响到最终的消费体验，这其中的管理和技术壁垒便成了行业的"硬瓶颈"。

在物流方面，泰笛选择了不惜成本的精益求精。目前，泰笛每天只从鲜花产地的"心脏"云南，秉承"只择取每亩最优质 1 000 朵 A 级鲜花"的理念采购当天的鲜切花。新鲜采摘的鲜切花经过泰笛严格的品控流程筛选后，便通过航空直运的方式在 24 小时内被极速运送至 12 座大中城市的专属花房。在"最后一公里"的配送方面，泰笛并不是选择行业默认的"物流配送外包"形式，通过砍掉直接影响鲜花质量的这部分成本增加营收，而是耗费巨资组建了自有的服务型物流配送体系。

目前，泰笛生活拥有一支超过 1 100 人的"90 后泰笛小哥"配送团队，在为用户提供专业鲜花配送的同时，还额外提供免费修剪插花等服务。泰笛用近乎苛求的匠人精神，跨过行业难以逾越的种种"瓶颈"，为娇嫩易损的鲜花保驾护航，走出了一条从花田到花瓶的"丝绸之路"。

和行业普遍存在的因物流滞后现象所导致的鲜花不"鲜"相比，泰笛真正做到了用优质的产品和服务满足了"升级"后的消费市场需求，改变了都市群体的生活方式，服务超过 600 万家庭付费用户，从而无愧于"中国首家生活方式服务商"的称号。毕竟，鲜花哪里都可以买到，但我们要的是用鲜活点亮生活，让每一朵鲜花的花期完整地绽放在您身边。

资料来源：http://biz.ifeng.com/a/20170614/44638404_0.shtml.

问题：在本案例中，"互联网 + 鲜花"理念是如何提出的？"互联网 + 鲜花"理念落地的瓶颈是什么？在物流方面，"互联网 + 鲜花"采取的运营模式是什么？为什么？

Chapter 2 第 2 章

电子商务物流体系

学习目标

1. 了解我国现代电子商务物流体系构建的行业背景和政策环境，熟知电子商务物流体系建构的必要性和现实性。

2. 掌握电子商务物流体系的基本构成要素、主要功能模块，了解政府对电子商务物流体系构建的新政策，明确新电子商务物流体系的目标、原则、任务。

3. 掌握体系基本模块：ERP 系统、SCM 体系、CRM 体系的基本原理以及经济价值，了解未来电子商务物流体系的创新趋势。

导引案例

信阳电子商务及电子商务物流产业发展阶段性成果汇报评估会在北京召开

2016 年 1 月 16 日，信阳电子商务及电子商务物流产业发展阶段性成果汇报评估会在北京召开。会议由中国仓储协会专职会长沈绍基主持。

会上，浉河区委书记邵春杰汇报了信阳电子商务及物流产业发展阶段性成果。

邵春杰说：2015 年，信阳的日均快递业务量迅猛攀升，排在郑州之后，稳居河南省第二位。尤其是"双十一"期间，单日最高发包裹量突破了 100 万单，EMS 数据几次冲入全国前十。物流产业集聚优势逐步凸显，打造全国具有重要影响力的电子商务物流组织中心的战略构想已逐渐清晰。浉河区是信阳电子商务及电子商务物流产业发展的主要集聚地。根据电子商务物流发展的最新态势，我区进一步明确两大发展定位。一是把电子商务物流作为主攻方向；二是依托本地优势，大力发展农产品及冷链物流。2016 年，重点强力推进保税物流中心、多式联运基地、甩挂基地等重大物流项目的规划建设。推动大别山和北冰洋 26 万吨现代冷库群建设，2017 年建成华中地区最大的冷链物流基地。在下一步工作中，浉河区将继续精学精研，精耕产业链条，培育并壮大本土电商发展，鼓励传统企业与电子商务融合。完善基础配套设施，狠抓宣传推介。

汇报最后,邵春杰恳请与会领导和专家从政策、规划、人才培育等方面给予更多支持,诚挚邀请各行业联盟、电子商务物流企业来浉河区投资兴业和战略合作,实现多方互利共赢。

在汇报评估会上,与会领导和专家充分肯定了信阳电子商务及电子商务物流产业发展取得的突出成就,对信阳下一步发展电子商务和物流产业的思路与举措给予高度评价,并就加大基础设施投入和人才培养力度,推进物流标准化,电子商务物流协同发展、电商与实体经济共同发展等提出了意见和建议。

商务部流通业发展司副司长王选庆说,过去的一年,信阳电子商务物流产业取得了突飞猛进的发展,开创了许多创新模式,培养了很多优质的本土品牌。希望信阳继续发挥优势,大力发展电子商务物流相关配套产业,培育新的经济增长点。在此基础上,应深入调研,总结可行性的经验以供学习和借鉴。下一步要关注全国商贸物流标准化试验点的建设,在加强实体经济发展的同时更加注重商品的品质。

沈绍基对信阳电子商务物流产业发展充满信心,他表示,信阳未来在营商环境营造,包括机场建设、铁路线改造等方面都要更加贴近电子商务企业的诉求,积极培育和营造电商企业发展所需的金融、仓储方面的环境,并根据企业需求、服务范围和市场细分来建设仓储,加快保税中心、大宗商品交易平台建设。同时,加大招商力度,力争引进更多电子商务物流企业落户,支持其发展壮大,形成规模效应。

资料来源:大河网,本案例的作者是董勇,2016 年 01 月 18 日。

2.1 电子商务物流的体系设计

电子商务物流是主要服务于电子商务的各类物流活动,具有时效性强、服务空间广、供应链条长等特点。所以,加快电子商务物流发展,对于提升整个电子商务服务水平,降低物流运作成本,提高商品流通效率,引导生产,满足消费,促进供给侧结构性改革都具有重要意义,同时,构建科学合理的电子商务物流体系对行业的发展意义非凡。《全国电子商务物流发展专项规划(2016—2020 年)》(简称《规则》)的出台,将引领我国电子商务物流向信息化、标准化、集约化方向发展,持续提高个性化、高品质、时效性等方面的服务水平,也为电子商务物流体系的构建指明了方向。

2.1.1 顶层设计的背景

2016 年 3 月 23 日,商务部等六部门发布了《全国电子商务物流发展专项规划(2016—2020 年)》。该《规划》的出台,无论是对电子商务物流行业,还是对电子商务物流企业的发展,都具有重大现实意义,《规划》对未来 5 年电子商务物流行业发展做出了顶层设计,这将有力促进整个行业的健康、快速和持续发展。

近年来,我国电子商务物流保持较快增长,已成为现代物流业的重要组成部分和推动国民经济发展的新动力。2015 年,全国快递服务企业业务量累计完成 206.7 亿件,同比增长48%，其中约有70%是电子商务产生的快递量。我国不仅成为名副其实的电子商务物流大国，而且成为全球电子商务物流发展最迅速的国家。

目前，电子商务物流业在农村服务、社区服务、冷链物流等薄弱环节的问题正日渐凸显，这也成为全行业亟待解决的瓶颈问题，同时，碎片化发展的问题也很突出。《规划》的出台就是对整个行业的顶层设计，着眼于电子商务物流业效率整体的提升和效益的提高，同时也有利于减少资源浪费，加快体系完善，按照顶层体系设计的原则和方向推进，有望给全行业带来良性发展。

2.1.2 顶层设计的逻辑演进

"互联网+物流"是推进电子商务物流发展的基础和前提，而高效物流、电子商务、便捷交通这三项与现代物流业紧密联系，是推动"互联网+"在现代物流领域内拓展、提升发展水平，构筑经济社会发展新优势和新动能的重要举措，所以顶层设计就是围绕以上三大要素构建的。

1. 高效物流

"互联网+高效物流"重点行动是构建物流信息共享互通体系，建设智能仓储系统，完善智能物流配送调配体系。高效物流是现代物流业的典型特征，信息联通共享是构建现代物流体系的重要内容。在"互联网+"状态下，互联网信息的对接和共享，物流信息系统的成功构建，将为现代物流业的发展提供基础的支撑作用。

仓储功能是物流的空间价值与形体价值实现的基础，也是物流配送活动的物质基础。现代物流离不开智能化的仓储系统，在"互联网+"环境下，运用信息对接、电子仓储登记储备、数据搜集和分析、无纸化仓储管理等智能化的现代管理体系，对仓储物资分门别类，做好库存管理，当是现代化高效物流的核心内涵。

在"互联网+"环境下，精准的调配和配送成为未来的发展趋势，更多的智能系统和设备被用来构建精准高效的调配和最终的配送，运用大数据深入挖掘运输路线，制订精确的配送计划，是高效物流的最终体现。

因此，2025年建成现代化的高效物流，在"互联网+"环境下，就必须深入挖掘互联网大数据和前沿设备在物流业中的运用，构建起物流信息共享互通体系，建设智能仓储系统，从而完善智能物流配送调配体系（见图2-1）。

2. 农村与行业及跨境电子商务

（1）电子商务的发展已经从城镇走向乡村。在"互联网+"环境下，大力发展农村电子商务、行业电子商务和跨境电子商务，推动电子商务应用创新将是未来电子商务的发展方向。

农村是电子商务发展攻坚的下一阶段。在电子商务发展过程中，物流的优劣直接影响着电子商务对农村消费者的下沉和扩张。由于地理位置偏远、物流资源缺乏、基建设施落后等因素，农村电子商务发展一直受限，促进电子商务物流在农村及周边的快速发展，助力"最初一公里"和"最后一公里"难题的破解（见图2-2）。

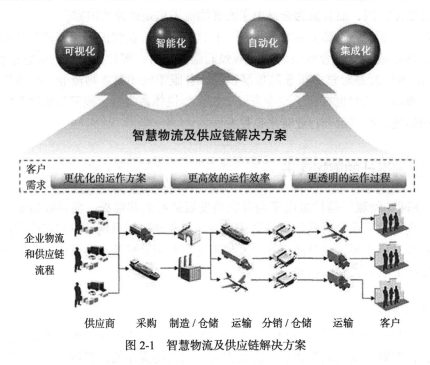

图2-1 智慧物流及供应链解决方案

图2-2 农村电商"最后一公里"

（2）行业电子商务是电子商务发展的重要内容，垂直电子商务平台的发展从行业的角度打通了电子商务的纵深发展，能够使电子商务深入某个行业、领域和区域，将该行业的采购、生产、销售、配送整合在一起，整合上下游，构建行业完整的供应链发展体系，助推该行业进一步优化资源配置，缩短供应链。

（3）跨境电子商务将在经济全球化背景下得到长足发展，将跨境电子商务纳入电子商务发展重点行动，凸显了其在电子商务物流领域的重要性，与其相关的产地直采、海关检验检疫、保税区通关、境外运输以及境内快递等物流业务也将得到进一步深化。

3. 便捷交通

"互联网+便捷交通"重点行动，通过互联网技术，提升交通基础设施、运输工具、运行信息的互联网化水平，创新便捷交通运输服务为行动内容。

在"互联网+"环境下，便捷的交通、发达的路网是现代物流业健康发展的重要基础。对于物流业发展来说，交通基础设施的建设至关重要。在未来的交通领域，运用互联网化的设施设备将使交通路网的运营和发展更为便利快捷，运输工具也将在互联网创新技术的深入应用下更加智能，交通运行数据通过互联网采集、分析，并做出预测和解决方案，为有关部门做分析指导提供精确数据。"开放共享、融合创新、变革转型、引领跨越、安全有序"是积极推进"互联网+"行动的基本原则，也是未来电子商务物流繁荣的政策保证。在此基础上，高效物流、电子商务和便捷交通等重点行动，将充分发挥互联网的规模优势和应用优势，促进现代物流业在"互联网+"环境下的稳步发展。

案例 未来中国电子商务物流行业趋势十大预测

1. 大型电商主导的物流网络模式已基本确立，将严重冲击快递商的全国性电商业务。
2. 仓储现代化加速，催生仓储运营中性服务商，份额有望超过自营仓储。
3. 干线物流商和电商快递商跨界竞争，提供一站式电商解决方案。
4. 渠道下沉助推区域配送，全国性快递公司和区域配送型公司分食市场。
5. 公路干线运输迈入甩挂时代，货箱和货站管理成为成功的关键。
6. 国内航空快递运输仍将保持寡头竞争格局。
7. 高铁有望成为快递干线运输的重要参与者。
8. 跨境出口电子商务物流一家独大局面不复存在，遭多股力量分食。
9. 保税网购呈爆发式增长，有望在跨境进口电商中占得半壁江山。
10. 针对电商的新业务模式将成为新一轮投资热点。

资料来源：http://www.360doc.com/content/15/0608/23/7344144_476679932.shtml。

2.1.3 电子商务物流顶层设计的基本格局

顶层设计是行业的风向标，对行业发展起到导引和规制作用。《物流业发展中长期规划（2014—2020年）》（简称《规划》）的出台是适应我国电子商务物流加速发展新格局的重要举措，《规划》以"创新、协调、绿色、开放、共享"五大发展理念为指导，科学规划电子商务物流网络布局体系，最大亮点在于着力提高电子商务物流信息化、标准化、集约化水平，重点突出创新驱动、资源整合和协调发展，从建设支撑电子商务发展的物流网络体系，提高电子商务物流标准化水平，提高电子商务物流信息化水平，推动电子商务物流企业集约绿色发展，加快中小城市和农村电子商务物流发展，加快民生领域的电子商务物流发展，构建开放共享的跨境电子商务物流体系这七个方面促进电子商务物流的发展。

《规划》提出了"七个主要任务"和"八大重要工程"。任务十分明确,几个重要工程的针对性也很强,指向我国电子商务物流业若干亟待解决的重要问题。比如物流标准化,这个问题存在多年,《规划》把物流标准化放在很重要的位置上进行通盘考虑,《规划》提出的任务也都很具体,为电子商务物流业的发展提供了很好的方向。同时,《规划》的视角也很开阔,不仅注意到国内的"向西向下"问题,即产业向西部地区、中小城市和农村转移,同时也对接我国的全球开放战略,着眼于通过建设我国的全球物流体系来支持全球化发展。《规划》成为引领我国电子商务物流行业发展方向的纲领性文件(见图2-3)。

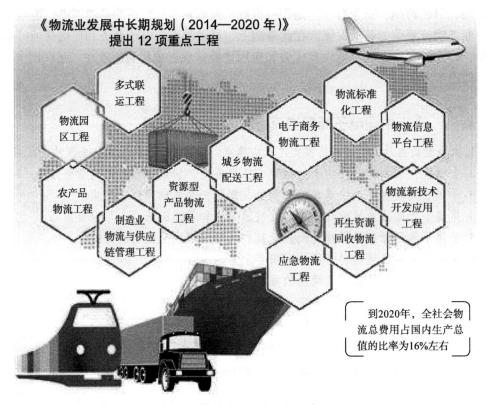

图2-3 物流业中长期规划示意图

《规划》指出,近年来,我国电子商务物流保持较快增长,企业主体多元发展,经营模式不断创新,服务能力显著提升,已成为现代电子商务物流业的重要组成部分和推动国民经济发展的新动力。随着国民经济全面转型升级和互联网、物联网的发展,以及基础设施的进一步完善,电子商务物流需求将保持快速增长,服务质量和创新能力有望进一步提升,渠道下沉和"走出去"趋势凸显,将进入全面服务社会生产和人民生活的新阶段。加快电子商务物流发展,对于提升电子商务水平,降低物流成本,提高流通效率,引导生产,满足消费,促进供给侧结构性改革都具有重要意义。《规划》尤其对未来5年电子商务物流行业发展做出了顶层设计,将有力地促进整个行业健康、快速、持续发展。

2.1.4 电子商务物流顶层设计重点解决的问题

未来5年，电子商务物流的走向已经有了一个大致清晰的脉络，消费者担心的问题包括：物流参与刷单、快递价格贵、退换货麻烦、物流速度慢、邮递水果腐坏等，这些问题在规划中需高度关注。

1. 治理物流速度慢问题

物流速度慢是电子商务物流领域行业公认的瓶颈问题。

（1）治理的基本思路。多布点，离客户更近；根据城市规划，加强分拨中心、配送中心和末端网点的建设。

（2）跨城市配送提速路径。探索"电商产业园+物流园"融合发展新模式，加强城际运输与城市配送的无缝对接，推动仓配一体化和共同配送，发展多式联运、甩挂运输、标准托盘循环共用等高效物流运作系统。

（3）高科技信息化来助力。引导发展智慧化物流园区（基地），推动建立深度感知的仓储管理系统，高效便捷的末端配送网络，科学有序的物流分拨调配系统和互联互通的物流信息服务平台。

（4）集中社会力量，整合社会资源。支持具有较强资源整合能力的第四方电子商务物流企业加快发展，更好地整合、利用社会分散的运输、仓储、配送等物流资源，带动广大中小企业集约发展。

（5）以装备替代人。依托"电子商务进社区"等工程，新建或改造利用现有资源，完善社区电子商务物流便民基础设施，发展网购自提点，推广智能终端自提设备。

2. 降低快递价格，让群众得到政策红利

（1）通过第三方社会化的合理竞争，促使价格更市场化。鼓励传统物流企业充分利用既有物流设施，通过升级改造，增强集成服务能力，加快向第三方电子商务物流企业转型；鼓励电商企业和生产企业将自营物流向外部开放，发展社会化第三方物流服务。

（2）循环利用更省钱。支持电子商务物流企业推广使用新能源技术，减少排放和资源消耗，利用配送渠道回收包装物等，发展逆向物流体系。

（3）鼓励电子商务物流快递企业利用配送渠道，回收利用废弃包装物。开展电子商务物流业包装标准化和分类回收利用工作，提高利用效率。

3. 加强网购物流信息安全

保护客户隐私，根治网购潜在痼疾。

（1）监管的可视化。重点提升物流设施设备智能化水平、物流作业单元化水平、物流流程标准化水平、物流交易服务数据化水平和物流过程可视化水平。

（2）先进科技让消费者更有保障。鼓励构建产学研用创新联盟，创新体制与模式，重点开展电子商务物流机器人、云计算、北斗导航、模块集成、信息采集与管理、数据交换等基础技术的研发；推动电子合同、电子结算、物流跟踪、信息安全、顾客行为分析等技术应用。

4. 解决农产品冷链物流损耗过高问题

客户对生鲜食品的网购心存忧虑的问题将逐步得到化解，电子商务物流的冷链物流规划为客户着想。

（1）标准化提高特殊商品的递送质量。在快消品、农副产品、药品流通等领域，重点围绕托盘、商品包装和服务及交易流程，做好相关标准的制定、修订和应用推广工作。

（2）加快冷链物流体系建设。加快以新鲜食品为主的电子商务冷链物流发展，依托先进设备和信息化技术手段，构建电子商务全程冷链物流体系。

（3）支持电子商务冷链物流企业运用现代技术优化流程，推广应用电子化运单、温湿度记录系统、物联网等技术，确保加工制作、储藏、运输、配送、销售各个环节始终处于温控状态，实现运营透明化、流程可视化、查询便利化，从而降低损耗率。支持电子商务冷链物流配送中心和配送站点建设，鼓励经营鲜活农产品、药品的电子商务平台企业创新经营方式和商业模式，实现线上线下结合，有效降低冷链成本。

（4）新材料技术控温。推广使用新型电子商务物流包装技术和材料，促进包装减量化和可循环使用，以及包装废弃物易降解和无害化。

5. 疏通城乡商品流通渠道

实现农村电子商务市场农产品上行，城市快消品下行，既是农民关心的焦点问题，也是众多商品生产商忧心的原因，此次规划提供了医治此病的良药。

（1）目标明确。围绕电子商务需求，构建统筹城乡、覆盖全国、连接世界的电子商务物流体系。

（2）致力于标准化建设。在快消品、农副产品、药品流通等领域，重点围绕托盘、商品包装和服务及交易流程，做好相关标准的制定、修订和应用推广工作。

（3）渠道下沉速度加快。积极推进电子商务物流渠道下沉，支持电子商务物流企业向中小城市和农村延伸服务网络。结合农村产业特点，推动物流企业深化与各类涉农机构和企业合作，培育新型农村电子商务物流主体。充分利用"万村千乡"、邮政等现有物流渠道资源，结合电子商务进农村、信息进村入户、快递"向西向下"服务拓展工程、农村扶贫等工作，构建质优价廉产品流入、特色农产品流出的快捷渠道，形成"布局合理、双向高效、种类丰富、服务便利"的农村电子商务物流服务体系。

（4）把仓储服务点布在农村。结合新型城镇化建设，依托"电子商务进农村"等工程，整合县、乡镇现有流通网络资源，发展农村电子商务物流配送体系。鼓励电子商务企业、大型连锁企业和物流企业完善农村服务网点，发挥电子商务物流在工业品下乡和农产品进城的双向流通网络构建中的支撑作用。支持建立具备运营服务中心和仓储配送中心（商品中转集散中心）功能的县域农村电子商务服务中心，发展与电子交易、网上购物、在线支付协同发展的农村物流配送服务。

6. 跨境采购海外商品更加快捷便利

近两年，海外购活动日盛，不少人喜欢出境购物。《规划》看到国内消费者对境外商品庞大的需求量，也对症下药。

（1）目标明确。到 2020 年对外开放程度进一步提高，逐步形成服务于全球贸易和营销的电子商务物流网络。鼓励有实力的电子商务物流企业实施国际化发展战略，通过自建、合作、并购等方式延伸服务网络，实现与发达国家重要城市的网络连接，并逐步开辟与主要发展中国家的快递专线。

（2）海外仓加速发展。支持优势电商物流企业加强联合，在条件成熟的国家与地区部署海外物流基地和仓配中心。促进国内外企业在战略、技术、产品、数据、服务等方面的交流与合作，共同开发国际电子商务物流市场。

（3）海关改革速度更快。将跨境电子商务的订单、支付、物流、质量安全等信息集成为综合通关数据，进行汇总申报，推进通关便利化。完善海关、检验检疫、邮政管理等部门之间的协作机制，推动国家间、地区间检验检疫标准互认。鼓励国内邮政设施、邮政国际通道、航空运输资源和铁路运输资源等向电子商务物流企业开放与共享。

（4）外汇结算便利化。为电子商务物流企业的国际化和海外并购提供法务、商务和税务方面的信息支持，推进海外并购审批、外汇便利化等。

7. 促进线上线下更加融合

随着电子商务在经济社会各领域得到更广泛的应用和拓展，电子商务物流需求将继续保持高速发展态势，《规划》将有利于我国电子商务物流持续提高个性化、高品质、时效性等方面服务水平，这不仅符合不断细分的电子商务市场要求，满足电子商务消费趋向多品种、小批量、高频次、移动化升级发展，更有利于促进电子商务供应链建设，健全电子商务区域城乡服务体系，在促进就业、便利民众生活、服务社会生产和推动经济社会发展等方面，发挥着越来越重要的作用。

8. 电子商务物流到 2020 年最终要实现的目标

到 2020 年，基本形成"布局完善、结构优化、功能强大、运作高效、服务优质"的电子商务物流体系，信息化、标准化、集约化发展取得重大进展。电子商务物流创新能力进一步提升，先进的物流装备和技术在行业内得到广泛应用。一体化运作、网络化经营能力进一步增强，运输、仓储、配送等各环节协调发展、紧密衔接。对外开放程度进一步提高，逐步形成服务于全球贸易和营销的电子商务物流网络。绿色发展水平进一步提高，包装循环利用水平有较大提升。电子商务物流企业竞争力显著加强，我国目前拥有一批具备国际竞争力、服务网络覆盖境内外的高水平企业。

2.2 电子商务物流的 ERP 系统

电子商务物流本身就是一整套的电子物流解决方案，即 ERP 系统。电子商务作为一种新的数字化商务方式，代表未来的贸易、消费和服务方式，因此，要完善整体商务环境，就需要打破原有工业的传统体系，发展建立以商品代理和配送为主要特征，物流、商流、信息流有机结合的社会化物流配送体系。电子商务物流运作体系设计就是借助工业生产领域里的企业资源计划的原理，通过信息传递将不同阶段的运作计划整合到一个大系统中，实现资源利用的最大化，ERP 系统是电子商务物流真正实现经济价值不可或缺的重要组成部分。

2.2.1 电子商务物流的 ERP 系统的特点

电子商务时代的来临，给全球物流带来了新的发展，使物流 ERP 系统具备了一系列新特点（见图 2-4）。

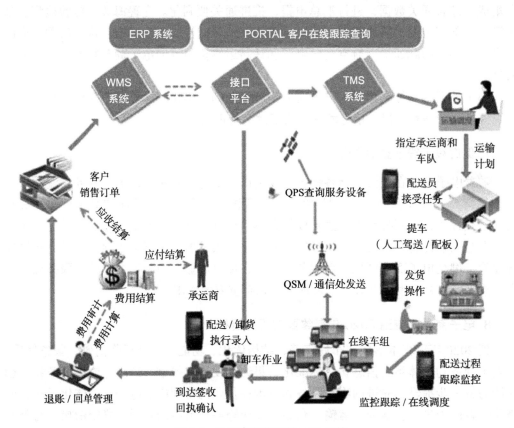

图 2-4 电子商务物流的 ERP 系统

1. 自动化

自动化的基础是信息化，自动化的外在表现是无人化，自动化的效果是省力化，另外还可以扩大物流作业能力，提高劳动生产率，减少物流作业的差错等。物流自动化的设施非常多，如条码/语音/射频自动识别系统、自动分拣系统、自动存取系统、自动导向车、货物自动跟踪系统等。这些设施在发达国家已普遍用于物流作业流程中。ERP 系统通过自动化实现系统的智能化，也将会大大提高系统的运作能力和纠错能力，提高工作的速度和准确度。

2. 网络化

信息化建设会助推物流领域网络化，这也是电子商务环境下物流活动主要特征之一。当今世界互联网等全球网络资源的可用性及网络技术的普及为物流的网络化提供了良好的外部环境，物流网络化是不可阻挡的趋势。物流网络构建和运作过程需要有高效的信息技术支持，通过信息节点的有效衔接，实现整个物流系统的互联互通。比如，我国台湾地区的计算机行业在 20 世纪 90 年代创造出了"全球运筹式产销模式"，这种模式的基本点是按照客户订单组织生产，生产采取分散形式，即将全世界的计算机资源都利用起来，采取外包的形式将一台计算机的所有零部件、元器件、芯片外包给世界各地的制造商进行生产，然后通过全球的物流网络将这些零部件、元器件和芯片发往同一个物流配送中心进行组装，由该物流配送中心将组装的电脑迅速发给订户。

3. 推动线下物流节点构建

物流电子商务化是以互联网的形式为线下物流节点提供物流行业相关信息，包括货运信息、空运信息、陆运信息、海运信息以及物流行业资讯和物流知识、法律法规等，还提供物流行业企业库，供货源方查找，货源方也可通过物流网发布货源信息，以供物流企业寻找合作。物流节点构建的趋势如下。

（1）仓库数目将减少，库存集中化。配送与准时制生产（Just-in-time，JIT）的运用已使某些企业实现了零库存生产，未来由于物流业会成为制造业的仓库与用户的实物供应者，工厂、商场等都会实现零库存，因此再设存储型仓库的价值不复存在。配送中心的库存将取代社会上千家万户的零散库存（见图 2-5）。

图 2-5 电子商务仓储物流解决方案

（2）未来物流节点的主要形式是配送中心。在未来的电子商务环境下，物流管理以时间为基础，货物流转更快，制造业都实现"零库存"，仓库多数是第三方物流企业经营，这些都决定了存储保管仓库的进一步减少，而流通仓库将发展为大型配送中心。物流中心已成为城市功能的有机组成部分，这些物流中心选址应处于市区边缘和交通枢纽节点，这对于搭建50千米半径的城市经济圈，扩张城市功能，实现中心城市的辐射效应意义重大。

2.2.2 电子商务物流的ERP系统变化趋势

在电子商务环境下，全球经济的一体化趋势明显，促使我国物流业向全球化、信息化、一体化发展，这就为扩展电子商务物流ERP系统功能，提高电子商务物流服务水平，促进物流服务的全球化和信息化提供了条件。

1. 电子商务物流的ERP系统构建目标是一流服务

在电子商务环境下，物流业是介于供货方和购货方之间的第三方，以服务作为第一宗旨。从当前物流现状来看，物流企业不仅要为该地区服务，而且还要进行长距离的服务。因为客户不但希望得到很好的服务，而且希望服务点不是局限于某一区域的，而是全域服务的，因此，如何提供高质量的服务便成了物流企业管理的中心课题。人们注意到，配送中心离客户越近，联系越密切，商品通过配送中心送到客户手中的速度就会越快。

现在电子商务的快速崛起和行业的需求，对于仓储物流配送这一重要环节的需求和标准也在不断提高，而专注于电子商务仓储物流的第三方公司在市场行业中也扮演着越来越重要的角色，甚至能够协助商家在终端和渠道端提供广泛的服务。这类企业的服务不仅仅只是提供简单发货服务，更重要的是需要站在商家的角度去做好仓储库存物流配送的环节，使电商整体运营流程形成良性发展，更好地促进甚至推动电商的销量。

（1）在经营观念上变革，由"推"到"拉"。配送中心应更多地考虑"客户要我提供哪些服务"，从这层意义讲，它是"拉"，而不是仅仅考虑"我能为客户提供哪些服务"，即"推"。如有的配送中心起初提供的是区域性的物流服务，以后发展到提供长距离服务，而且能提供越来越多的服务项目。又如配送中心派人到生产厂家"驻点"，直接为客户发货。越来越多的生产厂家把所有物流工作全部委托给配货中心去做，从根本意义上讲，配送中心的工作向上已延伸到制造业之中。

（2）综合型服务功能输出成为行为导向。未来的ERP系统在客户功能模块上会有更多的挖掘，通过满足客户的需要，及时把货物送到客户手中，来考量物流配送中心的作业水平。配送中心不仅与制造业保持紧密的伙伴关系，而且直接与客户联系，能及时了解客户的需求信息，并沟通厂商和客户双方，起着桥梁作用，例如，美国普雷兹集团公司是一个以运输和配送为主的规模庞大的公司。物流企业不仅为货主提供优质的服务，而且还要具备运输、仓储、进出口贸易等一系列知识，深入研究货主企业的生产经营发展流程设计和全方位系统服务。优质和系统的服务使物流企业与货主企业结成战略伙伴关系（或称策略联盟），一方面有助于货主企业的产品迅速进入市场，提高竞争力，另一方面则使物流企业有稳定的资源，对物流企业而言，服务质量和服务水平正逐渐成为比价格更为重要的选择因素。

2. 电子商务物流的 ERP 系统建立是信息化的助推器

在电子商务时代，要提供最佳的服务，物流的 ERP 系统必须要有良好的信息处理和传输系统。如美国干货储藏公司有 200 多个客户，每天接受大量的订单，对高效的物流信息系统有客观要求。为此，该公司将许多表格编制了计算机程序，大量的信息可迅速输入、传输，各子公司也是如此。再如，美国橡胶公司（USCO）的物流分公司设立了信息处理中心，接受世界各地的订单，IBM 公司只需按动键盘即可接通 USCO 公司订货，通常在几小时内便可把货送到客户手中。良好的 ERP 系统能提供极好的信息服务，以赢得客户的信赖。在大型的配送公司里，与 ERP 系统匹配的有效客户反应（Efficient Customer Response，ECR）和 JIT 也在产生它们的价值。有效客户反馈的信息对企业是至关重要的。企业拥有这一系统，就可做到客户要什么就生产什么，而不是生产出产品等待客户购买。仓库商品的周转次数每年达 20 次左右，若利用客户信息反馈这种有效手段，就可增加到 24 次。这样，可使仓库的吞吐量大大增加。通过 JIT，企业可从零售商店很快得到销售反馈信息。配送不仅实现了内部的信息网络化，而且增加了配送货物的跟踪信息，从而大大提高了物流企业的服务水平，降低了成本。成本降低之后，企业的竞争力便会增强。

案例 欧洲某配送公司的电子商务物流

欧洲某配送公司通过远距离的数据传输，将若干家客户的订单汇总起来，在配送中心采用计算机系统编制出"一笔划"式的路径最佳化"组配拣选单"。配货人员只需到仓库转一次，即可配好订单上的全部要货。

资料来源：http://3y.uu456.com/bp_9l7ti09ccj0h1ll029yb_2.html.

ERP 系统的功能扩张，促进商品与生产要素在全球范围内以空前的速度自由流动。EDI 与互联网的应用，使物流效率的提高更多地取决于信息管理技术，电子计算机的普遍应用提供了更多的需求和库存信息，提高了 ERP 系统信息管理科学化水平，使产品流动更加容易和迅速。物流信息化，包括商品代码和数据库的建立，运输网络合理化、销售网络系统化和物流中心管理电子化建设等，尚有更多的功能模块有待开发。所以，没有现代化的信息管理，就没有现代化的物流。

3. 电子商务物流 ERP 系统的全球化

开放的电子商务物流 ERP 系统将全力推进全球化，20 世纪 90 年代早期，电子商务的出现加速了全球经济的一体化，致使物流企业的发展达到了跨国化。它从许多不同的国家收集所需要资源,加工后再向各国出口。

(1)ERP系统应对全球化的物流模式。经济全球化使企业面临着新的问题,例如,当北美自由贸易协议达成后,其物流配送系统已不是仅仅从东部到西部的问题,还是从北部到南部的问题,这里有仓库建设问题也有运输问题。又如,从加拿大到墨西哥,如何运送货物,又如何设计合适的配送中心,还有如何提供良好服务的问题。另外,一个困难是较难找到素质较好、水平较高的管理人员,因为有大量涉及合作伙伴的贸易问题。如日本在美国开设了很多分公司,而两国存在着不小的差异,势必会遇到如何管理的问题。

(2)突破信息共享的瓶颈是现实的挑战。目前,很多企业自身内部有不少的商业秘密,物流企业之间的沟通难以实现,因此,如何建立全球化的ERP系统,以及时获得必要的信息,对物流企业来说是一种挑战。同时,在将来的物流系统中,能否做到尽快将货物送到客户手里,是提供优质服务的关键之一。客户发出订单后,能否在规定时间内收到货物,消除收货时间的不确定性,使客户对服务的性价比能够理性地接受。这些都需要通过信息共享平台进行传递和沟通。

(3)从ERP系统推进到全球供应链。全球化战略的趋势是全球供应链的形成,物流企业和生产企业能更紧密地联系在一起,形成了社会大分工。生产厂集中精力制造产品,降低成本,创造价值;物流企业花费大量时间、精力从事物流服务。物流企业满足需求系统比原来更进一步了,例如,在电子商务物流的配送中心,跨境电商对进口商品的代理报关业务、暂时储存、搬运和配送,必要的流通加工,从商品进口到送交消费者手中的服务实现一条龙。

(4)ERP系统与ISO质量标准体系的对接。电子商务时代,由于企业销售范围的扩大,企业和商业销售方式及最终消费者购买方式的转变,使得送货上门、技术咨询、知识传递等业务成为一项极为重要的服务业务,因此促使了物流行业的兴起。电子商务物流企业的ERP系统必须与ISO体系保持友好性和可对接性。物流行业是能完整提供物流功能服务,以及运输配送、仓储保管、分装包装、流通加工等服务以获取服务收益为经营目标的行业,主要包括仓储企业、运输企业、装卸搬运、配送企业、流通加工业等。信息化、全球化、多功能化和一流的服务水平,已成为电子商务环境下的物流企业追求的目标。

2.3 电子商务物流的 SCM 体系

供应链管理(Supply Chain Management,SCM)是随着电子商务理念的出现而产生的,目前,企业的竞争环境发生了很大的变化。如何在电子商务环境下构建快速、敏捷、动态的物流供应链,这是很多企业所面临的一个课题。对电子商务环境下的物流供应链特点和构建原则的研究,其着眼点正是基于电子商务环境下的供应链体系结构(见图2-6)。

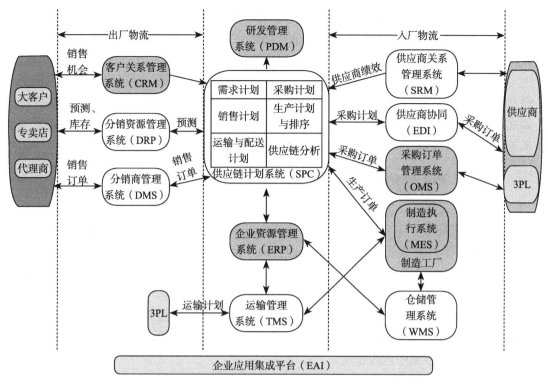

图 2-6 SCM 规划图例

2.3.1 电子商务环境下供应链发展的特点

源于产业链研究的供应链管理理论，在当下的电子商务物流研究中仍有其现实意义。在电子商务环境中，企业的供应链具有如下一些特点。

1. 从职能管理转向过程管理

传统供应链中的经营管理以职能管理为主，各个企业仅仅追求自身的最大效益，然而基于水桶理论，一个系统的产出速度和产出量取决于系统的瓶颈环节，各企业的最优之和并不等于整体的最优，因而注重各个职能的管理很难实现供应链整体效益的最大化。同时在供应链的整个运作过程中，信息的传递也是从一个企业到另一个企业，再在企业内部从上到下的传递，严重影响了信息的传递效率。

在电子商务环境中，为了加快信息的传播速度，扩大信息的共享度和减少信息的失真度，供应链管理逐渐摒弃了面向职能的管理方法，转为面向过程的管理。面向过程的管理使企业把工作重点放在能够给企业创造价值的价值流上，从而删减在传统企业职能"筒仓"中广泛存在的多余流程，让整个供应链中的信息流、物流和资金流能够通畅传递。

2. 从产品管理转向顾客管理

随着自动化设备和信息技术在企业中的不断应用，企业的生产效率已被提到了相当重要的地位，生产制造过程和技术工艺本身对提高整个产品竞争力的潜力已得到比较充分的挖掘，为了进一步开拓市场，提高企业的核心竞争力，整个供应链的重点逐渐从提高产品的质量和降低产品的成本转向对客户需求的挖掘与对客户个性化服务的提供上。

同时，在电子商务环境中，整个市场逐渐转变为买方市场，从而更促使整个供应链从产品管理转向了顾客管理。基于顾客管理的供应链是由顾客驱动的，整个供应链起始于客户需求的提出，终止于客户需求的满足。从产品管理转向顾客管理的趋势也加速了供应链管理和客户关系管理的整合。

3. 从物质管理转向信息管理

在传统供应链中，物流占据了主导地位，供应链优化的重点经常放在减少物流成本和加快物质配送速度上，但随着电子商务的出现，信息在整个供应链中逐渐占据了最重要的地位，供应链也逐渐从物资管理转向了信息管理。

在供应链中信息有两个流向，从客户流向上游供应商的为需求信息流，而从上游供应商流向下游客户的为供应信息流。需求信息流将物流引入下游，把资金流从下游引回上游；供应信息流则把物流从上游引入，导出资金流。因而信息流主导了物流和资金流的流向与效率，加强对供应链中的信息管理，可以有效地降低供应链中的成本和提升物流与资金流的运转速度。

4. 从纵向解式转向横向解式

传统企业出于管理和控制上的目的，对为其提供原材料、半成品或零部件的其他企业一直采取投资自建、投资控股或兼并的纵向解式（Vertical Solution）生产组织模式。在电子商务迅速发展、2008年金融危机的全球经济环境重大变化中，生产组织模式逐渐暴露出许多严重的问题。

因此，许多企业的生产组织模式开始由纵向解式过渡到横向解式（Horizontal Solution）。在横向解式的管理模式下，为顾客提供完整服务的供应链是由很多企业共同完成的，各个企业只将精力集中于本企业的价值增值链上具有相对竞争优势的战略环节中，重视自身核心竞争能力的提高，从而可以减少业务转型的风险，更好地适应多变的市场。这为当下的电子商务物流集约化管理提供了可借鉴的思路与方法。

5. 从实有资源管理转向虚拟资源管理

随着全球竞争的日趋激烈，市场的新需求和企业新技术的采用促使供应链中的物流与资金流加速。企业的库存成本和运输费用占总成本的比例越来越大。加拿大英属哥伦比亚大学商学院的迈克尔 W. 特里西韦教授的研究认为，在一个企业中，库存费用约为销售额的3%，运输费用约为销售额的3%，采购成本占销售收入的40%～60%。为了减少这些成本，企业逐渐从对实有资源的管理转向对虚拟资源的管理，利用信息驱动物质的流动，从而有效地减少库存，甚至可以达到零库存。对虚拟资源的管理也包括对企业外部资源的管理，通过适当的业务外包，可以大大节约采购成本，并充分利用全球的廉价生产要素，从而大大减少生产成本。以菜鸟网络为代表的电子商务物流也是通过这种原理的迁移，实现了物流行业的外部经济性。

2.3.2 电子商务环境下优化供应链的方式

根据供应链在电子商务环境下的特点，有必要对传统的供应链进行重新设计和改造，构建供应链的新模式。在重新设计供应链的过程中，主要采取以下几种方式。

1. 建立基于供应链的动态联盟

在需求的不确定性大大增加的电子商务环境下，企业的供应链必须具有足够的柔性，随时支持用新的平台和新的方式来获取原材料，生产产品，取悦顾客并完成最后的配送工作。建立动态联盟可以极大地提高供应链的柔性。供应链从面向职能到面向过程的转变，使得企业抛弃传统的管理思想，把企业内部以及节点企业之间的各种业务看作一个整体功能过程，形成集成化供应链管理体系。通过对集成化供应链的有效管理，整条供应链将达到全局动态最优目标。

2. 构建统一的信息平台

供应链集成的最高层次是企业间的战略协作问题，当企业以动态联盟的形式加入供应链时，即展开了合作对策的过程，企业之间通过一种协商机制，谋求一种双赢或多赢的目标。在电子商务环境下，顾客需求的不确定性大大增加，也增加了供应链构建的风险。构建统一的信息平台，增加各供应链节点之间的交流，将有效地防止"信息延迟"，减少供应链的"鞭子效应"，增加供应链的响应速度，从而降低供应链构建的风险。

3. 统一管理"虚拟贸易社区"

尽管通过信息技术可以实现供应链信息的共享，但供应链伙伴仍然有一些敏感信息不愿意与别人共享，信息不对称的问题依然存在。建立集成化的管理信息系统，统一管理"虚拟贸易社区"，加强企业间的协调，保证电子商务物流供应链伙伴信息的安全性，才能有效地实现供应链中关键信息的充分共享，从而提高整个供应链的管理效率，实现供应链价值的最大化（见图 2-7）。

4. 密切关注顾客的需求和重视顾客服务

现代电子商务物流企业成功的要诀，就在于它们都十分重视对客户服务的研究。企业供应链从产品管理转向顾客管理，以及顾客需求拉动的特点，使得企业更加密切地关注顾客的需求，并通过数据仓库和数据挖掘等技术，增加对顾客需求理解的精确程度。在理解顾客需求的基础上，通过大规模定制等技术，企业为顾客提供一对一的个性化服务。

5. 改造企业内部业务流程

在传统企业"筒仓式"组织结构中，信息的传递效率极其低下，导致企业内部业务效率难以提高。一方面要对企业内部的组织结构进行改造，打破原来的职能化组织结构形式，尽量实现组织结构的扁平化，减少信息流的传递环节；另一方面要重新设计企业的业务流程，减少整个业务流程的环节，从而提高组织的业务效率。

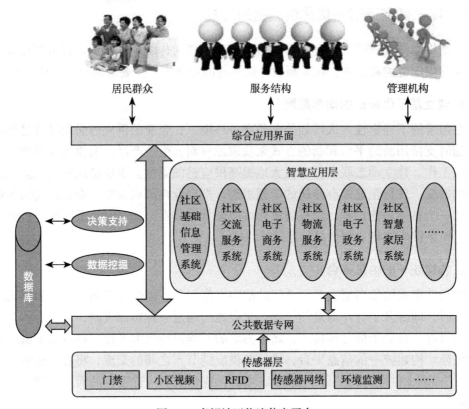

图 2-7　虚拟社区物流信息平台

2.3.3　电子商务环境下的供应链体系结构

通过对电子商务环境下供应链特点以及供应链优化方式的分析，以此建立电子商务环境下的供应链体系结构。整个体系结构以结算中心、物流中心、虚拟供应链服务系统和互联网为支撑平台，通过信息流引导资金流和物流，从而良好地解决了整个供应链的资金流、信息流和物流问题。通过该支撑平台的支持，企业可以专注于自身竞争能力的提高，并在此平台上构建供应链的动态联盟。

该体系结构具有以下三个特点。

（1）基于 Web 的供应链支撑平台，电子商务时代的供应链要求有快速的信息传递、资金流转和物流的配送，基于 Web 的供应链支撑平台良好地解决了供应链中的信息流问题，信息流引导资金流和物流，使供应链中的资金快速到位，物流配送的效率也大大提高。

（2）通过中立的支撑平台的支持，供应链中的各个企业可以专注于自己的核心业务，有效利用自身资源提高竞争力，构建竞争优势。同时也极大地加强了各企业之间的交流，保证了关键信息的共享并减少了企业的通信成本。

（3）虚拟供应链的服务系统。虚拟供应链的服务系统由专门的中立信息服务中心提供技术支持和服务，这样既有利于提高服务质量和效率，降低供应链运作成本，又有利于供应链合作伙伴感到平等和安全。同时，虚拟供应链的服务系统为整个供应链支撑平台的正常运作提供了基础，并通过统一处理供应链中的信息，增加了供应链伙伴之间获得信息的及时性和可见度。

电子商务物流企业的供应链建立的目标是：通过构建更柔性的供应链管理体系，不断驱动企业供应链和后端支撑系统的改造，加快上下游各环节的快速响应和异常情况的快速应对，通过与多终端电商平台的对接，一站式解决供应难题。同时，该系统密切关注顾客的需求和重视顾客服务，在供应链管理中以顾客需求为导向，将 CRM 体系与供应链上下游的运作结合起来（见图 2-8）。

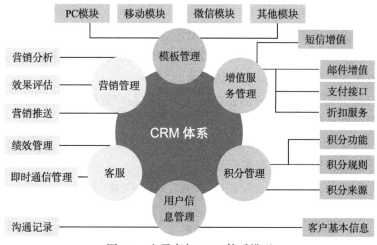

图 2-8　电子商务 CRM 体系模型

2.4　电子商务物流的 CRM 体系

随着互联网的迅猛发展、市场的不断成熟，世界经济进入了电子商务物流时代，以生产为中心、以销售产品为目的市场战略逐渐被以客户为中心、以服务为目的的市场战略所取代，作为电子商务物流企业，尽管经营环境以及手段发生了变化，但是以客户为中心的客户关系管理（Customer Relationship Management，CRM）依旧是电子商务物流时代制胜的关键。

2.4.1　客户关系管理的新观念

电子商务物流客户服务与物流客户服务，从根本上看并没有本质的区别，都是从接受客户订单开始到将商品送到客户手中并使客户关系长期化，为满足客户需求而发生的所有服务活动。电子商务物流具有电子化、信息化、自动化、网络化、智能化、柔性化等特点，而柔性化是指能真正根据消费者需求的变化来灵活安排物流活动，实现"以客户为中心"，也就是要求物流配送中心根据消费者需求具有"多品种、小批量、多批次、短周期"的特色，灵活组织和实施物流作业，并具有新的特点与优势。

1. 电子商务物流客户关系管理的新特点

客户关系管理就是对物流客户关系进行管理的一种思想和技术。简而言之，客户关系管理是一种"以客户为中心"的经营理念，它借助于信息技术在企业的市场、销售、技术支持、客户关系管理等各个环节的应用，以改善和增进企业与客户的关系，实现以更优质、更快捷、更富个性化的服务来实现保持和吸引更多客户的目标，并通过全面优化面向客户的业务流程使保留老客户和获取新客户的成本最低化，最终使企业的市场适应能力和竞争实力有一个质的提高（见图2-9）。基于互联网的客户关系管理是一个完整的收集、分析、开发和利用各种客户资源的系统，它的新特点有以下几点。

（1）集中了企业内部原来分散的各种客户数据，客户数据形成了正确、完整、统一的客户信息为各部门所共享。

（2）客户与企业任何一个部门打交道都能得到一致的信息。

（3）客户选择电子邮件、电话、传真等多种方式与企业联系都能得到满意的答复，因为企业内部的信息处理是高度集成的。

（4）客户与公司交往的各种信息都能在对方的客户数据库中得到体现，能最大限度地满足客户个性化的需求。

（5）公司可以充分利用客户关系管理系统，可以准确判断客户的需求特性，以便有的放矢地开展客户服务，提高客户忠诚度。

图2-9　CRM体系主要业务内容

2. 客户关系管理带给物流企业的主要优势

电子商务物流中客户关系管理作为一种全新的商务运作方式，不仅改变了现行的运营系统和盈利模式，而且改变了人们贸易和消费的方式。

（1）降低成本，增加收入。在降低成本方面，客户关系管理使销售和营销过程自动化，大大降低了销售费用和营销费用。由于客户关系管理使企业与客户产生高度互动，因此可帮助企业实现更准确的客户定位，使企业留住老客户，获得新客户的成本显著下降。在增加收入方面，由于在客户关系管理过程中企业掌握了大量的客户信息，因此可以通过数据挖掘技术来发现客户的潜在需求，实现交叉、体验销售，带来额外的新收入来源。由于采用了客户关系管理，因此可以更加拉近与客户的关系，增加订单的数量和频率，减少客户的流失。

（2）提高业务运作效率。由于信息技术的应用，实现了企业内部范围内的信息共享，因此业务流程处理的自动化程度大大提高，从而使业务处理的时间大大缩短，员工的工作也得到简化，企业内外的各项业务得到有效的运转，保证客户以最少的时间、最快的速度得到满意的服务。

（3）保留客户，提高客户忠诚度。客户可以通过多种形式与企业进行交流和业务往来，企业的客户数据库可以记录分析客户的各种个性化需求，向每位客户提供"一对一"的产品和服务，而且企业可以根据客户的不同交易记录提供不同层次的优惠措施，鼓励客户长期与企业开展业务。

（4）有助于拓展市场。客户关系管理系统具有对市场活动、销售活动的预测和分析能力，能够从不同角度提供有关产品和服务成本及利润的数据，并对客户分布和市场需求趋势的变化，做出科学的预测，以便更好地把握市场机会。

（5）挖掘客户的潜在价值。每个企业都有一定数量的客户群，如果能对客户的深层次需求进行研究，则可带来更多的商业机会。客户关系管理过程产生了大量有用的客户数据，只要加以深入利用即可发现很多客户的潜在需求。

2.4.2 电子商务物流的客户关系管理创新方式

对客户关系管理系统进行业务需求分析是整个项目实施过程中的重要环节，电子商务物流离不开互联网。网络、网站、网页三位一体，网站是电子商务中企业与客户进行联系的特殊且重要的平台和沟通工具。为了和客户沟通，需要在电子商务物流中采取一些措施。

（1）微信、QQ及电子邮件的链接，便于客户和网站管理者通过邮件联系，邮寄目录，请客户签署邮寄单，要让所有在邮寄单上的人及时了解企业所提供的最新产品。为了把客户放在邮寄单上，在第一次交易时询问客户的电子邮件地址，可以提供给他们两种选择：一种是明确列在邮寄单上，另一种是不明确的。一旦有了联系方式和地址，预测他们的购买行为，就可以传送适当的信息。

（2）搭建网络社区，培养稳定的客户群。社区建立的原则基于社会心理学常识，一般人不喜欢改变，不喜欢决策。他们在寻求某种大目标的时候，就会融入一个团体中，他们不愿意轻易放弃。创造一种环境，让客户在其中培养良好的感觉，认识到他们是被理解的，成为一种强势集团的成员。运用网站公告板，供客户在网上公开发表意见。邮件列表可定期或不定期地向不同的客户群体发送不同的信息。

（3）设计客户购物专区。客户购物专区可以存放每个客户的购物信息，便于客户跟踪、查询订单的执行，包括购买前、购买中、购买后，这样提高了购物过程的透明度。在长期的客户关系中,客户导向的服务比产品的技术含量更加重要,服务管理模块应具有以下功能:客户对象管理、保修检查、服务合同管理、服务请求管理、服务订单处理、零配件供应、发票和报表管理。客户服务不再是解决售后问题,而是应该从刚刚接触客户的那一刻开始。良好的客户服务应该在问题出现以前便预先处理和解决。快速响应是反映服务质量的第一表现,其次是容易退货和快速订单跟踪。这些服务对客户满意度具有重要影响,其中包括存货水平、订货信息、订货周期、快速装运、运输、系统准确性、订货方便性、产品替代性等。

2.4.3 发展电子商务物流客户关系管理的意义

将电子商务和物流技术进行有效整合,优势互补,可以合理配置资源,提高电子商务与物流活动的效率。无论产品多么优质,无论品牌多么知名,要想保持竞争的优势,吸引一批又一批的回头客,做好客户服务就是唯一选择。许多企业客户关系管理的实践表明,在电子商务物流发展时代,有效实施客户关系管理是企业保持旺盛生命力的强劲动力,只有客户关系管理的成功,才有电子商务物流的成功,企业才能持续、快速、健康的发展。

2.5 电子商务物流 SRM 体系

供应商关系管理(Supplier Relationship Management,SRM)的设计理念正如当今流行的 CRM 体系用来改善与客户的关系一样,SRM 是用来改善与供应链上游供应商关系的,是一种致力于实现与供应商建立与维持长久、紧密伙伴关系的管理思想和软件技术的解决方案。它是旨在改善企业与供应商之间关系的新型管理机制,实施于围绕企业采购业务相关的领域,目标是通过与供应商建立长期、紧密的业务关系,并通过对双方资源和竞争优势的整合来共同开拓市场,扩大市场需求和份额,降低产品前期的高额成本,实现双赢的企业管理模式(见图 2-10)。

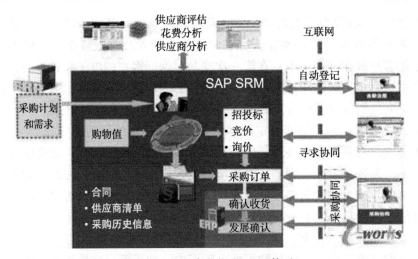

图 2-10 电子商务物流 SRM 体系

2.5.1 电子商务物流的 SRM 体系核心

供应商关系管理是用于建立商业规则的行为，是企业为实现盈利和不同重要性的产品/服务供应商进行沟通的必要性理解。SRM 体系能够帮助企业打破原有的对待供应商的排队式的处理方式，增加企业优化供应商关系的能力，从而降低成本，促进企业利润的大幅增长。

1. 关系管理

SRM 体系是以关系管理为核心、实现关系管理的手段，也是先进的信息技术和互联网技术。它是以多种信息技术为支持和手段的一套先进的管理软件与技术，它将先进的电子商务、数据挖掘、协同技术等信息技术紧密集成在一起，为企业产品的策略性设计、资源的策略性获取、合同的有效洽谈、产品内容的统一管理等过程提供了一个优化的解决方案。实际上，它是一种以"扩展协作互助的伙伴关系，共同开拓和扩大市场份额，实现双赢"为导向的企业资源获取管理的系统工程。

2. 需求分析

SRM 体系是通过准确、及时的需求分析为企业决策的制定创造先决条件，如在采购方面，随着供应商队伍专业化的发展，准确及时的采购可以节省开支，取得市场上的采购优势。采购既要面对生产和销售，又要同时满足市场和客户的要求。SRM 体系能够整合内部和外部资源，建立起高效能的组织采购，对自身业务的关键性材料或者服务的需求进行战略部署，以减少日常生产运作中意想不到的问题。

2.5.2 电子商务物流的 SRM 体系内容

电子商务物流的 SRM 体系的最基本内容包括以下四个方面：供应商分类选择、战略关系与发展策略、供应商谈判和供应商绩效评价。

1. 供应商分类与选择

应该先确定符合公司战略的供应商特征，对所有供应商进行评估，可以将供应商分成交易型、战略型和大额型。一般来讲，交易型供应商是指为数众多、交易金额较小的供应商；战略型供应商是指公司战略发展所必需的少数几家供应商；大额型供应商是指交易数额巨大、战略意义一般的供应商。供应商分类的目标是为了针对不同类型的供应商，制定不同的管理方法，实现有效管理。这种管理方式的转变，应该首先与各利益相关者进行充分沟通，获得支持。

供应商的评估与选择应该考察多个方面的因素，包括实力（技术、容量、竞争力等）、响应速度（销售服务、质量反应速度、对防范问题的反应以及对改进工作的兴趣等）、质量管理（效率、产品设计以及质量保证程序等）、时间控制（交货期的长短以及交货是否准时等）、成本控制（设计费用、制造费用、维护费用、运输费用和保管费用等)。SRM 体系可以综合考察供应商各个方面的因素，帮助企业做出准确的分类与选择。

2. 战略关系与发展策略

确定对各类供应商采用何种关系和发展策略，一般通过几个步骤来进行。首先，与战略型供应商和大额型供应商在总体目标、采购类别目标、阶段性评估、信息共享和重要举措等各方面达成共识，并记录在案。其次，与各相关部门开展共同流程改进培训会议，发现有潜力改进的领域。再次，对每位供应商进行职责定位，明确其地位与作用。最后，双方达成建立供应商关系框架协议，明确关系目标。在这一部分可以做的工作包括：建立供应商的管理制度，供应商绩效管理，供应商的合同关系管理，采购流程的设计与实施。SRM 体系能够使采购流程透明化，并能提高效率和反应能力，降低周转时间，提高买卖双方的满意度。

3. 供应商谈判

根据前面各步骤的工作可以与供应商通过谈判达成协议。SRM 体系能够帮助电子商务物流企业跟踪重要的供应商表现数据（如供应商资金的变化等），以备谈判之用。SRM 体系在采购过程中还可以实现公司内部与外部的一些功能。公司内部的功能包括：采购信息管理、采购人员的培训管理和绩效管理、供应商资料实时查询、内部申请及在线审批。公司外部的功能包括：与供应商之间的关系、在线订购、电子付款、在线招标等。

4. 供应商绩效评价

供应商绩效评估是整个供应商关系管理的重要环节。它既是对某一阶段双方合作实施效果的衡量，又是下一次供应商关系调整的基础。SRM 体系能够帮助企业制定供应商评估流程，定期向供应商提供反馈。供应商的绩效评估流程可以从技术、质量、响应、交货、成本和合同条款履行这几个关键方面进行评估，同时该流程还可以包括相关专家团特定的绩效评估。评估流程的目的在于给双方提供开放沟通的渠道，以密切彼此的关系。同时，供应商也可以向企业做出反馈，站在客户的角度给出他们对企业的看法。这些评估信息有助于改善彼此的业务关系，从而改善企业自身的业务运作。

2.5.3 电子商务物流的 SRM 管理的效用

很多成熟的电子商务物流企业都基于自身业务特点和市场状况，逐渐构建有自己特点的 SRM 管理体系。在一些行业，如高科技产业、电器行业、物流业与专业服务业等，已较为普遍地建立了这种 SRM 管理体系，而且这种体系的价值在不断显现，但在某些产业中这种转变还只是刚刚开始。然而，这是一股不容忽视的趋势。在这股风潮中领先的企业，凭着伙伴关系所带来的成果与优势，在行业竞争中成为翘楚。

1. 效率与规模经济

人们渐渐地发现，供应商可以利用与同业的伙伴关系，并借助科技的力量，合力削减成本与共同提高效率，这在线上线下的零售业中表现尤为明显，例如，杰西潘尼（J. C. Penny）把其存货控制与产品补充系统与其他供应商整合在一起，这样供应链上的企业可以利用各自的能力与资源，节省重叠的成本。

不论是通过科技让整个供给过程更为精简，还是达到研发上的规模经济，供应商之间达成共结伙伴关系的最主要原因是：追求更大效率与更高生产效率。基于这一点，与许多供应商－客户间伙伴关系的促成因素基本相同，伙伴关系本身就是为适应追求更高的生产效率而产生的。

2. 新市场价值

在我国的新型行业中，供应链上的企业之间的伙伴关系进入了一个更新的层次：结合力量创造更多的市场价值，为整合市场创造全新的贡献。这说明，企业之间结合彼此的核心能力，研发新的产品或推出新的方案，在最高的层次中，这种核心能力的结合甚至会扭转整个产业的方向。从日常运营层面来看，经由合作共同创造的新市场价值，更为结成伙伴的厂商（店商）带来强而有力的竞争优势。例如，2017年9月1日，海澜之家与阿里巴巴签署战略合作协议，双方达成高度战略合作共识，拟在品牌建设、渠道管理、产品创新等领域开展深入的战略合作。

3. 客户需求

电子商务物流的 SRM 体系管理是一种战略与策略的结合体，目的在于转变以往的管理理念和经营模式。但是人们也注意到，改变和创新整个产业策略的终极目标在于满足客户的期望与需求。企业之间的通力合作渐渐地成为客户的基本要求与期盼，特别是在"互联网+"的背景下，企业之间的合作尤为突出。电子商务物流企业应该借助先进技术手段，搭建客户、供应商、厂商、电商企业利益共享的信息交流平台。未来，客户所寻找的不仅仅是能提供产品与服务的供应商，更要求供应商能切入整个供给项目并有能力与他人共谋合作。客户还要求强力的伙伴关系为他们带来完整的解决方案，以及提供最优良的产品和服务，因此电子商务物流的 SRM 体系构建正当其时。

本章小结

电子商务物流行业的顶层设计基本格局：以"创新、协调、绿色、开放、共享"五大发展理念为指导，科学规划电子商务物流网络布局体系。

电子商务物流的 ERP 系统特点是：自动化、网络化、推动线下物流节点构建。变化趋势是：电子商务物流的 ERP 系统构建目标是一流服务，电子商务物流的 ERP 系统建立是信息化的助推器，电子商务物流 ERP 系统的全球化。

电子商务物流的 SCM 体系的特点：从职能管理转向过程管理，从产品管理转向顾客管理，从物质管理转向信息管理，从纵向解式转向横向解式，从实有资源管理转向虚拟资源管理。

优化供应链的方法和原则：建立基于供应链的动态联盟，构建统一的信息平台，统一管理"虚拟贸易社区"，密切关注顾客的需求和重视顾客服务，改造企业内部业务流程。

电子商务物流 CRM 体系具有新特点和创新方式。电子商务物流 SRM 体系的核心是：关系管理、需求分析。SRM 体系的最基本内容包括以下四个方面：供应商分类选择、战略关系与发展策略、供应商谈判和供应商绩效评价。

复习思考题

1. 电子商务物流行业的顶层设计基本格局是什么？
2. 电子商务物流 SCM 体系的主要特点是什么？
3. 电子商务物流 CRM 体系具有的新特点和创新方式是什么？

课内实训

假如你被公司委以一项做电子商务物流的 SCM 体系的任务，你力求将此项活动做得圆满且完善，那么你做的这项电子商务物流的 SCM 体系将包括哪些基本内容？调查的主要程序包括哪些？

课外实训

以小组为单位，利用业余时间对某一电子商务物流企业的 CRM 体系进行一次调查，调查可以根据自己对企业了解的情况，自行拟订初步方案，重点对发现的问题提供解决方案，调查完后做出调研 PPT。

案例分析 1

学物流管理，做 ERP 供应链顾问，新职业黄金组合

近几年，物流管理专业成了高考志愿中的热门专业。在网络时代的大潮中，电子商务模式下的物流管理，就是以电子商务模式为运行平台，以计算机技术为支撑的，是对企业的整个生产、销售链进行的最优化的控制过程，它是对传统物流理论的全面革新。

电子商务模式下的物流管理要求广泛收集客户需求信息，根据信息做出能保持良好利润水平的采购预测，及时与生产企业沟通信息，决定最优库存数量、最佳存货地点、订货计划、配送和运输的方式、自动补货系统等，有效实行物流跟踪与库存控制，降低流通过程中每个环节的库存量。

然而，很多物流专业的毕业生感叹工作难找，他们觉得物流是一个没有技术含量的岗位，有些人觉得无非是出入存，不需要什么高科技，也不需要高学历，任何人都可以做。其实，这只能说你没有清楚地认识到现代物流和管理的结合能为企业创造出什么样的价值。

举例来说，自动化仓库领域，无线终端、高空货架、射频技术、有轨货车、仓库管理系统（Warehouse Management System，WMS）和 ERP 系统的结合等物流领域必备的知识，都是现代物流人员要掌握的，尤其是 ERP 物流供应链方面的知识。ERP 系统是将企业实际管理需求与先进信息技术的完美结合，打造企业全程一体化管理体系，打破各部门、各区域、各系统之间沟通和协作的壁垒，建立规范、便捷、高效的业务流程，实现销

售、客户、项目、生产、采购、人资、财务、办公等所有环节全程无缝管理，确保了数据信息在传递过程中的准确性、时效性和有效性，帮助企业快速反应、紧密协作、良好运营，更快推进业务发展，全面提升核心竞争力。

知名ERP供应链顾问培训机构教学部陈经理说："不是岗位稀缺，而是ERP供应链顾问稀缺。信息化是大趋势，物流行业必须紧跟潮流和信息化管理相结合，物流管理人才尽快转型成为ERP供应链顾问，这样才能成为企业青睐的高端人才。我们这里走出去的ERP供应链顾问，没有哪个人不好就业，相反都是供不应求的，并且在实际的工作中积累的项目经验越多，能力越强，待遇就会越好。"

所以，不管你是物流管理专业的应届毕业生，还是有相关工作背景的职场达人，都不能忽略ERP供应链顾问带给你的巨大机会。你的职业生命有多长，就看你会不会做职业规划，职业转型成功往往能带来二次飞跃，职场的路会更宽阔。

资料来源：http://news.ifeng.com/a/20170522/51139670_0.shtml.

问题： 在本案例中，电子商务环境下的物流管理有哪些新的业务能力，本案例为什么强调物流管理人才应尽快转型成为ERP供应链顾问？你对此有何看法？

案例分析2

daydao 电商云 ERP 正式亮相

2017年5月18日，由武汉市人民政府、湖北省商务厅主办的2017第三届中国武汉国际电子商务暨网络商品博览会（简称武汉电博会）在武汉国际会展中心盛大开幕。"这届电博会一票难求，开幕当天，到场客流量就将近5万人次，大部分都是专业观众，含金量相当高。我们今天就物色到不少商机和潜在用户！"说这话的是参展本届电博会的品牌服务商之一——来自深圳的一家叫作理才网的科技公司的负责人。当天，理才网（29号展位）集中展示了daydao电商云ERP。

据了解，这款为电商企业量身打造的供应链管理产品经过了长时间的细心打磨，于2017年早期发布上线。产品包含B2B采购平台、交易平台、云ERP、WMS、TMS、客户关系管理以及财务接口、电商平台订单（商品、库存）API、电子口岸数据等一整套电商行业解决方案。这意味着：它可以通过云ERP平台，实现和淘宝、天猫、京东、唯品会等在线电商平台以及自建平台的对接，完成订单的下载和处理，还能对接快递、物流、仓储、财务等平台，实现订单自动匹配、支付、验货、发货、售后、明细汇总等全方位服务，从而提升工作效率，减少出错率，降低人员成本。

目前，daydao电商云ERP已经是时计宝等多家著名零售商指定的电商企业ERP专用产品。受产品吸引，不少观众聚拢过来，聆听产品服务细节。有潜在需求的参展者还领取了资料，现场注册体验。

资料来源：http://www.cctime.com/html/2017-5-19/1289192.htm.

问题： 电商企业为何强调实施供应链管理？电商云ERP功能的最大优势是什么？电商云ERP包含哪些基本模块和解决方案？

第 3 章 • Chapter 3

电子商务采购

学习目标

1. 熟悉电子商务采购的基本概念及主要特点；了解传统采购与电子商务采购的主要区别；理解电子商务采购的意义和作用。

2. 熟知电子商务采购的基本模型、基本流程；熟悉电子商务采购新理论；了解电子商务采购的主要价值。

3. 熟悉跨境采购与大数据采购的特点和原理，以及在未来采购活动中的价值。

导引案例

中国跨境电商 B2B 平台建海外仓，采购商足不出户直采中国货

中新社重庆 2017 年 5 月 4 日电（记者刘贤）"全球采购商需要每年春秋两季跑到中国广州参加中国进出口商品交易会。我们把'交易会'办到国外去，让采购商足不出户直采中国货。"中国商务部首批跨境电商试点前四强企业大龙网常务副总裁朱福兴说。大龙网"一带一路、百城百联"倡议将为中国货的海外采购商带来利好。

近年来，中国制造企业需要"走出去"，由国外市场消化部分产能，许多国家也正需要这些中国货。成立于 2010 年的大龙网致力于打通渠道，让全球采购商与中国厂商直接对接。对采购商来说，获得物美价廉的货源、便捷高效的物流、对称透明的信息是关键。

大龙网是最早走到海外的中国跨境电商企业之一。朱福兴接受中新社记者采访时说，2012 年在迪拜参加一次展会时，原以为作为电商企业的大龙网会比较尴尬，因为没有生产货品可供展示。谁知大龙网的广告语引起海外采购商的瞩目——"我是你的中国供应链合伙人，提供 50 万个商品品类，帮助你向中国工厂直采"。

零售商都希望向厂商直采，避免代理、进出口公司等中间环节的利润分割。朱福兴说，基于在迪拜展会上发现的这个商机，大龙网建立了"线上约、线下会"的全球

网贸会雏形。线上，大龙网的约商App让全球商人用母语随时随地进行商务洽谈；线下，大龙网在"一带一路"倡议的沿线国家建立50个网贸馆，同时在中国建立与之对应的供货产业园，即"一带一路、百城百联"倡议。这种模式通过"前展后仓"的形式，让中国货在采购商所在国家线下展示并仓储。采购商在本国即可看到并体验到中国货。

朱福兴说，这种模式不但方便全球采购商看货，洽谈合作，还能缩短从下单到提货的时间。在传统贸易方式中，一般从下单到中国厂商供货需要3~6个月。有了海外仓后，中国供货商可通过销售数据计算出最适合的备货量，等采购商下单，就能从当地的海外仓发货。大龙网建立境外采购商与中国供货商的直接对接平台，减少了中间环节，对供采双方来说都有利。

重庆市摩托车配件流通协会会长周少钢说，传统的国际贸易是"两头堵"，进出口公司一边与海外商家沟通，一边对厂商压价，有信息不对称等问题。大龙网的模式减少了中间环节，可以增加厂商的利润点。实际上，其协会企业将降低的成本体现在售价上，让采购商能以更低价格买到优质的中国货。

大龙网的这种模式已有实效。2015年，其平台出口流水达306亿元，同比增长32%。据朱福兴透露，全球网贸会将带领中国品牌和商品乘"一带一路"建设东风出海，2017年，完成"百城百联"战略。目前，网贸会已在莫斯科、华沙、迪拜、胡志明市、多伦多等地建网贸馆，雅加达、新德里、法兰克福、墨尔本、首尔、仰光等近20个城市的网贸馆曾列在2016年的建馆计划中。

资料来源：http://www.myzaker.com/article/58f03c777f52e9d76200007c/.

3.1 电子商务采购概述

采购活动是物流功能体系中的重要组成部分，对制造业和商品流通企业都具有重要意义。电子商务采购则是在电子商务环境下的采购模式，与网上采购具有一定的相似性。

3.1.1 电子商务采购的概念

电子商务采购是指交易双方利用现代开放的互联网，按照一定的标准所进行的各类采购活动，也是物流活动的电子化过程。电子商务采购的产生使传统的采购模式发生了根本性的变革，这种采购制度与模式的变化，使企业采购成本和库存量得以降低，采购人员和供应商数量得以减少，资金流转速度得以加快，企业经济效益得以提升。

电子商务采购的基本流程是：电商采购交易双方通过建立电子商务交易平台，发布采购信息，或主动在网上寻找供应商和产品，然后通过线上洽谈、比价、网上竞价实现网上订货，甚至线上支付货款，最后通过线下的物流过程进行货物的配送，完成整个交易过程（见图3-1）。

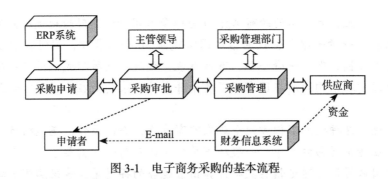

图 3-1 电子商务采购的基本流程

3.1.2 电子商务采购的性质

电子商务采购是由采购方发起的一种采购行为，是一种不见面的网上交易，如网上招标、网上竞标、网上谈判和网上支付等。在本质上，电子商务采购比一般的电子商务和一般性的采购有了更多的概念延伸，电子商务采购不仅仅完成采购行为，而且利用信息和网络技术对采购全程的各个环节进行管理，实现了采购信息的公开化，扩大了采购市场的范围，缩短了供需距离，避免了人为因素的干扰，简化了采购流程，减少了采购时间，降低了采购成本，提高了采购效率，大大降低了库存，使采购交易双方易于形成战略伙伴关系，有效整合了企业的资源，帮助供求双方降低了成本，提高了企业的核心竞争力。可以说，企业采购电子化是企业运营信息化不可或缺的重要组成部分。电子商务采购使企业逐渐用全新的商业模式取代传统的人工办法购买和销售产品，在这一全新的商业模式下，随着需方与供方通过电子网络而联结，商业交易开始变得具有无缝性，其自身的优势是十分显著的。

总之，电子商务采购为采购提供了一个全天候、全程透明、超时空的采购环境，即365天×24小时的采购环境。从某种角度来说，电子商务采购是企业的战略管理创新，是政府遏制商业腐败的一剂良药。

3.1.3 电子商务采购的特点

采购直接影响着企业的生产经营过程、企业效益，是构成企业竞争力的重要方面。电子商务采购是一种适应时代发展的先进采购模式，能使供需双方都有价值上的获得感。

（1）公开性。电子商务采购是借助互联网进行的，互联网具有公开性的特点，通过互联网发布的信息，全世界都可以看到。在招标采购中，采购方的招标公告一经发出，符合条件的客户就会根据自身条件在网上投标，采购的公开性特征最为明显。

（2）广泛性。连接世界各地的互联网没有地域边界，所有的供应商都可以向采购方投标，采购方也可以通过互联网进入供应商的网站，对其进行详细了解和业务调查。

（3）交互性。在电子商务采购过程中，采购方与供应商利用网络平台，通过网络传递视频、图片、文字、音像等文件，也可以通过微信、QQ聊天的方式进行信息交流，既方便又迅速，而且交易成本较低。

（4）高速度。大数据的具有5V特点（IBM提出）：大量（Volume）、高速（Velocity）、多样（Variety）、低价值密度（Value）、真实性（Veracity）、高速（Velocity），高速是指电子传播速度每秒30万千米，网上信息传输速度可想而知。

总之，企业的采购活动是整个经营环节中十分重要的一环，电子商务采购是结合先进的信息技术和采购管理等理论产生的一种新的采购手段，电子商务采购以其思想和技术的先进性，正在成为采购管理变革的趋势，其先进的管理理念也在不断充实电子商务物流理论体系。

3.1.4 电子商务采购的优势

采购是发生在企业与其上游供应商之间的商务活动，是商业活动中存在最大潜在获益机会的领域，也是企业可以通过节约成本赢得竞争优势的重要领域。采购管理历来是企业物流管理的重要领域，其运作管理水平对于企业提升经营绩效起到了决定性作用。从现代采购管理的环境来看，在电子商务模式下，采购供应活动真正改变了原来无战略细分和供应管理的局面，实现了采购管理的5r，即采购供应恰当的数量、恰当的时间、恰当的地点、恰当的价格以及恰当的来源。电子商务采购模式具有以下优势（见图3-2）。

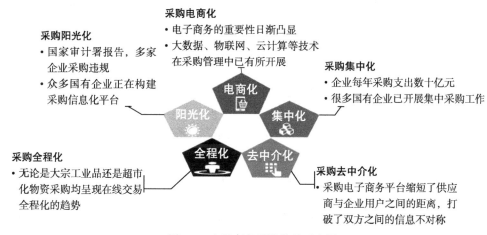

图 3-2 电子商务采购优势示意图

（1）有利于扩大供应商范围，提高采购效率，降低采购成本，产生规模效益。由于电子商务面对的是全球市场，可以突破传统采购模式的地域局限，从货比三家到货比多家，在比质比价的基础上找到满意的供应商，大幅度降低采购成本。有利于信息的沟通，促进采购管理定量化、科学化，为决策提供更多、更准确、更及时的信息，使决策依据更充分。由于不需要出差，可以大大降低采购费用；通过网站信息的共享，可以节省纸张，实现无纸化办公，大大提高采购效率。

（2）有利于提高采购的透明度，实现采购过程的公开、公平、公正，杜绝采购过程中的腐败。电子商务是一种双方不谋面的交易，通过将采购信息在网站公开，采购流程公开，避免交易双方有关人员的私下接触，由计算机根据设定标准自动完成供应商的选择工作，有利于实现实时监控，避免采购中的黑洞，使采购更透明、更规范。实现本地化采购向全球化采购的转变。由于世界经济的一体化，因此全球化采购成为企业降低成本的一种必然选择。

（3）有利于实现采购业务程序标准化。电子商务采购是在对业务流程进行优化的基础上进行的，必须按软件规定的标准流程进行，可以规范采购行为和采购市场，有利于建立一种比较良好的经济环境和社会环境，大大减少采购过程的随意性。

（4）有利于促使生产企业完成由计划向市场的转变，满足企业即时化生产和柔性化制造的需要，缩短采购周期，使生产企业由"为库存而采购"转变为"为订单而采购"。为了满足不断变化的市场需求，企业必须具有针对市场变化的快速反应能力，通过电子商务网站可以快速收集用户订单信息，然后进行生产计划安排，接着根据生产需求进行物资采购或及时补货，即时响应用户需求，降低库存，提高物流速度和库存周转率。

（5）有利于利用网络技术提升核心能力。利用网络技术，通过一个公共的交易信息平台，采购、竞标变得前所未有的快速、高效和公平。一般性的采购，小到日常用品，大到机电设备，参与的采购者从政府、军队到企业，通过一个交易平台，拉近了空间的距离，缩短了竞标谈判的时间，而这样的效率在传统采购中是难以想象的。同时更节省了大量的人力和采购所需的大量间接资金投入，也避免了在有人直接参与的采购与竞标中难以完全杜绝的不公正性，企业可以把更多的精力放在产品的技术含量及品质上。

（6）有利于实现采购管理向供应链管理的转变。由于现代企业的竞争不再是单个企业之间的竞争，而是供应链与供应链之间的竞争，因此要求供需双方建立长期的、互利的、信息共享的合作关系，而电子商务采购模式可以使参与采购的供需双方进入供应链，从以往的"输赢关系"变为"双赢关系"。采购方可以及时将数量、质量、服务、交货期等信息通过商务网站或 EDI 方式传送给供应方，并根据生产需求及时调整采购计划，使供方严格按要求提供产品与服务，实现准时化采购和生产，降低整个供应链的总成本。

进入 21 世纪，许多公司都把发展物资采购电子商务工作列入企业发展战略目标。英国石油、埃克森美孚等 14 家国际石油公司联合组建了一个全球性的电子商务采购平台，以消除物资采购、供应链管理低效率的影响。通用、福特、戴姆勒·克莱斯勒三家汽车公司建立了全球最大的汽车专用采购平台，每年的采购金额高达 2 500 亿美元。我国石油化工行业的中石油、中石化、中海油以及钢铁行业中的宝钢等企业都在实施网上采购，并取得了明显的经济效益。目前，通过电子商务建立全球采购系统，联结国内外两个资源市场，已成为标准化的商业行为。

3.1.5 传统采购模式的不足

采购作为满足社会需求的一种重要手段，对整个社会的生产与生活产生了极其重要的影响。对企业来说，采购直接影响着生产经营过程和企业效益，并构成企业竞争力的重要方面。采购也会带来很大的经济风险，存在着所谓的采购黑洞，如何控制这些漏洞，成了现代企业面临的一项重要任务。电子商务采购作为一种新的采购模式，充分利用了现代网络的开放性、信息的多样性、交易的快捷性和低成本等特点，可以有效地解决企业和政府所面临的这些问题。

传统采购模式存在下列问题：采购、供应双方为了各自利益互相封锁消息，进行非对称信息博弈，采购很容易发展成为一种盲目行为；供需关系一般为临时或短期行为，竞争多于合作，容易造成双输的后果；信息交流不畅，无法对供应商的产品质量、交货期进行跟踪；响应用户需求的能力不足，无法面对快速变化的市场；利益驱动造成暗箱操作，舍好求次、舍贱求贵、舍近求远，产生腐败温床；设计部门、生产部门、销售部门与采购部门关系脱节，造成牛鞭效应，导致库存积压，占用大量流动资金。传统采购模式与电子采购模式的人工时间投入分析，如图 3-3 所示。

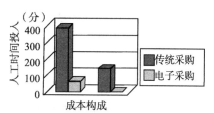

图 3-3　传统采购与电子采购的对比

3.2　电子商务采购模式的分析

电子商务采购以互联网为媒介，以通过特制研发的采购商的买方交易系统或供应商的卖方交易系统为基础，或者在第三方的交易平台完成采购行为的一种交易方式。它包括网上提交采购需求、网上确认采购资金和采购方式，网上发布采购信息、接受供应网上投标报价、网上开标定标、网上公布采购结果以及网上办理结算手续等。网上采购减少了采购需要的书面文档材料，减少了对电话传真等传统通信工具的依赖，在一定程度上减少了采购过程中的人为干扰因素，使同行业之间的竞争为多赢。

电子商务采购模式为企业降低产品的成本给出了切实的解决方案，同时也为原料的供应商提供了节约时间和精力的新途径，缩短了电子商务的交易周期，推进了电子商务以及电子商务物流的发展。电子商务运用在采购领域所带来的运行模式因划分标准不同而有所不同。

3.2.1　按利用网络的程度分类

根据采购利用网络的程度以及与线下活动的结合度，可以划分不同的采购类型。

（1）网上采购。一种是完全通过网上电子商务采购完成采购的全部活动，除运输配送外。另一种是线上和线下相结合采购，即在线上完成部分采购活动，例如发布采购消息、招标公告等，而其他活动（如采购谈判、供应商调查、交易支付等）在线下进行。

（2）内部采购市场。通过把注册供应商或经过审核的贸易合作伙伴的产品目录整合在一起，合并成为单一的内部电子目录，形成内部采购市场。价格可以提前商议或由招标决定，采购人员不必在每次下订单的时候都要协商价格。通过在买家的服务器上整合供应商的产品目录，采购和管理活动变得十分简洁。

（3）电子易货交易。就是通过互联网平台、不使用货币和服务的物物交换，基本出发点是企业用自己的闲置物资来交换所需的商品，例如交换闲置的办公设备、机械设备、物料等。交易前，需要把准备交换物资的价值进行评估，并拟定对方交换物料的范围及其相关要求，把这些信息发布到网站上，接到回复信息后，在回复的供应商中进行优选。

3.2.2 按采购主体分类

企业通过自己建立的网站或者第三方网站，在网上进行电子商务采购活动。

1. 自营采购网站模式

世界大公司陆续开展了网络采购，到目前为止，全球500家最大的公司中有85%已实现了采购网络化。它们作为大买家，主要采用建立根据自身需要为主的电子交易场所的模式，即建立自营采购网站，需求方为自身企业，而供应方为任意多个供应商。大商都竞价是自营网站采购模式的代表。自营采购网站模式主要优势有如下几点：

（1）自营采购网站模式的最大好处是企业与供应商建立了直接的一对一的联系。企业通过网络能将信息传送给满足条件的供应商，能与选定的供应商交流敏感的商品价格以及存货信息，这些涉及商业秘密的信息，一对一交流可以保证信息安全。较为稳定的合作关系使双方更注重长远的互利，甚至共同控制存货，决定利润分成等，这就是供应链管理的电子化模式。同时对潜在供应商，自营网站采购模式也实现了完善的供应商发掘和管理功能，能在全球范围内寻找潜在的供应商，扩大采购选择范围。

（2）自营采购网站模式的另一个优势是买方市场实力增强，出现了"买方制定规则的时代"。市场势力是指影响成交价格的能力。当买主较少而供应商较多时，买方讨价还价的能力就强，市场势力就大。电子商务兴起后，企业的选择扩展到全球范围。只有做得更好——更高的质量、更强的合作意向、更优的服务与更合理的价格，才能被需方企业选中。

2. 中介（代理）采购网站模式

代理网上采购，即不是自己建立网站，而是利用其他企业的网站进行电子商务采购。中介采购网站模式成功的关键在于以下几个方面。

（1）可以获取超过临界数量的买方和卖方的信息。中介采购网站不仅要以较多的需求量吸引提供此类商品的供应商在网站上发布产品信息，连通供货渠道，而且需要以全面及时的产品内容和服务特色吸引众多买方的参与。在众多中介采购网站中选择时，买方注重的是网站的供应商数量、服务质量和信息内容。所以中介网站往往有信誉效应，同类网站一般只有少数能够成功。

（2）迅速获得信息并及时发布，提供最新信息。一般采用供应商之间管理网上信息的方式，供应商在利益的驱动下迅速更新其产品信息，以得到更多买者的青睐。他们不仅要及时上传信息，可能还要缴纳一定的费用以取得信息发布资格。买方企业愿意参与中介采购网站是为了更加方便有效地获取专类的市场信息，享有众多的供应商提供的多种产品信息。

另外，还有第三方采购代理为企业提供了一个安全的网上采购场所，提供诸如在线投标和实时拍卖的服务，它们把技术授权给各企业使用，使其有权访问它们的供应商。

3. 采购联盟网站模式

根据国际数据集团的调查，在新建的 1 000 个左右的电子商务交易网站中，只有大约 100 个真正地进行交易。这其中的重要原因就是，中小企业的网站集中不到足够的供应商资源。采购联盟网站模式的优势包括以下几个方面。

（1）采购联盟网站模式的特点之一是集中功能，产生规模效应。特别是对中小企业来说，由于采购数量少，采购信息发布往往不能引起供应商足够的关注和重视，若自建采购网站，费用难以承受，所以吸引供应商的数量不同，效果就不同。采购联盟网站却可以集中需求，集中信息发布，利用集中机制，使总需求达到相当数量，能拓宽供应商的信息选择范围，吸引供应商参与。同时，买方企业之间是战略联盟的合作关系，共同的供应商议价增加了买方的市场势力，价格谈判具有更大的优势，能取得采购批量优惠。在网站的成本投入方面，也由于多家企业共同出资，成本分摊给每个企业的就较少，也分散了风险（见图 3-4）。

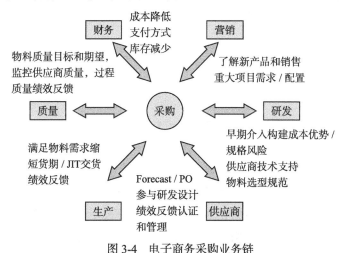

图 3-4　电子商务采购业务链

（2）采购联盟网站模式的另一个重要特点是进一步增强了买方的市场势力。相同的需求使买方企业集中到一起，特别是当有大型企业集团参与其中时，可以相对控制需求市场。由于需求的进一步加大，这种势力比自营采购网站模式要强大得多。

3.2.3　按网上采购的方式分类

网上采购平台按照软件功能展示，一般分为网上招标采购、竞价采购等。

1. 网上招标采购

对于一个或几个供应商都有的特殊设备或特殊品质商品，可以利用网站向其供应商询问信息和开价，并接受供应商的答复，在小范围内进行竞价采购。

电子逆向拍卖是网上招标采购的一个主要方法，逆向拍卖是一个招标系统，供应商被邀请来投标，出价最低的中标。在B2B逆向拍卖中，买家自己可以在网站上创建一个电子交易市场，也可以在第三方中介拍卖网站上举行网上投标，并邀请潜在的供应商向自己企业需要的商品投标。B2B逆向拍卖也可以由若干买方公司组团，在发起者的网站上进行，多个买家的订单能够整合成为一个大宗采购，从而在谈判的时候能够达成一个更低的价格，这种方式称为团体逆向拍卖。

招标采购又分为公开招标采购和邀请招标采购。

（1）公开招标采购是指采购单位在网上公开发布招标公告，邀请非确定的供应商参加网上投标的采购方式。

（2）邀请招标采购是指采购单位发送投标邀请书，邀请五个以上特定的供应商参加网上投标的采购方式。

网上招标采购的一般过程步骤如下。

（1）建立企业内部网，建立管理信息系统，实现业务数据的计算机管理。建立企业的电子商务网站，在电子商务网站的功能中，应当有电子商务采购的功能。

（2）利用电子商务网站和企业内部网收集企业内部各个单位的采购申请。对其企业内部的采购申请进行统计分析，对需要进行招标采购的项目进行论证，形成招标采购任务。

（3）对网上招标采购任务进行策划和计划。

（4）按照既定的采购计划程序进度实施。

2. 竞价采购

竞价采购又称"逆向拍卖采购"，是把招标采购和网上竞价相结合的一种采购方式，它通过供应商在线降价竞争，使采购商获得一个最优惠的价格，大幅度降低采购成本。网上竞价采购广泛运用于工业品采购、政府采购及全球采购等领域，例如沃尔玛、IBM、微软等知名跨国企业都运用网上竞价进行全球采购。

总之，采购方式的选择应根据企业具体情况和采购环境等诸多因素，有针对性地选定。同时，也要针对不同的采购对象，采购商选用不同的采购方式。如办公用品等间接生产材料的采购一般选用竞价或直接采购；战略资源、重要的直接生产材料的采购一般选用招标或谈判采购；采购量相对较小的维修、服务资料的采购一般选用直接采购；技术性较复杂、非标准型产品或采购金额较大的材料一般选用招标或谈判采购。

3.2.4 电子采购模式选择的依据

目前，采购模式正实现本地化采购向全球化采购的转变，由于世界经济的一体化速度加快，全球化采购成为企业降低成本的一种必然选择，其基本模式就是应用电子商务进行采购。目前，通过电子商务网站建立全球采购系统，连接国内外两个资源市场，已成为标准化的商业行为。电子采购模式选择的依据主要包括以下方面。

1. 诸多因素的变化与关联

采购模式的选择与企业的市场势力、竞争对手的采购策略、供需双方企业规模、采购品种与方式、供应商的特征、中介网站的发展状况等各种因素密切相关，企业在选择时要综合考虑以上各种因素。当大型企业是垄断或垄断竞争型的买主时，其市场势力机会很强，这时企业往往采取自营或联盟的策略来建立采购网站，因为其市场地位决定了能够拥有足够的供应商资源，采用这两种模式可以进一步增强市场势力，获取更多的经济效益。当市场中的几家大企业之间产品差异较小，经营采取策略性的竞争行动时，企业往往不能达成战略联盟，随着建立采购网站的成本持续下降，自营采购网站模式更盛行。

2. 采购对象与采购联盟的影响力

对众多的中心企业来说，加入采购联盟网站或者中介采购网站更为合理。通常采购产品专用的原材料或零部件时，采购联盟模式能够满足企业对产品的特定需要，更为常用。采购通用的办公类产品时，加入已有的中介采购网站更为方便。如果现有的中介采购网站已经吸引了很多的买主与卖主，买方企业很可能就选择直接导入。当类似需求的买方企业已经组建了采购联盟时，一般会加入采购联盟网站之中。因此，企业采购模式的选择会受到先行企业采购模式的影响。

3. 采购活动完成后的财务评估和质量评价

对于处于不同行业环境下的企业来说，在综合权衡各种因素选定采购模式之后，随后的工作就是要建立与供应商的联系渠道，再造企业的采购业务流程，充分发挥网络与电子商务环境中新采购模式的作用。一般情况下，采购部门需要对所知供应商的产品进行咨询，或利用互联网在众多电子店铺和电子商城人工搜索，既费时又费力。作为解决方案，大型企业可以建立自己专门的 B2B 采购网站，邀请卖家来浏览网站并进行交易，建立自身的买方电子交易市场，利用卖家的相互竞争来降低自己的采购成本，提高采购商品的品质，实现全球范围的优质采购。

总之，随着电子商务的快速发展与普及，电子商务采购模式也在不断地推陈出新，根据企业自身发展的需要，寻求更适合自身发展的采购模式。

3.3 电子商务采购的主要程序与步骤

电子商务采购是一种非常有发展前景的采购模式，它主要依赖于电子商务技术的发展和物流技术的提高，依赖于人们思想观念和管理理念的改变。这一模式的应用将逐渐改变我国传统企业的物流管理程序，特别是在杜绝采购腐败方面起到了十分积极的作用。设计和优化电子商务采购的程序与步骤，也可以间接实现降低采购成本、提高采购效率的采购目标。

3.3.1 电子商务采购程序

电子商务采购程序主要包括：采购前的准备工作、采购中供需双方的磋商、合同的制定与执行、交付与清算等环节。

1. 采购前的准备工作

对于采购商来说，采购前的准备工作就是向供应商宣传和获取有效信息的过程。在网络环境条件下，这一过程将表现为供应商积极地把自己产品的信息资源（如产品价格、质量、公司状况、技术支持等）及时在网上发布。企业可以随时上网查询并掌握自己所需要的商品信息资源。双方借助互联网交流互动，共同完成商品信息的供需对接过程。在互联网普及的背景下，信息的交流通常是通过登录和浏览对方的网站和主页完成的，其速度和效率是传统方式无法比拟的。采购前的信息交流主要是企业对供应商的产品价格和质量进行了解，因此，价格在很大程度上直接影响着采购决策。

2. 采购中供需双方的磋商

传统采购磋商的单据交换可以通过网络转变为记录、文件或报文在信息平台中的传输过程。各种网络工具和专用数据交换协议自动地保证了网络传递的准确性、安全和可靠性。企业一旦选择了承诺提供最佳产品质量、最合理价格、最优质服务的供应商，就可以在网上与其进行磋商和谈判。各种商贸单据、文件（如价目表、报价表、询盘、发盘、订单、订购单应答、订购单变更要求、运输说明、发货通知、付款通知、发票等）在网络交易中都变成了标准的报文形式，由此减少了漏洞和失误，规范了整个采购过程。

3. 合同的制定与执行

供需双方磋商过程完成之后，需要以法律文书的形式将磋商的结果确定下来，以监督合同的履行，因此双方必须以书面形式签订采购合同。这种做法一方面可以杜绝采购过程中的不规范行为，另一方面也可以避免因无效合同引起的经济纠纷。因为网络协议和网络商务信息工具能够保证所有采购磋商文件的准确性和安全可靠性，所以双方都可以通过磋商文件来约束采购行为和执行磋商的结果。

4. 支付与清算

采购完成以后，就开始进行货物入库工作，同时企业要与供应商进行支付与结算。目前企业支付供应商采购价款的方式主要有两大类：一类是电子货币类，包括电子现金、电子钱包和电子信用卡等；另一类是电子支票类，如电子支票、电子汇款、电子划款等。前者主要用于企业与供应商之间的小额支付，比较简单；后者主要用于企业与供应商之间的大额资金结算，比较复杂。

3.3.2 电子商务采购实施的具体步骤

第一步，要进行采购分析与策划，对现有采购流程进行优化，制定出适宜网上交易的标准采购流程。

第二步，建立网站。这是进行电子商务采购的基础平台，要按照采购标准流程来组织页面。可以通过虚拟主机（服务器）、主机托管、自建主机等方式来建立网站，也可以与一些有实力的采购网站合作，通过它们的专业服务，企业可以享受到非常丰富的供求信息，起到事半功倍的作用。

第三步，采购单位通过互联网发布招标采购信息，即发布招标书或招标公告，详细说明对物料品类的要求以及对供应商的资质标准要求，也包括质量、数量、时间、地点等。可以通过搜索引擎寻找供应商，主动向他们发送电子邮件，对所购物料进行询价，广泛收集报价信息。

第四步，供应商登录采购单位网站，进行网上资料填写和报价。

第五步，对供应商进行初步筛选，收集投标书或进行贸易洽谈。

第六步，网上评标，由程序按设定的标准进行自动选择或由评标小组进行分析、评比、选择。

第七步，在网上公布中标单位和价格，如有必要，需对供应商进行实地考察后再签订采购合同。

第八步，采购实施。中标单位按采购订单通过物流运输交付货物，采购单位支付货款，处理有关善后事宜。

在采购过程中，按照供应链管理思想，供需双方需要进行战略合作，实现信息共享。采购单位可以通过网络了解供应单位的物料质量及供应情况，供应单位可以随时掌握所供物料在采购单位中的库存情况及采购单位的生产变化需求，以便及时补货，实现准时化生产、销售。

案例　电子商务采购的模型设计

1. 采购申请模块

接受公司员工提出的产品（如办公用品、书籍或电脑零配件）或服务申请；接受企业关键原材料供应部门或生产部门提交的采购申请；接受企业 ERP 系统自动提交的原材料采购申请。

公司员工提交申请或供应部门手工提交申请，都应通过浏览器登录网上采购站点的页面进行，ERP 系统的采购单据则可根据数据交换标准自动传递。

2. 采购审批模块

根据预设的审批规则自动审核并批准所接收到的任何申请。

对于企业内部提交的、经审批通过的产品申请，直接向仓库管理系统检查库存，如果有库存则立即通知申请者领用；如果没有库存，则采用 E-mail 通知申请者：申请已批准，正在采购中。

对于审批未获通过的申请，立即通知或邮件通知申请者：申请由于何种原因未获批准，请修改申请或重新申请。

通过审批无法确定是否批准或否决的申请，邮件通知申请者的主管领导，由主管领导登录采购系统的 URL，审批申请。

对于已经通过的采购申请，一方面要邮件通知申请者，另一方面还要提交给采购管理模块。

3. 采购管理模块

采购管理模块主要有以下功能。

（1）采购管理部门针对已经审批通过并且需要进行网上采购的采购任务，进行统计整理，并进行网上采购策划、制订采购计划。例如，采购程序、进度、政策、招标书的规范、评估小组的策划、评价指标体系等。

（2）设计招标书，发布招标公告。招标书可以比较简单，主要说明招标任务、内容和要求，招标程序，时间进度，评标原则、标准和定标方法等。招标书也可以采取招标公告的形式发表，也可以附在招标公告上发表。招标公告可以在企业自己的电子商务网站上发布，也可以链接到某些著名的门户网站，这样可以扩大宣传范围。

（3）招标公告在电子商务网站发布以后，收集各个供应商的投标。并且应注意调查各个供应商的情况，进行信息沟通。

（4）建立评标小组和评标指标体系，组织评标。评标方式可以在线下，也可以在线上进行。

（5）公布评标结果，确定中标单位。

（6）与中标单位签订采购合同。

（7）采购活动实施。采购活动的实施可以线上线下结合进行。线上搞信息联系，线下搞送货。线下进货程序和其他采购方式相同。

资料来源：https://baike.baidu.com/item/ 电子商务采购 /7493020?fr=aladdin。

3.4 跨境电子商务采购模式

跨境电子商务作为推动经济一体化、贸易全球化的商业模式，具有非常重要的战略意义。跨境电子商务不仅打破了国家间的地域障碍，使国际贸易走向无国界贸易，同时也正在推动世界经济贸易方式的巨大变革。对企业来说，跨境电子商务构建的开放、多维、立体的多边经贸合作模式，极大地拓宽了企业进入国际市场的路径，大大促进了多边资源的优化配置与企业间的互利共赢。对于消费者来说，跨境电子商务使他们非常容易获取其他国家的信息并采购到物美价廉的国外商品。目前，跨境电子商务内生增长动力来源于流程内各个环节的优化与改善。完整跨境电子商务采购供应链由六大环节构成：采购及商品管理、支付、物流、通关商检、营销及售后服务。跨境电子商务采购环节重点在于把握消费者偏好，在此基础上保证产品适销、具备品质保证及价格竞争优势。

3.4.1 跨境电子商务采购面临的问题

在我国，由于大部分跨境电商企业成立时间短，在采购环节尚无企业形成绝对竞争优势，共性问题在于以下几个方面。

1. 招商能力差

供应商尤其是品牌供应商资源匮乏，导致货源依赖海外经销、代理商分拨，甚至频繁从商超渠道进货。商超应该可以理解为商品超级市场，也就是集合了多种多样商品、品种齐全、货源丰富的大市场，也可以理解为集合多个商店的大市场，所以很多零售企业就把商场、超市等简称为"商超"。

2. 缺乏坚实供货商基础

因为上游供应链仍需经历较长培育期，所以跨境电商企业目前在合作商资源上与国内电商企业仍存在较大差距。天猫、京东、唯品会的供货商数量分别超过7万、4万、1.1万家，雄厚的供货商资源构成其在采购环节的拿货优势及定价优势。相比而言，目前知名度较高的兰亭集势、环球易购、蜜芽宝贝、洋码头等企业供货商数量稀少，尤其缺乏知名合作品牌，以当下水平难以支撑规模发展。

3. 跨境电子商务平台 SKU 问题

供应商资源匮乏也导致跨境电商平台 SKU 数量少、产品丰裕度低。据统计，唯品会 2014 年 SKU 总数超过 500 万个，京东 SKU 总数达 2 470 万个。在跨境电商企业中，兰亭集势 SKU 超过 50 万，而天猫国际、京东海外购、蜜芽宝贝、苏宁海外购等主流企业 SKU 数量仅分别约为 9.3 万、1.1 万、0.5 万和 0.2 万。优质产品资源不够丰富，从根本上导致现阶段跨境电子商务平台吸引力不足。

案例　SKU 的含义

库存量单位（Stock Keeping Unit，SKU），是库存进出计量的基本单元，可以是以件、盒、托盘等为单位。SKU 是对于大型连锁超市配送中心物流管理的一个必要方法。现在已经被引申为产品统一编号的简称，每种产品均对应有唯一的 SKU 号。单品，即对一种商品而言，当其品牌、型号、配置、等级、花色、包装容量、单位、生产日期、保质期、用途、价格、产地等属性与其他商品存在差异时，可称为一个单品。

资料来源：http://www.docin.com/p-962280183-f3.html。

未来，优质供应商资源将形成采购环节竞争壁垒，跨境电商企业未来竞争焦点逐渐集中在如何获取优质供应商资源方面。采购端竞争优势依托于多方面因素，例如企业资金力量、消费趋势把握能力及采购团队谈判能力等。对于多数跨境电商企业采购而言，这些都将是严峻的挑战。

3.4.2 跨境电商企业采购渠道

目前，跨境电商企业采购流程一般为：根据消费者订单信息或者历史销售信息决定采购品种及数量，再从供货商处进货（见图3-5）。我国跨境电商企业货源一般来自三类供货渠道。

（1）厂商直接供货。该渠道加价环节最少、定价优势大；具备厂商品牌背书，满足消费者的"正品"需求；在货物直供的同时能保证货源稳定性。

（2）经销商/代理商供货。一般而言，海外品牌经销、代理在保证本国供给充足的情况下会分拨货物给跨境电商企业。该渠道定价相

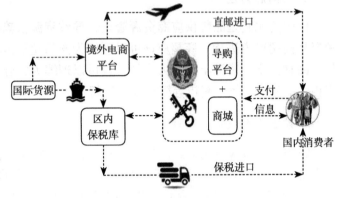

图3-5 跨境电商企业采购业务流程

对于厂商直供定价偏高，有时会遭遇厂商不承认货物正品资质的情况。同时，在海外市场需求旺盛时，跨境电商企业有可能难以保证货物供应。

（3）海外商超供货。在货物供给缺口较大时企业不得不采用该类方式，即组织海外个人从当地商超批量采购。该渠道货源供给不稳定、价格优势最小，且难以获得厂商认可，因此法律风险较高。

根据国内电商企业发展经验，目前，只有部分领先企业能够形成采购端竞争壁垒。例如，天猫借助淘宝平台因势利导，吸引大量国内外知名品牌入驻，供货商数量超过7万个，品类数量超过2 000个；京东凭借强大资本实力，拓展原3C供货平台为全品类平台，供货商达4万家、SKU数量超过2 470万个；唯品会则依托广东庞大的服装尾货市场，打造专业买手团队，累计已获得逾1.1万家供应商。从现阶段发展来看，平台优势及海外买手制有望帮助跨境电商企业形成采购环节竞争壁垒。其中，平台优势是指亚马逊、eBay等企业经历数十年发展积累起来的丰富的品牌合作资源。海外买手制则可以利用买手采购经验锁定优质货源并建立稳定的供货关系，帮助企业在采购环节胜出。

3.4.3 跨境电子商务采购优势

无论跨境电商企业采用何种采购模式，在采购活动中都会根据自身资源特点，在经济形势的大背景下扬长避短，发挥自身的优势。

1. 平台优势与品牌资源对接

优秀的跨境电商企业利用行业平台先发优势，已积累起丰富的品牌合作资源。以亚马逊、eBay 和阿里速卖通等企业为代表，在跨境电商企业采购环节先发优势明显。相比于其他跨境电商企业，三者具备深厚的行业积淀，在供应商资源方面已完成前期积累。

以亚马逊为例，其电商业务遍布欧美、日本、中国等主要市场，在 2009 年之前已实现服装配饰、鞋类、电子产品、母婴产品、珠宝、汽配等大品类供应，在主要市场均已形成丰富品牌商合作资源。亚马逊的国际业务与北美业务均发展迅速，2014 年披露总营业收入 890 亿美元，其中国际业务达到 335 亿美元。

2. 降低产品价格效果明显

跨境电商企业销售渠道仅需经过工厂、在线平台、海外商人即可到达消费者，外贸净利润可能是传统贸易的数倍。未来外贸链条还可以更简化，销售渠道会更短，产品从工厂经过在线平台可以直接送到国外消费者手中。原来的中间成本，一部分变成生产商的利润，一部分成为电子商务平台的佣金，剩下的则成为消费者获得的价格优惠。如果跨境电商企业能采用集中采购备货模式，那么和单笔邮寄相比，还能大大降低商品的采购和物流成本。

3. 对关联服务业发展有巨大辐射力

跨境电商企业采购业务运作活动涉及环节较多，众多的上下游企业同属现代服务业，均会获得外部经济效应。与之直接相关联的物流配送、电子支付、电子认证、IT 服务、网络营销等流通环节，都属于现代服务业内容。先进信息技术和互联网技术，对传统的快递、配送等物流运作过程实施智能化改造，使物流活动建立在信息技术业务系统之上，商品本身不仅已经基于二维码、条形码进行了物品编码，而且可以在电商平台实时查询、跟踪商品流通过程，并通过网银或第三方电子支付平台进行支付。

案例 亚马逊采购端优势

2001 年，亚马逊开放第三方平台，吸引了大量企业及个人卖家入驻平台。第三方业务进一步扩大了亚马逊品类优势，并补充长尾品类供给，从而促使自营业务专注于主要商品品类。2012 年和 2013 年，公司第三方业务增长率已超出自营业务，分别达 43% 和 18%。

亚马逊采购端优势在 2014 年爆发。2014 年，亚马逊中国向国内消费者开通六大海外站点，平台 SKU 数量一跃从 600 万个扩大为 8 000 万个，同时合作国际品牌数量从 4 000 个增长至 6 000 个，其上游拿货优势及定价优势毋庸置疑。

资料来源：https://www.aliyun.com/zixun/content/2_6_44470.html。

3.5 大数据采购新优势

在当前的商业环境中，技术的进步持续地影响着商业模式的改进。从物流到生产，从财务到人力资源，企业中各个部门已经开始采用各种信息技术系统来支持自己的业务。这些系统在帮助各部门更高效、更准确地完成相应的业务流程时，也为企业创造了新的财富。

虽然"大数据""云计算"等新的概念已经逐渐被大家所熟悉，但大部分企业对于如何开发和利用大数据，以及大数据分析的巨大潜力还不甚了解。尤其是在我国，有效运用这些分析方法也遭遇到一些常见的问题：数据质量不高、缺乏跨部门整合、分析人才匮乏等。这些现实问题经常使企业踌躇不前。对电子商务物流而言，如何掌握大数据分析的合理时机更为重要。但是，无论企业规模大小，业务是否复杂，或者技术是否成熟，对大数据的应用分析应该越早越好，而不同类型的大数据分析方法都能为企业带来可观的投资收益，这是大数据技术推进的动因所在。

3.5.1 大数据采购理念的产生

数据分析、商务智能的概念早在 20 世纪 60 年代就已经提出，当时的制造行业已经提出了一些分析模型来对车间的生产流程进行统筹优化。在采购活动中引入大数据，主要基于两个原因。

（1）产品周期缩短，用户多样化需求明显。企业的产品生命周期持续缩短，用户需求的多样性持续增加，这是企业面对现实市场需求的特点，这些新的需求要求现代企业能在短时间内对复杂问题做出更迅速、更准确的反应。采购作为企业生产经营活动的起点，大数据分析有利于企业应对市场变化，做出精准的判断。

（2）技术进步降低大数据门槛。技术的进步显著降低了企业使用大数据分析的门槛。新一代的存储技术、数据处理技术使企业能用较低的成本来储存和分析海量的数据。这就为普及大数据采购提供了先决条件。

现实中不难发现大数据分析在采购部门中的广泛应用。例如，企业会跟踪原材料市场的价格波动，依靠先进的分析模型和预测方法来对冲市场风险；在标书中定量地收集一些成本参数来发掘供应商的真实成本，以此来更好地帮助其进行谈判；采购部门会运用复杂的优化模型来找出成本优化和业务需求之间的平衡点。

（3）供应链采购的优势日益彰显。目前，现代供应链已经变得越来越复杂：产品的多样性越来越高，市场的波动性越来越大，外部因素对供应链的干扰也越来越多。这使得企业很难有效地将有限的资源在供应链中合理分配使用。新的大数据分析方法能使采购部门发挥更大的战略功能，以优化企业资源在各个环节中的分配。

（4）大数据可以使企业内部部门间的合作效应提升。大数据新的分析方法也能帮助采购部门更广泛地参与企业整体战略的制定以及跨部门之间的产品开发、质量控制和风险管理。例如，采购部门可以利用自身对现有供应商和市场的深入了解，通过预测模型向新品设计和生产的供应商提供建议。

现在，全球 67% 的来自众多行业且规模各异的公司都依赖大数据分析来获得竞争优势。根据《麻省理工斯隆管理评论》和 SAS 软件研究所的一项调查，这一数字较两年前增长了 80%，而且仍将继续增长。因为很多公司都已经开始了解大数据分析的潜力，并且开始对其加以开发利用。

3.5.2 大数据技术中组合优化方法的收益分析

对于大数据分析的应用，基本可以被分为描述性的分析和预测性的分析。描述性的分析是对之前发生的商业行为进行深入的研究和探索，其分析结果主要回答"我们之前具体是怎么做的"。这个问题的答案通常能帮助相关采购部门发现改进的机会。预测性的分析注重对未来的预期和现有流程的优化，一般会通过比较复杂的分析模型来直接回答"我们以后应该怎么做"。

组合优化作为优化采购成本的方法已经被全球很多企业所采用，如近些年，美国科尔尼管理咨询有限公司在玩具、快速消费品、化工等行业获得了成功经验。据统计，即使是一些采购部门成熟度很高、管理控制做得比较好的企业，这项新的方法也能带来 10% 以上的成本优化空间。这主要得益于组合优化的四个优势。

（1）全局性的优化。组合优化能将所有品类、所有供应商同时进行综合考虑，所以经常能找到更多的成本优化空间。

（2）对采购费用进行管控。所有业务上的要求，包括供应商偏好、品类需求等，都能被考虑到，所以组合优化也能为采购部门提供长期的竞争优势。

（3）组合优化模型非常灵活。组合优化模型允许供应商根据自身优势建议创新性的解决方案。例如，当供应商建议了一个新的交货期或规格，并能提供相应的折扣时，只需要做微小的调整就能重新分析新的情况，找到最优解决方案。

（4）拓展优势边界。对于优化采购成本的企业并不只是希望降低成本，更需要的是保证业务的正常运行和成本优化的可持续性，所以在优化时需要考虑各种各样业务上的需求和偏好。优化的结果对企业而言收益颇多，在满足所有业务需求的情况下依然可以节约 15% 以上的采购成本。同时，最优化的供应商采购和品类分配方案也被确定下来。这些额外的优化能增加成本优化的空间，但需要企业综合考虑具体的实施方案，如各项优化的优先级、资源投入情况、复杂度、风险控制、实施路线图等，以便成功地收获这些额外收益。

大数据预测性分析具有巨大的价值潜力，尤其在业务的复杂度很高、需要分析的品类很多的情况下，只有依靠先进的大数据分析方法，才能将采购部门的业务水平提升到一个新的高度。

3.5.3 提升大数据采购分析能力

大数据分析有广泛的应用空间并能在短期内给电子商务物流企业带来巨大的收益，但对于一个刚刚或者即将步入大数据分析领域的公司来说，目前面临的首要问题是如何获取所需具备的分析能力（见图 3-6）。

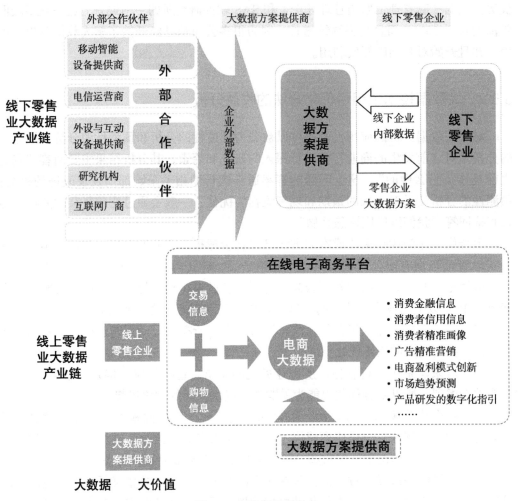

图 3-6　大数据采购平台

（1）思维方式的改变是运用大数据的关键。对业务流程的理解和洞察是各种分析方法与模型成功的核心点。这并不仅限于信息技术部门，而是需要由采购部门主导，通过（跨）部门的合作共同完成。

（2）团队合作与运用能力提升。企业需要提升员工的大数据分析能力。这可以通过积极培训现有团队，招聘新的分析人才，或者运用培训和招聘相结合的办法。这样一方面可以引进新的分析人才获得立竿见影的效果；另一方面可以培训新进人员和现有人员，从而可以为长期掌握大数据分析和采购技能做好准备。至于采购组织会偏重哪种方法则取决于很多因素，需要考虑包括采购组织的结构、当前对分析的兴趣和敏锐性，以及业务的需求等方面。

（3）锻炼团队整体分析力。这需要团队在一些项目实战中锻炼分析能力，要提前找到那些可以作为实战场地的分析项目，尽可能选择那些可以通过降低复杂性、分析性采购或者以事实为基础的谈判等举措，利用数据来督促现有供应商降低价格，并从中获益的项目。

总之，各种各样的大数据分析方法已经开始逐渐改变采购部门的功能和职责。了解大数据分析可以做些什么，以及如何融入采购职能是一个过程。完成这样的转化需要不停地完善企业的业务流程、组织构架和信息技术系统。对电子商务物流企业而言，这会是一个长期的、渐进的过程，但显著的经济效益会促使企业在这方面向更高层次迈进。

本章小结

电子商务采购是指交易双方利用现代开放的互联网，按照一定的标准所进行的各类采购活动，也是物流活动的电子化过程。电子商务采购特点具有公开性、广泛性、交互性和高速度等特点。

电子商务采购优势：有利于扩大供应商范围，提高采购效率，降低采购成本，产生规模效益；有利于提高采购的透明度，实现采购过程的公开、公平、公正；有利于实现采购业务程序标准化，有利于促使生产企业完成由计划向市场的转变，满足企业即时化生产和柔性化制造的需要，缩短采购周期；有利于利用网络技术提升核心能力；有利于实现采购管理向供应链管理的转变。

按利用网络的程度对采购模式分类：网上采购、内部采购市场、电子易货交易。按采购主体分类：自营采购网站模式、中介（代理）采购网站模式、采购联盟网站模式。按网上采购的方式分类：网上招标采购、竞价采购。

电子商务采购程序主要包括：采购前的准备工作、采购中供需双方的磋商、合同的制定与执行、交付与清算等环节。跨境电商企业采购渠道：厂商直接供货，经销商/代理商供货，海外商超供货。大数据采购新优势：大数据分析带来的可观收益，提升企业数据分析能力。

复习思考题

1. 电子商务采购的优势主要表现在哪几个方面？
2. 结合具体案例说明电子商务采购的优势主要有哪些？
3. 按采购主体分类，电子商务采购分为哪几种模式？具体流程是什么？

课内实训

假如你被公司委以一项网上采购任务，你力求将此项采购任务完成得圆满且完善，那么你选择何种具体的采购方式？采购的主要程序包括哪些？

课外实训

利用业余时间登录相关网站，做一次模拟采购，可以根据自己对网上商家的了解情况，自行拟订初步采购方案，设计简单的采购流程，采购完成后写出采购调研报告。

案例分析 1

军队采购电商化势在必行

发布完 2017 年整体战略的京东大客户业务部，举办了"军民深度融合——互联网助力军队物资采购改革"座谈会。这是军队采购改革以来，电商企业举办的为数不多的采购座谈会。来自中央军委后勤保障部采购管理局及部分联勤保障中心的相关人员参加了会议。与会人员交流了军队采购电商化改革的现状及发展趋势。

军队采购"触电"近一年

谈到军队采购电商化必然提到"军队采购网上商城"（简称军网商城）。可以说，2016年7月上线的军网商城是军队采购电商化进程中的拐点。

据了解，目前军网商城是全军唯一适用于军队内网和互联网互联互通的平台。该平台由中央军委后勤保障部统筹管理，京东协助搭建完成，以目前京东的大客户智采平台模式打通京东后台数据和军队网络的联通。京东向军网商城推送包括生活电器、大型家电、通信器材、厨房家电、办公家具、生活用品、电脑整机、摄影摄像、办公设备等 19 大类产品。

据京东大客户部相关负责人介绍："目前，军网商城支持 16 大品类、215 个子品类，在售商品达 83 990 个。京东拥有国内最为领先的物流体系和电商化采购经验，同时在系统对接方案、商品提供方案、售后服务方案等方面提供专业的采购解决方案，满足军网商城的服务保障要求。"

某联勤保障中心负责人表示："自 2016 年 7 月以来，军网商城经过近一年的试用，已经收到军队各级不同单位的好评反映，平台通过技术实现内外网数据交互，以京东丰富的产品和标准化市场价格体系作为此平台的品类搭建与市场基准价格的建设参考；目前京东订单数据占整个军网平台订单量的 50% 以上，得到了军队首长和采购人的赞同与认可。"

业内专家分析，军队物资采购作为军队后勤建设的重要组成部分，在此背景下，军队物资采购的关键词应为透明、安全、高效。从人力采购转化为电子商务采购，实现全流程信息化、透明化、标准化，从选品、下单、审核到收货、开具发票等所有程序均在电子商务平台上完成，使军队采购阳光、透明、高效。电商化采购成为军队改革的全新途径之一。

电商化将给军队采购带来什么

军队采购电商化对适应现代采购需要、缩短采购周期、提高采购效率、规范单位采购管理、降低采购成本都有着重要的现实意义。

业内人士分析，经过实践和探索，电子商务模式将给军队采购带来以下影响：在采购效率方面，各部门可借鉴电子商务模式，通过信息化实现军队物资采购的高效快捷目标；在公开透明方面，借鉴电子商务模式可实现电子商务模式下的购买记录、晒单、评价等功能；在采购活动监管方面，军网商城的采购数据库可运用电子商务大数据分析手段，实现相关部门对于预算和采购的管控；在价格监控方面，通过市场化的运作，利用电子商务的比价方式，来实现对价格的监测和管控；在采购商品的品质方面，通过供应商商品管理机制,保障军网商城商品的质量和品类符合要求;在物流配送方面,利用电子商务强大的供应链体系,实现军网商城采购单位采购商品的快速配送。

目前,军队物资采购中引入大型电子商务企业是个新生事物,肯定会遇到很多不可预见的问题,军队采购的监管机构一定要转变现有的监管思路,改善现有的监管模式,在充分认识到电商化给军队物资采购带来益处的条件下,不断探索、研究新形势下电商化采购的发展趋势,切实保证军队物资采购的科学发展。

资料来源:http://www.cgpnews.cn/articles/39704.

问题:案例对军队采购改革问题是如何提出的?军队采购实现电商化的现实意义是什么?未来军队物资电子商务采购面临的问题是什么?

案例分析 2

精英买手制:利用丰富行业经验及技术锁定爆款商品

买手制度最早出现于服装行业,其出现是为了解决零售商缺乏进货经验的问题。相对于一般采购人员,买手更了解行业规范,更具备敏锐的时尚嗅觉及货品的辨别能力,并与多品牌供应商及经销商建立良好的合作关系。

买手制度有望帮助跨境电商企业在采购环节形成竞争优势。跨境电商企业一般需在海外完成采购活动,如果组建海外精英买手团队,可以凭借买手经验及行业资源来了解海外市场运作,以低廉价格锁定爆款商品,并达成与海外商家的商业合作。

国内知名闪购电商唯品会正是凭借成熟买手制度打造采购环节壁垒。唯品会的买手占总员工人数的比例达 10%,2014 年共计 881 人。唯品会买手的职责包括:①判断每一季的流行趋势,把握消费热点;②对厂商订货单、特卖会销售数据进行持续跟踪及分析,以数据支持采购及特卖会活动;③与品牌商进行进货及线上销售等活动的交流与协调。

2009~2013 年,唯品会合作品牌数量呈现爆发式增长,营业业绩也因此扶摇直上。2009 年,网站处于起步阶段,供货商基础非常薄弱,合作品牌仅有数十家,随后连续五年成倍增长,到 2013 年合作商数量达到 4 287 家,到 2014 年已突破 1 万家,其中独家合作品牌就达 1 100 余家。与此同时,唯品会营业业绩增长迅猛,且仍未出现成长天花板。2011 第一季度至 2014 第四季度,单季营业额从 0.29 亿美元增长至 3.1 亿美元,并在 2012 年第四季度开始扭亏为盈,2014 第四季度单季净利润达 0.53 亿美元。

2014 年,唯品会加入跨境电子商务大潮,启动"全球特卖"板块,运营模式基本与其国内模式类似——通过组建海外买手团队进行货品采购,品类覆盖服装、母婴、化妆品等。可以预见,海外买手团队招募与管理是其跨境电商业务成功之关键。

资料来源:http://tieba.baidu.com/p/4561128609.

问题:本案例中所提到的买手制度产生的背景是什么?唯品会是如何利用买手制度实现自身电子商务采购活动转型的?未来,唯品会在跨境电子商务市场上采用何种扩张模式?

第 4 章 • Chapter 4

电子商务物流配送

学习目标

1. 熟悉在互联网经济时代电子商务物流配送的含义、特点、属性、优势,掌握不同环境下电子商务物流配送的目标、模式及运作特点。

2. 熟悉电子商务物流配送基本工作流程,了解电子商务物流配送的信息系统及软硬件技术,了解电子商务物流配送系统的工作原理。

3. 了解电子商务物流配送的创新模式,了解我国电子商务物流配送发展的现状以及改进的措施与未来发展趋势。

导引案例

高效物流轻卡福田时代 M3 亮相生鲜配送展

2017 年 5 月 17～19 日,亚洲生鲜配送展和 2017 亚洲生鲜荟在上海新国际博览中心 N1、N2 馆新鲜来袭,福田时代汽车携搭载五十铃动力的福田 M3 冷藏运输产品亮相。福田 M3 以高品质、高效益,新一代物流轻卡的形象闪耀本次展览,以"品质就是效益"的姿态引领城市生鲜运输的发展潮流。

伴随着国民生活品质的不断提升,人们对生鲜产品需求日益旺盛。数据显示,2016 年国内生鲜电商的整体交易额约 900 亿元,较 2015 年增长了 80%,中国冷链物流得到快速发展。而另一方面,中国冷链物流运输行业整体发展基础较为滞后,产品设备也较为陈旧,无法全方位满足初级农产品、加工食品以及医药等产品的冷链物流运输需求。有数据指出,中国粮食产品冷链物流环节损耗率为 15%,果蔬产品的损耗率更是高达 20%～30%,而在欧洲发达国家这些数字都维持在 5% 以下。由此可见,国内冷链物流行业运输设备还存在着巨大的改善空间和发展潜力。

定位于城市物流中高端的福田 M3 在上海上市发布,开启了席卷全国的品质体验风暴,主要供应于城市中短途的生活、生产资料的配送和运输,致力于向城市客户、价值客户提供高效、高品质、优质服务的城市物流运输解决方案。本次亮相展会的是特别受冷链物流高端客户期待的中国新一代高品质、高效冷藏运输产品。在展会上，来自国内外的有冷链运输需求的客户对福田 M3 产品产生了浓厚的兴趣。

生鲜运输行业客户最关心的是品质、效率以及服务的及时性，福田 M3 产品充分满足了客户的这种诉求，为客户的需求而来。

品质可靠——秉承德系卡车研发设计理念，应用福田汽车全新轻卡技术，可靠性提升 20%，故障率降低 10%。

运营高效——国际技术优化动力及传动系统，针对城市中短途城市物流全面革新，速度提高 10%，运输效率提高 15%。

强化服务——2 800 多家服务网络，滤芯 20 万千米免费赠送，国内最大汽车企业呼叫中心，全天候提供服务。

此外，福田 M3 在产品的节油性、舒适性方面进行优化升级，大大提高了整车性能。

资料来源：http://news.58che.com/news/1736280.html。

4.1 电子商务物流配送概述

电子商务系统就是由三个子系统构成，即营销交易系统、金融支付系统、物流配送系统，而在实际运作过程中，电子商务物流遇到的最大障碍就是金融支付与物流配送。就金融而言，如何安全可靠地在网上实行资金支付，进行网上信用证、支票、现金清算、转账结算、资金划拨、存贷等业务是人们所关注的焦点，它是电子商务成败的关键，而物流系统的运营价值重点就在配送。

4.1.1 对电子商务物流配送概念的新认识

配送方式是现代物流的一个核心内容，配送是现代市场经济体制、现代科学技术和系统物流思想的综合产物，也是物流系统功能的浓缩，与人们一般所熟悉的"送货"有本质上的区别。从新经济的角度来看，配送被认为是新经济中新生产方式的"零库存生产方式"和典型的复合型新经济形态，配送也应当纳入新经济的体系之中。所以，配送对于经济发展的意义，不仅局限于是电子商务的一个重要组成部分，更重要的在于它是包括电子商务物流企业在内的发展战略手段。

1. 对配送概念的再认识

自欧美产业革命以来，配送活动从历史上的一般送货，借助高科技技术已经发展成综合的物流功能系统，同时成为企业实现战略目标的重要手段。许多国家甚至到 20 世纪 80 年代才真正认识到这一点。企业界普遍认识到配送是企业经营活动的主要组成部分，它能给企业创造出更多利润，是企业增强自身竞争能力的手段。由此可见，配送活动在物流企业运营中的战略地位。

知识

电子商务作为一种新经济形态，是由网络经济和现代物流共同创造出来的，是两者一体化的产物。我们可以提出以下公式来表述电子商务的内涵。

$$电子商务 = 网上信息传递 + 网上交易 + 网上结算 + 配送$$

2. 电子商务物流配送活动的内涵

一项完整的商务活动，必须由信息流、商流、资金流、物流等四个流动过程有机构成，是一个系统性活动。电子商务的价值就在于将信息流、商流、资金流在互联网上实现，这就是人们概括的"鼠标"。电子商务线下服务难以在网上实现，至多可以用网络来优化，真正实现服务必须靠运输等物流活动，就是人们概括的"车轮"，即配送。所以，电子商务等于"鼠标加车轮"，这是对上述公式"电子商务 = 网上信息传递 + 网上交易 + 网上结算 + 配送"的一个通俗解释。

同时，与网上交易相配合的实物运动，也不排除在一定时期还可以采取取货和传统送货的手段，尤其是新经济形态运行的启动期和初期，采取各种适用的经济手段和管理方式是必然的过程。这不仅是对实物运动而言，还包括补充或者占主导地位的网外信息传递、网外结算等。所以，上述公式也可以理解成理论上的电子商务公式。

3. 电子商务物流配送的概念表述

电子商务下的物流配送模式有其新的内涵和外延，物流配送指在经济合理区域范围内（一般是城区 50～60 千米半径的区域内，也包括"最初一公里"和"最后一公里"，以及"最后一百米"）按时送达指定地点的物流活动，物流与配送关系紧密，为此人们习常地把物流和配送连在一起表述。电子商务物流配送是指物流配送企业采用网络化的计算机技术和现代化的硬件设备、软件系统及先进的管理手段，针对客户的需求，根据用户的订货要求，进行一系列分类、编码、整理、配货等理货工作，按照约定的时间和地点将确定数量与规格要求的商品传递给用户的活动及过程。这种新型的物流配送模式带来了流通领域的巨大变革，越来越多的企业开始积极搭乘电子商务快车，采用电子商务物流配送模式。

4.1.2　电子商务物流配送原理

物流配送是共同化、协同化的服务模式，物流配送共同化包括物流资源利用共同化、物流设施与设备利用共同化以及物流管理共同化等。物流配送的协同化包括配送供应链企业之间的决策计划、组织合作、资源配置、理念传递等。这种模式在电子商务环境下，将会融合更多的资源来实现整体价值。

1. 电子商务物流配送的本质

电子商务通常是指在全球各地广泛的商业贸易活动中，在互联网开放的网络环境下，基于浏览器/服务器应用方式，买卖双方不谋面地进行各种商贸活动，实现消费者的网上购物、商户之间的网上交易和在线电子支付以及各种商务活动、交易活动、金融活动及相关的综合服务活动的一种新型的商业运营模式。由于市场范围的扩大，物流配送可能会在更广阔的空间内实现，最大限度地促进电子商务物流整体价值实现。

物流是指物品从供应地向接收地实体流动的过程。在物的流动过程中，根据实际需要，它包括运输、储存、装卸、包装、流通加工、配送、信息处理等七项基本功能活动。传统意义上的配送是指在经济合理区域范围内，根据客户要求，对物品进行拣选、加工、包装、分割、组配等作用，并按时送达指定地点的物流活动。

电子商务物流配送的本质就是物流配送，而电子商务只是实现高效、低成本配送的一种手段。我们知道，一个完整的电子商务活动在网上可以轻而易举地完成物品所有权的转移，但这终究是"虚拟"的经济过程，最终的资源配置还需要通过物品实体的转移来实现。也就是说，尽管网上可以解决物品流通的大部分问题，但是无法解决物品的实际流通和配送，所以电子商务必须依靠配送才能实现价值。

2. 现代电子商务物流配送的作用

依靠互联网仅仅可以解决商流及其相关问题，但是无法解决物流配送的主要问题。在这种情况下，未来的流通时间和流通成本，物流所占权重最大。

（1）现代电子商务物流是解决物流瓶颈问题的钥匙。电子商务作为一个高速发展的行业同样存在瓶颈问题，即"物流瓶颈"，尤其是"最初一公里"和"最后一公里"问题。现在，电子商务的物流瓶颈在我国仍然存在，主要表现是在网上实现商流活动之后，缺少一个有效的社会物流配送系统对实物进行转移，同时提供低成本的、适时的、适量的实物转移的附加物流客户服务，配送的成本过高、速度过慢、整体服务水平低是初次涉足电子商务的买方最为不满的问题。因此，物流对未来的经济发展会起到非常大的决定和制约作用。

（2）现代电子商务物流解决物流服务滞后电子商务的问题。与电子商务的发展相比，即便是发达国家的物流，其发展速度也难以和电子商务的发展速度并驾齐驱。在我国，物流更是处于经济领域的落后部分，先进的电子商务和落后的物流形成了非常鲜明的对比。网络经济、电子商务的迅猛发展势头，会加剧物流滞后的矛盾。所以，在关注电子商务的同时，要以更大的精力建设基础物流平台系统和与电子商务配套的配送服务系统，逐渐改善我国的物流平台，建立现代化的物流产业。

4.1.3 电子商务物流配送的特点

电子商务物流配送是指物流配送企业采用网络化的计算机技术和现代化的硬件设备、软件系，这是一种新型的物流配送模式，与传统的物流配送相比较有其自身的特点（见图4-1）。

（1）业务范围的扩展性。在电子商务环境下，物流配送服务必须实现系列化、智能化。新型物流配送服务功能除了传统的储存、运输、包装、流通加工等服务外，还在外延上扩展至市场调查与预测、采购及订单处理，向下可以延伸至物流配送咨询、物流配送方案的选择与规划、库存控制策略建议、货款回收与结算、教育培训等增值服务。

（2）应对客户的快速性。电子商务的线上交易方式与支付方式的革命，要求物流配送反应速度要快，对新型物流配送服务的反应速度要求是越来越快，前置时间越来越短，配送时间越来越短，物流配送速度越来越快，物品周转次数越来越多，物流配送功能越来越集成化。

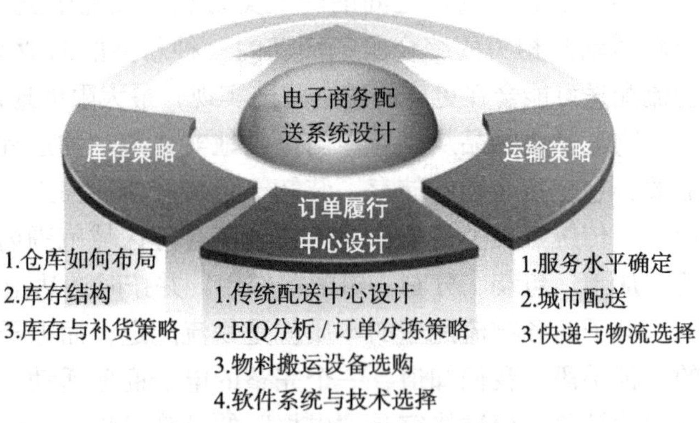

图 4-1　电子商务物流配送规划图

（3）系统效应的最优性。物流配送目标系统化要求新型物流配送从系统角度，站在区域或企业全局的高度，统筹规划一个公司整体的物流配送活动，并遵循"木桶理论"，不求单个活动的最优化，但求整体活动的最优化。

（4）运作环节的易操性。同线上交易规范化一样，线下的新型物流配送作业强调功能作业流程以及作业、运作的标准化和程序化，管理者应当重视流程设计和再造，使复杂的作业变成简单的、易于推广与考核的运作活动。

（5）发展趋势的智能性。自动化是物流配送的初级阶段，而未来"互联网＋"环境下的新型物流配送将逐步走向智慧化和智能化，将通过使用先进的技术、设备与管理为消费者和客户提供优质高效服务。同时由于经济一体化趋势，生产、流通、销售的规模越来越大、范围越来越广，为物流配送技术、设备及管理智能化提供有利的客观环境。

（6）网络体系的一致性。经济组织的网络化也促使物流配送组织采取全新的组织模式，完善和健全的物流配送网络体系，保持物流配送网络上点与点之间的物流配送活动的系统性、一致性，由此可以保证整个物流配送网络有最优的库存总水平及库存分布，推动运输与配送快捷、机动地进行。

（7）目标组合的最佳性。物流配送经营市场化导向是企业经营的新理念，新型物流配送的具体经营采用市场机制，无论是企业自己组织物流配送，还是委托社会化物流配送，企业承担物流配送任务，商业模式与盈利模式都以"服务－成本"的最佳配合为目标。

4.1.4　电子商务物流配送与传统商务物流配送的区别

电子商务的迅速发展，对我国传统的物流配送企业提出了更高、更迫切的速度与质量要求，物流服务业从传统的运输仓储企业尽快转型为现代物流企业势在必行，电子商务物流配送与传统商务物流配送的区别在于以下几个方面。

1. 仓库布点配置不同

传统物流配送企业需要在一个地点配置大面积的仓库，满足日益增长的物流配送业务需求。电子商务物流可以借助电子商务系统网络，将散置在各地的分属不同所有者的仓库通过网络连接起来，使之成为"虚拟仓库"进行统一管理和调配，从而使服务半径和货物集散空间放大。这样，电子商务企业在仓储组织资源的速度、规模、效率和资源的合理配置方面都是传统物流配送所无法比拟的。

2. 对货物的要求不同

传统商务环境下，物流配送的目的地（对象）多是中间生产商或者零售商，物流配送的货物具有大批量、少批次、单品种、小频次的特点。电子商务环境下，物流配送的目的地多是非常分散的个体消费者，因而配送的货物具有小批量、多批次、多品种、多频次的特点。

3. 业务流程不同

由于电商企业一般都拥有先进的信息系统，所以企业全新的管理方法就有了坚实的技术基础。传统的物流配送过程由多个业务流程组成，受人为因素和时间的影响很大，而互联网可以实现整个过程的实时监控和实时决策。新型物流配送的业务流程都是由网络系统连接的。当系统任何一个神经末端收到一个需求信息时，该系统都可以在极短的时间内做出反应，并根据人们事先设计好的程序拟订详细的配送计划，并通知各环节开始工作。

4. 速度要求不同

物流配送的持续时间在网络环境下会大大缩短，这对物流配送速度提出了更高的要求。在传统物流配送管理中，由于信息交流沟通条件的限制，完成一个配送过程的时间比较长。但随着先进网络系统的介入，任何配送的信息和资源都会通过网络在几秒内传到相关环节，因而配送时间也就相对缩短了。互联网环境下的物流配送对于送货的时间要求具有随机性，因为消费者在网上订购所要求的送货时间是随机的。传统商务多是进行定期的货物配送。

5. 网络简化了配送过程

在网络化的新型物流配送中心，技术含量高的业务活动缩短了物流配送存放、装卸、保管、分拣等过程。计算机技术系统管理使整个物流配送管理过程实现自动化、信息化直至智能化，从而提高企业的竞争力。同时，物流配送在电子商务环境下要求各种运输方式（空运、水运、铁运和卡车运输）灵活组合。传统商务环境下，物流配送的运输方式则相对固定。

4.2 电子商务物流配送优势与功能

电子商务物流配送是互联网经济发展的必然产物，也是现代网络经济发展的必然要求。因为其本身的综合效应表现明显,在业态贡献上呈现出相对独有性。同时,由于电子商务物流与电子商务物流配送属于在经济活动中的再次系统整合,因此与其他系统相比,具有特殊的功能。

4.2.1 电子商务物流配送活动优势

电子商务物流配送是电子商务、物流功能、配送功能三个有一定区别的业务内容整合在一起的,所以其属性具有独特的优势。

1. 虚拟性

电子商务物流配送的虚拟性来源于网络的虚拟性。借助现代计算机技术,配送活动已由过去的实体空间拓展到了虚拟网络空间,实体作业节点可以虚拟信息节点的形式表现出来。实体配送活动的各项职能和功能可在计算机上进行仿真模拟,通过虚拟配送,可以发现实体配送中存在的不合理现象,从而对流程资源进行组合优化,最终实现实体配送过程效率最高、费用最少、距离最短、时间最少的目标。

2. 实时性

虚拟性的特性不仅有助于辅助决策,让决策者获得高效的决策信息支持,还可以实现对配送过程的实时管理。配送要素数字化、代码化之后,突破了时空制约,配送业务运营商与客户均可通过共享信息平台获取相应的配送信息,从而最大限度地减少利益各方之间的信息不对称,有效缩小配送活动过程中的运作不确定性与环节间的衔接不确定性,打破以往配送途中的"失控"状态,做到全程的"监控配送"。

3. 个性化

个性化配送是电子商务物流配送的重要优势之一。作为"末端运输"的配送服务,个性化配送所面对的市场需求是"多品种、少批量、多批次、短周期"的特点,小规模的频繁配送将导致配送企业的成本增加,这就必须寻求新的利润增长点,而个性化配送正是这样一个挖掘不尽的"利润源泉"。电子商务物流配送的个性化体现为"配"的个性化和"送"的个性化,"配"的个性化主要是指通过配送企业在流通节点(配送中心)根据客户的指令对配送对象进行个性化流通加工和品类组配,从而增加产品的附加价值;"送"的个性化主要是指依据客户要求的配送习惯、喜好的配送方式等为每一位客户制订量体裁衣式的配送方案。

4. 增值性

除了传统的分拣、备货、配货、加工、包装、送货等作业以外,电子商务物流配送的功能实现向供应链两端延伸。向上游延伸到市场调研与预测、采购及订单处理,向下延伸到物流咨询、物流方案的选择和规划、库存控制决策、物流教育与培训等附加功能,实现 nPL 的功能组合,从而为客户提供更具增值性的服务。

4.2.2 电子商务物流配送的功能

相对于传统的物流配送模式而言,电子商务物流配送模式具有以下功能。

1. 能够实现货物的高效配送

在传统的物流配送企业内,为了实现对众多客户大量资源的合理配送,需要大面积的仓库用于存货,并且由于空间的限制,存货的数量和种类受到了很大的限制。在电子商务系统中,配送体系的信息化集成可以使虚拟企业将散置在各地分属不同所有者的仓库通过网络系统连接起来,使之成为"集成仓库",在统一调配和协调管理之下,服务半径和货物集散空间都放大了。这种情况下,货物配置的速度、规模和效率都大大提高,使得货物的高效配送得以实现。

2. 能够实现配送的适时控制

传统的物流配送过程是由多个业务流程组成的,各个业务流程之间依靠人来衔接和协调,这就难免受到人为因素的影响,问题的发现和故障的处理都会存在时滞现象。电子商务物流配送模式借助于网络系统可以实现配送过程的适时监控和适时决策,配送信息的处理、货物流转的状态、问题环节的查找、指令下达的速度等都是传统的物流配送无法比拟的,配送系统的自动程序化处理、配送过程的动态化控制、指令的瞬间到达都使得配送的适时控制得以实现。

3. 物流配送过程的简约化

由于传统物流配送的整个环节涉及众多主体及关系处理的人工化,所以极为烦琐。在电子商务物流配送模式下,物流配送中心可以使这些过程借助网络实现简单化和智能化。比如,计算机系统管理可以使整个物流配送管理过程变得简单和易于操作;网络平台上的营业推广可以使用户购物和交易过程变得效率更高、费用更低;物流信息的易得性和有效传播使得用户找寻与决策的速度加快、过程简化。很多过去需要较多人工处理、耗费较多时间的活动都因为网络系统的智能化而得以简化,这种简化使得物流配送工作的效率大大提高。

4.2.3 电子商务物流配送的业务目标

电子商务物流配送的业务目标的设计与电子商务物流的业务内容紧密相关。

1. 服务性目标

服务性目标是电子商务物流配送系统所要达到的一个主要目标,是指电子商务物流配送系统能向用户提供各种服务。服务性目标主要包括以下几个方面:能向用户提供多种信息服务;能向企业的不同部门、不同层次和不同环节提供多种信息服务;具有及时反馈信息的功能。

2. 快捷性目标

电子商务物流配送系统要能依据客户的要求，把货物按质按量、准时地送到用户所指定的地点。这就要求企业在物流配送系统中设定快捷反应系统，以实现快捷性目标。快捷性目标的构成主要包括以下几个方面：快捷的配发货系统；快捷灵活的运输系统；自动化的库存管理系统；自动化的分拣、理货系统；快捷、灵活的进货系统，包括订收货系统；方便、灵活、及时的信息服务系统。

3. 低成本性目标

低成本性目标主要包括以下几个方面：要有效地利用配送面积与空间，要科学合理地选择运送工具和线路，要保持合理的库存规模和结构，要选择合适的系统软件，要坚持科学的管理（见图4-2）。

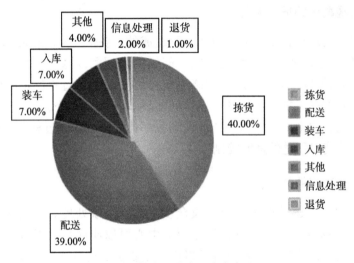

图4-2 物流配送中心成本占比

4. 安全性目标

互联网的开放性同时也带来了安全性问题。根据中国互联网络信息中心发布的《中国互联网络发展状况统计报告》，目前用户最关心的问题就是网上交易的安全问题。这说明要进行电子商务物流配送的一个重要前提就是必须保证电子商务物流配送系统的安全性，保证用户的商业机密不被泄露，不受侵犯。电子商务系统的安全性目标主要包括以下几个方面：操作系统的安全性目标；防火墙系统的安全性目标，其主要包括防火墙产品是否安全，功能是否完善，设置是否错误等；操作人员及内部人员的安全性目标；内部网用户的安全性目标；程序的安全性目标；数据库的安全性目标等。

4.3 电子商务的物流配送模式

目前，我国电子商务的物流配送常见的几种模式有自营配送模式、第三方物流配送模式、物流一体化配送模式、共同配送模式。

4.3.1 自营配送模式

自营配送模式是目前国内生产、流通或综合性企业（集团）所广泛采用的一种物流模式，企业（集团）通过独立组建物流中心，实现对企业内部各部门、场、店的物品供应。这种物流模式渗透着传统农业社会的"自给自足"的井田思维，一种新型的"大而全""小而全"，很容易造成新的资源浪费。显然，从宏观角度以及外部经济来看，这种模式与电子商务时代对物流的要求相左。但是就目前来看，在满足企业（集团）内部生产材料供应、产品外销、零售场店供货或区域外市场拓展等企业自身需求方面仍发挥着一定作用。较典型的企业（集团）自营型模式，就是连锁企业的物流配送。规模不一的连锁公司或集团，如北京华联集团、沃尔玛、麦德龙超市等，基本都是通过组建自己的物流中心来完成对内部各场店进行统一采购、统一配送和统一结算的（见图4-3）。

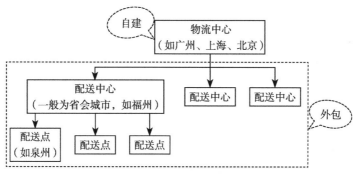

图4-3 当当网自营配送模式

1. 自营配送模式的优点

（1）控制力强。企业对供应链各个环节有较强的控制能力，易于与生产和其他业务环节密切配合，全力服务于本企业的经营管理，确保企业能够获得长期稳定的利润。对于竞争激烈的产业，企业自营物流配送模式有利于企业对供应和分销渠道的控制。

（2）整合能力强。可以合理地规划管理流程，提高物流作业效率，减少流通费用。对于规模较大、产品单一的企业而言，自营物流可以使物流与资金流、信息流、商流结合得更加紧密，从而大大提高物流作业乃至全面工作的效率。

（3）可以实现零库存。对制造业配送而言，原材料和零配件采购、配送以及生产支持从战略上实现一体化，实现准时采购，增加批次，减少批量，调控库存，减少资金占用，降低成本，从而实现零库存、零距离和零营运资本。

（4）反应快速、灵活。企业自营物流配送模式由于整个物流体系属于企业内部的一个组成部分，与企业经营部门关系密切，以服务于本企业的生产经营为主要目标，能够更好地满足企业在物流业务上的时间和空间要求，特别是要求物流配送较频繁的企业，自建物流能更快速、更灵活地满足企业要求。

2. 自营配送模式的缺点

一次性投资大，成本较高；规模较小的企业所开展的自营配送模式规模有限，物流配送的专业化程度较低；企业配送效率低下，管理难于控制。

4.3.2 第三方物流配送模式

第三方物流模式是指交易双方把自己需要完成的配送业务委托给第三方来完成的一种配送运作模式，称为3PL或者4PL。这一配送模式正逐渐成为电子商务网站进行货物配送的一个首选模式和方向。它的服务内容包括设计物流系统、电子数据交换能力、报表管理、货物集运、信息管理、仓储信息、技术咨询、运费支付和谈判等。电子商务企业采用第三方物流的方式对于提高企业经营效率具有重要的作用。

（1）集中精力于核心业务。企业应把自己的主要资源集中于自己熟悉的主业，而把物流等辅助功能外包给物流公司，这样可以提高自己主业的市场竞争力。如果一家规模有限的企业投入太多的资金用来组织物流，那么该企业投在主业上的资金就会相应地减少，该企业主业的市场竞争力会受到很大的影响。

（2）新技术应用加快。可以灵活运用新技术，实现以信息换库存，降低成本。科学技术日益进步，普通的单个制造或销售公司通常在短时间内难以更新自己的资源和技能，不同的零售商可能有不同的、不断变化的配送和信息技术等需求。此时，第三方物流公司能以一种快速、更具成本优势的方式满足这些需求，而这些服务通常都是制造商或销售公司一家企业难以做到的。

（3）减少固定资产投资，加速资本周转。企业自营物流需要投入大量的资金购买物流设备，建设仓库和信息网络等专业物流设施。这些资源对于缺乏资金的企业，特别是中小企业是一项沉重的负担。如果使用第三方物流公司不仅可以减少设施的投资，还能够免去仓库和车队方面的资金占用，加速资金周转。同样，第三方物流供应商还拥有满足一家企业的潜在顾客需求的能力，低交易成本使企业接洽到零售商。

与自营物流相比较，第三方物流在为企业提供上述便利的同时，也会给企业带来诸多不利（见图4-4）。主要有：企业不能直接控制物流职能，不能保证供货的

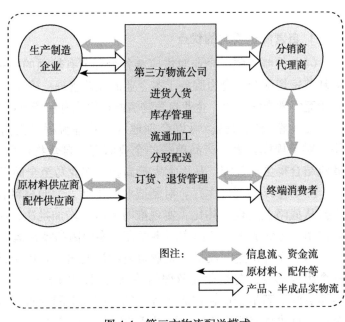

图4-4 第三方物流配送模式

准确和及时，不能保证顾客服务的质量和维护与顾客的长期关系，企业可能将放弃对物流专业技术的开发等。

4.3.3 物流一体化配送模式

物流一体化是在第三方物流的基础上发展起来的。所谓物流一体化就是以物流系统为核心的，从生产企业，经由物流企业、销售企业，直至消费者的供应链的整体化和系统化。在这种模式下，物流企业通过与生产企业建立广泛的代理或控股关系，与销售企业形成较为稳定的契约关系，从而将生产企业的商品或信息进行统一组合，经处理后，按部门订单要求配送到店铺。这种配送模式还表现为在用户之间交流供应信息，从而起到调剂余缺、合理利用资源的作用。

在电子商务时代，这是一种比较完整意义上的物流配送模式，是物流业发展的高级和成熟阶段。在国内，海尔集团的物流配送模式是典型的物流一体化配送模式，并且有非常成功的运营案例（见图4-5）。

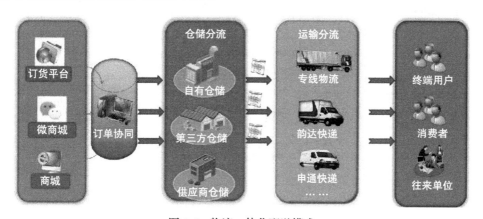

图4-5 物流一体化配送模式

4.3.4 共同配送模式

共同配送是为提高物流效率，在对某一地区的用户进行配送时，由许多个物流企业联合在一起进行的配送。它是在配送中心的统一计划、统一调度下展开的。

该模式主要包括两种运作形式：一是由一个物流企业对多家用户进行配送，即由一个配送企业综合某一地区内多个用户的要求，统筹安排配送时间、次数、路线和货物数量，全面进行配送；二是仅在送货环节上将多家用户待运送的货物混载于同一辆车上，然后按照用户的要求分别将货物运送到各个接货点，或者运到多家用户联合设立的配送货物接收点处。

目前，大型现代化配送中心的建设滞后于电子商务物流的业务要求，实行共同配送是一种理性的选择。从微观角度来说，企业可以得到以下几个方面的收益。首先，达到配送作业的经济规模，提高物流作业的效率，降低企业营运成本；不需投入大量的资金、设备、土地、人力等，可以节省企业的资源。其次，企业可以集中精力经营核心业务，培养自己的核心竞争力，更好地适应激烈的市场竞争。最后，从社会的角度来讲，实现共同配送可以减少社会车辆总量，减少闹市区卸货妨碍交通的现象，改善交通运输状况；通过集中化处理，提高车辆的装载效率，节省物流处理空间和人力资源，实现社会资源的共享和有效利用。

共同配送也会涉及一些难以解决的问题。首先，各业主经营的商品不同，不同的商品特点不同，对配送的要求也不同，共同配送存在一定的难度。其次，各企业的规模、商圈、客户、经营意识也存在差距，往往很难协调一致。另外，还有费用的分摊、泄露商业机密的担忧等（见图4-6）。

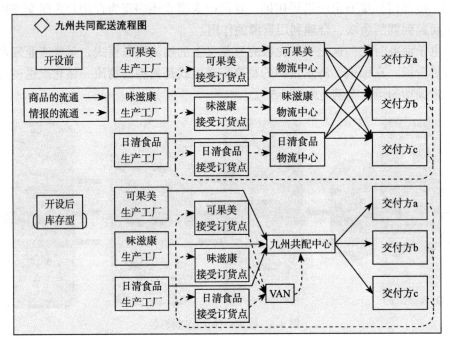

图4-6　共同配送模式

4.4　电子商务物流配送流程优化

电子商务物流配送是通过互联网进行物流配送活动的新模式，它集信息流、商流、资金流、物流于一身，"集成流"贯穿了整个的商品贸易交易过程，是网络经济和现代物流一体化的产物。

4.4.1　电子商务物流配送的流程

在电子商务条件下，物流配送可以分为三个具体的流程：订单处理流程、送货处理流程和退货处理流程。下面就这三个流程进行系统的介绍（见图4-7）。

1. 订单处理流程

订单处理在配送中心的业务运作中占有十分重要的地位，它既是配送业务的核心，又是配送服务质量得以保障的根本条件。随着科学技术的进步和信息传输手段的提高，订单传输的方式也更加先进，采用电子化、网络化方法进行传递，条码技术、射频技术、电子数据交换系统的使用可及时将订货信息传输给配送中心。配送中心接到客户的订单后，要对订单进行处理，按作业计划分配策略，分组释放。订单处理程序如下。

（1）检查订单。检查客户的订单是否真实有效，即确认收到的订货信息是否准确可靠。

（2）顾客信誉审查。由信用部门审查，确认顾客的信誉程度。

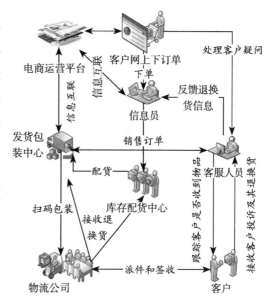

图4-7 电商物流总体流程

（3）整理订单。将顾客的订单集合、汇总，并按一定的分类标准进行分拣。

（4）打印订单分拣清单。列明拣出商品的项目，并将清单的一联票据交给库存管理部门。

（5）确定出货。库存管理部门确定供应订货的仓库，并向仓库发出出货指示。

（6）仓库接到相关出库通知后，按分拣要求拣货、包装、贴标签，将商品交给交通运输部门。

（7）账务处理。财会部门记录有关的账务，市场销售部门将销售情况记入有关销售人员的账户；库存管理部门调整库存记录，当库存不足时，可通过安排新的生产或向供应商发出采购订单，补充库存。

（8）配送中心向顾客传递发货单。

（9）组织送货。运输部门组配装车，安排货物运输，将货物送至收货地点，同时完成送货确认。

在电子商务条件下，以上部分过程可通过计算机网络实时完成。

2. 送货处理流程

（1）配送中心在完成货物拣选工作后，要对发出的货物进行出货检查，然后将发出的货物交给运输部门或委托运输商送货。

（2）装车时，对于配送数量达不到货车的载运负荷或不满货车有效容积的客户的货物要进行配装，即将不同客户不同种类的货物进行合理组配，搭配配载。

（3）对于配送货物种类繁多、装车数量较多的情况，可采用计算机进行组配。商品配装后，按照所确定和规划的最佳运输路线及送货客户的先后次序，将货物交至顾客手中。

3. 退货处理流程

退货处理是售后服务中的一项任务，应该尽可能地避免，因为退货或换货会大幅度地增加运营成本，减少企业利润。退货处理过程中，企业应同时加强如下两个方面的内容。

（1）客户满意度调查和投诉反馈。客户服务质量是销售企业保留老客户、吸引新客户的重要因素。客户满意度调查一般包括客户请求的响应速度、客户请求的满足时间和客户请求的满足质量等。

（2）物流数据管理与分析系统。物流数据管理与分析是对物流配送整个过程中所产生的数据进行分析和挖掘，产生一些深度报告，作为电子商务企业选择专业物流配送企业的依据，也可以帮助电子商务企业及时调整市场推广策略和对客户的承诺，同时还可以帮助电子商务企业做出市场销售预测。

良好的物流配送系统在降低电子商务成本、优化库存、提高电子商务企业经济和社会效益方面具有重要意义。

4.4.2 电子商务物流配送流程的优化

电子商务作为一个快速发展的新兴行业，瓶颈问题的存在具有客观性，其中不可回避的瓶颈之一是物流瓶颈。电子商务三大系统中，最大的"瓶颈"就是配送系统。其主要表现是：在网上实现商流活动之后，缺乏一个有效的社会物流配送系统，按照客户的要求对实物的转移提供低成本的、适时的、适量的转移服务；配送的成本过高、速度过慢等现象仍然存在。因而，商流、信息流、资金流只有在互联网络技术的支持下，才能实现流程的优化。尽管在网上可以轻而易举地完成商品所有权的转移，但仍然是"虚拟"的经济过程。依靠互联网可以完善物流体系，进而从根本上解决物流瓶颈问题。

突破电子商务发展的物流瓶颈的基本思路是建立高效、共享的信息平台和物流体系，尽快建立社会化、产业化和现代化的高效合理的物流配送体系，解决好物流及其配送中的瓶颈问题，实施有效的优化，建立信息系统及建立目标管理是有效实现电子商务价值的关键环节，主要措施如下。

1. 优化物流企业业务流程

只有根据业务流程设计的企业管理系统，才能提高信息处理效率，更好地实现信息集成，更好地适应组织管理职能与思维的变化。特别是，面向业务流程的思想使人们有意识地审视现有业务流程的运作情况并发现其中的问题，通过取消一些不必要的活动并重新设计业务流程，在流程合理化和优化的基础上再设计开发相应的信息系统，从而充分挖掘信息系统的潜力，大大提高流程的营运效率。因此，在物流企业内部实施业务流程战略重组非常必要。

2. 建立基于 Web 的物流配送信息管理系统

完成配送业务离不开"三流",其中信息流更为重要。实际上,商流和物流都是在信息流的指令下运作的,畅通、准确、及时的信息从根本上保证了商流和物流的高质量与高效率。另外,在电子商务时代,物流信息化也是电子商务的必然要求,因此,提高信息管理水平是我国物流流程再造的一个重要环节和切入点。

3. 通过系统优化实现企业目标

物流配送系统包括货物集中、库存管理、车辆调度、配送运输等多个环节。配送系统的最终目标是降低配送总成本,从而获取"第三利润"。其中,配送运输的优化是物流配送系统优化的关键。因此,提高配送系统决策的科学性、可视性和信息化程度非常必要,物流配送系统的集成能较好地实现这一目标。

随着现代物流业的快速发展,物流信息量迅速增加,对配送系统的要求也更高。传统配送系统管理的信息化程度较低,缺乏可视性;对海量数据分析、处理及决策支持的能力较差;另外,决策时所依赖的配送模型过于理想化,较少考虑实际因素的变化,实用性较差。

4.5 电子商务物流配送技术

随着电子商务的进一步推广与应用,物流对电子商务活动价值的作用及影响日益凸显。在整个电子商务的交易过程中,物流实际上是以商流的后续者和服务者的姿态出现的。没有现代化的物流,商流活动都会退化为一纸空文。突破电子商务发展的物流瓶颈,必须在现代物流技术和物流信息系统的支持下,建立一个能快速、准确地获取销售反馈信息和配送货物跟踪信息的物流配送技术体系。只有运用现代信息技术、互联网技术和物联网技术,才能满足消费者对商品的品质和服务内容不断提高的需求,从而将商品快速而完整地送达客户手中。

4.5.1 移动定位技术

移动定位技术是利用移动通信网络,通过对接收到的无线电波的一些参数进行测量,根据特定的算法对某一移动终端或个人在某一时间所处的地理位置进行精确测定,以便为移动终端用户提供相关的位置信息服务,或进行实时的监测和跟踪。根据移动定位的基本原理,移动定位大致可分为两类,即基于移动网络的定位技术和基于移动终端的定位技术,有的观点把这两者的混合定位作为第三种定位技术。

目前的移动定位技术已经非常成熟,最主要的有三类。

(1)利用卫星进行后方交汇的定位技术,即全球定位系统(Global Positioning System,GPS),我国已决定加快北斗全球系统的建设速度,2018 年前后将初步具备提供全球服务的能力，满足"一带一路"的发展需求。为了达到全球服务的目标，北斗在轨组网卫星需要达到35颗，在未来的两三年里，我国还将密集发射10颗以上的北斗导航卫星。利用该系统，用户可以在全球范围内实现全天候、连续、实时的三维导航定位和测速；另外，还能够进行高精度的时间传递和精密定位。

（2）利用移动通信技术提供位置服务的定位技术，即小区识别码（Cell Identification，Cell-ID）。通过识别网络中哪一个小区传输用户呼叫，并将该信息翻译成纬度和经度来确定用户位置，从而实现定位。确保终端在 GPS 定位失去信号的情况下，保持最低限度的定位信息的提供。Cell-ID 方式在城市及人口密集区域能提供相对高的精度，与 GPS 在城市高层建筑、林荫道、地下隧道等遮蔽情况下性能降低形成较好的互补。由于全球移动通信系统（Global System for Mobile Communications，GSM）相对于码多分址（Code Division Multiple Access，CDMA）具有更小的小区半径，因此具有相对较高的 Cell-ID 定位精度。

（3）利用射频设备记录位置的定位技术，即无线射频识别（Radio Frequency Identification，RFID）。通过读取用于标识地理坐标的标签数据来获取定位信息，其定位精度仅取决于标签存储定位信息的精确性，理论上可以达到任意高精度。RFID 可用于仓库、码头等需要高精度定位信息的场所，用来提供定位信息和其他辅助功能。RFID 现在广泛用于公交报站系统，公交车上的设备检测到站点的射频设备后就会自动报站，免去了公交司机人工开启开关报站的麻烦。

物流配送网络中采用 GPS 辅助定位系统（即 GPS、Cell-ID、RFID 三者结合）的定位技术，以保证在任何时刻都能达到比较好的精度。

4.5.2 移动终端通信技术

目前，常用的移动终端技术主要包括蓝牙技术、通用分组无线服务（General Packet Radio Service，GPRS）技术接入互联网技术、构筑在 GPRS 基础上的无线数据传输技术等。蓝牙技术是一种支持设备短距离通信（一般是10米内）的无线电技术。蓝牙采用分散式网络结构以及快跳频和短包技术，支持点对点及点对多点通信，工作在全球通用的 2.4GHz ISM（即工业、科学、医学）频段。其数据速率为 1 Mbps，采用时分双工传输方案实现全双工传输。

GPRS 技术是一种新的 GSM 数据业务，它可以给移动用户提供无线分组数据接入服务。GPRS 主要是在移动用户和远端的数据网络（如支持 tcp/ip、x.25 等网络）之间提供一种连接，从而给移动用户提供高速无线 IP 和无线 X.25 业务。GPRS 采用分组交换技术，它可以让多个用户共享某些固定的信道资源。

基于地理信息系统（Geographic Information System，GIS）/ GPS / GPRS 的车辆导航和监控系统在车辆管理中的应用方案，实现了车载终端和监控终端的设计。本系统不但发挥了 GPRS 分组交换技术具有高速、实时、网络覆盖范围广的特点，还利用车载 GPS 定位实时和快速与 GIS 直观地对地理数据跟踪显示的优势，实现了移动车辆与监控中心之间实时在线及信息互传的远程监控、调度和管理。

4.5.3 配送系统控制技术

配送控制中心是由 GPRS／GSM 通信服务器、GIS 服务器、Web 服务器、地图数据库服务器、业务服务器组成，通过路由器连接至 internet.gprs/gsm 通信服务器处理与各个终端之间的一对多双向数据通信；GIS 服务器主要实现电子地图的功能，并负责地图数据的传输；Web 服务器则是将电子地图和各目标信息结合起来，为控制用户提供监控界面；地图数据库和业务数据库分别存储电子地图数据与监控业务数据。

以 GPS 定位数据为基础，GPRS 网络作为承载网络，结合物流业发展实际需要，将物流配送过程数字化与信息化，实现了对物流配送系统的监控与管理。射频识别技术、定位技术、传感器技术以及无线通信技术在未来必将深入物流业的各个方面。

4.5.4 配送的信息管理系统

电子商务作为数字化生存方式，代表未来的贸易方式、消费方式和服务方式。要求整体生态环境要协调、完善，要求打破原有物流行业的传统格局，建设和发展以商品代理和配送为主要特征，物流、商流、信息流有机结合的社会化物流配送中心，建立电子商务物流体系，使各种流畅通无阻，才是电子商务物流的最佳境界。

物流配送中心的管理信息系统主要包括销售点管理系统、电子订货系统、库存管理系统、批发配送系统。

1. 销售点管理系统

销售点管理系统是指结合商品条形码、收银机在零售卖场收集顾客购买的各项资料，提供客户分析、消费需求趋势、账务处理及经营管理等功能并及时地传递信息。

（1）销售点管理系统主要的软件功能。经营管理方面包括单品销售分析、部门销售分析、畅／滞销品分析、分类统计分析；消费需求趋势分析方面包括客户分析、供应商别分析、时间带分析、价格带分析；账务处理分析方面包括当日结算、信用卡处理、会计账务处理等。

（2）建立销售点管理系统需要具备的硬件设备。计算机、储存设备、输出／输入设备（如光笔、扫描仪）、连线设备、打印设备、结账设备（如刷卡机等）。

2. 电子订货系统

电子订货系统是经由网络通信连线方式，将店面卖场每项商品或固定时间需补充的商品数量、种类和到货时间等订货资料直接传送至商品配送中心或批发商、供应商的电脑系统，以完成订货作业。

（1）电子订货系统主要的软件功能。自动订货、统计分析、配送调拨、信息传递、货架管理、追踪管理等。

（2）建立电子订货系统需要具备的硬件设备。电脑设备、储存设备、数据通信装置、连线设备、输入设备（手持式终端机、附有交换机的电话）、货架标签打印机、打印设备。

3. 库存管理系统

库存管理系统是通过电脑设备进行入库出库管理、储位管理、盘点管理及需求预测等作业的系统（见图 4-8）。

（1）库存管理系统主要的软件功能。入/出库管理、盘点、需求预测、库位管理、订货点分析、安全库存量分析、退货处理、缺货分析处理、过剩存货分析处理、存货周转率分析、搬运车追踪管理等。

（2）建立库存管理系统需要具备的硬件设备。计算机、储存设备、自动化仓库、输入/输出设备、连线设备、打印设备、无人搬运车。

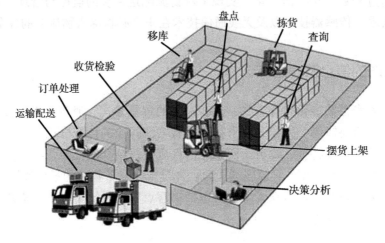

图 4-8　库存管理系统

4. 批发配送系统

批发配送系统主要是进行自动拣货、货箱排列、装卸、搬运、储存等管理活动。

（1）批发配送系统主要的软件功能。自动拣货方面包括自动仓库物料与储位管理、自动仓库机能控制、拣取品项分类整理、拣取信息通信传递、拣取品项与库存管理；装卸、搬运方面包括控制软件、通信软件；货箱排列方面包括货箱计算、排列/堆放动作控制；储存及物料管理方面包括入出库管理、库存管理、集货/理货/拣货管理、储位管理、商品管理。

（2）建立批发配送系统需要具备的硬件设备。自动拣货设备、输送设备（如输送机、升降输送机等）、装卸设备（如堆高机）、电脑自动控制及相关周边设备、电子标签、监控设备。

4.6　电子商务物流配送现状与改进

从总体上看，尽管我国的电子商务已经进入发展的快车道，但是其功能主要局限于信息平台的交流，电子商务与物流之间相互依赖、相互促进的关系还尚未得到企业的足够认识。

4.6.1 我国电子商务物流配送发展的制约因素

人们在关注电子商务发展的同时，却对面向电子商务的物流配送系统重视不够，从而出现物流配送系统建设落后，与电子商务结合不够紧密等问题，这在很大程度上限制了电子商务高效、快速、便捷等优势的发挥。

1. 与电子商务相协调的物流配送基础落后

虽然基于电子商务的物流配送模式受到了越来越多的关注，但由于观念、制度和技术水平的制约，我国电子商务物流配送的发展仍然比较缓慢，与社会需求差距仍然较大。目前，高速公路网络的建设与完善、物流配送中心的规划与管理、现代化物流配送工具与技术的使用、与电子商务物流配送相适应的管理模式和经营方式的优化等都无法适应我国电子商务物流配送的要求。基础设施和管理手段的落后、必要的公共信息交流平台的缺乏，都制约着我国电子商务物流配送的发展。

2. 电子商务物流配送的相关政策法规不完善

目前，我国物流管理管理体制还处于区域、部门分割管理的状态下，区域之间缺乏协调统一的发展规划和协调有序的协同运作，市场归口管理不一致，都制约了电子商务物流配送的效率。由于缺乏一体化的物流系统，因此电子商务很难发挥其应有的突破空间、快捷交易的功能。此外，与电子商务物流配送相适应的财税制度、社会安全保障制度、市场准入与退出制度、纠纷解决程序等还不够完善，制度和法规的缺陷阻碍了电子商务物流配送的发展。

3. 物流配送的智能化、集成化管理程度不高

电子商务物流配送之所以受到越来越多企业的青睐，是因为电子商务满足了现代顾客多样化的需求，网络上的定制化越来越多，电子商务企业只有通过电子化、集成化物流管理把供应链上各个环节整合起来，才能对顾客的个性化需求做出快速反应。但从我国的实际来看，企业的集成化供应链管理还处于较初级阶段，表现为：运输网络的合理化有待提升、物流信息的速效性不高等方面。这与我国物流业起步较晚，先进的物流技术设备（如全球定位系统、地理识别系统、电子数据交换技术、射频识别技术、自动跟踪技术等）还较少被应用有关。没有先进的技术设备做基础，电子商务物流配送企业的集成化管理就难以实现。集成化管理程度不高，电子商务物流配送企业的效率就会大打折扣。

4. 熟悉电子商务物流配送人才的匮乏

由于电子商务物流配送在我国的发展时间不长，大多数都是从传统物流企业转型而来的企业，因此在人才的储备和培育方面还不能适应电子商务时代的要求。员工在有关电子商务方面的知识和操作经验不足，这直接影响到了企业的生存和发展。与国外形成规模的物流教育系统相比较，我国在物流和配送方面的教育还相当落后，尤其是在电子商务物流配送方面的教育。熟悉电子商务物流配送人才的匮乏制约了电子商务物流配送模式的推广，也影响了电子商务物流配送的成功运营。

4.6.2 解决制约因素的主要措施

解决制约电子商务物流配送活动的制约因素要从基础设施建设、配送体系建设、软硬件建设、专业人才培养等几个方面着力推进。

1. 完善适应电子商务需要的政策环境和基础设施

进一步建设和完善与电子商务物流配送相适应的基础设施，关系到我国物流行业的发展水平和国际竞争力。随着电子商务在全球范围内展开，物流业必然跨越国界拓展业务，国际化物流是物流业发展的方向。因此，必须努力推动国内物流与国际物流标准的接轨，包括物流术语标准化、物流条码标准化和物流设备标准化。这要求政府相关部门及行业组织要在计量标准、技术标准、数据传输标准、物流作业和服务标准等方面做好基础工作。同时，在高速公路网络的建设与完善、物流配送中心的规划与管理等方面，政府应当加强投入力度，并且加强指导和管理，通过提供良好的服务与引导，使基础设施的建设与完善得到落实。此外，公共信息交流平台需要依靠政府、企业和相关行业协会的共同努力才能建立起来。

2. 加强对电子商务物流配送体系建设的支持力度

为支持和推动电子商务物流配送行业的发展，政府应当在政策法规上加强支持力度。改善条块分割的问题，必须在政府的主导下建立统一管理和协调有序的全国性的或跨区域性的物流管理协调机构，由其承担组织协调职能，为统一归口管理物流行业创造条件。另外，必须规范电子商务物流配送发展的产业政策，以政府为主导并引导企业共同加大对电子商务物流配送行业的投资力度，统一进行发展规划，重点建设基于电子商务的物流配送基础设施，以此为基础建立起我国电子商务物流配送的实体网络，形成全社会的电子化物流配送系统。

3. 加强软硬件建设，提高电子化、集成化管理水平

电子商务物流配送的集成化管理水平依赖于物流配送各个环节软硬件的先进性，以及它们之间的兼容性和良好的衔接。为此，必须做到物流配送手段的机械化和现代化、物流配送管理的规范化和制度化、物流配送过程的信息化和自动化，只有做到这些方面，电子商务物流配送的集成化管理水平才能真正得到提高。除了在管理方面应当建立、健全科学的管理体制，形成统一的程序和标准之外，先进技术的采用和管理策略的运用也非常重要。一般认为，物流信息收集的数据化和条码化、物流信息处理的电子化和计算机化、物流信息传递的标准化和适时化、物流信息存储的数字化等，是实现高水平集成化、智能化管理的关键环节。物流系统只有具有良好的信息处理和传输功能，快速、准确地对配送货物进行适时跟踪，并及时提供反馈信息，才能做到统一有序的高效管理。

4. 大力培育高层次的电子商务物流配送人才

电子商务物流配送行业的发展关键还要依靠高素质、高层次人才的推动。为了适应电子商务时代物流配送行业的新要求，必须大力培养从事物流理论研究与实务的专门人才、懂得电子商务理论与实务的专业人才、既懂IT又懂电子商务的网络经纪人、既懂电子商务又懂现代物流的复合型人才。培养的途径和模式可以多种多样，职业教育、专业教育、岗位学习等方式都可以采用，但关键是将理论与实践相结合，着重于实际运作能力的培养和操作经验的积累。虽然高层次电子商务物流配送人才的培育必然与我国电子商务物流配送发展的水平相关联，但明确的方向引导、市场需求的拉动、培训途径的科学完善都会起到有力的推动作用。

本章小结

电子商务物流配送是指物流配送企业采用网络化的计算机技术和现代化的硬件设备、软件系统及先进的管理手段，针对客户的需求，根据用户的订货要求，进行一系列分类、编码、整理、配货等理货工作，按照约定的时间和地点，将确定了数量与规格要求的商品传递给用户的活动及过程。

电子商务物流配送的特点：业务范围的扩展性、应对客户的快速性、系统效应的最优性、运作环节的易操性、发展趋势的智能性、网络体系的一致性、目标组合的最佳性。电子商务物流配送与传统商务物流配送的区别：仓库布点配置不同，对货物的要求不同，业务流程不同，速度要求不同，网络简化了配送过程。

电子商务物流配送优势：虚拟性、实时性、个性化、增值性。电子商务物流配送功能：实现货物的高效配送；配送的适时控制；物流配送过程的简约化。

电子商务物流配送的业务目标：服务性目标、快捷性目标、低成本性目标、安全性目标。电子商务的物流配送模式：自营配送模式、第三方物流配送模式、物流一体化配送模式、共同配送模式。物流配送可以分为3个具体的流程：订单处理流程、送货处理流程和退货处理流程。

电子商务物流配送核心技术：移动定位技术、移动终端通信技术、配送系统控制技术。配送的管理信息系统主要包括销售点管理系统、电子订货系统、库存管理系统、批发配送系统。

复习思考题

1. 电子商务物流配送的主要特点是什么？与传统配送有何区别？
2. 电子商务物流配送功能有哪些？
3. 电子商务物流配送的流程有哪些？

课内实训

结合本校实训条件，对现有的物流配送模拟设备做一次调查，根据企业配送功能实际，为实训室提供一个新的配送信息技术改进方案。

课外实训

以小组为单位，安排时间去本地电子商务物流配送企业参观，将电子商务物流企业配送的主要流程用图示的形式描述出来，并指出流程中存在的不足或需要完善的部分，最后说明道理。

案例分析1

"互联网+物流"六大趋势 曹朝货如何玩转纯电动配送

曹朝货的消息：日前，一份以全国城市物流大数据为基础，解读中国城市配送市场发展趋势的蓝皮书在"中国数谷"贵阳首发。

东北地区的人们爱搬家？江浙沪地区的人们最爱车？京津冀的人们都是守房族？通过对不同地区城市配送货源结构的分析，"洞察"出不同地区的人们喜欢干这些事情，进而会在对应区域的对应行业如家居、汽配、建材家居等，进一步提供分行业深度解决方案。

这只是大数据的冰山一角。《中国城市配送市场发展蓝皮书2016》诞生的背后，意在深度挖掘隐藏在数据背后的信息价值，加强大数据在城市配送领域的应用，以数据驱动城配升级，打破低层次、低效率、高成本的运输局面，为城配行业发展注入新的活力。

参与研究的权威数据分析机构表示，通过对数据的分析和城配趋势的预判，有着更大的社会民生价值，可以让勤奋的司机先富起来，让企业成本降下来，让城市更智慧，让数据更有认知价值，这正需要创新驱动、惠及民生的企业，如曹朝货的让城市物流更有温度、更高效、更智能。

未来的城市配送究竟有着怎样的趋势？报告指出，目前中国同城货运市场显示出需求高度碎片化、潮汐需求频现、垂直细分领域配送需求差异大、配送及其增值服务需求多样化、仓配一体化成未来仓储趋势五大特征，与此同时，运营成本高涨、供需调度智能成为巨大痛点。中国未来的城市配送的六大趋势如下。

第一，由需求拉动升级到数据驱动。

未来城市配送的产品决策依然来源于客户，但会深度应用大数据技术，增量产品前瞻性，从而更有效配置物流资源。

第二，用户需求从价格敏感到服务敏感。

伴随城配市场需求和竞争双重升级，服务敏感型客户正成为城配市场的主流目标客户。如曹朝货通过提供"定制化、标准化"的配送服务，吸引服务敏感型客户，开拓出一片新市场。

第三，城市物流需求向多品种、小批量、高频次转变。

城市物流配送变成多品种、小批量、高频次的服务方式，订单碎片化趋势越来越明显。

第四，中国同城货运市场潮汐需求更加常见。

在同城货运中，用车需求的时间并不是整天平均的，在每天的不同时段，每周、每年的月份都有订单不同的时段。在这样一个潮汐需求背景下，我们就会对车辆资源调配、路线规划等提出更高要求，未来持有资源的成本将会变得越来越高。

第五，仓配一体化成未来仓储趋势。

随着新零售模式的到来，城市物流的发展不再是简单地从 A 点到 B 点，企业对于仓储的数量、作业质量、专业化服务水平、全国化布局，甚至是配送速度等多维度的要求越来越高，智能化仓库应运而生，基于大数据技术，实现就近仓储、下单、拣选、配送，仓配一体化的趋势越来越明显。

因此，未来企业货主在轻运作之下，需要寻求更多的第三方仓储资源，将专业的事交给更专业的人去做，以提升物流效率，实现降本增效。

第六，配送及其增值服务需求多样化，越来越多的需求呈现"物流 + 互联网 + 金融"的完整解决方案。

未来的公路物流的决胜关键点就在于物流平台能够提供全链条的一站式解决方案。物流不仅是将货物由 A 点转移到 B 点，而是需要为货主提供完整的物流服务解决方案。比如，货主首先提出仓储服务需求，同时因为资金需求质押货物，就需要物流企业同步介入金融物流服务。

当然，可以做的服务很多，但是曹朝货想要做的只有一件——为客户提供服务好、速度快、更省钱的纯电动配送服务。随着货运师标准化服务体系的推出，曹朝货将成为中国配送服务最好的平台。

资料来源：http://www.sohu.com/a/128223254_584790.

问题：本案例预测城市配送的趋势是什么？随着新零售模式的到来，城市物流发展呈现何种形态？未来城市公路物流的决胜关键点是什么？

案例分析 2

"X+1"电子商务模式让物流配送"活"起来

目前，县域农村电子商务建设不乏电子商务产业园、仓储配送中心、服务网点等硬件设施投入，而实际交付后却出现硬件设施与业务脱节，陷入"闲置不用、门面表象"的局面，造成资源浪费。

如何突破传统商贸流通瓶颈，合理利用县域农村硬件设施，激发电子商务活力？省供销社探索了"X+1"区域电子商务模式，并在我市生鲜农产品电商同城配送领域开展试点。

据省供销社信息中心相关负责人介绍，"X+1"区域电子商务模式关键在对商贸流通各环节的优化整合，这个模式将县级运营中心、分拣配送中心、县乡村服务站与 X 项业务相连接，是一个整合原来各自为政的配送车、人、仓，使多种商品流、物流共享车、人、仓统一的配送体系。

省供销社预计，依托该模式设想实现的配送体系将提升县域商贸流通资金周转率20%以上，降低县乡村商贸配送成本15%以上，降低网点库存滞销率15%左右，减少过期产品流出率3%左右。同时，可节省70%~80%的运力，提升运输效率，激活硬件设施的实际投入使用。在这一模式中，服务网点可充当合伙人的角色，发挥中转提货、分拣分配、客户拓展等职能，为网点创收盈利。

据了解，省供销社探索的"X+1"区域电商模式由同城配送系统和"供销e家"物流系统组成。目前，"X"主要包括四项流通业务，即日用消费品新零售同城配送、生鲜农产品电商同城配送、农资电商同城配送以及烟花爆竹管理平台。"X+1"是指通过县乡村第四方内向快递统一分拣配送体系，打通多家快递企业平台，实现一个终端承接多家快递。这意味着，"X+1"区域电子商务模式通过整合第三方派送资源，将实现统一仓储、分拣、配送，激活县乡村60%以上的服务网点，实现快递揽件派送中转职能。

2016年7月，省供销社"供销e家"会员单位南昌绿瑞康有限公司应用"X+1"模式，在我市开展生鲜农产品电商同城配送。据企业相关负责人介绍，目前绿瑞康公司可供选购的农产品种类达5 000种，线上采购日平均销量135 405.72元，98%的客户为"回头客"；辐射了包括抚州市牛肉基地、南昌市扬子洲蔬菜基地、九江市猪肉基地等生态农产品基地；覆盖了200多家B端食堂、餐饮店，让6万多家优质C端客户受益。

资料来源：http://news.sina.com.cn/c/2018-05-10/doc-ihaichqz5765588.shtml。

问题： 电子商务模式为农产品配送体系重建提供何种帮助？"X+1"模式的实质是什么？在这一模式中，服务网点扮演何种角色？新模式系统由哪些业务构成？

Chapter 5 第 5 章

电子商务物流运输

学习目标

1. 熟悉电子商务环境下的物流运输的性质、内涵、特点，了解电子商务物流运输的各种不同形式。

2. 熟悉我国电子商务环境下物流运输节点、运输线路、运输平台、运输系统立体化建设等逻辑推演过程及特征，了解电子商务物流运输系统的核心技术及运用。

3. 掌握电子商务物流运输形式中公路运输、铁路运输、水路运输、航空运输的创新模式以及在物流活动中的价值，了解电子商务物流运输发展的现状以及未来趋势。

导引案例

一个自动驾驶集装箱车队行驶在高速公路上，途经城市居民区，小电瓶车自动从集装箱中开出来，直接送货上门，消费者只需扫码即可收货；在农村，一队无人机自动起飞，到达客户位置，自动悬停在一米高度，将货物交给消费者……这不是好莱坞大片中的画面，而是京东物流将为消费者带来的应用场景。京东物流的品牌化运营，无人仓、无人机、无人车组成的智慧物流成为其中的关键环节。

在京东的智慧物流科技布局中，"无人"堪称最明显的特点。拥有3D视觉系统、动态分拣、自动更换端拾器等功能的Delta型分拣机器人，可以惯性导航、自动避障的智能搬运机器人AGV，运行速度高、定位准确、性能稳定、安全监测的Shuttle货架穿梭车，高重复定位精度、载荷最高达165千克、臂展接近3米的六轴机器人6-axis——通过引入这些机器人，京东构建了一套系统化的整体物流解决方案，支持分拣、搬运、拆码垛等仓储全流程的自主实现。设备之上的数据感知和人工智能算法让这些设备具备出色的学习能力与适应性，并从整体上节约时间、空间，从而最大程度地降低仓储成本，提高生产效率。

当货物离开京东无人仓后，就将依靠无人机和无人车送到用户手中。一直以来，"最后一公里"一直是农村和偏远地区物流配送的痛点。而京东以多种无人机型结合，打造快速干线、支线物流网络，打出一套组合拳。Y-6多旋翼型、VTOL固定翼型和首次亮相的油动四旋翼三款机型覆盖了近距离（1千米）和中远距离（30～50千米）的运输，并兼顾了载重需求（5～30千克），而原地起降技术、科学合理的布局和自动装卸货设计，更是实现高效率自动化操作的必备条件。京东集团副总裁肖军介绍说，京东无人机技术今后将着力于提高感知、自主航迹规划、多机协同和人机交互，让"无人"技术更好地为用户服务。

与已经开始多地送货的无人机相比，肖军首次披露的自动驾驶集装箱货车拥有更为独特的物流模式。京东将以自动驾驶集装箱货车为"陆上航母"，在高速公路等简单道路环境中以队列跟随行驶的方式运行。集装箱车内含货架系统与货仓对接，换句话说，这就是一个搭载着高精度导航、自动感知环境、自主判断货物投放的移动仓库。终端的无人快递机器人，则通过激光＋视觉＋GNSS的导航技术，实现从站点到客户地址的全自主送货，为城市消费者解决好"最后一公里"问题。电池供电的动力系统，在实现自动驾驶的同时，还保证了环境友好。

据了解，"双十一"期间，京东自主研发的无人机在江苏、陕西、北京等多地开展了乡村配送，京东无人车也送出了第一单。京东机器人仓、机器人分拣中心、自动化分拣中心也于"双十一"正式启用，全面利用人工智能、机器人和数据感知提升了运营效率。

资料来源：http://www.chinabaike.com/z/shenghuo/kp/2016/1124/5968583.html。

5.1 电子商务运输概述

运输是通过运输工具使物品在物流节点之间流动。它是创造物流空间价值的过程。现代生产和消费是依赖于运输业的发展来实现的，高效、廉价的运输系统能促使市场竞争趋于合理，产生更多的规模经济效益以及产品价格的下降。在互联网时代，电子商务物流可以给社会带来共享利益，可以使社会资源消耗最小，公众收益最大。

5.1.1 物流运输的含义

物流运输是利用铁路、公路的干线以及大型船舶的固定航线进行的长距离、大数量的运输，是进行远距离空间位置转移的重要运输形式。物流运输主要分为干线和支线运输。

电子商务背景下的运输，就是借助现代信息技术和互联网技术，构建货源供应企业与运输服务企业之间的信息联系和资源共享，最大限度地节约物理资源、降低运输成本，实现共享物流和绿色物流的目标。

物流中的运输包括长距离运输和短途运输。长距离运输也称"干线运输"，主要是商品从工厂仓库到全国主要物流中心的大规模整车运输，可以利用大型货车、铁路（集装箱）或水路运输，既可以自营运输，也可以委托外包给专业第三方运输业企业。随着电子商务的发展，运输业务总量迅速发展，运输费用占产品价格的比例将越来越大，部分产品的干线运输费用占产品价格的 50% 以上，降低运输费用，提高运输效率是推动电子商务发展的一个重要影响因素（见图 5-1）。

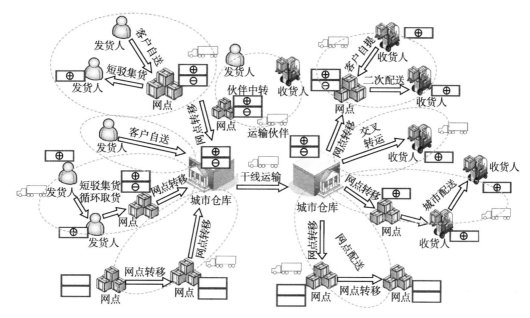

图 5-1 运输管理系统图示

5.1.2 物流运输形式

不同的运输方式需要不同的物流设备，根据运输方式的不同大致可以分为以下几种

1. 公路运输

公路运输是实现门到门服务的重要形式。在电子商务发展的背景下，公路运输伴随高速公路的建设加快和公路网络完善已经成为众多电子商务物流企业的首选形式。公路运输设备主要包括运输车辆和运输吊装机械。公路上所使用的运输车辆主要是汽车。汽车主要分为客车、载货汽车和专用运输车辆。在物流运输中，物流企业使用的主要是专用运输车辆和载货汽车。

（1）专用运输车辆。这主要包括带有液压卸车机构的自卸车；带有进、卸粮口的散粮车；货箱封闭的标准挂车或货车，即箱式车；顶部敞开的敞车；平板车，即没有顶部和侧箱板的挂车；罐式挂车；冷藏车；能够增大车厢容积的高栏板车；设计独特具有特殊用途的特种车。如顺丰快递专用车种类很多，京东物流开发的专用电动智能送货车也为专用车队伍增添了特殊成员。

（2）载货汽车运输。载货汽车按载货量分，有重型、轻型载货汽车；按汽车的大小分，有大型、中型、微型载货汽车。其中，进行室内的集货、配货可以用微型和轻型货车，长距离的干线运输可以用重型货车，短距离的市外运输可以用中型货车。如京东自营干线运输都是以单价上百万元的"SCANIA"牵引车担当主力，所有牵引车均配有采用空气悬挂技术制造的挂车，减震效果更加明显，可以最大限度地减少货物在长途运输中的意外损害。长达 18 米的载货箱体，可以达到单车运载近 100 立方米货物的能力。京东商城运输车队的"豪华阵容"，为车队安全快速运行和强大运输能力提供了最可靠的保障。

案例

2016 年，无人驾驶货车树立了一座重要的里程碑——默默在欧洲边境完成了车队的挑战任务。作为欧洲货车列队行驶挑战赛的一部分，欧洲六大制造商（包括沃尔沃、戴姆勒、达夫、依维柯、曼、斯堪尼亚）组建了一支超过 12 辆车的车队，经过一周环欧洲行驶，于 2016 年 4 月 6 日到达鹿特丹港。

货车列队行驶是指，货车在公路上排队依次前进，驾驶员操控前车，后车便可利用无线通信技术，实现同步操作，不再需要驾驶员另行操控。在行驶过程中，前后两车有 1 秒钟间隔，可实现统一加速、制动；在较小的车距内，两车形成一个近似的真空空间，后车在这个真空区域行驶，阻力很小，从而达到节省燃料的目的。

研究表明，使用自动驾驶货车可以使能源排放量降低 15%，同时会减少交通事故、避免交通拥挤。自动驾驶货车行驶 10 万英里[①]可以节约 5 000 英镑。

自动驾驶汽车从瑞典出发，途经丹麦、德国以及比利时，最后到达荷兰，共计里程 2 000 千米。这种尝试是一次伟大的胜利。

丹麦基础设施与环境部部长 Melanie Schultz van Haegen 说："货车列队运输更清洁、更高效。自动驾驶车辆也能让道路更加安全，因为大部分交通事故都是因为人类操作不当造成的。"

资料来源：http://city.china.com/life/auto/11146168/20160408/22393269.html.

2. 铁路运输

铁路运输设备主要有车体、车轮和钢轨。但物流企业在进行选择时，主要是就车辆进行选择。铁路车辆是运送客货的工具，在运行中需要连挂成列车由机车牵引前进。车辆按照运送对象不同，可以分为客车和货车。货车的种类很多，如棚车、敞车、平车、罐车、保温车等。在运输怕湿及贵重物品时，物流企业可以选择棚车。当货物是不怕湿的散装货或一般机械设备时，可以使用敞车。平车一般用于装运长、大货物（木材）及集装箱。同货运汽车一样，罐车主要适用于装运液体、半液体和粉状物品。保温车主要是用来装运新鲜易腐货物及对温度有特殊要求的某些医药产品。目前，高铁电子商务物流成为行业新宠，2016 年"双十一"期间，顺丰就尝试了用高铁运输快递，仅从武汉通过高铁发出的产品就达到了 10 吨，令业界刮目相看。

3. 水路运输

物流企业在水路运输方面的选择主要涉及船舶和装运方式。船舶是航行或停泊在

[①] 1 英里 = 1 609.344 米。

水域进行运输或其他作业的工具。物流企业使用的是货船或混装船。按照货船载运货物的不同，可以把货船分为以下几种：干散货船、杂货船、冷藏船、木材船、原油船、成品油船、集装箱船、滚装船、液化气运输船、载驳船。

杭州做出口玩具生意的张先生发现了一个省钱的"秘密"——玩具出口的运送方式从陆路改为水路后，每集装箱的玩具居然节约了近100美元的物流成本。张先生的秘密武器，就是使用了杭州跨境电子商务唯一具备水运条件的集装箱港口——东洲内河国际港运送。水路运输加入电子商务物流行业后逐渐彰显自身的独特优势，内河港口服务的"智慧物流"时代，绿色低碳运输的水路运输，有助于物流运输节能降耗，有效减少撒漏和扬尘，避免了散杂货对江河水系的污染，同时可以有效地缓解陆路运输的交通拥堵问题，相比公路运输、铁路运输、航空运输，水路运输成本较低。

4. 航空运输

电子商务物流模式中，航空运输在跨境电子商务中显示出自身的优势。目前，物流配送行业同质化严重、毛利率下降问题越来越突出，发展航空业务增加产品附加值和抢占制空权成为电子商务物流市场扩张的新利器。目前，航空物流的运输体系主要包括航空港和航空器。

（1）航空港。航空港即航空站或机场，是航空运输的经停点，供飞机起飞、降落和停放等。

（2）航空器。对物流企业来说，航空器主要是指民用飞机中的货机或货客两用机。货机运量大，但经营成本高，只限于某些货源充足的航线使用，所以其运输成本也很高。目前的趋势是客货混合机发展很快，因为可以同时运送旅客和货物，并根据运输需要适时调整运输安排，灵活性高。

案例 德邦物流跨境业务正式上线

2016年，德邦物流（简称德邦）正式上线跨境业务，2016年9月成为跨境电子商务平台"趣天网"的线上推荐物流商；2017年3月正式牵手亚马逊，成为亚马逊"全球开店"合作商；2017年7月正式上线中国第一家美股上市跨境电子商务平台"兰亭集势"；2017年6月入股东航则成为德邦物流跨境发展的新起点。德邦一直不断地在探索新的发展机会，多个研究团队正在与东航物流全方位合作，利用东航物流的跨境和航空优势，发挥德邦的高质量网络资源，切入跨境电子商务物流市场。

资料来源：https://www.deppon.com/news/201708/12802.html.

5. 管道运输

物流企业在进行管道运输时，主要是对不同输送管道进行选择。运输管道按输送物品的不同分为：原油管道、成品油管道、天然气管道和固体料浆管道。该运输模式所运载货品主要集中在液体、浆料等初级工业原料和矿产品上，电子商务物流尚无使用。

5.1.3 运输在物流活动中的地位

运输成本在物流总成本中所占比重非常大。在国际上一般把物流总费用分为运输费用、保管费用和管理费用三部分。据中国物流与采购联合会统计 2016 年 1～10 月，社会物流总费用为 8.6 万亿元，同比增长 3.3%，增速比上年同期回落 0.7%，延续了年内回落走势。其中，运输费用 4.5 万亿元，同比增长 3.9%；保管费用 2.9 万亿元，同比增长 1.3%；管理费用 1.2 万亿元，同比增长 5.6%。由此可以看出，降低运输总成本对降低社会物流总成本有非常重要的意义。

伴随企业技术创新以及电子商务模式的普及，企业产品成本所占总成本比例有逐渐降低趋势，物流成本在企业总成本构成中所占的比例越来越高。同时，运输又成为成本消耗最大的物流活动，约占物流总成本的 1/3～2/3。运输成本与产品的种类、装运的规模、距离直接相关。在物流运输行业实施电子商务模式，通过信息技术和互联网平台技术集合，可以提高运输效率，减少空车率，提高配载水平，减轻环境污染，实现共享经济。

5.2 物流运输节点

物流节点是指在物流网络中连接物流线路的衔接之处。广义的物流节点是指所有进行物资中转、集散和储运的节点，包括港口、空港、火车货运站、公路枢纽、大型公共仓库及现代物流（配送）中心、物流园区等。狭义的物流节点仅指具有现代物流意义的物流（配送）中心、物流园区和配送网点。

5.2.1 物流运输节点与网络

全部物流运输活动是在线路和节点上进行的。其中，在线路上进行的活动主要是运输，包括集货运输、干线运输、配送运输等。在节点上则是完成物流功能要素中的其他所有功能要素，如包装、装卸、保管、分货、配货、流通加工等。所以，从这个意义来讲，物流节点是物流运输系统中非常重要的部分。实际上，物流线路上的活动是靠节点组织和联系的，如果离开了节点，物流线路上的运动必然会陷入瘫痪，所以，未来电子商务背景下的运输技术创新应该把着眼点转移到物流运输节点的科学设计与建设方面。京东在不断向中小城市扩展建立自己的仓储和物流中心。据了解，京东物流已经形成了中小件物流网、大件物流网和冷链物流网的三张网布局，拥有 7 个智能物流中心、254 个大型仓库、550 万平方米的仓储设施、6 780 个配送站和自提点，完成了对全国 2 646 个区县的覆盖。

1. 物流运输节点与网络的功能

物流网络结构是由执行运动使命的线路和执行停顿使命的节点这两种基本元素组成的。线路与节点相互关系、相对配置以及由于其结构、组成、联系方式的不同，因此形成了不同的物流网络，物流网络的水平高低、功能强弱取决于网络中的两个基本元素的配置和两个基本元素本身。

现代物流网络中的物流节点对优化整个物流网络起着重要作用，从发展来看，它不仅执行一般的物流职能，而且越来越多地执行指挥调度、信息等神经中枢的职能，是整个物流网络的灵魂所在，尤其是一些大型电子商务物流园区，信息集聚辐射效应十分明显，所以，对于特别执行中枢职能的节点又称物流中枢或物流枢纽。如阿里巴巴集团联合数家公司，计划总投资超10亿元打造中国智能骨干网东莞清溪节点项目。在阿里巴巴的战略版图中，清溪项目除了承接物流订单之外，还将引进电子商务信息流、资金流和物流中心，引入网络金融、云计算、软件开发等高附加值产业。

2. 物流运输节点与网络物流节点运作逻辑

网络物流节点运行的过程，如果按其运动的程度（即相对位移大小）考量，它是由许多运动过程和许多相对停顿过程组成的。一般情况下，它包括两种不同形式运动过程。相同形式的两次运动过程中都要有暂时的停顿，一次暂时停顿往往连接两次不同的运动。运行过程便是由这种多次的"运动—停顿—运动—停顿"所组成的。

5.2.2 物流运输节点与网络类型

大型物流信息系统硬件平台物流节点是物流系统的重要组成部分，是组织各种物流活动、提供物流服务的重要场所。现代物流发展了若干类型的物流节点，不同的物流节点对物流系统的作用是不同的（见图5-2）。

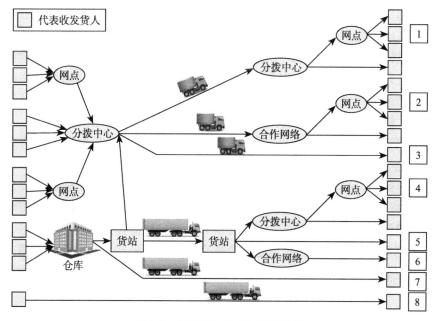

图 5-2　物流运输节点与网络类型

物流节点一般被分为物流园区、物流中心、配送中心三种类型。由于配送中心一般是按照市场的需求进行布设，所以此处只对物流园区和物流中心的概念做进一步辨析。

1. 物流园区

关于物流园区的概念，国内尚无确切定义，根据物流园区的特征，可表述为物流园区是在几种运输方式衔接地形成的物流节点活动的空间集散体，是在政府规划指导下多种现代物流设施和多家物流组织机构在空间上集中布局的大型场所，是具有一定规模和多种服务的新型物流业务载体。

物流园区包括八个功能：综合功能、集约功能、信息交易功能、集中仓储功能、配送加工功能、多式联运功能、辅助服务功能、停车场功能。其中，综合功能的内容为：具有综合各种物流方式和物流形态的作用，可以全面处理储存、包装、装卸、流通加工、配送等作业方式以及不同作业方式之间的相互转换。

物流园区将众多物流企业聚集在一起，实行专业化和规模化经营，发挥整体优势，促进物流技术和服务水平的提高，共享相关设施，降低运营成本，提高规模效益。其内涵可归纳为以下三点。

（1）物流园区是由分布相对集中的多个物流组织设施和不同的专业化物流企业构成的具有产业组织、经济运行等物流组织功能的规模化、功能化的区域。这是一个空间概念，与工业园区、经济开发区、高新技术开发区等概念一样，具有产业一致性或相关性，拥有集中连片的物流用地空间。

（2）物流园区是对物流组织管理节点进行相对集中建设与发展的具有经济开发性质的城市物流功能区域。作为城市物流功能区，物流园区包括物流中心、配送中心、运输枢纽设施、运输组织及管理中心和物流信息管理中心等适应城市物流管理与运作需要的物流基础设施。

（3）物流园区是依托相关物流服务设施，进行与降低物流成本、提高物流运作效率和改善企业服务有关的，流通加工、原材料采购和便于与消费地直接联系的生产等活动的具有产业发展性质的经济功能区。作为经济功能区，其主要任务是开展满足城市居民消费、就近生产、区域生产组织所需要的企业生产、经营活动。

物流园区要依托全国物流节点城市、全国流通节点城市和国家电子商务示范城市，完善优化全国和区域电子商务物流布局。根据城市规划，加强分拨中心、配送中心和末端网点建设。探索"电子商务产业园＋物流园"融合发展新模式。如2017年8月16日，荣盛产业新城与菜鸟网络正式签署《战略合作意向协议书》，双方将在智慧物流平台的投资建设上开展合作，占地面积525亩，打造智慧物流科技园区，搭建电子商务创新创业孵化平台，共同为电子商务企业、物流公司、仓储企业、第三方物流服务商、供应链服务商等各类企业服务，双方携手在固安打造了首个京津冀智慧物流示范新城。

2. 物流中心

物流中心是物流网络的节点，具有物流网络节点的系列功能。它是综合性、地域性、大批量的货物物理位移转换集散的新型设施设备的集合，把物流、信息流融为一体，成为产销企业之间的中介组织和现代物流活动的主要载体。以京东为例，京东物流在全国运营着 335 个大型仓库，拥有 710 万平方米的仓储面积，投入使用 9 个"亚洲一号"智能物流中心，自营配送覆盖全国 99% 的人口。

根据国家标准《物流术语》，将物流中心定义为"从事物流活动的场所或组织，应基本符合以下要求：主要面向社会提供公共物流服务；物流功能健全；集聚辐射范围大；存储、吞吐能力强，能为转运和多式联运提供物流支配；对下游配送中心客户提供物流服务。典型的物流中心主要有以下类型：

（1）集货中心，是将分散生产的零件、生产品、物品集中成大批量货物的物流据点。这样的物流中心通常多分布在小企业群、农业区、果业区、牧业区等地域。

（2）送货中心，将大批量运抵的货物换装成小批量货物并送到用户手中的物流据点。送货中心运进的多是集装的、散装的、大批量、大型包装的货物，运出的是经分装加工转换成小包装的货物。此类物流中心多分布在产品使用地、消费地或车站、码头、机场所在地。

（3）转运中心，是实现不同运输方式或同种运输方式联合（接力）运输的物流设施，通常称为多式联运站、集装箱中转站、货运中转站等。转运中心多分布在综合运网的节点处、枢纽站等地点。

（4）加工中心，将运抵的货物经过流通加工后运送到用户或使用地点。这类物流据点侧重于对原料、材料、产品等的流通加工，配有专用设备和生产设施。经过流通加工后的货物再通过使用专用车辆、专用设备（装置）以及相应的专用设施进行作业，如冷藏车、冷藏仓库等，可以提高物流质量、效率并降低物流成本。

（5）配送中心，是将取货、集货、包装、仓库、装卸、分货、配货、加工、信息服务、送货等多种服务功能融为一体的物流据点，也称为配送中心（城市集配中心）。配送中心是物流功能较为完善的一类物流中心，应分布于城市边缘且交通方便的地带。

（6）物资中心，是依托于各类物资、商品交易市场，进行集货、储存、包装、装卸、配货、送货、信息咨询、货运代理等服务的物资商品集散场所，一些集团企业的物流中心，就是依托于各类物资交易市场而形成的。

随着现代运输手段的发展和运用，货物的空间效用、时间效用已得到充分的注意和运用。完整意义上的物流中心已成为选择运输手段所需考虑的重要因素，例如，2017 年 8 月长沙市雨花现代电子商务产业园（简称雨花电子商务产业园）道路基础设施建设 PPP 项目正式开工。据悉，该项目为雨花区投资规模最大的道路 PPP 项目，将雨花电子商务产业园 14 条待建道路进行"打捆"建设，预计路网在五年内基本搭建完成，为长沙市实现"打造国家交通物流中心"的战略目标提供前所未有的加速度。从一些发达国家的物流中心具体实际来看，物流中心具有以下增值性功能。

（1）结算功能。物流中心的结算功能是物流中心对物流功能的一种延伸。物流中心的结算不仅仅只是物流费用的结算，在从事代理、配送的情况下，物流中心还要替货主向收货人结算货款等。

（2）需求预测功能。自用型物流中心经常负责根据物流中心的商品进货、出货信息来预测未来一段时间内的商品进出库量,进而预测市场对商品的需求情况。

(3)物流系统设计咨询功能。公共型物流中心要充当货主的物流专家,因而必须为货主设计物流系统,代替货主选择和评价运输商、仓储商及其他物流服务供应商。国内有些专业物流公司正在进行这项尝试,这是一项增加价值和公共物流中心竞争力的服务。

(4)物流教育与培训功能。物流中心的运作需要货主的支持与理解,通过向货主提供物流培训服务,可以培养货主与物流中心经营管理者的认同感,可以提高货主的物流管理水平,可以将物流中心经营管理者的要求传达给货主,也便于确立物流作业标准。

3. 物流园区与物流中心的区别

物流园区是物流中心发展到一定阶段的产物,是多个物流中心的空间集聚载体。

(1)功能不同。物流园区具有多式联运、综合运输、干线终端运输等大规模处理货物和提供服务的功能。物流中心则主要是分销功能,并且具有货物运输中转功能,且以配送业务为主。

(2)用地的要求不同。物流园区要求物流企业及相关的一些辅助企业在园区内聚集,基础设施相对齐全,要处理的物流量大,必须在其周围留有适当的空间为以后发展之用,所以物流园区要求用地充裕且具有扩展性。物流中心在这方面没有如此严格的要求。

(3)改善城市交通环境的影响程度不同。物流园区一般建在远离市中心的地区,布设在城市外围或郊区,同时注重园区与城市对外交通枢纽的联动规划建设,所以对改善城市交通环境的影响程度较大。物流中心主要以配送业务为主,要求快速准时地为客户提供服务,因此,在空间距离上应尽量靠近需求点,并且要有连接市中心的快速干道,所以物流中心对改善城市交通环境的作用不是很大。

(4)服务对象不同。物流园区应有综合性的基础服务设施,且面向全社会提供服务。物流中心则只在局部领域进行经营服务。

(5)对市场的要求不同。物流园区内聚集了很多的供应商、生产商、销售商和第三方物流企业,所以要求物流园区所服务的市场是多样化的。物流中心仅具有第三方物流企业的功能,所以服务的市场一般是专业化的。

(6)经营、管理方式不同。物流园区不一定是经营管理的实体,物流经营企业之间的关系可以是资产入股、租赁、合作经营或联合开发。物流中心则是物流经营和管理的实体。

(7)政府给予的政策不同。政府为了吸引各种企业在物流园区内聚集,使其获得规模效益、范围效益,进而降低物流成本,政府通常为入驻的物流企业提供各种优惠政策,但对于物流中心,这样的优惠政策较少。

因此,对于区域型电子商务物流企业而言,某一物流节点是建设物流园区还是物流中心,应由所服务地域空间的软硬件环境所决定。只有当物流节点选择的类型对空间的特殊要求与所服务空间所提供的软硬件环境相适应时,物流节点选择的类型才是正确的,才能促进运输物流系统的完善和地区经济的发展。

5.2.3 物流节点的作用

在各个物流系统中,物流节点都起着若干作用,但随整个系统目标不同以及物流节点在网络中的地位不同,节点的主要作用往往不同,根据这些主要作用可分成以下几类。

(1)转运型节点。转运型节点是以接连不同运输方式为主要职能的节点;铁道运输线上的货站、编组站、车站,不同运输方式之间的转运站、终点站,水运线上的港口、码头,空运中的空港等都属于此类节点。一般而言,由于这种节点处于运输线上,又以转运为主,因此货物在这种节点上停滞的时间较短。

(2)储存型节点。储存型节点是以存放货物为主要职能的节点,货物在这种节点上停滞时间较长。在物流系统中,储备仓库、营业仓库、中转仓库、货栈等都属于此种类型的节点。

(3)流通型节点。流通型节点是以组织物资在系统中运动为主要职能的节点,在社会系统中则是组织物资流通为主要职能的节点。现代物流中常提到的流通仓库、流通中心、配送中心就属于这类节点。

(4)综合性节点。综合性节点是在物流系统中集中于一个节点中全面实现两种以上主要功能,并且在节点中并非独立完成各自功能,而是将若干功能有机结合于一体,是有完善设施、有效衔接和协调工艺的集约型节点。这种节点是适应物流的大量化和复杂化,适应物流更为精密准确,在一个节点中要求实现多种转化而使物流系统简化、高效,是现代物流系统中节点发展的方向之一。

如成都是电子商务企业布局内陆物流体系的节点枢纽城市,发挥着多数电子商务华西地区的区域分拨中心功能,因此电商企业的在蓉仓储需求在过去在几年快速增长。从统计层面看,电商务对成都高标库的需求贡献率从2015年21%已增长至2017年37%,超过第三方物流及传统零售业,跃居各行业首位。

5.2.4 物流节点的设计

物流节点作为物资集散、运输方式转接、物流加工和物流信息管理中心,在设计上需要系统规划,全面平衡各种功能,实现整体服务效能最大化。

(1)物流节点的数目与服务水准。物流节点的数目少,物流功能比较集中,物流成本一般较低。物流节点多、服务网点分散、集散迅速、物流服务水准一般较高,但物流成本一般也较高。

(2)物流节点数目与规模。物流节点少,物流功能集中,物流节点的规模较大才能满足物流要求。反之,物流节点数目多,平均物流节点的规模应小一些,节约投入资本。

(3)物流节点规模与土地占用。两者关系密切,土地面积占用大,征地及建设费用高,需要削减企业物流成本的装配制造业、流通业,相应企业业务所涉及的物流据点布局要合适。这方面要充分发挥市场机制,鼓励物流企业加大投入,大力推广政府和社会资本合作模式,多渠道筹集项目建设资金。

河南着力优化空间布局,构建"一中心、多节点、全覆盖"的现代物流空间布局体系。"一中心",即建设郑州现代国际物流中心;"多节点",即通过完善提升基础设施,强化区域集散分拨和物流配送功能,建设区域性物流节点城市;"全覆盖",即建立覆盖全省城乡的分拨配送物流网络(见图5-3)。

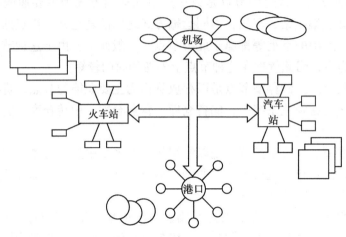

图 5-3　物流节点的设计

(4)物流节点布局与选址的方法。物流节点布局与选址的常用数学模型主要有:考虑一个或多个物流节点的布局选址模型、考虑运输费用及多个物流节点的布局选址模型等,物流设施选址的数学模型在实际应用中往往只具有理论或实践中的指导意义,而法律、法规、规划、土地使用权、物流业务种类、物流设施、筹资能力、交通环境因素、自然条件因素等很难在一个已具规模的中心城市、区域经济圈模型中都具体体现出来。因此,物流中心布局选址涉及一些关键因素,需要将定性分析和定量分析结合起来进行分析,或采用综合集成的方法进行选址工作。

5.3　信息技术及政策对运输的影响

2013年以来,"互联网+交通"开始引领智能交通的发展,在新时代语境下,产生了互联网思维与传统交通运输业的各项"联姻成果",互联网思维推动了以服务为核心的交通管理方式的创新和业务流程的再造。

5.3.1　物联网技术对铁路运输的贡献

中国南北是5 500千米,东西是5 200千米,在幅员辽阔的国土上进行远距离物流,铁路是最经济、最安全、最快捷的,电子商务物流的跨区域运输离开铁路是难以实现的。随着物联网时代的到来,干线运输迎来了新的发展前景。物联网技术在我国铁路运输的应用最早要追溯到2001年远望谷公司为铁道部自动终端情报服务

（Automatic Terminal Information System，ATIS）工程项目开发的 XC 型车号自动识别系统，该系统可实时、准确无误地采集机车、车辆运行状态数据，如机车车次、车号、状态、位置、去向和到发时间等信息，实时追踪机车车辆。

案例　95306 网站全面开启铁路电子商务时代

对传统商业来说，如何利用电子商务抵御"寒冬"已经成为一个抉择。作为曾经的运输老大，在面临发展的重重困境时，迅速做出抉择，铁路改革帮助铁路完成从传统运输到现代运输业的转型。从客运改革到货运改革，从 12306 网站的推出再到现在的 95306 网站，铁路部门在不断摸索中前进。根据当代人的生活习惯，铁路部门利用发达的互联网在服务好人民群众的同时，也为铁路改革开辟了广阔的道路。以 12306 网站为例，当初并不被看好的铁路官方售票网站，如今已经成功蜕变，网站购票使用率已超过 60%，这个数据随着铁路对 12306 网站的不断改进还在不断提高。铁路客运与互联网相加产生的化学反应已见成效，那么铁路货运与互联网结合会产生怎样的效果呢？

95306 网站作为铁路"互联网＋"模式的又一重拳，自诞生以来就备受关注。它既能充分发挥铁路安全、无污染、全天候、运费低的特点，又能完美地与电子商务时代物流业相契合。这样一个集网上营销、网上交易、信息交互、行业资讯、招商采购等功能于一体的综合物流网络平台，实现了铁路网、配送网、电子商务网、物联网、信息网"五网"集成，颠覆了传统物流和铁路货运组织方式，将铁路货运方式提升到了全新高度，真正顺应了如今电子商务时代发展的要求。同时，95306 网站的 B2B 交易平台显示了网站的主体性质，"我要发货""货物追踪""电器专区""日用百货""食品饮料"成为引人注目界面，铁路部门也对进入 95306 的企业实行很多优惠政策，大力提升网站市场吸引力，彰显了拓展电子商务平台的气势。

可以说，无论是 12306 网站还是 95306 网站，铁路"双姝"都为铁路转型注入强大的动力，让人们惊喜地看到了铁路的转型升级，也让人们对铁路有了更多期待和赞许。

资料来源：http://news.gaotie.cn/gaige/2015-10-29/278992.html。

随着我国高速铁路、客运专线建设步伐的加快，对铁路信息化水平的要求越来越高，铁路通信信息网络也正朝着数据化、宽带化、移动化和多媒体化的方向发展，各方面的条件已经基本满足了物联网在铁路运输领域的推广和应用。其中值得关注和期待的是客票防伪与识别、站车信息共享、集装箱追踪管理与监控、仓库管理。

案例　中国首次放开铁路货运价格

国家发展和改革委员会 2014 年 4 月 1 日宣布，正在建设的准池铁路开通运营后，货物运价将实行市场调节，由铁路运输企业与用户、投资方协商确定具体运价水平。这是中国首次放开铁路运输价格。

"电子商务专列"在车型的选择上延续了"行邮专列"的做法，每列火车 15～19

节车厢，每节车厢核定载重在 23 吨左右。现在快递干线主力运输车型为 9.6 米长的货车，以电子商务快件为准，载重量在 7 吨左右，一架波音 737 全货机的载重量约 12 吨。因此，"电子商务专列"满载一次，运输量相当于 62 辆 9.6 米长的货车，或者 36 架波音 737 全货机的运力。以目前电子商务快件平均 2 千克/件核算，每趟"电子商务专列"可载约 22 万件快件。

中国快递协会相关负责人在调查了快递企业铁路货运的需求，并与中国铁路总公司进行了数次对接之后，在两个月的时间内，在北京、上海、广州、深圳四地，为快递业定制首批三对六列电子商务快递班列。"铁路运输要解决起始和末端的转运中心对快递的不便，特别是短拨（从分拨中心到火车站、从火车站再到分拨中心）最耗费成本。"赖建法表示。他认为，目前部分快递班列的时效仍然不及自营车辆，而且路上多了几趟转运环节，不仅运输、人力成本增大，安全风险也可能随之增大。此外，铁路的具体发车时刻表是否能贴近快递的转运时间，也需要很多时间来磨合。

资料来源：https://tieba.baidu.com/p/3152610698?red_tag=0391893969。

5.3.2 电子商务对远洋运输的影响

2015 年的《政府工作报告》首次提出了"互联网+"行动计划，将互联网纳入国家战略。如今，越来越多的企业寄希望于互联网对传统行业进行改造，以求带来经济运行模式上的改变。据了解，李克强总理在《政府工作报告》中提出对互联网与金融、商业、物流等五个行业相结合的支持，这也就意味着国家将对电子商务领域实行更为宽松的外商投资政策，港口、航运、物流等相关传统行业将因此受益，并得到更多机会。

关于"互联网+港口物流"落地问题，"互联网+港口物流"构成联通港航物流业的电子商务，从而再造和改造了原有港口服务模式，使港口服务模式从原有的链条式变为平台式，是一种扁平化的过程（见图 5-4）。

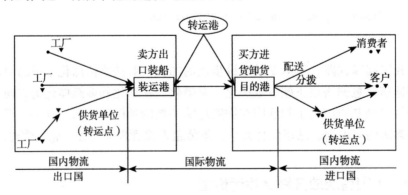

图 5-4 港口物流节点的作用图

案例 青岛港——借"互联网+"促进港口转型升级

青岛港的模式特点是构建港口现代物流电子商务生态圈，提升物流信息服务能力；依托港口物流链，构建区域性物流公共信息平台；通过打造海道网、客服中心、跨境电子商务平台等互联网新模式，实现与海关、国检、船公司、货代等众多相关方的数据共享，并成为国家集装箱海铁联运物联网应用示范工程之一；建立健全市场和客户网络管理、服务体系，掌握货物最新信息。

同时成立客户服务中心，从干散货入手，与客户建立互动，掌握货物最新信息；构筑起"干散货、件杂货、油品和集装箱"四大功能板块服务体系；互联网技术和思维运用于内陆港服务，实现与新疆国际内陆港的信息"无缝直通"；开启出口集装箱港杂费结算新模式，引导客户养成网上缴费习惯，掌握"咽喉"式信息。

资料来源：http://qingdao.dzwww.com/xinwen/qingdaonews/201503/t20150318_12058475.htm.

案例　虎门港——携手盟大集团，打造国内首家临港 O2O 跨境电子商务平台

虎门港利用新一代信息技术，实现临港 O2O 跨境电子商务全面升级。信息产业与现代物流业紧密融合，实现利用自动化、信息化、网络化、智能化的港口现代化技术。建立政府、联检单位、码头、船公司、报关、企业等多方的电子数据交换共享平台。同时整合物流、资金流、信息流，帮助企业降低物流成本，提升全港区的信息化水平。

资料来源：http://b2b.toocle.com/detail--6255058.html.

案例　上海港——携手上海吉联，缔造物流 O2O 管理平台

上海港建设电子商务服务体系，提升网上服务能力，其借助 O2O 管理平台，实施长江战略、东北亚战略、国际化战略。

资料来源：http://b2b.toocle.com/detail--6255058.html.

针对以上三个"互联网＋港口物流"案例，可以总结出，港口之于互联网，没有"是与否"的选择，只有"主动与被动"的选择。

电子商务的发展需要一系列配套措施，而物流运输是其中的重要一环。解决好电子商务与贸易流通等领域联动发展的问题，既解决了电子商务发展的短板，又能在更深层次实现新兴产业与传统产业的融合，提升传统产业竞争力。在港口面临转型升级的今天，固守传统的港口经营管理思维方式不但拯救不了已有传统业务和传统经营模式，难以实现港口转型，而且会在港口市场竞争中为那些采用了"互联网＋"的挑战者创造机会。

港口拥抱"互联网＋"是实现转型升级的必然选择，其实质就是要使港口由海运物流链条上的空间节点升级为信息服务节点。尽管"互联网＋"对港口转型升级是否具有巨大的推动作用还需进一步观察，但可以肯定的是，"互联网＋"是实现"智慧

港口"的基础，也是信息化时代港口转型升级的必然选择。

5.3.3 电子商务背景下的航空运输

伴随电子商务的快速发展与电子商务物流的不断进化，无论是国家战略层面，还是行业发展需求层面，或是企业成长层面，都对我国航空业的电子商务发展提出相同的更高的要求。

1. 加速管理转型

显然，在电子商务物流快速进化的过程中，传统的航空货运服务与管理模式已难以适应市场发展的需要，加强管理转型是航空货运企业必然的选择。

传统航空货运服务企业需要以"互联网＋"的思维，改变现有的管理模式、生产模式、商业模式与服务模式，迎合电子商务物流发展的大趋势，明确战略变革目标，要么实施剥离策略，摒弃全货机业务，实现腹舱货运服务快递化的转型；要么实施全面整合策略，改变客货分离的管理思想，加速平台服务与供应链物流服务发展。

2. 全链条资源整合

《全国电子商务物流发展专项规划（2016—2020年）》明确要求：鼓励国内邮政设施、邮政国际通道、航空运输资源和铁路运输资源等向电子商务物流企业开放与共享。航空货运企业不但要加速对自身全货机、客机腹舱、地面运输、货站服务、机坪作业服务、保税仓储服务等资源的整合，还要以战略联盟或是并购重组的方式，加速对社会物流服务资源，包括海关服务、检验检疫服务、电子商务平台服务、配送服务等资源的整合。

3. 提升网络化服务能力

"完善枢纽综合服务功能，优化中转设施和集疏运网络，强化客运零距离换乘和货运无缝化衔接，促成不同运输方式协调高效，发挥综合优势，提升交通物流整体效率。"这应该是现阶段对航空货运服务发展的最低要求，也是最基本的要求。

要提升网络化服务能力，首先要解决的就是规模化与专业化的问题。以三大航空集团的货运服务为例，全货机与腹舱的规模，在传统客货兼营的企业中并不落后，但与专业航空货运或快递服务商相比，就存在着明显的规模化与专业化不足的问题，网络化服务能力也就明显受到制约或是发展不足。

4. 快捷服务通道

这既是航空物流服务的标准化管理问题，又是航空物流产品高端化发展的问题。因此，快捷服务通道的构建不但对传统航空货运企业的转型升级具有极其重要的意义，也对国家发展高端制造业，推动服务业升级具有重大意义。建设快捷的服务通道并不是简单的空地流程优化与重构的问题，而是基于"国际贸易单一窗口、一站式作业、一体化通关和政府信息共享共用、口岸风险联防联控"的服务模式构建问题（见图 5-5）。

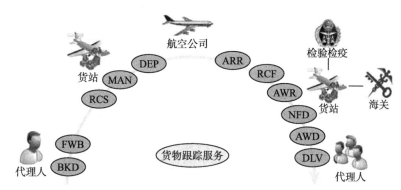

图 5-5 航空物流服务流程图

5. 电子商务物流服务的核心要求就是柔性化

要实现柔性化服务，就必须实现物流服务与管理的信息化、网络化、自动化与智能化。具有优质高效竞争力的航空物流服务，必然能够实现实体流（即服务对象，货物或快件的流动）、信息流（即流程管理，运单与服务资源信息）与资源流（即服务工具，飞机、车辆、作业设备，以及人员调度等）的三流合一。要实现三流合一，尤其是适应电子商务物流服务的需要，就必须完成网络化服务（服务网络与虚拟网络）、信息化流动采集（便于流程管制与跟踪）、自动化作业（自动分拣等）与智能化管理（分析与优化）等基础服务信息系统与作业平台的建设。

案例　ITS 香港第 15 届亚太智能交通论坛

亚太智能交通论坛（ITS Asia-Pacific Forum）是亚太地区一年一度最重要的智能交通盛事，是世界智能交通领域的重要交流活动之一。自 1996 年起，论坛每年举办一次，在已经加盟亚太智能交通协会的亚太 14 个国家和地区轮流举办，论坛的主要特点是强调亚太地区及举办地的智能交通发展特色。在南京举办的第十四届亚太智能交通论坛，是我国继 2007 年成功举办第十四届世界智能交通大会以后，举办的又一重要的国际性智能交通盛会。

资料来源：http://www.jiakaobaodian.com/news/detail/900671.html.

5.3.4　电子商务背景下的公路运输

电子商务的本质就是运用互联网技术，使得双方交易渠道扁平化，让整个商流扁平化、简单、清晰。同时，商流的改变导致物流的改变，商流的扁平化会带来物流的扁平化。公路运输的优势就是能够实现门到门的精准服务，物流终端直接与汽车对接，加快物资运转速度和运输效率。同时，通过公路网络建立城乡一体的电子商务物流配送体系，完善物流节点，降低物流成本，解决农村电子商务物流配送"最后一公里"的难题。

（1）实现货运周转量下降。在货运量不变，或货运量在相对稳定增长的基础上实现货物的周转量下降，这是减少货损、提高运速的关键。现代信息技术的广泛运用，使运输的程数减少，即由原来三程运输变成一程运输。在货运量不变的情况下，周转量下降，整车运输量也会下降。

（2）货物的零担化。整车运输是基于原来的代理商发货或代理商和代理商之间发货，但是 B2B 电子商务平台出现，供需双方直接的达成，造成货物的频次增加，批量相对减少，公路运输货物会变得零散、零担化。尤其是 B2C 电子商务平台，传统零售物流模式被电子商务物流所颠覆，新的物流流程在 B2C 电子商务平台构建之后，实现了从供应商直接到网上的仓库，从网上的仓库直接送到消费者手中。这个核心的变化是交易的地点、时间和过程都发生了变化。

（3）物流广域化。电子商务物流企业在原来 B2B 电子商务模式下，面对是几个或者几十个代理商，现在 B2C 电子商务则面对的是千千万万的零散客户，发货单位区域也扩大到全国各地。所以对物流服务企业而言，公路电子商务物流是广域化的。货物的分散化、零担化、广域化，就要求公路物流企业提供零担网络、快运网络。整车、大宗的专线业务将会下降，未来公路电子商务物流趋势是覆盖面特别广的零担网络的快速发展。

（4）交易的电子化。电子商务物流的整个交易过程实现网络电子化，对物流运作带来的影响有以下几个方面。第一是货物快递化。网上买家个体化购买，B2C 的 C 购买的数量逐渐减少，货物平均重量下降，选择快递是趋势。通过网上仓库向全国各地发货，将会迅猛发展。第二是物流成为商品交易活动的延续。从订单到支付这个过程中，物流服务发挥重要作用。如果早一天把货送到客户手里，客户早一天付款，供应商就能早一天拿到货款。

（5）大数据提高配送效率。为了更好地将货物及时交付给消费者，提升客户体验价值，B2C 电子商务平台现在做了诸多策略调整。由于大数据分析的应用，电商企业的供应链开始从传统的推动式供应链转为拉动式供应链，网商的货物从集中式库存转向多地分布式库存，将库存前置到接近消费者的地方。从一地发全国的配送变为同城和同省的配送，大幅度提升配送时效。运距会缩短，多仓入库和调拨的网络零担货量会大幅增加。

总之，公路运输作为物流方式的一种，也在电子商务环境下进行内涵及外延的变革，最终趋势将变成 O2O 模式，即共享物流。电子商务对整个公路运输的影响，除了模式的变化之外，也会引起市场增长点的变化，物流企业要抓住变化的趋势，更多地走到整个商业模式创新变化的前列，在物流行业的标准化、快速化前提下苦练内功，提高整个行业的服务水平。

案例　中国高速公路电子不停车收费已经实现全国联网

2015 年 9 月 28 日，中国高速公路电子不停车收费（ETC）已经实现全国联网，

2 100余万ETC用户可以一卡畅行全国。截至目前，中国累计建成ETC专用车道1.2万余条，5万余条人工刷卡（MTC）车道，ETC用户约2171.5万；建成自营服务网点1 100多个，合作代理网点约1.6万个，各类服务终端约2.7万个。

中国公路网已进入"网络化运行"的关键阶段。根据交通运输部的计划，到2015年年底，将建立全国ETC联网运营管理机制，客车ETC使用率不低于25%，非现金支付使用率达到20%；建成较为完善的ETC基础设施网络，建立统一规范的ETC客服体系，客服网点覆盖到县（区）级行政区。

日益增长的ETC用户也使ETC相关的出行需求日益增多，ETC用户需求主要包括通行费充值、账单查询、网点服务、路径路费、余额、资讯，以及报料、社区、违章办理、优惠活动等。ETC是面向终端用户的需求调研，具体需求综述如下。

（1）交通事故、施工、管制信息等实时路况的查询，分流以及绕行建议。

（2）根据输入的出行起终点，基于道路信息规划出行路径，为用户提供多种出行路径建议方案。

（3）ETC空中充值、通行费用、优惠活动信息、客服及营业网点信息等。

（4）气象预警信息、区域预报和路线预报等。

（5）查询高速救援相关信息，上报救援位置，查询救援进展等服务功能。

（6）服务区、加油站、维修站及沿线服务的位置、规模、营业范围等信息。

（7）高速周边吃喝玩乐等生活消费信息查询。

（8）查询与办理交通违法信息以及有关汽车保养、维修、年检、车险、汽车用品等相关信息。

资料来源：http://news.xinhuanet.com/fortune/2015-09/28/c_1116700000.htm.

5.4 国际货物运输

在国家六部委联合发布的《全国电子商务物流发展专项规划（2016—2020年）》中，明确要求：支持优势电子商务物流企业加强联合，在条件成熟的国家与地区部署海外物流基地和仓配中心。依托跨境电子商务综合试验区，探索建设服务于跨境电子商务的一站式物流服务平台。推进跨境电子商务物流便利化。完善海关、检验检疫、邮政管理等部门之间的协作机制，推动国家间、地区间检验检疫标准互认。鼓励国内邮政设施、邮政国际通道、航空运输资源和铁路运输资源等向电子商务物流企业开放与共享。我国的"一带一路"倡议的逻辑起点和落脚点就是构建跨区域的国际货物运输网络，以此带动区域内国家经济的快速发展，实现国际共享经济（见图5-6）。

国际货物运输，就是在国家与国家、国家与地区之间的运输。国际货物运输又可分为国际贸易物资运输和非贸易物资（如展览品、个人行李、办公用品、援外物资等）运输两种。由于国际货物运输中的非贸易物资的运输往往只是贸易物资运输部门的附带业务，所以国际货物运输通常被称为国际贸易运输。从一国来说，就是对外贸易运输，简称外贸运输。与国内货物运输相比，国际货物运输具有以下几个方面的主要特点。

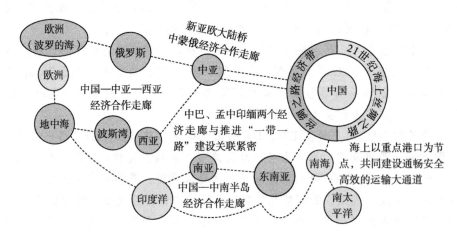

图 5-6 "一带一路"国际货物运输路线图

（1）国际货物运输是一项政策性很强的涉外活动。国际货物运输作为国际贸易的组成部分，在组织货物运输的过程中需要经常同国外发生联系，这种联系不仅是经济上、业务上的联系，而且会涉及国际政治问题。同时，国际政治、经济形势的变化也会直接或间接地影响到国际货物运输。所以，国际货物运输既是一项经济工作，又是一项政治性很强的涉外活动。

（2）国际货物运输路线长、中间环节多。国际货物运输进行的是国家与国家、国家与地区之间的商品和货物的运输，其运输距离比国内货物运输要长得多。由于运输距离长，在运输过程中需要采用各种运输方式，使用不同的运输工具，经过多次装卸搬运，因此商品交接、转运和换装等运输中间环节多。

（3）国际货物运输涉及的部门多，运输过程复杂多变。货物在国际运输过程中需要涉及国内外许多不同的部门，要与不同国家和地区的货主、中间代理人、交通运输部门、商检机构、保险公司、银行、海关等各个部门打交道。同时，由于各个国家和地区的政治、经济、法律、金融、货币制度不同，政策法令规定不一，贸易运输惯和经营上的做法也有很大的差异，这些都增加了运输组织的难度和运输过程的不确定性。所以，国际货物运输又是一项复杂多变的运输组织工作。

（4）国际货物运输的时间性强、风险较大。在国际市场上，出口商品的竞争十分激烈，商品价格瞬息万变，若要在竞争中取胜，不仅要求商品本身的质量好，而且要求上市的速度快。就进口商品而言，大多是国内建设和生产所急需的商品，若运输迟缓，到货速度慢，就会影响生产的进度和重点建设的按期完成。所以，国际货物运输的时间性很强。在贸易合同中，货物的装运期和交货期都被列为合同的条件条款，如果违反了这些条件，即构成根本性的违约。因此，能否按时装运进出口商品也是关系到重合同、守信用的大问题（见图5-7）。

国际货物运输距离长、中间环节多、涉及面广、情况复杂多变、时间性强、风险较大。针对国际货物运输风险大的特点，为了减少运输过程的风险损失，在国际货物运输中，各种进出口货物和运输工具都需要办理运输保险。

图 5-7　国际货物运输"港"到"门"服务流程图

资料来源：http://www.china.makepolo.com。

5.5　网上运输

网上运输就是基于互联网技术，旨在创造性地推动物流行业发展的新商业模式。通过互联网，物流公司能够被更大范围内的货主客户主动找到，能够在全国乃至世界范围内拓展业务；贸易公司和工厂能够更加快捷地找到性价比最适合的物流公司。网上物流致力于把世界范围内数量最大的有物流需求的货主企业和提供物流服务的物流公司都吸引到一起，提供中立、诚信、自由的网上物流交易市场，帮助物流供需双方高效达成交易。目前，越来越多的客户已经通过网上物流交易市场找到了客户、合作伙伴和海外代理。网上物流提供的最大价值，就是更多的机会。

网上运输具有"便捷灵"与"广覆盖"的特点，与传统的运输中介服务相比，其优势是不言而喻的。而且，网上配载服务的实践表明，网上运输所进行的合理化配送还可消除重复运输，提高运输工具的利用率，从而进一步降低商品流通成本，提高流通效益。各地区逐渐建立了集物流运输信息搜索、竞价交易、货运保险、货物跟踪、网上支付结算等全国领先且完善的网上运输电子商务交易平台。

5.5.1　网上运输特点

网上运输是以电子商务为手段，运用互联网和现代通信技术构建的道路货运交易信息平台，旨在为货主、货运代办人和汽车运输企业构架一条信息流通路径。网上运输的网络图，如图 5-8 所示。网上运输可以广辟物流利润新源泉，现今网上运输已经被公认为现代化的物流手段，通过"少流失"和"多创收"，即可将节省的资源转化为巨大的社会财富。

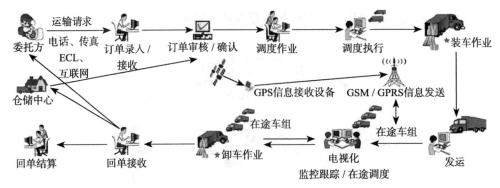

图 5-8 网上运输网络图

推进并大力提倡公路运输的网络化,建立并推广网上运输模式应从如下几点着手。

(1)扩大商业机会。货主、货运配载企业和汽车运输企业借助网络实现更大范围内的资源配置,充分利用网上运输的创利优势,快速实现网上运输的经济价值。同时,可以在网上运输交易平台注册,通过互联网进行信息发布、洽谈和交易,借助网络平台实现自身业务的网络化。

(2)开辟更加宽阔的信息渠道。网上运输信息平台可以开辟通过网络平台的途径帮助企业获取更多的商务信息。随着各公司之间网上运输业务的竞争加剧,网上运输服务公司还应创造出更多、更便捷的信息输送途径。

(3)提供配套的优质物流服务。网上运输服务公司可以借助网络平台向客户提供优质服务,根据客户需求创建配套完善和网络健康的运行技术保障体系。未来,地对空结合并能覆盖全国3级以上城市的营运管理体系,以及能最大限度地满足用户需求的市场服务体系和交易终结后的结算体系将会建立,可以随时向客户提供优质的网上运输服务,实现多方共赢的经营目标。

我国的网上运输服务业在政府社会的多方支持下得到了迅速的发展,开辟了更加广阔的物流利润新源泉,在实现我国的公路运输网络化中,提高了公路运输的现代化水平,创造了运输业的二次辉煌。

案例 颠覆物流 超200款App抢滩公路货运市场

据不完全统计,目前市场上至少有200多个货运App。潘永刚表示,货运App行业的风潮与电子商务发展有很大关系,大家都看到互联网已经颠覆了零售行业,未来肯定也会颠覆物流行业,所以传统的物流企业开始积极布局,加紧构建云端系统,开发App应用程序,期望在这轮风潮中可以抢占先机。滴滴、快的等出租车领域App软件在资本的推动下获得巨大成功,这也激励了互联网物流平台和货运App的发展,现在越来越多的资本进入这个领域,使得大家看到了"一个产品获上千万融资"的可能性,"乌鸡变凤凰"的事情不断发生,这也刺激着每个人的神经。

据媒体报道,oTMS在2014年年底宣布获得由经纬领投的600万美元A轮融资。同城送货叫车软件"货拉拉"在2015年1月获得1 000万美元A轮融资。"云鸟配送"也在2015年1月中旬获得由经纬中国、金沙江、盛大资本联合投资的1 000万美元A

轮融资。

潘永刚向记者介绍，现在做物流 App 的有几拨人：一拨是传统物流公司的人，这些人从事物流行业很多年，认为 App 能够改变市场格局，就开始涉足这一领域；还有一拨人原来是从事物流信息系统或 GPS 定位系统的，他们有信息化的优势，并且原来一直服务于物流企业，认为自己懂物流。第三拨人是纯互联网派，这些人原来不从事物流行业，大多数创始人是从互联网企业跳出来的，这类人想法比较直接，认为自己开发好一个产品，让更多司机安装自己的 App，达到比较高的市场占有率，就一定能找到盈利方式。"在过去的几年，大家都把重点放在建设平台上，接下来肯定是平台大战，无论这三拨人中的哪一拨的平台，都需要拿出来接受市场检验。"

"杂"是韩雪峰对于现在的货运 App 市场的第一印象。"我自己手机上装的 App 就有 40 多种，每天信息满天飞。为了吸引用户，不少软件都推出了非常有诱惑力的活动，有与运营商联手的，有装系统免费送手机的，有装系统达到交易频次送油卡的，有送现金的，各种营销方式都有，这种现象与滴滴、快的的价格战是类似的，都是为了抢用户。"

"这段时间，我每次出去开会都会发现有新 App、新模式出现，一些 2014 年刚刚做起来的企业现在已经偃旗息鼓了。但对于这个行业来说，棋子和炮灰都是有用的，起码它们为货运 App 的发展总结了经验。"韩雪峰表示。

资料来源：http://www.autotimes.com.cn/news/201502/109005.html。

5.5.2 网上运输成功案例

阿里巴巴菜鸟网络平台作为网上运输成功案例，已经被行业推崇。2013 年 5 月 28 日，阿里巴巴集团、银泰集团联合复星集团、富春控股、中国邮政、EMS、顺丰速运、天天快递、"三通一达"（申通、圆通、中通、韵达）、宅急送、汇通，以及相关金融机构共同宣布，"中国智能物流骨干网"（CSN）项目正式启动，合作各方共同组建的"菜鸟网络科技有限公司"在深圳正式成立，阿里巴巴占 51% 的股份，马云提出十年后将实现全国任何地区都能"24 小时送达"的目标。图 5-9 是物流信息平台功能实现的示意图。

1. 菜鸟网络平台的性质

菜鸟网络的核心都是平台化，这种做法实质上是摒弃了工业时代的企业组织模式，是现代企业面对信息时代要求对海量信息进行反馈的正常反应。同时，这与信息化理论中的"碎片化""去中心化"等关键词也是相互契合的。以往物流信息化，主要是相关主体在已有物流资源的框架下，旨在通过应用信息化手段提高和改善物流的绩效。

事实上，面对竞争对手的挑战，物流一直是阿里巴巴的短板之一。在菜鸟网络成立之前，阿里巴巴就已经开始着手建立自己的物流网络。2011 年启动的物流宝平台，这一平台被称为"天网"计划。根据网络上的公开资料显示，这一计划的内容是由天猫联合仓储、快递、软件等物流企业组成服务联盟，提供一站式电子商务物流配送外包服务，解决商家货物配备和递送难题的物流信息平台，其核心是信息服务平台，强调的是信息服务能力。2013 年成立的 CSN，更多地偏重于基础物流设施的建设，所以被称为"地网"计划。通过物流宝平台和 CSN，阿里巴巴物流系统可以提供一张从线上到线下的一站式物流服务网络。

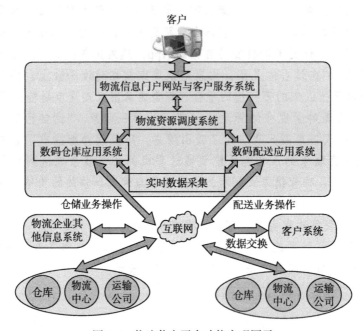

图 5-9　物流信息平台功能实现图示

2. 菜鸟网络平台面临的挑战

这一物流网络的特征可以概括为："平台开放＋服务集成"。所谓平台开放是指，阿里巴巴希望在 5～8 年的时间内建成一个遍布全国的"开放式、社会化"物流基础设施，这些基础设施主要包括两部分：一是在全国几百个城市通过"自建＋合作"的方式建设物理层面的仓储设施；二是利用物联网、云计算等技术，建立基于这些仓储设施的数据应用平台，并共享给电子商务企业、物流公司、仓储企业、第三方物流服务商以及供应链服务商，用以支撑 24 小时送达、日均 300 亿元（年度约 10 万亿元）网络零售额。图 5-10 展示了菜鸟网络平台的功能。

如果阿里巴巴物流系统实施成功，这将彻底打通长期困扰我国物流信息化的信息流与物流之间的壁垒。阿里巴巴物流系统至少面临以下三个方面的挑战。

（1）物流标准化问题。由于平台的性质是社会化的开放物流平台，因此其进入主体将十分繁杂，统筹管理将是未来运营中的难点之一。不同级别和类型的客户需求是不同的，所以如何能够在保证服务质量的前提下，将物流费用，尤其是库存费用等控制在可以承受的范围内，这将是影响这一平台未来使用的重大问题。

（2）服务质量把控问题。同样由于平台开放的性质，加之阿里巴巴物流网络平台采取的是"轻资产"运营模式，未来面对参差不齐的物流服务提供商，如何监督它们的服务质量也将成为问题之一。

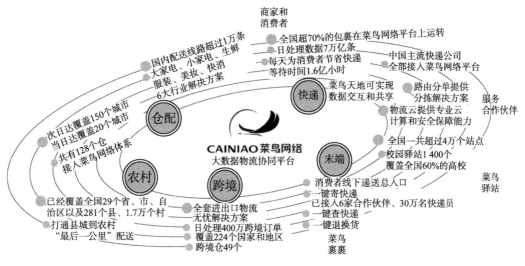

图 5-10 菜鸟网络平台功能辐射示意图

（3）商业模式的模糊和利益相关方的协调。阿里巴巴至今未向外界明确透露菜鸟网络的商业模式，这可能是未来影响阿里巴巴物流系统发展定位的问题之一。

尽管可能存在上述挑战，但必须承认，菜鸟网络的建立思路已经完全脱离了传统的工业和商业运作模式，是一种全新的、基于电子商务海量交易数据而建立的社会化物流基础设施。图 5-11 是阿里巴巴物流系统的具体内容。其设计构想是：在这一社会物流巨型平台上，利用信息流对各参与方（商家、快递配送企业和客户）之间的物流进行优化、引导和再造。

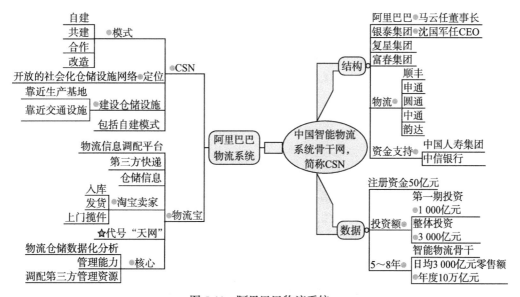

图 5-11 阿里巴巴物流系统

信息化应用达到一定程度后，信息流对原有物流资源配置、物流组织方式和运营方式的革命性影响便会逐步显现，从而提出突破原有物流资源架构，以信息流转变原有物流方式的要求，即由物流信息化转变为信息化物流。当然，要实现这一转型，无论是在理论上还是实践上，都面临着一系列新问题和新挑战，信息化物流依然是信息时代物流业运输发展的必然趋势，转型在所难免。

本章小结

电子商务背景下的运输，就是借助现代信息技术和互联网技术，构建货源供应企业与运输服务企业之间的信息联系和资源共享，最大限度地节约物理资源、降低运输成本，实现共享物流和绿色物流的目标。

物流运输形式：公路运输、铁路运输、水路运输、航空运输、管道运输。

物流节点是指在物流网络中连接物流线路的衔接之处。物流节点一般被分为物流园区、物流中心、配送中心三种类型。物流节点的作用：转运型节点、储存型节点、流通型节点、综合性节点。

网上运输是以电子商务为手段，运用互联网和现代通信技术构建的道路货运交易信息平台，旨在为货主、货运代办人和汽车运输企业构架一条信息流通路径。

复习思考题

1. 水路运输在电子商务背景下有何优势？
2. 铁路运输在电子商务背景下改革的重点是什么？
3. 航空运输在电子商务业务的推动下表现出什么新特点？
4. 菜鸟网络的行业性质是什么？未来将面临何种挑战？

课内实训

到附近的菜鸟驿站体验一下其物流创新模式的特点，并对其业务运营情况做一个总结，画出本校菜鸟驿站业务流程图，同时，构建一个创新小组，模拟设计一个驿站业务架构图。

课外实训

以小组为单位，利用业余时间到周围企业或政府做一次调查，了解当地的铁路运输、航空运输、公路运输的市场需求情况，并组织项目小组设计完善综合的物流解决方案。同时，了解政府在运输物流方面的相关政策。做出调研 PPT，附上照片和文字说明。

案例分析 1

公路货运 O2O 平台，上演抢滩大战

在我国，公路货运占所有交通运输的比例高达 80%。根据物流行业媒体 2015 年公布的数据显示，中国每年的公路运输费用约为 4 万亿元，而货主和物流公司的数量超过百万

家,司机的数量达到 3 000 万人。如此庞大的市场,却因为信息不对称、层层转包等问题而导致物流成本长期居高不下。中国物流与采购联合会发布的数据显示,近年来,我国全社会物流总费用占 GDP 的比率维持在 18% 左右。这一比率高于美国、日本和德国 9.5 个百分点左右,高于全球平均水平约 6.5 个百分点。

国药集团医药物流有限公司运输业务事业部副总经理韩雪峰表示,要想降低物流成本,必须整合货运资源,提高物流行业信息化水平。

物流沙龙创始人潘永刚向《中国经营报》记者介绍,货运行业最原始的信息化体现在一个个小黑板上。最初,在全国各地的物流园区和货车停车场都有许多小黑板,货主将运货信息和联系方式写在小黑板上,然后司机就会围上来看,挑选感兴趣的信息并联系货主。后来,随着网络的普及,一些人尝试将小黑板模式挪到网络上。在智能手机出现后,移动端的 App 模式开始崭露头角。

韩雪峰表示,2013 年年末,货运 App 开始走向大家的视野,2014 年是其发展最疯狂的一年。

据了解,当前市场上的货运 App 的主要功能是用移动互联网为货主和司机搭建信息交流的桥梁,平台聚集大量的货主和车主资源,货主和车主可通过平台随时发布或寻找适合自己的货源信息、车源信息,并通过软件的 GPS 系统确定货车的位置情况。

曹操物流网负责人、荣宇实业集团董事长王广宏向记者介绍,自己原来主要做能源产业,2010 年看到了物流信息化的前景,创办了曹操物流网,2014 年团队又开发出了曹操物流 App,我们的 App 免费为货主和司机提供信息;我们还会提供直升机救援等一些特殊服务,要享受这些特殊服务必须是我们的会员,会员需要缴纳一定的会费。"我们的行业和模式是非常有前景的,会员交 100 元会费中约 60 元是按成本来计算的,一个会员一年会费 300 元,如果有 200 万~300 万会员,这样就有上亿元的利润空间,除了盈利之外,我们希望通过企业的努力和国家的支持,未来的 3~5 年,将物流成本占 GDP 比重降低 1%~1.5%。"

运输管理软件开发商 oTMS 联合创始人段琰介绍,由于我国的物流行业常常是层层分包、涉及多方,因此容易造成信息不对称及信息流转率低的情况。举例来说,货主很难看到货物和司机的具体情况。我们开发了一个 oTMS 系统和两个 App,oTMS 系统是货主或物流公司使用的,两个 App 的使用方分别是司机和收货人,通过这样的方式,各方可以实时共享货物信息和异常情况,保障发货和收货时间,同时减少不必要的反复沟通。

资料来源:http://www.iyiou.com/p/15905.

问题:本案例中,货运 App 对解决货运资源浪费、货运信息不对称等问题有何创新意义?未来在货运软件开发方面采取何种举措可以更加有效地完善服务,提高服务水平和效率?

案例分析 2

宁波港:海铁联运加快融入"互联网+"时代

宁波港综合 5 个子系统,实现数据互通。综合原先的货运制票系统、装卸车系统、钩计划无线传输系统等 5 个子系统，实现了海铁联运等业务操作、现场控制的信息化和网络化，也与国铁、船公司、兄弟单位实现了数据互通。

同时融入物联网、大数据的概念，发挥港口连接功能。铁路生产业务系统大大加快海铁联运跟上以物联网、大数据为代表的"互联网+"时代的步伐，将有效发挥港口铁路在海铁联运中连接"一带一路"的枢纽作用和集疏运功能。今后业务人员只需轻点鼠标，宁波港海铁联运集装箱的在途情况便可尽收眼底。

"自动思考"的智慧港口

日照港自主研发了一套集 GPS 定位、无线通信、物流网和移动互联网等信息技术于一体的管理系统。其微信公众平台可以实时查询车辆等候情况，智能化系统带来流程再造。同时网上预约提货，打印提货单，提供精准信息支撑。共享大数据，延伸服务链，建设信息交换平台，实现信息双向沟通。推进电子商务下的"物流单证"，进行货物信息查询、跟踪，形成"港口阿里巴巴"。充分利用物联网、移动互联网等信息技术，帮助决策层、管理层进行战略分析、优劣势分析。

资料来源：http://b2b.toocle.com/detail--6255058.html.

问题：在"互联网+"时代，海铁联运使宁波港的港口功能发生了何种变化？日照港"自动思考"的智慧港口创新模式给港口物流带来了哪些全新的转变？这两个案例对未来我国港口物流的功能拓展有何启示意义？

Chapter 6 第 6 章

电子商务仓储物流

学习目标

1. 熟悉电子商务仓储物流功能扩张的社会经济背景，熟知电子商务模式下仓储物流的主要模式和运作策略。

2. 熟悉电子商务物流仓储基本工作流程，熟悉电子商务物流仓储的信息系统及软硬件技术，了解物流仓储系统的工作原理；了解云仓储、融通仓等创新仓储模式。

3. 掌握电子商务物流仓储的信息管理系统以及在经济活动中的价值，了解我国电子商务物流仓储发展的现状、改进的方向和措施，以及发展趋势。

导引案例

"互联网+物流"促进仓储公共平台建设

2016年7月20日，国务院总理李克强主持召开国务院常务会议，部署推进"互联网+物流"。会议认为，物流业是现代服务业的重要组成部分，也是突出短板。发展"互联网+物流"，是适度扩大总需求、推进供给侧结构性改革的重要举措，有利于促进就业及提高全要素生产率。

一要构建物流信息互联共享体系，建立标准规范，加快建设综合运输和物流交易公共信息平台，提升仓储配送智能化水平，鼓励发展冷链物流。

二要推动物流与"双创"相结合，发展多种形式的高效便捷物流新模式，促进物流与制造、商贸、金融等互动融合。推进"互联网+车货"匹配，运力优化，实现车辆、网点、用户等精准对接。探索实行"一票到底"的联运服务，推动仓储资源在线开放和实时交易。

三要加大用地等政策支持，结合营改增创新财税扶持，简化物流企业设立和业务审批，鼓励金融机构重点支持小微物流企业发展。创新监管方式，规范市场秩序，强化安全管理，使现代物流更好地服务发展，造福民生。

为推动互联网与仓储配送业的融合发展，中仓协自2014年以来，重点围绕全国性大型仓储资源与网络化服务的交易、城市共同配送与担保品管理、中药材仓储管理，先后建立了4个全国性的SaaS管理平台。

2016年，在中国仓储电子交易平台（中仓网）上运营的已有1.1万家企业的2.5亿平方米仓库；全国互联互通的城市共同配送公共信息平台（中国物流官网），已有唐山、银川、承德、保定、秦皇岛5个城市的15万家供需双方企业在线上共享仓配信息；为存货担保融资提供全程监管服务的全国担保品第三方管理公共平台，已有50家担保品管理公司在该平台上管理40多个大类的担保存货；在全国中药材物流信息公共系统上运营的中药材物流企业已达7家。这4个公共管理平台的建立与逐步发展，对于促进仓储业的转型升级，提高城市共同配送的程度，保障存货融资的安全，使人民吃上放心药，都具有重大意义。

资料来源：http://www.56products.com/News/2017-1-5/1B6F6GHJD54AJF82042.html.

6.1 电子商务仓储概述

电子商务主要是通过互联网从事流通和生产经营活动，不仅是指网上的各种交易活动，也包括利用电子信息技术进行的宣传活动、寻找商机、增加产品价值等各类商务活动。电子商务的快速发展使得仓储物流模式产生了变化，仓储物流配送表现出了一些新的特点。

6.1.1 仓储物流的概念

仓储物流是物流的一种重要形式，主要是利用库房、场地进行货物的保管和配送。其延伸功能包括自金融的融通仓。仓储是物流的一种十分重要的形式，是物流运作的一个关键点，对于推动企业的健康发展有着十分重要的作用，电子商务模式下的现代仓储物流发展模式有自身的特点。

仓储云平台是集仓储管理、货物监管于一体的现代仓储平台，通过条码监管、视频监管、互联监管、联盟监管这四大功能，对货物的入库、出库、移库、加工等环节进行规范化、可视化管理。可为货主提供可视稽查、实时监控、信息归集、全局控制、信息智能推送等系统化、全方位的服务。

义乌的云仓储"网仓一号"将采用机器人、堆垛机、RFID、标签识别系统、指环穿戴式条码采集器、全自动高层货架、数字化PDA无纸化理货、全自动高速分拣机与分拣系统等设备，通过参数化控制和最优路径来保证机器人安全地将货物运输到下一处理区，以全自动运输的方式提升拣货效率，打造先进的数字化、智能化、自动化的电子商务订单云处理中心。另外，"网仓一号"还将采用"网仓科技"自主研发的动态储位货架管理技术，使仓库的容积率达到最大化，即容积率在85%以上。

6.1.2 电子商务仓储与传统仓储的区别

电子商务企业和传统企业的仓储物流有着比较大的差别。电子商务企业在选择仓储物流模式时一般考虑两个关键要素。首先是成本优势，其次是企业自身对于仓储物流的管理能力。企业的仓储物流管理能力是指企业自己管理仓储物流运作系统的能力；成本优势主要是指电子商务企业在选择某一种物流模式的时候，成本相对于市场平均水平的优势程度。

电子商务仓储物流与传统零售物流产生较大差异的关键因素有客户的订单量、订单行数、订单实时性、订单精准性、订单波动性、退换货等，这些关键因素将影响电子商务仓储物流的规划和操作。

1. 平均订单行数少

传统零售物流有大几十甚至多则几百的订单行，这些商品可能分布在仓库的各个角落，按订单拣选，仓库走一圈完成订单拣选。电子商务仓储物流只有较少的订单行，大多数情况下，如京东、当当网等少于 10 行，少数如 1 号店会是 10~20 行。如果依然选用传统零售物流常用的按订单别拣货，每趟拣货只拣少量的几件却需要在仓库里运行较长路径。大量实战数据统计分析结果显示，拣货过程中有多达 70% 的时间是耗费在走路上的。因此需要设计一趟拣货，能够同时完成多张订单，从而提高拣货效率，比如先集合拣货再播种或者拣播合一等模式。

2. 单个 SKU 库存少

相较传统零售，电子商务销售平台没有传统门店空间的限制，因此为了满足更多客户的需要，电子商务销售的 SKU 要更多、更全面，如亚马逊和当当网有几十万、几百万的 SKU。但因为仓储空间不可能无限扩大，如果要在有限的仓储空间里摆放更多 SKU，就需要每个 SKU 的备货量尽量减少，因此电商仓储物流里的存储单元，以箱为主，而不是传统的以托盘为主。从选择存储设备来看，主要选择箱式货架，如搁板货架或者中型货架，而不是托盘式货架。从作业策略方面来看，大多数存储和拣货合一，少数量大的 SKU 分别分配存储和拣选空间，存在从存储到拣货的补货作业。

3. 作业正确性要求高

与传统仓储行业相比，电子商务行业对仓储物流操作的精准性方面要求更高、更严。因此，电子商务仓储物流内部操作，需要尽全力保证拣货的准确性，对于拣货完成待配送出库的商品，要做到百分之百的全复核，以及在大多数情况下，需要进行打包操作。因此，在电子商务仓储物流的规划和操作上，除拣货外，如何提高复核/打包效率也是重中之重。

4. 作业实时性要求高

近年来，众多电子商务物流运作单位争相推出超短的配送时效，如京东的 211 送达、易迅的一日三送等,这就要求仓库需要在一两个小时内完成订单的拣选、复核、打包等操作。与传统零售的 24 小时或 48 小时的订单响应时间相比,电子商务仓储物流作业要保证订单随到随生产,在短时间内完成订单的生产。因此,如何提高订单的响应速度也是未来创新的重点。

5. 作业保持柔性

电商企业的各种促销活动,如"双十一""双十二"以及店庆日等会引来大量订单,在十天或半个月内都无法送达客户手中的情况较为常见。由此可见,电商企业订单的波动性非常大,在电子商务仓储物流的规划和设计上,场地、人员、设备等的配置需要足够的柔性,以满足大促期间的大批量快速发货。同时,常常也会有一些单品或者组合装的团购、聚划算活动,这种活动也会引来大量的临时性订单,对后端的电子商务仓储物流要求也相对提高。因此,电子商务仓储物流规划以及流程设计,要保持适度的柔性,需考虑促销活动的订单快速反应,甚至可设计专门的出货流程。

6. 退货量大

由于电子商务行业的特性,因此顾客看不到实物,仅凭图片、文字描述就下单采购,当收到实物后,与客户心理预想的可能会存在较大落差,因此,与传统零售物流相比,电子商务行业的退货量极大。对于后端的电子商务仓储物流而言,要有很强的退货商品处理能力,将退货商品进行快速挑拣,保证退货可再销售商品的及时上架。

另外,电子商务仓储物流与传统仓储在行业标准、仓储品种数量以及采取的技术手段方面也有较大差异。对电子商务企业而言,仓储物流服务能力、企业的资金实力、企业仓储物流体系构建能力是电商企业线下物流服务水平提高的关键。

6.1.3 电子商务环境下仓储物流的特点

现代仓储物流是在有形和无形场所,利用现代技术对物品进行的库存、分拣等物流活动。仓储物流管理主要是为了提升物流企业的服务水平,最大限度地降低成本,优化整条物流链,提升电子商务企业自身的运营效率。

1. 信息化

仓储物流信息化的主要表现形式为物流信息的商品化,同时仓储物流信息的收集也表现出数码化的特征,在物流信息的处理方面也表现出计算机化和电子化,在物流信息传递的过程中呈现出实时化和标准化的特征,信息化和智能化是现代物流发展中的重要特征。

2. 柔性化

柔性化主要是指电子商务仓储物流业必须要适应顾客的生产和流通需求,在开展工作的过程中以顾客为中心。在实践中实现柔性化的管理途径,就是仓储物流配送中心依据消费者的需求灵活组织和实施仓储物流作业,同时要以柔性的仓储物流系统作为基本的配套,这样才可以满足电子商务企业对于仓储物流的需求。

3. 一体化

电子商务的仓储物流由原来的物流和商流分离的模式发展到信息流、物流、商流以及资金流的有机结合。物流和商流以及资金流在信息流的指令下运作,提供可靠、安全的仓储物流服务模式(见图6-1)。

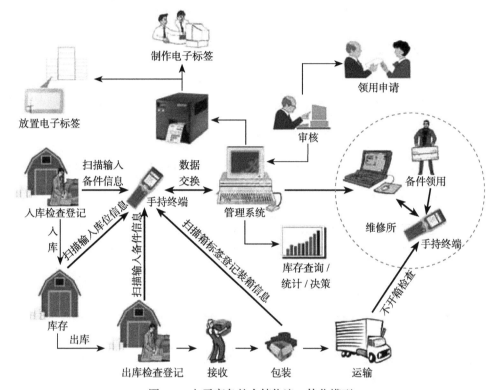

图6-1 电子商务的仓储物流一体化模型

6.1.4 电子商务仓储物流提高效率的途径

电子商务的精细化运营离不开科学的计划、高效的仓储物流管理体系。仓库标准化问题、发货标准制定、库房规划、仓库绩效、物流绩效实现等也会逐渐落地。电子商务仓储物流企业与一般企业一样可以从货位优化、盘点多级化、作业操作程序规范化、仓储作业信息化等方面来提高仓储的作业效率。

1. 货位优化,提高分拣作业效率

将货物分类,加以有秩序地编排,用简明的文字、符号或数字代替货物的名称、类别及其他信息。科学的货物编码,利于准确地货物编码,可以迅速进行出入库作业,提高作业效率。为了使仓储管理有序,利于出入库作业操作规范,理货员应该按照商品的存储要求和特点,将仓储空间分割成若干区域,形成货位,并且编号,这样做的目的有两个：一是便于货位区别，二是为分拣作业提供方便，利于进行高效的分拣作业。

2. 盘点多级化，提高盘点的准确率和作业效率

参加初盘、复盘、抽盘和监盘的人员必须根据盘点管理程序参加培训，盘点人员必须对盘点的程序、盘点的方法、盘点使用的表单等整个过程充分了解。对复盘和监盘人员进行货物识别训练，因为复盘和监盘人员对货物大多不熟悉，加强复盘和监盘人员对货物的识别，有利于进行盘点工作。

3. 作业操作程序规范化，提高出入库作业效率

保证货物入库前的各项工作准备充分，货物入库操作流程规范有效，货物验收内容全面、方法得当，单据填写正确规范，人员分工明确，各部门协作性好，入库验收过程中的异常问题处理恰当到位，比如单据不全、质量有异、数量不符、有单无货、错验等问题的处理。因此，周密组织，合理安排，尽可能地以合理的物流成本保证出库货物按质、按量、及时、安全地发给客户，保证作业高效、准确、低耗、有序。

4. 仓储作业信息化，提高仓储作业效率

随着仓储物流企业的发展，企业需要在各个方面加大投资，尤其是在仓储方面更需要在仓储场所、仓储设施、搬运设备、分拣设备、条码技术等方面加大投入。应用条形码技术既可以有效地解决企业作业效率低、库存控制难、货位难管理的问题，又可以从容地应对市场的不断变化。实现仓储管理信息化，必须要为每一品种的产品建立唯一的编码，并使用条码打印机制作出条码标签，粘贴在产品外包装上或挂在产品的挂签上。

仓储物流的发展，使得企业能够快速获得商品流通的信息，可以掌握客户的相关资料，进而为企业的决策提供重要的支撑。仓储物流的不断发展，得益于电子商务企业的不断壮大，而仓储物流的不断优化又在很大程度上推动了电子商务行业的进步和发展。

6.2 电子商务仓储物流的主要模式

在电子商务发展的过程中，最大的瓶颈就是物流模式，完善仓储物流模式的创新是电子商务在新时期快速发展的关键所在。目前，电子商务企业的发展参差不齐，除了采取企业自营方式之外，中小企业也探索了其他形式的仓储物流模式，实现了企业的健康发展。

6.2.1 企业自建仓储物流

自建仓储物流模式是电子商务企业为了满足自身对于物流业务的需求，自己投资建设的仓储系统，这包含了企业自身投资购置仓储的设备，配置必要的仓储人员，开展自主的管理和经营等。企业自建仓储物流有利于强化对于货物仓储的制约能力，有利于企业的仓储物流完全地服务企业自身的战略发展，有利于企业自身的发展和壮大。同时自建仓储物流也能够有效地提升企业的形象，从长远来讲，能够为企业节约必要的物流成本。但是自建因为仓储物流中心投资大、建设周期长，往往要占用大量的资金，因此企业付出更多的机会成本。

1. 企业自建仓储物流模式的优点

（1）可以更大程度地控制仓储。由于企业对仓库拥有所有权，所以企业作为货主能够对仓储实施更大程度的控制，而且有助于与其他系统进行协调。

（2）储位管理更具灵活性。由于企业是仓库的所有者，所以可以按照企业要求和产品特点对仓库进行设计与布局。

（3）仓储成本低。如果仓库得到长期的充分利用，那么可以降低单位货物的仓储成本，在某种意义上说这也是一种规模经济。

（4）最大程度地表现企业实力。企业将产品储存在自有仓库中，会给客户一种企业长期持续经营的良好印象，客户会认为该企业实力强、经营十分稳定、可靠，是企业持续的供应者，这有助于提高企业的竞争优势。

2. 企业自建仓储物流模式的缺点

（1）企业资金投入大，长期占用一部分资金。无论企业对仓储空间的需求如何，仓库的容量是固定的，不能随着需求的增加或减少而扩大或减少。当企业对仓储空间的需求减少时，企业仍须承担仓库中未利用部分的成本；当企业对仓储空间有额外需求时，仓库却无法满足。

（2）仓库位置和结构的灵活性差。如果企业只能使用自有仓库，则会由于数量限制而失去战略性优化选址的灵活性；企业要面对市场的大小、市场位置和客户偏好的变化，如果企业在仓库结构和服务上无法适应这种变化，那么企业将失去许多商机。

6.2.2 第三方仓储物流模式

第三方仓储物流模式是 20 世纪中后期在欧美发达国家兴起的一种物流模式，是一种典型的外包模式，它主要是指物流劳务的供应方、需求方之外的第三方完成物流仓储服务的专业化物流模式。第三方仓储物流模式强化了社会分工协作，一般情况下，第三方物流企业的效率要高于企业内部的物流仓储部门，具有专业化和低成本的优势，所以近年来一直受到物流行业的关注。第三方仓储物流的专业化能够很好地消除企业在物流配送方面的各种顾虑，使得企业能够更加关注自身商品，这也能够很好地降低企业的物流仓储和配送成本。目前，第三方仓储物流在我国发展得并不完善，很难满足企业对于仓储物流的现实需求，所以很多企业在发展过程中，仅仅是将一部分的物流交给第三方仓储物流去运作，余下的部分由自己单独完成，以此降低物流运作过程中的风险。

新的第三方仓储物流公司，开始更加注重设备系统端的投入，提升服务的品质以寻求差异化发展，比如中联网仓，通过高自动化设备以及定制化系统，提高工作效率，同时研究出"傻瓜式"的标准化操作流程，提前完成业务转型，成为国内第三方电子商务仓储物流服务的新标准。使用第三方仓储物流有助于企业降低成本，有利于企业将更多精力和资金专注于前端的发展。企业对第三方仓储物流关注的重点有以下几个方面。

1. 完善的内部管理标准

企业在选择合作方的时候通常会要求对方出示其内部管理文件，虽然目前的第三方物流公司都已经通过 ISO 9001 认证，但文件之间仍存在一定的层级，商家可以要求对方提供各个层级的某一份文件查看，比如《作业指导书》《标准作业手册》《商业流程设计说明》等。通过这些文件，企业可以了解到该第三方仓储物流的内部操作是否细致，内部流程的标准是否合理。

2. 合理的报价避免隐性收费

目前电子商务行业仓储物流的收费模式有两类：一类是按操作量进行收费，如入库按件收费、发货按单及件收费、存储按件收费、退货按件收费等；一类是按耗用资源，开发式合同收费如使用仓库、人员、设备、耗材进行收费等。对于企业来说，通常会计算自己的物流成本，然后对比第三方仓储物流报价，不同的报价之间会有差异，这里需要企业将费用核算清楚，注意避免一些隐性收费。

3. 合理有效的项目运营计划

企业在与第三方仓储物流合作之前，首先要明确自身的需求，如需要的工作量、要达到的目标等。根据企业的需求，优秀的第三方仓储物流企业会在整体业务层面上给出一个未来的运营方案。商家可以大致判断方案是否符合自身的需求，以及方案的合理性。

4. 先进的项目实施流程

在制订方案的基础上，第三方仓储物流企业会在采购、销售、财务管控等主要流程上，针对企业的特点做出具体的业务流程和设计。对企业来说，在了解第三方仓储物流企业后，会比较与其他物流企业的业务流程差异，分析第三方仓储物流企业的库存管理规律，考虑如何与自己固有的 ERP 系统对接，财务管理方面也会考虑库存账目核算问题。

企业自建仓储物流与第三方仓储物流的系统体系优劣势对比，如图 6-2 所示。

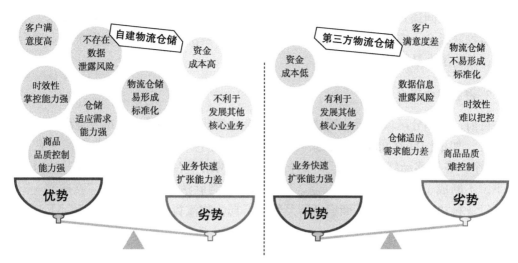

图 6-2　企业自建仓储物流与第三方仓储物流的优劣势对比

6.2.3　仓储物流联盟模式

仓储物流联盟模式也称为共用仓储物流。在电子商务条件下,消费者所在地的分散和运输的远距离已经成为非常普遍的情况,一个企业无论物流功能多强大,其物流网络也无法覆盖全国所有地区。在这种情况下,构建物流企业之间的仓储联盟可以很好地解决单个物流企业网络覆盖率小的问题,同时,可以增强仓储物流企业之间的信息交流,有效地实现物流信息的共享。

1. 仓储物流联盟建立的要点

在物流智能化序幕尚未完全拉开之前,"自建仓储物流"与"第三方仓储物流"成为电商企业之争的关键,现在"互联网+"将改变这种格局。在互联网背景下,物流资源的整合已经实现了资源共享的仓配一体化,外包与自建仓储物流不再成为关注焦点。随着仓配一体化平台的不断涌现,自建物流已不能占据大量的市场份额。较为普遍的情况是利用网络平台实现电商企业之间的角逐。随着大数据、智慧管理系统的运用以及一体化平台的不断发展,电商企业之间的物流仓配一体化平台竞争将为行业带来更优质的用户体验和价值获得感。

2. 仓储物流联盟形式创新

仓储物流联盟基于"互联网+"的高效物流是多式联运、一体化运作、一站式服务、多网协同、一体化综合性服务行业。2017年6月,国务院办公厅转发国家发展与改革委员会《营造良好市场环境推动交通物流融合发展实施方案》,部署推动交通物流融合发展,要求着力打通全链条,构建大平台,创建新模式,加快交通、物流与互联网三者融合。当前全国各地已有多家电子商务企业在外包物流上走上了利用网络平台实现仓配一体化的道路,如菜鸟驿站等。目前,宅急送加入了物联云仓共同仓配,而这正是企业间通过"互联网+"实现融合发展的典型。通过运用互联网技术，宅急送对接物联云仓，在没有自建仓储物流的情况下，解决仓配问题。在实现产业融合的同时，节约了大量物流成本。

3. 资源整合平台建设

目前，在部分区域、行业领域由政府或企业搭建了一些社会化或专业化的资源整合平台，如中国铁路95306网、菜鸟智能物流骨干网等，拥有各类互联网平台超过2 000个，各类移动终端应用近300个。一体化网络平台，在"互联网+"的时代效应下，不断成了物流行业资源共享、降本增效的制胜法宝。据了解，"互联网+"在带动行业科技革新的同时不断刷新智慧物流格局，物流智能化发展已成为时下诸多电子商务企业的首选。

4. 企业平台建设效益明显

为了解决这些行业发展的瓶颈问题，仓储物流联盟精选全国优质仓储服务商和城配服务商，共同打造了一个覆盖全国的仓配一体化网络平台实现共同仓配。这里所提供的仓配一体化，既有仓储网络，又有配送网络，从而真正解决仓储物流业一条龙服务的需求。

与目前市面上一些公司的仓配一体化相比，仓储物流联盟除可承接覆盖全国的B2C商对客快递业务外，同时还致力于电子商务交易供需双方的B2B商对商和线下线上相结合的O2O仓储配送业务。不仅如此，为了提供最具有品质和竞争力的仓配服务，共同仓配对联盟的仓储服务商和城配商，如物联云仓可以全部免费提供使用订单管理系统（OMS）、仓储管理系统软件，统一采用物联云仓提供标准作业流程（Standard Operation Procedure，SOP）作业，以及专业的运营管理指导等。

6.3 电子商务仓储物流规划

电子商务仓储布局规划就是仓库在供应链中的位置和物流网络中的地位确定后，根据电子商务仓储建成后的主要货物货种和货物的存货量，以及预测的各种货物的周转率等条件，通过对基础资料的分析，确定电子商务仓储的类型和仓库的面积、电子商务仓储内所需的作业区以及各作业区的面积和作业区在电子商务仓储内的布置，在此基础上再确定仓库运作所需的人员和设备。电子商务仓储物流布局规划主要包含基本规划、详细规划和运作规划三个层次。

6.3.1 电子商务仓储物流布局基本规划

电子商务仓储物流基本规划是对电子商务仓储仓库的初步设计，确定电子商务仓储的总体规模和总体布局。

电子商务仓储作业的主要功能区，如图6-3所示。

（1）关键数据收集。选取/收集一段时间的关键业务数据，如货品数据、出货订单数据等。

（2）关键数据分析。对收集来的大量业务数据进行 EIQ 分析，分析 SKU 出货特性、订单特性，比如分析库存 SKU 总数、日均订单数、平均订单行数、日均 SKU 出货次数等，分别针对日常、促销的数据进行详细分析。根据数据分析的结果，综合考虑所需要布置的作业功能区、所需面积以及可能的存储设备等，将这些作业功能区合理规划布局到限定的仓储空间里。

（3）总体平面布局规划设计。

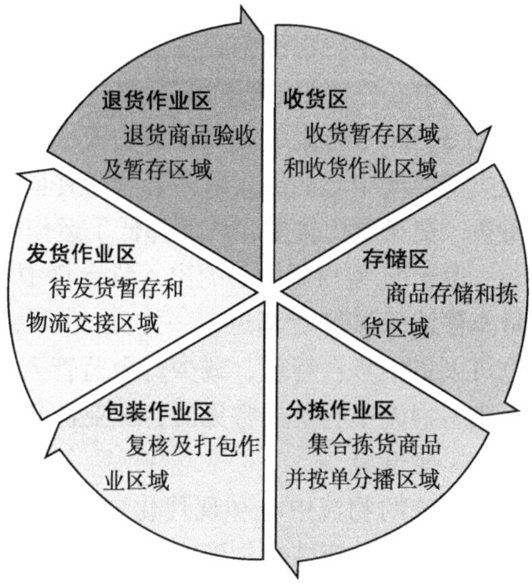

6.3.2 电子商务仓储物流布局详细规划

电子商务仓储物流布局详细规划是对电子商务仓储物流布局的进一步细化，确定各个作业区的具体布局、电子商务仓储内动线布置、设备规划及人员配备。

图 6-3 电子商务仓储作业主要功能区

1. 作业区的具体布局

作业区的具体布局包括收货区、存储区、包装作业区、分拣作业区、发货作业区、退货作业区等，科学布局的目标是：品类商品分区存储，设备资源共享，有效降低运营成本；基于分区存储，"分区＋摘果＋播种"同时完成的拣货方式，有效提高订单处理能力及效率。

2. 作业动线规划

物流中心动线（即物品运动路线与路径）设计主要有三种类型，包括 I 型、L 型和 U 型。下面的内容将简单介绍不同类型物流中心的特点。

（1）I 型物流中心。I 型物流中心拥有独立的出入货台，分别分布在物流中心的两旁，直入直出。由于 I 型物流中心的运作流向呈直线型，各运作动线平行进行，因此无论是人流还是物流，相互的碰撞交叉点相对来说最少，可降低操作人员和物流搬运车相撞的可能性。

I 型物流中心特别适合一些快速流转的货物，如进行集装箱或是货物转运业务。目前，I 型物流中心并不多，较典型的是采用 I 型概念设计出来的香港国际货运中心（HIDC）。香港机场货运中心（AFFC）内智傲物流以及深圳盐田港美集物流等的物流中心都属于此类型。

（2）L 型物流中心。需要处理快速货物的物流中心通常会采用 L 型的概念设计，把货物出入物流中心的途径缩至最短，货物流向呈 L 型。L 型物流中心与 I 型物流中心有些类似，它们都具有两个独立货台、较少碰撞交叉点、适合处理快速流转货物的特点。

这种类型的物流中心特别适合进行交叉式作业，处理一些"即来即走"或是只会在物流中心停留很短时间的货物。

（3）U型物流中心。U型物流中心的设计概念主要来自高速公路的循环运输线，该类型物流中心的出入货台会集中在同一边。U型物流中心各功能区的运作范围经常重叠，交叉点比较多，从而降低了运作效率。

由于U型物流中心的出入货台集中在同一边，因此只需在物流中心其中一边预留货车停泊及装卸货车道，一方面，可以更有效地利用物流中心外围空间；另一方面，也可以集中货台管理，减少货台监管人员数目。对于地少、人工费高的地区来说，这一类型物流中心是最常见的，如亚洲货柜物流中心的佐川急便、近铁国际物流、泛亚班拿、捷迅等。

传统的物流中心和现代化物流中心最大的差别可能并不在于其外形或是物流设备，而是如何能结合物流中心内部各功能区以及提高货物流向的有效性，尽量简化物流中心的运作程序，降低货物损坏率，提高运作效率。

3. 作业流程规划

日常情况下电子商务物流仓储业务的流程规划，如图6-4所示。图6-5是在大促时作业区的调整图，当SKU数量较多时，电子商务仓储规划示意图如图6-6所示。

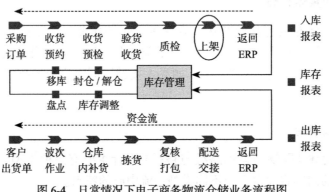

图6-4 日常情况下电子商务物流仓储业务流程图

4. 物流设备规划

仓储物流设备规划主要包含存储、转运、复核、包装、IT相关等设备的规划，选择合适的设备，配合完成各项作业。因为电子商务的特性，在仓储物流订单生产环节，为了提升拣选效率，所以会设计三种可能的拣选模式：单品拣货、先集后分、边摘边播。

单品拣货和先集后分这两种拣选模式，在拣选设备选择上，可参考传统的散件拣选，比如选用大的拣货笼框或者类似超市购物的拣货小车等。边摘边播，要在一趟拣选任务中同时完成多个订单商品的拣选，并且在拣选过程中就能按照各个订单详情将商品分好,因此所选用的拣选设备要能够相互隔开,这种设备需要单独设计。

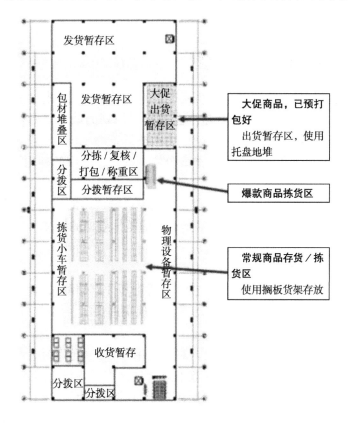

图 6-5　大促情况下作业区域调整图

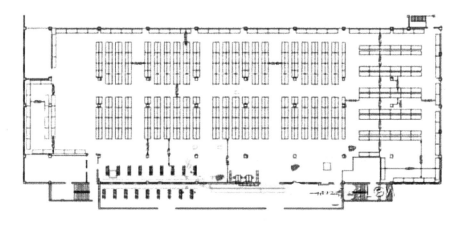

图 6-6　SKU 数量较多时的电子商务仓储规划示意图

5. 人员配备建议

结合仓储规模、品类性质、业务特点确定企业的组织架构,设计岗位数量及职责,人员配备的总原则是最大限度地提高工作效率。

除此之外，一般还会包含辅助功能区规划，如叉车充电间、设备存放区、耗材存放区、办公室等。

6.3.3 电子商务仓储物流运作规划

电子商务仓储物流运作规划主要确定仓库在具体的物流运作中针对电子商务仓储的布局所要采取的拣货、仓储等策略。仓库布局规划的最终目标就是有效地利用空间、设备、人员和能源，最大程度地减少物料搬运，缩短拣货作业流程，力求投资最少，进货、出货、拣货和储存四大主要部分协调配合，仓库各种功能柔性化。为人员和设备提供合理的工作空间。

电子商务仓储物流作业遵循高流动、高效率、低成本的原则，现代信息技术和互联网技术的使用，实现了电子商务仓储物流作业整体效率的提高。

1. 仓储作业员上架业务

现代电子商务仓储中心的功能重在"流通"而非"储藏"，理论上说，货物的周转率越高越好，入库量与出库量基本持平，实现快进快出。如何在仓储操作上实现快进快出需重点解决。

快速上架是这一业务活动的重点。对于使用 WMS 的仓储中心，可以由 WMS 根据预先的配置以及优化的上架动线推荐上架货位，指导现场上架人员进行上架操作。大型电子商务的仓储中心，为了能够摆放几十万甚至几百万 SKU 的商品，采用随机存储技术，即通常所说的多货多位，一个货位上有多个 SKU，一个 SKU 放在多个货位上。使用该技术上架时，上架人员看到就近货位上有空间能放货品，直接进行上架操作，而无须寻找系统推荐的上架货位，做到快速上架。该策略有几个重点需注意。

（1）一个货位上的 SKU 数不能过多，有一个临界值，当数量超过这个临界值时，拣货、盘点就会相当困难，所耗费的时间也将大量增加，整体效率不高。

（2）上架最好用能实时传输数据的设备，比如 RF 手持终端，只要将货品上架了即可销售，若用纸质单据传递操作，则可能会有较长的延时。

（3）对于要进行批次管理、要做到先进先出的仓储中心，一个货位上的同一个 SKU 商品只能有 1 个批次，若一次进货的一个 SKU 商品有多个批次，则需分别上架到不同货位上，否则无法进行先进先出管理。

2. 电子商务物流仓储拣货作业

根据电子商务行业的订单特性，若要做到快出，则需要对订单进行分类分批次拣货生产。从大类上看，拣货主要有摘果法和播种法两种，但在实际运营操作中可能是其中的某一种方式或两种方式的各种组合。众多电子商务仓储物流的试验和运营经验说明，电子商务仓储物流应用最广泛的主要有三种拣货作业模式。

（1）单品拣货。即一张订单单品单独拣货。这类订单，在扫描出库时可采取与普通订单不同的方式，可以显著提高扫描出库速度，因此建议单独处理。

（2）先集后分。先将一批订单集合起来，在一次拣货任务中统一完成，拣完货后再到分播区域按照客户订单进行分播。

（3）边摘边播。与第二种方法类似，也是一趟处理一批订单。与第二种方法不同的是，在拣货的同时完成按照客户订单的播种，拣完货后直接进入复核打包环节。

要实现以上的目标就要综合运用运筹学、系统工程、工业工程以及数学理论等多种方法，同时做到宏观与微观相结合，将定性分析、定量分析和个人经验结合起来，同时将物流的观点作为电子商务仓储布局的出发点，并贯穿在区域布置的始终。

案例　如何高效率地划分拣货批次

如何高效率地划分拣货批次，尽可能做到每一批次的拣货动线都较优，是提升拣货效率的重点。因此，在划分拣货批次时，需要考虑的因素有很多，比如：

1）订单行，对不同订单行的订单分批处理。对单一订单行的订单，独立波次，快速拣货；订单行较多（如大于10），独立波次，采用拣播合一；一般订单行，独立波次，采用先集后分。

2）订单数，如20/30/40/50单一集合，依实际操作效率情况，适当调整集合单数。

3）载具限制，比如30千克，拣货小车的最大承重30千克，超重不利于拣货。

4）人员限制，如拣货货品超重后，推不动或者推动起来的效率很低。

5）聚类处理，比如将整个库房分解成数个区域，尽量将待拣选商品全部位于某一区域或者某几个相邻区域中的订单，组合成一个拣货批次。

特别地，对于先集后分模式，拣完货之后按客户订单分播的效率，也非常重要。在分播设备上可以选择传统的单据、电子标签或者电脑进行提示。比如电脑提示的分播操作流程大致是先扫描，然后系统提示与哪个订单相对应，放到分拣暂存货架的哪一格，从系统角度来看没有什么特殊的，但在运营生产中，要多考虑以下细节。

1）电脑屏幕显示的字体要够大，这样方便操作人员辨认。

2）扫描枪最好用架子支起来，可以解放操作人员的一只手，以提高生产效率。

3）分拣架、拣货车、操作人员、工作台的相对位置如何安排，才能既保证效率，又易于批次流转。

资料来源：http://bbs.pinggu.org/thread-3151286-1-1.html。

6.4　我国仓储信息化运作模式

在"互联网+"的带动下，电子商务企业正在摒弃之前"自建物流仓储"与"第三方物流"之间的模式竞争，把竞争焦点集中在物流智能化上。物流智能化布局已久，是电子商务企业的下一个蓝海。现在，电子商务巨头纷纷将物流战略核心瞄准智能化的推动，从智能仓储到无人机送货，物流界正散发着浓浓的"智慧"气息。我国电子商务加速发展，企业纷纷将信息化手段运用到物流之中，这都是"互联网+"在其中发挥的作用。

目前，物流信息的收集也表现出数码化的特征，在信息的处理方面又表现出计算机化和电子化，在物流信息传递的过程中呈现出实时化和标准化的特征，信息化和智能化是现代物流发展中的重要特征。这些信息技术又为仓储管理创新提供了基础。

6.4.1 数字仓管

作为第三方物流仓储服务公司，对自己公司在网上的排名特别重视。但是在仓库租赁关键词搜索排名方面，大多数仓储服务商往往没有充足的营销推广资金。这一问题解决的方式就是采用更加简单、经济、高效的在线数字仓管策略。

1. 数字仓管的概念

数字仓管是物联云仓联合优质的仓储服务商，依托领先的仓储物流专业管理系统与物联网智能硬件技术，共同为货主打造的数字化仓储服务网络平台，使仓储管理更简单、灵活、经济、高效。满足仓库作业流程重塑与作业人员完全互动，实现电子仓储精准与科学的管理。

统一推广，动态增减、不爆仓、不浪费。数字仓服务示意图，如图6-7所示。

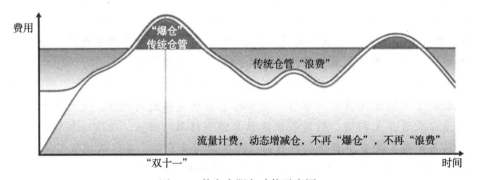

图6-7　数字仓服务功能示意图

目前，在仓库出租关键词搜索方面，企业不再投入大手笔的资金，原因是比它们资金雄厚的仓储服务商买下了所有通用搜索引擎关键位置。高台仓库服务商市场执行副总告诉记者，在搜索越来越商品化的年代，像他们这种中小仓储服务商是无法与资金雄厚的对手竞争的。

仓库租赁关键词竞价排序，除了价格不菲外，管理起来也很复杂，企业不仅需要安排专门人员每天盯着它，几乎还要成为一名IT人员才能了解其中的细枝末节。因此，大多数仓储服务商只有选择远离这种耗资巨大的推广渠道。

2. 数字仓管的技术手段

如何让仓库租赁推广和管理变得经济高效？数字仓管是依托物联云仓领先的仓储物流专业管理系统和物联网智能硬件技术，联合优质的仓储服务商，共同为货主打造的数字化仓储服务网络平台。其仓库管理数字化，首先体现在物联云仓有月均超过30

万平方米的在线仓储服务需求,可为其带来大量的客源;其次是提供专业的仓库作业优化流程,拓展高峰期订单作业能力;同时还提供物联云仓 waas\wms\tms 等智能软件管理系统支持,流量计费,动态增减仓,不再爆仓和浪费。

3. 数字仓管特色服务

对仓储行业来说,物联云仓数字仓管作为第三方仓储物流服务既是挑战也是机遇,据中国电子商务研究中心(100EC.CN)监测数据显示:目前,欧洲使用第三方物流服务的比例约为 76%,美国约为 58%,其中欧洲 24%、美国 33% 的非第三方物流服务用户正考虑使用。我国目前第三方仓储物流服务的使用情况仅为 3% 左右,且存在设备系统和作业方式落后、与快递公司合作不紧密等问题。

4. 数字仓管的增值服务

第三方仓储物流服务并非简单的库房发货,这是技术含量较低端的服务。数字仓管除了可为仓储服务商提供扩大客户来源、专业的市场推广和专业的仓储规划设计方案外,还联合全国优质的城配服务商,共同打造了覆盖全国的仓配一体化网络平台共同仓配,有效解决了现有第三方仓储物流服务存在的问题。

同时,数字仓管还联合相关金融机构,为广大仓储服务商提供智慧仓储融资服务,支持升级改造;携手保险公司提供仓储保险服务,共同为客户降低存货风险;通过平台商城实现耗材拼团采购、降低成本等增值服务。

数字仓管的出现,仓储服务商不仅可将更多精力释放出来,经营高端的运营和管理,还可有效提高仓库租用率,引导仓储设施的柔性提升,再也不用为缺智能管理系统、缺优质客户和仓库闲置率高而担忧了。

案例 数字仓管,代管代发按需增减不爆仓

在物联云仓数字仓管没出现之前,大部分中小商家和货主的仓库管理不是减仓就是爆仓。

2006 年,家住重庆江北的陶世勇和妻子芳芳来到广州做服装与皮包批发生意,在三元里除了有一个 8 平方米的小门市陈列样品供客商选样看样外,他们不得不租两个大仓库来储存货物。

每天,夫妻俩都要轮流到仓库备货、检货、搬货……除了送货到档口外,还得打包发快递、发物流。有时工厂深夜一两点来货还要验收,一年到头只有春节休几天假,一般晚上下班根本不能出去。更让陶先生夫妇困扰的是,他们租那 1 000 多平方米的仓库旺季根本不够用,淡季又大面积空置,而收费却是按年和固定面积收取,不能灵活满足他们的仓库需求。

与陶先生一样,大多数中小商家和货主在租用与管理仓库中,都因收发货管理烦琐、仓储成本居高不下、旺季爆仓淡季空置、租用不灵活、货物存放还不放心等倍受困扰。

利用自身诸多的仓储物流资源和技术优势,联合全国优质仓储服务商,物联云仓

数字仓管可为广大商家、货主提供即租即用、按需按流量付费的仓储服务以及代管代发服务。数字仓管的出现，无疑是为广大商家和货主解决找仓难、管仓烦而量身定制的仓储服务。

这种按量按需灵活定制、怎么实惠怎么计费的仓储服务模式，可让广大商家、货主充分享受到了云仓科技带来的"成本"优势。

共同仓配，优质仓配一站对接覆盖全国。服务商太多、配送管理烦琐、服务品质难保障，自建仓配一体化需要很高的成本……如此种种因素，让商家、货主很难全心合意投入到业务拓展中，因此外包成为时下最优选择。

资料来源：http://www.sohu.com/a/112924923_364120.

弹性的服务能力、领先的物流科技技术，商家借力物联云仓共同仓配诸多的行业优势，可一站式享受全国快捷、优质的仓储和配送服务，并在激烈的行业竞争中脱颖而出。

案例　仓库管理系统的功能

物料全生命周期管理。
全面物料防呆机制，FIFO、质保期、呆滞料等管控。
具备完善的特殊料件管理：MSD 管控、红胶锡膏管理、钢网管理等。
向导式作业提醒，上架与取料等最佳路径规划和建议。
集成多条码自动采集系统，实现快速收料。
高效、多模式备料机制。
精细化储位管理，库存信息全局可视化。
一线操作实时防呆预警，颜色管理功能。
员工作业时效管理。
全过程看板监控，促进生产活动协同作业。
智能盘点方案，点数机无缝对接。
针对电子 EMS 代工行业的仓库管理整体解决方案。

资料来源：http://www.xuanruanjian.com/soft/msg/63819.phtml.

6.4.2　海外仓

2016 年 1 月 29 日，海关总署办公厅日前签发《海关总署办公厅关于福州、平潭跨境贸易电子商务保税进口试点项目实施方案的复函》，原则上同意福州、平潭实施方案中保税进口业务流程及技术方案。至此，全国跨境电子商务保税进口试点城市扩容至 10 个，保税进口和直购进口模式横扫跨境网购市场，进口电子商务的发展空间被持续放大，跨境仓储物流的需求也在不断攀升。在物流为王的跨境电子商务时代，优质高效的仓储物流服务商，已经成为电子商务企业打开市场、提高用户体验的重要砝码。面对各种各样的物流解决方案和服务商，进口电商企业又该如何选择自己的仓储合作伙伴呢？

1. 清楚了解自己的需求和服务商的服务

适合自己的才是最好的，进口电商企业一定要将自身的商业模式结合商品品类进行梳理，找准自己的定位才能选择最适合的物流解决方案。目前进口电子商务主要有直发直运平台、海外代购等五大商业模式，而十大进口试点城市则主要试点保税进口和直购进口通关模式。直购进口模式对代购类、品类较宽泛的电子商务平台以及海外电子商务平台来说比较适用，可从海外直接发货，在商品种类的多样性上具有优势。保税进口模式则在价格和时效上具有优势，适用于品类相对专注、备货量大的电子商务企业。另外，电子商务企业需根据自己的需求去了解服务商是否提供仓储、打包打单、加固保价、个性化包装，甚至特殊清关等服务。不同的物流商在不同的物流渠道和干线优势有所不同，对时效的保证也不尽相同。跨境电子商务海外仓业务的流程，如图6-8所示。

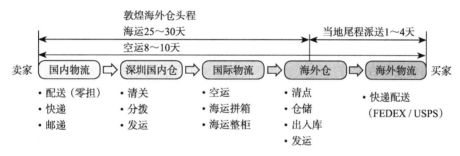

图6-8　跨境电子商务海外仓业务流程图

据了解，行业内知名进口电子商务环球E站、麦乐购、走秀网、富兰国际等大多数是通过广州邮政跨境易这种专业的进口试点物流企业走货。通过对比不同的物流企业来看，跨境易是目前国内少数针对进口电子商务清晰定位为反向FBA（Fullfillment by Amazon，亚马逊物流）仓服务商的企业，它是由亚马逊提供的包括仓储、拣货打包、派送、收款、客服与退货处理的一条龙式物流服务。反向FBA即由亚马逊离岸物流服务转向到岸物流服务。深圳跨境易电子商物物流服务平台提供B2B2C保税进口、保税仓储、备案申报、国际进口物流进境清关、国内派送，致力于为进口电商企业缩短通关时间，降低物流成本，提升利润空间。同时可提供保税进口、直购进口等一站式全程供应链服务，并根据企业需求定制不同的物流解决方案，可满足大部分进口电商企业的需求。

2. 自身的清关能力

从跨境易了解到，保税进口基本上可以实现24小时快速清关，在直购进口模式下，由于申报的商品信息齐全透明，海关抽查率不到1%，正常情况下海关系统可在短短数秒内自动完成征税放行等通关手续。在这两种模式下，如何向海关申报，显得尤为重要，比如申报价值过高，被税的概率就高，申报价值低，则与商品实际价值不符，有逃税嫌疑，面临扣关罚款的风险。进口商品种类繁多，商品种类直接影响到税率、税额、监管条件以及报关的要求，因此对物流公司的通关能力也要求颇高，谁的清关能力高，保证包裹安全、快速地到达买家手中，谁就能提高用户体验，占领市场。

3. 是否提供海外仓服务

直购进口是颇受买家青睐的海淘模式，商品直接从境外发货，商品更具多样性，企业没有囤货压力，但这也对电商企业提出了海外仓的需求，市场上有能力满足海外仓的物流企业屈指可数。参与进口直购模式的跨境易全球主要业务代理公司负责人宋金燕认为，只有具备电子商务、国际物流以及 IT 三大背景和力量的服务商才能很好地盘活海外仓。首先电子商务背景出身能准确把握电子商务的各种需求和发展趋势，其次丰富的国际物流经验使得服务商在海外资源、仓储吞吐量、操作管理等方面具有很大的优势，最后 IT 的技术力量可以开发出符合电子商务后端、前端需求的物流仓储系统，为跨境电子商务提供强大的技术保障。

4. 仓储操作能力

与传统电子商务一样，跨境电子商务同时也具备海量的 SKU、海量订单、高时效性要求的特点。仓库管理操作效率会直接影响电子商务店铺的销售计划、发货的精准度和时效性、峰值订单的处理效率，甚至是包装的个性化都会影响买家对店铺的评价和用户体验。功能丰富、稳定高效的作业系统，不同 SKU 周转应对能力，对采购、入库、拣货、配送等全程供应链的把控力等都非常重要。另外，仓储 ERP 系统也必须要有完善的对接和铺货功能，现在很多电子商务都是多平台、多店铺、多渠道销售，仓储系统必须能够实现多平台共享、库存及时反馈预警等多功能。

这种模式的建立需要参与的物流企业之间互相信任，能够及时地开展国际信息的沟通和交流，另外在开展合作的过程中应该确定合作和利润分配的原则，这是物流海外仓能够长期发展和存在的基础。

6.4.3 "无人仓"

京东的"无人仓"代表着全新的物流系统技术，真正实现了从自动化到智慧化的革命性突破。京东"无人仓"的推出已成为京东科技物流的拐点，首次实现智慧物流的完整场景，全面超越亚马逊成为全球目前最先进的物流技术落地应用。"无人仓"的技术突破与落地，将为未来的"双十一""618 购物节"的物流提供有力的保障和支持。

1. "无人仓"的技术支持

京东"无人仓"是自主研发的定制化、系统化整体物流解决方案，掌握了核心智慧物流设备与人工智能算法，拥有完全的自主知识产权。京东无人仓在控制算法、工业设计、机械结构、电气设计、应用场景等方面取得了大量的技术突破与创新，累计专利申请已超过 100 件。京东"无人仓"的特色是大量智能物流机器人进行协同与配合，通过人工智能、深度学习、图像智能识别、大数据应用等诸多先进技术，为传统工业机器人赋予了智慧，让它们具备自主的判断和行为，适应不同的应用场景、商品类型与形态、任务。

（1）京东智能物流机器人军团。通过机器人的融入，京东改变了整个物流仓储生产模式的格局。AGA 搬运机器人、Shuttle 穿梭车、分拣机器人、堆垛机器人、六轴机器人、无人叉车等一系列物流机器人在无人仓中辛勤地工作，组成了完整的中件商品与小件商品智慧物流场景（见图 6-9）。

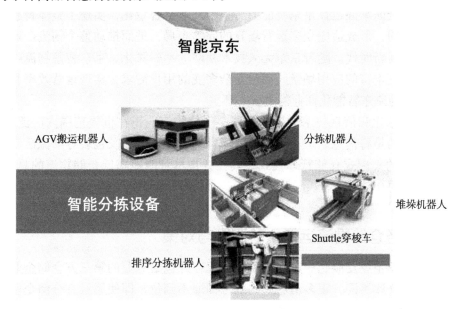

图 6-9 京东"无人仓"智能分拣设备功能图示

（2）Shuttle 货架穿梭车。该货架穿梭车负责在立体货架上移动货物，能够实现 6 米 / 秒的高速行走，并且具有每小时 1 600 箱的巨大吞吐量；AGV 搬运机器人，自动导引小车载货达 300 千克以上，可实现货物在库房内的搬运，通过调度系统与人工智能可灵活改变路径，实现自动避障与自主规划路径。DELTA 分拣机器人，它采用 3D 视觉系统，能够实现动态拣选、自动更换捡拾器以及 155ppm 的作业节拍，具有三轴并联机械结构及适应货物转角偏差辅助轴的特点，拣选动作令人眼花缭乱；六轴机器人 6-AXIS，由控制、驱动、机械本体等单元组成，是个勤勤恳恳的搬运工，负责拆码垛等工作，具有 165 千克大载荷量和 ±0.05 毫米高精度的特点，它几乎就是每个人心目中的经典机械手。

环环相扣的机器人配合作业，让整个流程有条不紊地进行，后台的人工智能算法指导生产，带来仓储运营效率的大幅度提升。京东目前"无人仓"的存储效率是传统横梁货架存储效率的 10 倍以上，并联机器人拣选速度可达 3 600 次 / 小时，相当于传统人工效率的五六倍。

2. "无人仓"的产业链布局

近年来，京东一直在智慧物流方面不断发力，其中"无人仓"作为商品的存储和管理环节，重要性不言而喻。无人机、无人车等物流黑科技的应用在推动商品运输和配送智慧化的过程中也起到了极大的作用。在"京东618"期间"无人机"农村送货试运营后，"双十一"亮相的还有自主研发的无人机新机型，能更好地适应农村电子商务送货的负荷和航程需求，还会在不同环境、地貌的多地进行送货，为全面推广积累经验；2016年9月开始路试的京东无人配送车已经在"双十一"开始试运营，为北京市部分用户送去了惊喜。

正是"双十一"造成的巨大物流压力让京东全面展开智慧物流技术的研发和应用，对物流产业链的全面掌握也让京东有能力将整个产业链智慧化，实现了整体智慧物流体系的构建和协同，形成适应众多运营场景的完整布局，进而推动整个物流产业链全面迈进智能化发展新时代。随着京东无人技术战略的不断深化，京东智慧物流将能够满足甚至创建出更丰富的应用场景，满足复杂多变的用户需求，实现运营效率和用户体验的提升，成为京东智能化商业的重要一环。

随着经济全球化和信息技术的迅速发展，现代物流业正在世界范围内广泛兴起。现代物流仓储指的是将信息、运输、仓储、库存、装卸搬运以及包装等物流活动综合起来的一种新型的集成式仓储管理模式，其任务是尽可能地降低仓储物流的总成本，为顾客提供最好的仓储服务。

6.5 电子商务仓储物流运作中的问题与对策

很多电子商务企业发展到一定规模后会把库存外包给专业的第三方仓储企业去管理，与自身管理仓库不同，很多信息上的双方沟通不到位，即使第三方仓储企业非常专业，也会导致很多库存问题，这些问题需要及时加以解决。

6.5.1 电子商务仓储物流运作中的问题

与传统企业一样，很多初具规模的电子商务企业的货源可能来自多个供货商，这些供货商的管理水平可能参差不齐。能否规范入仓要看商家对供应商的约束能力和仓库对入仓异常的及时反馈。有些中小型电子商务企业对供应商（工厂）的把控能力太弱。加上"唯快不破"，订货周期大大缩短，销售周期又存在巨大的不确定性，导致工厂备货的时间非常短，入仓时产生异常。

1. 入库异常

商家下属各供应商、工厂入仓质量无法管控，导致入仓数据从源头上就出错。如果在入仓环节供应商和厂家没配合好，就会增加仓库收货作业难度和成本。有些品牌商（如李宁、美特斯邦威等）对供货商的管理是非常完善的，供货商会严格按照指定的包装入仓、唛头、包装规范。中小型电商企业把控能力差、唛头贴错、包装不统一等现象经常发生，有些甚至直接拿大编织袋来装货，给仓库收货清点造成了很大的困难。个别工厂未按照仓库和商家要求打条码，或者张贴了错误的条码，这种现象经常出现在服装行业。贴码和水洗标、箱外的唛头不一致，会导致仓库清点错误。如果仓库在入仓环节未及时发现，那么后面的发货环节就不可避免地会发错货。

2. 超卖

电子商务行业和传统销售行业相比，效率高、速度快。一个爆款出现，瞬时会有大量的订单出现。因为前后台库存数据不一致，导致订单超卖。各大电子商务平台为了对消费者的体验负责，对超卖会有严格的控制，甚至有些惩罚措施，比如天猫对超卖订单会要求商家赔偿30%的货值给消费者。如果前后台的库存没有衔接好，即使仓内的库存是正常的，前台未必能上架正确的库存数量，由此带来给商家和买家的损失就不可避免了。

3. 出库与结算环节的纠纷

电商企业的这种"快"往往会让仓库作业处于非常被动的地步——快速入仓，尽快发货，快速发货，以便客户体验好。卖得不好，快速退仓，以便尽快寻找其他销货渠道。因为这种"快"，让仓内来不及对库存进行细致的管理和反馈，导致在退仓的时候有纠纷。这种纠纷会耗费双方业务和结算人员大量的精力去举证、判责，严重的会影响到双方的合作。

4. 分批到仓

一般情况下，一个入库单对应一次入库行为，有些供货商因为准备不足或者其他问题会采用分批到货的方式入仓。对一些需要进行批次管理的商品来说，分批到仓会导致仓库对批次的混淆，也会影响销售端对不同产品的批次定价和仓库端对滞仓费的计算。一般情况下，滞仓费会遵循先进先出的原则，跟进商品滞仓天数去计算滞仓费，但滞仓费的计算是基于一个准确的库存数量的。如果库存数量错误，滞仓费就会产生各种纠纷。

5. 数量差异和收货延迟

供货商未按照商家指定的数量入仓，仓库在入仓环节要反复和商家、供货商两边确认，否则会影响入仓作业。不同 SKU 的商品混装在一个大包装内，导致仓库收货混乱，清点时间加长，收错货的风险也增高。质量控制问题，有些商品需要根据电子商务平台进行仓内质量控制，需要仓内配合。如果商家未协调好质量控制和仓库的作业时间，就会导致质量控制延迟和收货延迟。

应该站在"联动"的角度来看库存管理，确保过程和结果都是准确的，电商平台和第三方仓储应该加强联动做好库存管理。

6.5.2 电子商务仓储物流问题解决的对策

问题的关键就是商家缺乏对供货商的管控，由此带来仓库入仓清点难度加大，出错比例增高、收货延迟,后续的发货延迟和发错货的风险也增高。要解决上述问题,一方面需要仓库如实地记录和反馈入仓过程中的各种异常,及时地反馈给商家。商家要在和供货商的协议中明确这些问题,对这些问题进行量化和追责,让供货商一起来承担由此带来的损失。逐渐地让供货商提升入仓能力,规范入仓(见图 6-10)。

1. 供销存数据传递准确

仓配一体化可以确保仓库后台库存数据变动和前台能实时同步,以保证不超卖。库存控制在合理使用空间保证信息传递过程准,主要靠两点:一个是仓内的管理,另一个是仓库 WMS 系统和店铺 ERP 系统及电子商务平台的商家后台的库存同步机制。具体实施过程应注意以下几点。

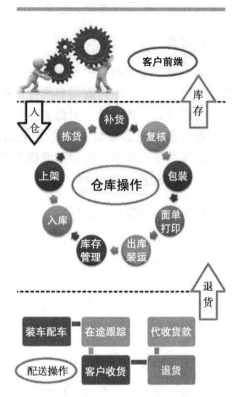

图 6-10 仓配一体化协作图示

(1)关注仓内数据变动。关于库存变动主要涉及商品入仓后,因各种原因导致库存变动,仓库要准确且及时地把这种变动记录下来,并通过系统接口同步给店铺 ERP 系统及电子商务平台的商家后台。主要有以下几种情况。

1)正次品转换:入仓的时候是正品的可发货库存,实际拣货时发现是次品的不可发货。在这种情况下,仓库需要扣减一个正品库存,增加一个次品库存。

2)仓库丢货:仓库盘点发现货物短少,需要扣减库存。

3)仓库多发货、少发货、发错货:仓库发错货,需要对库存进行调整。

4)仓库盘点错误:上次盘点错误,在本次盘点中纠正,需要对库存进行调整。

5)错码调整:入仓时未发现编码错误,在库内管理或者发货环节进行调整。

6)退件入仓或者截单成功:前台订单取消已经发货的订单,仓库需要截单,如果快递截单成功或者被买家拒收退回仓库,仓库需要对库存进行调整。

上述库存调整情况,有些是需要商家承担责任的,比如正次品转换,有些是需要仓库承担责任的,比如丢货、发错货。不管是谁的责任,仓库都要如实记录,及时反馈,时刻保持前后台库存数据一致。

(2)有效仓内盘点数据收集。作为仓内的日常作业行为,每个仓库都会有各种盘点规则,如月度的、季度的大盘点、循环盘点、动碰盘点等,盘点的主要原则包括如下方面。

1)月初库存低于安全库存的商品全量盘点。库存低于安全库存的时候,我们认为就有超卖的风险。请仓库在月初对低于安全库存的 SKU 进行全盘,盘点结果反馈给商家 ERP 系统和店铺后台。如果有差异，店铺后台就会自动更新上架数量。

2）当天库存低于安全库存的商品当天盘点。同上，确保当天低于安全库存的商品不产生超卖。

3）库存有差异实时盘点。利用系统功能，每天自动比对店铺上架数量、ERP 库存数量和仓库库存数量，对有差异的数据自动生成盘点请求，请仓库纳入自己的盘点计划中，并把盘点结果同步给 ERP 系统和商家的店铺后台。

4）活动后盘点。电商企业和传统企业不同的一点是，如果有大流量灌入或者预计的大型促销活动，会在短时间内产生大量订单。这些订单一般集中于有限的几个或者几十个 SKU。当活动过后，需要仓库对这些 SKU 进行盘点，以保证库存的准确。

5）退仓前盘点。为了确保退仓时的数量是准确的，有必要在退仓前对库存进行盘点，以便按照正确的数量退仓。

(3) 掌握发货信息。确保发货过程中不错发、漏发、多发。仓内一般都有非常规范的流程，在几个关键节点把控。

1）拣货环节：确保拣货 SKU 和数量与订单一致。

2）包装环节：包装台最好有两道符合环节，一道是系统（把枪扫描），一道是人工。

3）交付快递环节：特别关注退款订单和订单内容有修改的订单。

2. 退仓和结算环节信息准确

退仓和结算环节信息准确就是在退仓与结算的时候，能够有非常清晰的进销存数据，即使有库存差异，也能找到具体的原因，能够对责任方进行追责，确保商家、仓库与供应商在退仓和结算环节没有纠纷。

由此可以总结出退仓五大原则。

(1) 退仓前商品下架原则。退仓前商家要将商品从店铺下架，以免退仓单生成后店铺还有订单流入，对仓库的退仓工作造成干扰。这个最好通过系统实现，人工干预会有遗漏的可能。

(2) 退仓前盘点原则。退仓前仓库必须对要退仓的商品进行盘点，盘点结果及时通报给商家，并在系统中进行同步更新。这样做有两个好处：一个是商家可以尽快确认是否对退仓数量有疑问；另一个是系统同步更新后，可以按照盘点的结果生成准确的退仓单。

(3) 库存差异数据当场追偿原则。如果库存有差异，当场追责。追责的依据就是仓库 WMS 和店铺 ERP 系统两边的进销存数据。所有的库存变动必须基于单据，入库单、发货订单、库内调整单、退仓单。这样在库存产生差异时，能够直接找到对应的单据：是仓库没上传发货数据还是仓内库存丢失一目了然。所有的单据，尤其是库存调整单必须有明确的调整原因，这样在退仓和结算时可以立即确认谁来承担责任。

(4) 追责和退仓两条线原则。有了上面的盘点原则和追偿原则，商家和仓库不能再以任何借口不退仓，追责和退仓两条线分开操作，这样不会因对退仓数量有争议而延迟退仓，也就解决了上文中提到的各种纠纷。

(5) 月台交接原则。这个主要是为了避免双方对已经交接的退仓数量有争议。实际操作过程中，以月台交接为界，双方对退仓数据进行签字确认，事后不得反悔。该原则发生在具体执行的时候，有些商家是采用第三方物流送货和退仓，第三方物流对交接数据可能不太负责。这点还有待商榷。

3. 系统功能

系统功能主要总结了库存管理过程中商家、仓库、供应商具体操作层面的内容。除了这些外，系统功能还要能够适应新变化。所在公司的系统和仓库经过一段时间的努力，通过以下功能确保库存管理的准确。

（1）ERP 系统要有完善的铺货功能。很多大商家都是多平台、多店铺、多渠道销售的。不同的渠道对上架数量的逻辑也不同，比如淘宝支持拍下减库存和付款减库存。为了不产生超卖，ERP 系统需要有完善的铺货系统，能够实现多渠道共享库存和按渠道锁定库存。

（2）库存调整实时同步。仓内库存调整时，能实时同步给店铺 ERP 系统，从而触发对电子商务后台的上架数量进行调整。这个调整都是有具体的调整原因的，以便在后续对相关方追责。

（3）每日定时生成库存比对报告。店铺 ERP 系统和仓库 WMS 系统每日凌晨 2 点在库存作业停止时进行自动的库存比对，把两边的库存比对差异生成报告，提交给双方。仓库会根据差异报告主动查找差异原因，确认需要调整库存的，就对库存进行调整，然后同步给前台。

（4）进销存功能。这个是几乎所有的 ERP 系统和 WMS 系统都有的功能，但如何能更方便地让仓库和商家发现库存差异的原因，是需要负责系统的产品经理努力的。公司把该功能做成工具，让商家和仓库在很多场景下能够快速调用该功能，快速定位库存差异原因。

（5）库存盘点打通。这点在前面已经提过，仓库的盘点规则和商家所希望的盘点规则是不一样的，通过库存盘点打通，ERP 系统自动把商家希望盘点的 SKU 发送给 WMS 系统，WMS 系统在盘点后反馈数据给 ERP 系统。

（6）零库存同步机制。在做好运营和系统的工作基础上，为了绝对避免超卖，我们还需要一个"保险"。这个"保险"就是零库存同步，即当库存可拣货数量为零时，实时同步给 ERP 系统，ERP 系统强制触发商家店铺后台下架。

本章小结

电子商务企业的仓储物流和传统企业的仓储物流有着比较大的差别。电子商务企业在选择仓储物流模式时一般要考虑两个关键要素：首先是企业自身对于仓储物流的管理能力，其次是成本优势。企业的仓储物流管理能力是指企业管理仓储物流运作系统的能力；成本优势是指电子商务企业在选择某种物流模式的时候，成本相对于市场平均水平的优势程度。

在电子商务环境下仓储物流的特点：信息化、柔性化、一体化。

电子商务仓储物流提高效率途径。电子商务仓储物流企业与一般企业一样都可以从货位优化、盘点多级化、作业操作程序规范化、仓储信息化等方面来提高仓储的作业效率。

电子商务仓储物流业务目标：服务性目标、快捷性目标、低成本性目标、安全性目标。电子商务物流配送模式主要有企业自建仓储物流、第三方仓储模式、物流联合仓储模式。物流仓储可以分为三个具体的流程：订单处理流程、进货处理流程和退货处理流程。

管理信息系统主要包括销售点管理系统、电子订货系统、库存管理系统、批发配送系统。电子商务仓储的创新模式：海外仓、无人仓、数字仓。

复习思考题

1. 电子商务物流仓储与传统仓储的区别主要表现在哪几个方面？
2. 针对超卖现象，说明电子商务物流仓储一体化解决方案是如何实现的？
3. 画出物流仓配一体化协作流程图示。
4. 数字仓与无人仓的共同特点是什么？

课内实训

你所在的学校在物流仓储实训设备引进上是否体现了配送核心技术，通过物流仓储实训，说明如何通过技术运用来提高物流仓储效率？你所知道的物流仓储技术有哪些？哪些技术可以在学校物流实训基地使用？

课外实训

构建项目化课题小组，利用课余时间对网上仓储数据进行分析，调查本地电子商务物流企业仓储配送业务运作情况，找出业务活动的不足，自行拟订初步方案，设计简单调查流程，完善业务流程，写出完整的策划方案。

案例分析 1

首个全球电子商务仓储平台：找海外仓上享卖网

享卖网是一个全球仓库共享平台，是上海襄派实业有限公司旗下的全球跨境电子商务仓储平台。享卖网通过海外仓库的资源为国内外卖家提供仓储物流服务，为卖家解决跨国运输的相关难题，实现销售额和利润的最大化是该平台的宗旨。

在这个网络购物风行的时代，各式各样的产品让人眼花缭乱，跨境电子商务风起云涌，价格和速度成了电子商务企业最核心的竞争力。那么如何将竞争力和主动权掌握在自己手中？

想要拼价格，大卖家需要囤货来降低商品成本，却不得不冒着货品囤积的危险。你是否想要减少货品囤积从而减少损耗？享卖网——不仅提供优质仓库资源，更有为数众多的分销商，产品销售更加容易，货品由于囤积而产生的损耗大大减少，再加上庞大的消费团体怎能不让你省心。

国内物流速度的发展让人难以置信，隔天甚至当天收货已是常态。但是对于跨境电子商务企业来说并非如此，买卖双方都承担着较高的物流成本，消费者往往要等待半个月甚至2个月的时间才能见到自己日思夜想的商品，此时速度快、价格低的卖家将成为赢家。你是否也想成为跨境销售的大赢家呢？将自己的产品放到享卖网海外仓，让享卖网的仓储系统和服务为你提高效率，这不仅缩短运输时间还能节省成本。

享卖网全球仓云集了为数众多的海外仓企业，优质的仓储服务和专业的IT团队打造最适合跨境电子商务的海外仓储平台。享卖网全球仓免费为你提供仓储信息，方便、快捷、更省心。

在传统的仓库租赁交易中，时常会出现"难找、难选、难租"的尴尬现状。卖家总是花费大量时间和精力，却找不到合适的仓库？享卖网全球仓整合全球优质仓库资源，一键选择适合的仓库。

享卖网仓储系统智能匹配国内外主流物流服务商，商品物流信息全掌握，货品在哪里，物流进展怎样，一键看全知晓。全球先进的定位功能，一个产品多个仓库？系统自动匹配最近仓库，自动分发订单，省去你和仓库之间的订单传输问题，就近发货？享卖网全球仓系统帮你完成，让销售变得更加简单轻松。

国内外公共仓库却又有大量闲置空间或无人问津？仓主们此刻是否正忙于在各大网站发布仓库信息从而投入大量推广费用或因为没有合适的仓储系统而烦恼呢？

享卖网全球仓免费为你宣传仓库信息，向国内外跨境电商和大卖家全方位展示仓库信息，使仓库得到了更大的曝光，从而更方便找到仓储客户，为你吸引客户流量。

强大的WMS仓储系统由有多年海外仓实战经验的资深IT团队共同打造，为你解决现有仓储系统的各项难题，提高仓库的管理水平和现代化水准。

资料来源：http://www.9winetour.com/xiaofei/20180507/13106.html.

问题： 享卖网建立的宗旨是什么？享卖网可以为仓储客户提供何种增值服务？享卖网作为电子商务物流服务企业，自身具有何种特殊资源？结合案例说明"仓储平台"的内在含义？

案例分析 2

电子商务：打开物流新天地

"电子商务物流分为三大部分：仓储、干线运输和配送。目前，中国的干线运输尚能满足电子商务需求，但配送环节和仓储环节的建设远远滞后。"周涛如是说。

因此，在仓储环节，电子商务网站展开了"跑马圈地"般的竞争，特别是广大的B2C网站。它们就像是一个个大型超市，仓库则是它们的店面。在北京，卓越亚马逊4万平方米的百货仓库中存放着100多万种商品，货架已经从平地增加到三层，但还不够使用；凡客诚品有3万多平方米的仓库，且又刚刚签下6万平方米的租约；乐淘网则实现了"三级跳"，从2010年的300平方米仓库到2011年的1 700平方米，很快就要搬到1万平方米的新仓库。在上海，京东商城将2009年融到的2 100万美元的70%投放到物流建设中，计划2011年在嘉定建成一座15万～18万平方米的超大型仓储中心。

仓库租金也因此节节攀升。"新仓库的租金上涨了30%～40%。"徐梦周表示，这和电子商务网站对仓储的特别要求有关。"网站经营的品种越来越多，为了方便拣货打包，仓库单体面积必须要足够大，至少上万平方米。"因为商品要直接送到消费者手中，所以还要注意防尘、防冻、防晒。仓库的位置也很重要，一方面要便于城市内配送，另一方面我国的B2C网站习惯在中心城市布仓，一个仓库要负责几个省的订单，因此还必须选择便于省际配送的位置。"这样的仓库并不好找。"贾加表示，电子商务网站也因此开始"扎堆儿"。在北京，卓越亚马逊、当当网和京东商城集中在通州，凡客诚品、乐淘网、好乐买则在大兴成了邻居。

电子商务网站也在为仓储环节积累技术。"优化区域分配"成了每个仓库管理者必须解决的技术问题，在卓越亚马逊，系统计算出的最热销商品被堆放在离打包工作台最近的"绿色通道"里，比如一本曾在一分钟内接到过6 000多个订单的畅销书。在凡客诚品，通过优化区域分配，拣货员的效率大大提高，上海仓库中的"效率王"一小时的拣货数量从500件提高到了600件。而这样的技术问题，还存在于收货、验货、上架、扫描、打包、装车等各个环节中。

资料来源：http://finance.sina.com.cn/roll/20110325/08129591939.shtml。

问题：本案例中，仓库租金节节攀升的主要原因是什么？对电子商务物流而言"优化区域分配"的主要作用是什么？为什么说"电子商务网站也在为仓储环节积累技术"？

● 案例分析3

武汉联勤保障基地利用地方物流配送物资：军民融合点亮"一站式"服务

"物资数量、型号准确无误，可以组织签字……"10月23日，记者在郑州联勤保障中心某仓库采访时，正逢仓库助理员纪志玉带领两名保管员通过物流公司给中部战区陆军某部运送冬季被装。

"今年的冬装直接送达营门，'一站式'服务真方便！"看着一箱箱被装物资装上货运专车，前来办理请领手续的中部战区陆军某部乔助理感慨：军民融合直达配送，实现了"门到门"服务，基层被装保障更加便捷。

便捷的不仅是接收单位，作为发货单位的仓库同样如此。分拣核对、打包装箱、填单扫码……在发送现场，只见保管员王海龙与物流公司业务员配合得十分默契。

休息间隙，王海龙向记者谈起军民融合保障带来的新变化：过去仓库要派人装车送到火车站，再派押运员一直护送到距离部队较近的仓库，部队再派人就近领取，来回经过几道手续。如今，仓库只需将物资重量、数量、体积、地址等信息告知物流公司，物流公司随即派出相应数量的货运专车和业务员上门服务。

武汉联勤保障基地供应局负责人告诉记者，地方物流加盟被装物资配送已从上半年的试点转化为常态运用，这是基地全面落实习主席加强军民融合发展重要指示的具体举措。2017年上半年，武汉联勤保障基地深化军民融合改进供应保障模式，以演训任务重、编制员额少、距离仓库远且不具备铁路运输条件的军兵种部队为试点对象，通过市场调研、公开招标和价格对比等，结合精准配送、全时服务、注重实效、安全保密、国防观念等特殊要求，筛选了5家信誉好、实力强的地方物流公司参与被装物资配送试点。

"探索保障模式，改进保障流程，提升保障质效。"基地供应局领导说，地方物流企业加盟军队被装物资配送，实现"门到门"服务，最大限度地减少了中间环节，使保障从过去的"保姆式"全程跟踪到"问效式"跟踪用户，更新了联勤保障理念，既节省了人力物力，又提高了发放效率。

该基地供应局领导介绍说，下一步，他们将把学习贯彻十九大精神融入岗位实践，深化军民融合，对地方物流参与部队被装配送进行全面规范，在联勤部队内部全面推开此项改革，更好地服务保障部队。

资料来源：http://news.sina.com.cn/o/2017-10-25/doc-ifynffnz2190065.shtml.

问题：军民融合"一站式"仓储服务的战略意义是什么？实现"门到门"仓储配送服务以及"问效式"服务主要表现在何处？军民融合改进供应保障的主要业务要求是什么？

Chapter 7 第 7 章

电子商务物流的基本模式

学习目标

1. 熟悉电子商务物流的各个基本模式产生的背景及与电子商务发展的内在关联,掌握电子商务物流基本模式的主要业务内容、运作流程及运作特点。

2. 熟悉电子商务物流 B2B 模式、B2C 模式、C2C 模式、O2O 模式的特点,了解行业中基本模式的细分模式特点及价值。

3. 掌握电子商务物流的基本模式在互联网经济背景下的作用,了解我国电子商务基本模式发展的现状、改进的措施与发展趋势。

导引案例

李文豪是青岛李沧区一家物流企业的经理,该企业以公路运输为主,运输范围遍布全国 100 多个城市。"以前,我们通过打电话、线下活动的方式获取新客户,有时打了上百个电话都没有订单。"李文豪说,"2013 年,我们鹰联物流公司登陆了淘金地电子商务平台,该平台出现最新的物流需求信息总会第一时间通知我们,大大节省了获客时间和成本。"经过三年的电商化转型,鹰联物流每年平均营业额在 500 万元以上。

淘金地是华南地区最大的 B2B 电子商务平台,主要为全球上千万买家和供应商提供商机,拥有 910 万名会员,覆盖全球城市达到 3 800 多个,优质产品信息达到 1 000 多万条,"近年来,越来越多的中小企业意识到电商化转型的重要性,纷纷入驻淘金地平台",像鹰联物流公司这样的物流企业,只是"上网触电"大潮的一员,仅登陆淘金地 B2B 电子商务平台的青岛物流企业就超过 500 家。

大量物流企业电商化转型的背后,是青岛市委市政府对电商企业的大力扶持。近年来,青岛市探索创新"传统物流 + 电商 + 互联网"新型模式,相继出台《青岛市"互联网 + 物流"推进方案》《促进物流业发展三年行动计划》《青岛市"十三五"物流业发展规划》等利好政策,先后建立国际陆港等多个综合物流园,引进上百家电子商务物流项目和企业,并对转型的中小型物流企业进行资金补贴,加速物流企业"上网触电"。

与此同时，鹰联物流所在的李沧区积极响应市政府号召，加快以物流企业为主的优势传统企业与电子商务融合发展。2014 年，李沧区投资 1 200 万元，通过建立电商孵化基地，成功孵化小微企业上百个，帮助上千家传统企业进入电子商务领域；李沧区还打造李沧上藏配送中心、李沧中石化配送中心、李沧利客来商贸配送中心，不断完善电子商务物流基础设施。

政府的大力扶持为青岛物流行业的发展注入了强大动力，青岛物流业由此爆发出强劲的发展势头。仅 2016 年上半年，青岛便实现物流业增加值 442.5 亿元，同比增长 5.6%，占全市生产总值比重 9.8%，青岛被国家发展与改革委员会确定为现代物流创新发展试点城市。"未来，我们将不断发挥政策环境优势，加快物流行业电商化转型，把青岛打造成为面向日韩、辐射东南亚、贯通中亚欧、连接海内外的东北亚国际物流中心和丝绸之路国际物流枢纽。"青岛市委书记李群说。

资料来源：http://zgsc.china.com.cn/zxun/zhzx/2016-10-08/538616.html。

7.1 电子商务物流 B2B 模式

随着世界经济的快速发展和现代科学技术的进步，B2B 电子商务物流产业作为国民经济中一个新兴的服务部门，正在全球范围内迅速发展。在国际上，B2B 电子商务物流产业被认为是国民经济发展的动脉和基础产业，其发展程度成为衡量一国现代化程度和综合国力的重要标志之一，也被喻为促进经济发展的利器和"第三利润源泉"。近几年，中国 B2B 电子商务物流产业作为新兴发展起来的产业，产业规模越来越大，科技含量越来越高，越来越显示出新经济增长点的巨大效能。

7.1.1 电子商务物流 B2B 模式内涵分析

B2B 商业模式是企业与企业之间的一种营销关系。它将企业内部网，通过 B2B 网站与客户紧密结合起来，通过网络的快速反应，为客户提供更好的服务，从而促进企业的业务发展。B2B 商业模式之下的电子商务物流系统，则是借助企业之间的信息网络，并通过企业网站，建立大客户之间的物流信息沟通与物流服务提供，促使企业实现大宗商品的流通与价值转换。

电子商务物流 B2B 商业模式主要优势有以下几个方面。

1. 物流采购成本低

企业通过与供应商建立企业间电子商务，实施供应量管理模式，实现网上自动采购，可以减少双方为进行交易投入的人力、物力和财力。另外，采购方企业可以通过整合企业内部的采购体系，统一向供应商采购，实现批量采购获取折扣。如沃尔玛将美国的 3 000 多家超市通过网络连接在一起，统一进行采购配送，通过批量采购节省了大量的采购费用。

2. 库存管理成本降低

利用互联网平台搭建的供应链，企业通过与上游的供应商和下游的顾客建立企业间电子商务系统，实现以销定产，以产定供，实现物流的高效运转和统一，最大限度控制库存。如戴尔公司通过允许顾客网上订货，实现企业业务流程的高效运转，大大降低库存成本。

3. 货品周转时间短

企业还可以通过 B2B 信息平台与供应商和顾客建立统一的电子商务系统，实现企业的供应商与企业的顾客直接沟通和交易，减少周转环节。如波音公司的零配件是从供应商采购的，而这些零配件很大一部分是在满足它的顾客航空公司维修飞机时使用的。为减少中间的周转环节，波音公司通过建立电子商务网站实现波音公司的供应商与顾客之间的直接沟通，大大减少了零配件的周转时间。

4. 为平台客户提供更多市场机会

企业通过与潜在客户建立网上商务关系，可以覆盖原来难以通过传统渠道覆盖的市场，增加企业的市场机会。如戴尔公司通过网上直销，有 20% 的新客户来自中小企业，通过与这些企业建立企业间电子商务，大大降低了双方的交易费用，增加了中小企业客户网上采购的利益动力。

电子商务物流 B2B 网站通常除了为企业提供贸易供求信息以外，还会提供一些独特的增值服务，包括企业认证、独立域名、提供行业数据分析报告、搜索引擎优化等。现货认证也是针对电子商务这个行业提供的一个特殊的增值服务，在采购过程中，通常电子商务采购商比较重视库存这一业务内容，希望通过电子商务物流平台提供一体化的库存解决方案。所以电子商务物流 B2B 网站可以根据物流行业的特殊性去深挖客户的需求，然后提供具有针对性的物流增值服务。

7.1.2 电子商务物流 B2B 基础模式

从我国电商企业规模与发展阶段来看，B2B 电商企业拥有丰富的客户资源和数据资源，业务拓展需要通过线下物流实体服务实现企业的价值。所以在运作物流业务上可选择方式是：与第三方物流公司合作，利用其优势资源开展配送业务；采取共同配送模式，完成区域或广域配送业务；大型电子商务企业则可以根据业务量和业务类型，合理选择多种类型的一体化模式和半一体化模式；大型平台型电商在其优秀的信息与数据管理能力基础上可以选择物流联盟模式，以下几种模式可供我国企业借鉴。

1. 垂直 B2B 模式

垂直 B2B 模式可以分为两个方向，即上游和下游。生产商或商业零售商可以与上游的供应商之间形成供货关系，比如戴尔公司与上游的芯片和主板制造商就是通过这种方式进行合作的。生产商与下游的经销商可以形成销货关系，比如思科公司就是通过这种方式与其分销商进行交易的。

2. 水平 B2B 模式

水平 B2B 模式将各个行业中相近的交易过程集中到一个场所，为企业的采购方和供应方提供了一个交易的机会。水平 B2B 模式只是企业实现电子商务的一个开始，它的应用将会得到不断发展和完善，并适应所有行业的企业需要。

3. 自建 B2B 模式

自建 B2B 模式是大型行业龙头企业基于自身的信息化建设程度，搭建以自身产品供应链为核心的行业化电子商务物流平台。行业龙头企业通过其自身的电子商务平台，串联起行业整条产业链，供应链上下游企业通过该平台实现资讯、沟通、交易。但此类电子商务平台过于封闭，缺少产业链的深度整合。

4. 关联行业 B2B 模式

关联行业 B2B 模式是相关行业为了提升电子商务交易平台信息的广泛程度和准确性，整合平行 B2B 模式和垂直 B2B 模式而建立起来的跨行业电子商务平台。

B2B 平台大多成了恶性价格战的战场。由于国内大多 B2B 平台，供应商数量大大地超过求购商，导致各供应商之间通过压低价格来获得订单，对于中小企业来说，恶劣的价格竞争导致企业利润降低。同时，随着国内劳动力和原材料成本的增加，利润越来越低，很多中小企业开始遭遇资金问题，不得不摸索其他得以生存的途径，慢慢放弃 B2B 这个平台。B2B 服务导致产品同质化竞争。几乎所有的 B2B 都停留在企业建站、广告展示和基础的商业信息交流，增值空间不大，因此对物流客户吸引力降低。

7.1.3　电子商务物流 B2B 主流模式

由于自建物流体系所需的巨大资金以及技术、人力的投入，因此许多电子商务企业望而却步。电子商务企业也认为物流并不是自己的强项，寻找一家能够承担重任的合作伙伴是最佳经营策略。

1. 电子商务物流 B2B 的性质

电子商务物流 B2B 模式主要是指物流承运方和货物运输需求方利用电子商务平台进行的物流供需业务对接，其主体主要包括物流承运方、货物运输需求方、平台提供方和系统运营维护方。

电子商务物流 B2B 平台属于第三方物流或者第四方物流的范畴，第三方物流或者第四方物流在处理电子商务交易业务时，买方企业通过 B2B 电商平台采购货物后，物流供应商（第三方或者第四方）进行配送，物流供应商经过对客户配送要求、货物种类、数量、配送路线、时间要求等情况进行分析后，具体实施配送。收货企业收到物流公司送到的货物后，接受货物并给发货企业提供收货凭据。通过以上的配送方式，电子商务物流 B2B 电子商务交易平台为企业提供了个性化、多样化的供应链解决方案，让更多的企业将精力放在了主营业务上。

2. 第三方物流服务模式设计

B2B+3PL 模式是指第三方物流公司可以借助电子商务公共平台，提供第三方物流服务模式设计，根据 B2B 公共平台上各方的现实需求，最终构建一种面向 B2B 公共平台的第三方物流增值服务模式。这种借助 B2B 电子商务系统平台，并引入第三方物流企业以及电子支付平台等合作企业所构成电子商务物流 B2B+3PL 模式成为未来发展的主流。

按照交易发生的场景不同，B2B 公共平台大致可划分为同城物流、城际物流、跨境物流，除此之外，一部分 B2B 物流平台会提供综合型的业务，涉及范围涵盖全国所有地区；一部分平台虽不直接进行货物运输供求双方的对接，但重点为物流运输企业提供系统解决方案和智慧物流决策；也有一部分企业主要是第三方仓储平台和为仓储企业提供解决方案。

以 B2B 公共平台为核心，通过将 3PL 企业的物流服务、银行的金融服务和 B2B 公共平台的信息服务有机整合起来，建立系统连接实现同步运作，为买卖双方客户提供电子商务交易支持、配套增值等服务，最终实现商流、信息流、物流和资金流的协同与有效流动。

3. 第三方物流服务

电子商务物流 B2B 平台属于第三方物流或者第四方物流的范畴，专指企业与企业之间进行商品交易时，将物流运作外包给专业的物流团队并达成物流运输供需关系的一类平台的总称，其主体主要包括物流承运方、货物运输需求方、平台提供方和系统运营维护方。

构建面向 B2B 公共平台的第三方物流服务模式不是简单地利用现有业务平台和网络资源建立一个网站，而是利用电子商务这一贸易方式，依托企业既有资源去整合共享外部资源，有效提高各个企业的内部管理效率及外部服务质量，以此降低成本，吸引并巩固顾客群，提高企业的竞争能力。3PL 企业依托自身硬软件资源优势，同 B2B 公共平台建立相应的接口，从而实现物流企业内部信息与 B2B 公共平台及其他协同企业的数据共享，形成一个紧密联系的整体，服务于 B2B 电子商务交易全过程。

7.1.4 电子商务物流 B2B 模式现状分析

我国电子商务物流 B2B 企业主要可分为两类：一是电子商务交易型的平台，二是为平台客户提供系统解决方案的电子商务物流企业。

1. 电子商务物流 B2B 模式发展的行业基础

伴随着消费互联网经济的成熟，企业经营的商业模式也发生了深刻的变化，以客户为中心的"体验感、定制化、要便捷"的商业潮流已经成为企业制定商业策略时需要考虑的重要因素。所以,作为连接企业与客户的最直接桥梁——物流业越来越受到企业的重视,另外,不容忽视的一点是近几年随着传统产业经济的变革和经济新常态局面的进一步加深,企业对物流方式合作的判断也成了企业衡量内部企业业绩降本增效的一大途径。

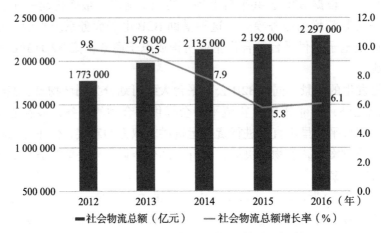

图 7-1　2012～2016 年社会物流总额及增速情况

资料来源:中国物流与采购联合会,托比研究整理。

社会物流总额是指在考察期内从供应地向接受地进行实体流动的全部物品的价值总额,反映了该考察期内的物流需求的总规模。从图 7-1 可以看出,2016 年我国社会物流总额以 6.1% 的增速达到 229.7 万亿元。可以看到 2012～2016 年,我国社会物流总额的年均增长率是 6.7%,基本上处于平稳增长的状态,这就为电子商务物流 B2B 平台经济发展提供坚实的市场空间基础,图 7-2 是我国社会物流总费用及增速情况。

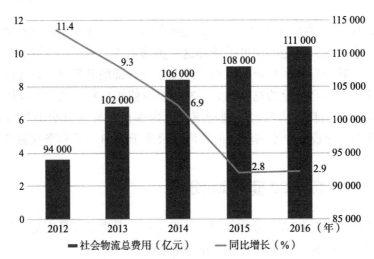

图 7-2　2012～2016 年我国社会物流总费用及增速情况

资料来源:中国物流与采购联合会,托比研究整理。

目前,电子商务已经渗透到各行各业的具体业务活动中,由于商品流通速度持续加快，所以粗放型、单一化的物流管理模式已经无法满足当下物流服务的需要，日渐兴盛的线下电商企业小批量、多品种、短时效的物流配送需求成为未来电子商务物流服务市场的趋势。目前在国家政策层面上已经给予了现代电子商务物流相当大的支持力度，特别是进入 21 世纪后，物流产业政策的接连出台，指导意见基本上涵盖了物流业发展的各个方面（见表 7-1）。

表 7-1　2001～2017 年国家出台的主要物流产业政策

时间	发布单位	政策名称	相关内容
2001 年 3 月	国家经贸委等六部门	《关于加快我国现代物流发展的若干意见》	现代物流将成为我国新世纪经济发展的重要产业和新的经济增长点 积极发展第三方物流 加快物流与电子商务的融合
2004 年 8 月	国家发改委等九部门	《关于促进我国现代物流业发展的意见》	鼓励工商企业逐步将物流服务业务分离出来，由专业物流企业承担 加快物流设施整合和社会化区域物流中心建设 提高物流信息化水平，鼓励建设公共的网络信息平台
2005 年 6 月	国务院	《关于促进流通业发展的若干意见》	推动流通企业进行流通方式和技术创新，鼓励发展物流配送中心 建立健全流通领域公共信息服务体系
2008 年 3 月	国务院办公厅	《关于加快发展服务业若干政策措施的实施意见》	商务部等有关部门要鼓励发展物流配送等现代流通组织形式
2009 年 3 月	国务院	《国务院关于印发物流业调整和振兴规划的通知》	加快行业物流公共信息平台建设，建立全国性公路运输信息网络和航空货运公共信息系统，以及其他运输与服务方式的信息网络
2011 年 8 月	国务院办公厅	《关于促进物流业健康发展政策措施的意见》	减轻物流企业税收负担，加大对物流业的土地政策支持力度，促进物流车辆便利通行；加快物流管理体制改革；鼓励整合物流设施资源；推进物流技术创新和应用；加大对物流业的投入；优先发展农产品物流业等
2012 年 8 月	国务院	《关于深化流通体制改革加快流通产业发展的意见》	鼓励流通企业建立或依托第三方电子商务平台开展网上交易 大力发展第三方物流 支持流通企业利用先进信息技术提高仓储、采购、运输、订单等环节的科学管理水平
2013 年 1 月	国务院办公厅	《降低流通费用提高流通效率综合工作方案》	确定了 10 项措施降低流通费用，在物流方面提出了推进收费公路清理、规范交通执法、保障物流配送等相关要求
2013 年 8 月	工业和信息化部	《关于印发信息化和工业化深度融合专项行动计划（2013—2018 年）的通知》	电子商务和物流信息化集成创新行动的目标是，深化重点行业电子商务应用，提高行业物流信息化与供应链协同水平，促进以第三方物流、电子商务平台为核心的新型生产性服务发展壮大，创新业务协作流程与价值创造模式。提高产业链整体效率
2014 年 9 月	商务部	《关于促进商贸物流发展的实施意见》	引导生产和商贸流通企业剥离或外包物流功能 提升第三方物流服务水平，有条件的企业可以向提供一体化解决方案和供应链集成服务的第四方物流发展大力发展电子商务物流、加强冷链物流建设、加快生产资料转型升级，政府将在财税土地政策上加大扶持力度

(续)

时间	发布单位	政策名称	相关内容
2014年9月	国务院	《物流业发展中长期规划（2014—2020年）》	着力降低物流成本；着力提升物流企业规模化、集约化水平；着力加强物流基础设施网络建设 到2020年基本建立现代物流服务体系，提升物流业标准化、信息化、智能化、集约化水平，提高经济整体运行效率和效益
2014年10月	国务院办公厅	《关于促进内贸流通健康发展的若干意见》	加快发展物流配送
2015年9月	国务院办公厅	《关于推进线上线下互动加快商贸流通创新发展转型升级的意见》	运用互联网技术大力推进物流标准化；大力发展智慧物流；鼓励依托互联网平台的"无车承运人"发展；推广城市共同配送模式，支持物流综合信息服务平台建设；鼓励企业在出口重点国家建设海外仓，推进跨境电子商务发展
2016年4月	国务院办公厅	《关于深入实施"互联网+流通"行动计划的意见》	进一步推进线上线下融合发展，加快推动流通转型升级
2016年7月	国家发展改革委	《"互联网+"高效物流实施意见》	构建物流信息互联共享体系，提升仓储配送智能化水平，发展高效便捷物流新模式
2017年1月	商务部等五部门	《商贸物流发展"十三五"规划》	支持第三方物流发展，拓展物流方案设计、智能包装、设备租赁等增值服务，着力提升第三方物流服务水平

依据以上所界定的考察范围，2016年托比网企业数据库共录得我国现阶段近100家物流B2B平台或者物流B2B电子商务企业，其中有83家企业成为物流B2B行业较为关注的重点对象，它们的出现时间、发展概况、商业模式、资本获投、所在地域等信息基本代表了目前我国物流B2B行业的发展状况。

2. 物流B2B行业发展格局

托比研究通过对这83家物流B2B企业的成立时间进行统计发现，这些物流B2B企业的出现时间主要集中在2013年之后，并且在2014年达到了高峰（见图7-3）。从图中可以得知，1990～2009年的20年间，我国物流业在运用互联网技术进行商业模式运作上还处于并不发达时段，并且这一时段出现的企业或者平台基本上还是多以提供物流信息为主，旨在解决行业的供需信息发掘与匹配问题。

据托比网企业数据库监测到1990～2016年期间出现的具有代表性的物流B2B企业大约有15家，并且基本上在2001年之后相继成立，对这15家企业的主营业务和运作场景进行划分，包括国际跨境物流平台，除了国际跨境物流平台之外，还有提供仓配服务的企业，比如普天物流和上海发网供应链管理有限公司，也有垂直行业的物流服务商。总体而言，这个阶段的物流服务平台从业务形态上来讲主要是跨境物流服务和仓储服务商，其中境内的第三方物流企业较少，特别是在2011年之后出现的同城物流、城际物流更是少数。

经过近20年的发展，无论是在技术环境、国家政策支持还是在商业模式探索方面，我国物流B2B行业在2010年后都有长足的进展，特别是在2012年商务部发布了《关于推进现代物流技术应用和共同配送工作的指导意见》之后，我国物流信息化平台如雨后春笋般开始逐年大量出现。如成立于2011年的运哪儿和成立于2012年的全国物流信息网；有提供物流行业系统服务的企业，如成立于 2010 年的 G7，是一家专门为物流行业提供数据服务的公司现已进行完 C 轮融资；成立于 2011 年的为国际货运代理公司提供一站式管理协同软件租用服务的公共平台沃行科技等。

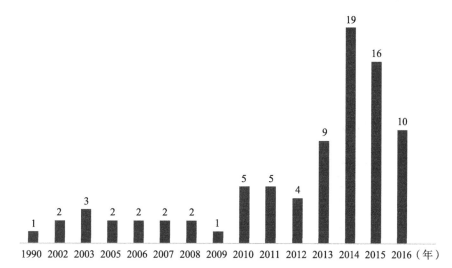

图 7-3　中国物流 B2B 行业生长概况

资料来源：托比网企业数据库。

从融资情况来看，物流 B2B 也逐步进入探索期，融资金额开始向部分中小企业倾斜，以上这种情况基本上与我国整个 B2B 行业的发展现状保持了一致。这些平台的所在地基本集中在北京和东部沿海区域，聚集性较为明显。

7.1.5　B2B 电子商务物流前景展望

2018 年，国内的经济总量又跃上了一个新的台阶，经济增长的内在活力进一步增强。我国 B2B 电子商务物流产业发展的现状概括为以下几点。

1. 行业地位重要，竞争压力增大

近年来，随着买方市场的形成，企业对 B2B 电子商务物流领域中存在的"第三利润源泉"开始有了比较深刻的认识，优化企业内部物流管理，降低物流成本成为目前多数国内企业最为强烈的愿望和要求。与此同时，电子商务专业化的物流服务需求已经出现且发展势头极为迅速。随着我国加入 WTO，快速发展的 B2B 电子商务物流业吸引着外资物流企业纷纷进入中国，物流业已成为外资新的投资方向，如投资连锁超市配送中心、物流基础设施建设、投资采购中心、组建中外合资物流公司等。

同时，国际上 50 家大型零售企业的 2/3 已进入中国，这些跨国集团纷纷在中国设立采购中心，使相关物流业快速起步。跨国物流公司快速进入中国，与中国企业合资合作，扩大市场占有份额。以美国联邦快递与天津大田集团合作为例，双方共同组建大田联邦快递有限公司，业务已扩展到中国的 210 个城市，经营额以每年 30% 的速度上升。国外物流巨头在带给我们新的经营理念、管理方法，这在提高我们技术水平的同时，也给我国本土的物流产业带来很大的压力，图 7-4 是我国 B2B 物流企业业务流程和变现模式。

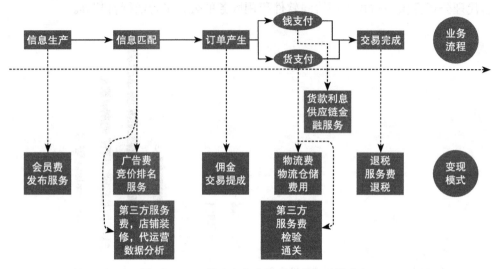

图 7-4　B2B 物流企业业务流程和变现模式

2. 专业企业涌现，抢占市场份额

近年来，我国出现的许多物流企业主要分为三类：一是国际 B2B 电子商务物流企业，如丹麦有利物流公司等；二是由传统运输、储运及批发贸易企业转变形成的物流企业；三是新兴的专业化 B2B 电子商务物流企业，如广州的宝供物流公司、北京华运通物流公司等。这些企业依靠先进的经营理念、多样化的服务手段、科学的管理模式在竞争中赢得了市场地位，成为我国物流产业发展中一股不容忽视的力量。

目前，我国国际快递市场 60% 以上的份额被 DHL、UPS、FedEx、TNT 等国际快递巨头占据，而其中 DHL 就达到了 37% 的份额。DHL 对亚太地区的投资占到其全球投资的 1/3，而对中国的投资超过对亚洲任何其他国家和地区。国家邮政部门与国际快递企业的争端激化，信息产业部、外经贸部和国家邮政局先后几次颁布相关文件限制国际快递企业在华业务。面对来自国外 B2B 电子商务物流企业的激烈竞争，我国物流业面临的发展压力和机遇日益突出，尽早做好全局性战略部署，将有利于中国 B2B 电子商务物流业的健康发展。

3. 基础设施助力，信息化速度加快

目前，我国已经在交通运输、仓储设施、信息通信、废物包装与搬运等物流基础设施和装备方面取得了长足的发展，为物流产业的发展奠定了必要的物质基础。在交通运输基础设施方面，我国目前已经建成了由铁路运输、公路运输、水路运输、航空运输和管道运输 5 个部分组成的综合运输体系，运输线路和场站建设方面以及运输车辆及装备方面有较大的发展。在仓储设施方面，除运输部门的货运枢纽和场站等仓储设施外，我国商业、物资、外贸、粮食、军队等行业中的仓储设施相对集中。近年来，物流设施发展迅速，年投资规模呈现快速增长趋势。

7.2 电子商务物流 B2C 模式

随着经济发展水平的不断提高以及社会发展的进步，B2C 电子商务的市场不断发展扩大，逐渐吸引了众多的 B2C 企业参与其中。但是，由于我国的物流配送体系的整体发展状况尚不完善，所以 B2C 企业对物流模式的选择尤其重要。

7.2.1 电子商务物流 B2C 细分模式

近年来，在 B2C 电子商务企业发展领域中，占有较大市场份额的企业有京东、天猫、苏宁易购、当当网等。行业调查表明，B2C 电子商务企业之间的市场竞争是一场持久战，B2C 电子商务企业要重视用户的体验才有可能盈利。物流配送是 B2C 电子商务经营发展的重要环节，对用户的体验有着直接影响。所以，B2C 电子商务企业正在逐渐熟悉各种物流配送模式，并对这些物流配送模式进行深入的分析，了解各种物流配送模式的优点和缺点，选择完善、系统的物流配送模式，提升用户的忠诚度，促进 B2C 电子商务企业的可持续健康发展。

1. B2C 电子商务企业的自营物流模式

当前，有很多 B2C 电子商务企业，如红孩子和易迅网等，它们在最初成立时选用的就是自营物流模式，并且还建立了商品运输设备和仓库存储设备等基础的物流设施。但是，这种自营物流模式需要在建立初期投入较多的资金，才能有效完成基础设施建设。例如，存储仓库，大约 1 万平方米，一年的租金 300 万元左右；如果需要用到自动传送带等设施，还需要投入 400 万元左右；再加上仓库降温设备、IT 系统以及置货架等基础设备，总投资额需要 1 100 万元左右。此外，这种自营物流模式需要有大量的订单数量，才能在一定程度上降低物流的配送费用。它主要依托自身所建立的物流网络体系来选择最少的环节和路径以及最通畅的配送流程，进而提高物流配送的效率，有效降低物流的配送成本。

B2C 电子商务选择自营物流配送模式，需要投入大量的资金，并且初期的运营成本也相对较高。但是，随着自营模式基础设施的建成和完善，B2C 电子商务企业的配送效率会不断提升，其物流的配送成本也会有所下降。采用自营物流模式可以提升 B2C 电子商务企业物流服务水平，并且可以针对客户的特点和爱好，灵活地调整物流配送方式，为客户提供个性化的物流服务，增强客户的体验，进而不断提升企业的服务质量。

2. B2C 电子商务企业的外包物流模式

对于 B2C 电子商务企业来说，物流配送环节是一个相对较新的经营领域，并且在自营物流模式的经营管理中存在着一定的困难。采用外包物流配送模式，不仅可以减轻 B2C 电子商务企业的物流配送压力，同时还可以有效提升整体的物流配送效率。目前，这种外包物流配送模式在国内 B2C 电子商务企业发展中应用较为广泛。目前，部分快递企业负责 B2C 电子商务企业的物流配送工作，分担了 B2C 电子商务企业发展经营的业务，并且通过这种专业化的分工，可以让 B2C 电子商务企业有更多的精力发展主业，对进货渠道进行优化，提高网站推广、客服服务、产品销售等工作的效率。

很多大型的 B2C 电子商务企业在控制成本的基础上，与其他物流企业相互合作，实现物流信息的共享，在保证个性化、高效率的物流配送的同时，不断提升 B2C 电子商务企业的物流服务水平。对于中小型的 B2C 电子商务企业来说，它们无法有效地获取物流资源，但它们可以不断发展物流配送服务的标准化，在物流服务水平达到一定的标准时，提升商品的物流配送效率，但相应的企业管理成本也会有所上升。

3. B2C 电子商务企业的混合物流模式

一些 B2C 电子商务企业还采用了自营和外包的混合物流模式，有效地扩大了物流配送半径，是一种较为常用的物流配送模式。例如，京东商城在北京四环以内采用自营物流配送模式，而四环以外则是采用外包物流配送模式，有效降低了 B2C 电子商务企业对物流的投资成本，扩大了物流配送的范围。此外，还有共同配送模式，它是一种共享物流配送服务的新兴模式，较适合中小型的 B2C 电子商务企业。

采取自营和外包混合模式，可以充分发挥外包模式的优点提高物流配送效率，同时也可以通过自营模式来有效降低物流的配送成本，客观上也扩展了 B2C 电子商务企业的物流配送半径。但是，B2C 电子商务企业采用这种混合外包模式，只是为了扩展物流的配送半径，而选择区域性的快递物流企业，会在一定程度上降低物流的服务水平。此外，如果根据商品分类选择外包物流，那么可以在一定程度上提升物流商品的配送效率，但企业管理成本也会有所上升。

4. B2C 电子商务企业的共同配送物流模式

共同配送物流模式是 B2C 电子商务企业较为常用的一种物流配送模式，它具有一定的规模性，可以有效降低物流的配送成本。同时，商品的配送路径可以利用网络配送进行整体的优化，使得物流的配送效率大大得到提升。但是，这种模式是由多个 B2C 企业平台进行共同配送的，由于企业在商品类型和管理模式存在很大的差异性，所以，如果采用标准化的物流配送模式，势必会使物流配送的服务水平有所降低。

物流配送是 B2C 电子商务企业经营中的重要环节，对 B2C 电子商务企业的发展有着重要的影响。因此，B2C 电子商务企业要充分认识自营物流模式、外包物流模式、混合物流模式、共同配送物流模式这四种物流配送模式的特点，结合企业发展的实际情况，科学合理地选择配送模式，降低物流的配送成本，有效提高物流服务水平。

7.2.2 平台型 B2C 物流商业模式

平台型 B2C 物流商业模式就是由专业的电子商务平台开发商或运营商建设电子商务平台，多个买方和卖方通过这个集认证、付费、安全、客服和渠道于一体的统一平台为其提供相关服务完成交易的商业模式。

平台型 B2C 物流商业模式在发展过程中必须考虑以下几点：第一，提升用户体验，实现无忧购物；第二，完善商家服务体系，不仅要将商家请进来，还必须帮助商家生存下来，获得预期收益；第三，提升营销体系，从单一的打折促销提升到多样化的整合营销；第四，帮助在平台上成长起来的自主品牌真正成长为网购品牌。

1. 平台型 B2C 模式细分

（1）邮政特快专递（EMS）服务的物流模式。电子商务企业或商家从网站或虚拟网站上获得消费者的购物清单和家庭地址等信息，然后到附近的邮局办理特快专递手续将商品寄出。消费者收到邮局的取货通知后，到所在地的邮局将商品取回，或由邮递员直接将商品送到顾客家中。

邮政特快专递方式具有方便、快捷的特点，但是这种方式存在以下问题。首先，EMS 服务收费偏高，如果这部分费用由企业或商家负担，则其经营利润会大大降低；如果由消费者承担，则对于小件低价商品而言，消费者肯定难以接受。其次，EMS 很难保证在消费者期望的时间内将商品送到。

（2）网站自建配送的物流模式。企业或网站在各地的网民密集地区设置自己的配送点，在获得消费者的购物信息后，由配送点的人员将商品为消费者送货上门。这种物流模式可以满足消费者"即购即得"的购物心理需求，但它也存在如下问题。首先，配送点的布局、人员的配备数量、商品的库存量等很难合理地确定。其次，由于要满足用户的即时需求，对配送时效有严格的要求。显然，高配送费用需要更大的商品配送规模。

（3）借助第三方物流企业的物流模式。在这种模式下，物流公司不拥有商品，而是与企业或商家签订合作协议或结成合作联盟。采用这种物流管理模式，将商品送达消费者的时间比前述两种模式都要快，而且服务是专业化、多功能和全方位的。如果送货量太少，送货费用一般比 EMS 服务费就要高。这种管理模式要求专业物流公司要在基础设施、人员素质、信息系统等方面加强建设。

（4）网站与传统商业结合的模式。传统商业特别是连锁经营商业具有得天独厚的资源优势，如丰富合理的商品种类、高附加值的服务、高效的配送体系等，这些正是电子商务主体所欠缺的。电子商务与传统连锁经营的结合能够充分发挥两者的优势，实现资源共享。由于 B2C 物流配送面向的是最终的消费者，因而在时间、空间、顾客需求的多样性等方面都体现出其自身的特点。

2. 平台型 B2C 的物流特点

（1）配送地点分散。B2C 电子商务直接面向的就是终端消费者，只要是网络所能触及之地，以及消费者能够进行网上购物之地，对于电子商务企业来说都有可能产生业务，因而配送地点的高度分散性也就成了必然。

（2）订货时间不同。电子商务提供 24×7 的时间模式，所以任何时间都可能会有消费者光顾网站，无论是夜间还是节假日。

（3）时效性不同。消费者对于商品的期待值并不相同，急需程度也不同，这就导致了 B2C 商品的时效性不同。

（4）商品种类多、批量小。网站上商品种类繁多，大至家用电器小到首饰、钱包，可谓应有尽有。配送批量小，终端消费者通常只是购买单件或少数几件商品，不会像企业那样需求量巨大。

在各种电子商务模式中，受物流配送影响和制约最大的是 B2C 电子商务模式。因为 B2C 的客户是供应链的最终用户，他们每次购买的产品量少且价格低廉，对配送质量要求很高，所以物流成本居高不下，配送效率低。这种物流配送产生的落差显然无法满足我国 B2C 电子商务的高速发展。这也就使得我国 B2C 的物流配送运作比 B2B、C2C 等电子商务模式的物流配送运作困难很多。

7.3 电子商务物流 C2C 模式

伴随 C2C 电商平台的不断完善与发展，C2C 电子商务逐渐把解决相关物流问题作为扩展业务方式，目前，主要的解决方案是使用 C2C 平台的物流模式。

7.3.1 电子商务物流 C2C 模式选择的基础

电子商务物流 C2C 模式的选择，首先必须具有针对性，全面考虑各类互斥因素的相互影响，准确分析 C2C 电子商务物流存在的基础与根据，并根据电子商务物流 C2C 模式的发展趋势来创造新的物流模式。

1. C2C 物流的价格相对较高

C2C 电子商务的单笔交易批量少、交易额小，除了网络充值卡和网络游戏装备等虚拟物品不需要物流环节外，其他实物交易都会产生物流费用。相对于商品本身价值，较高的物流费用成了买卖双方关注的焦点。在 C2C 电子商务平台上，若商品在 1 千克内，一般平邮的费用是 5～8 元，省内快递费用为五六元，跨省快递费用为 10～15 元；若选择 EMS 方式则费用最为昂贵，一般需要 20 元左右。这样一来，物流费用成了众多 C2C 买卖家的交易障碍，较高的物流成本也极大地削弱了网络交易的优势。

2. 买家无法与第三方物流公司形成制约关系

C2C 电子商务的卖家一般规模不大，大多选择第三方物流来解决配送问题。出于竞争的考虑，卖家希望物流费用越低越好。但是面对市场上众多的快递公司，要选择一家服务好、收费低的物流公司绝非易事。有些卖家将物流的责任完全撇开，声明送货时间无法由自己控制，不能以此作为评判卖家的标准和理由。对物流企业来说，卖家才是它们的客户，买家的抱怨对它们的影响不大。

由于没有制约，因此买家首先不清楚自己什么时候能收到货，其次买家无法当场验货。虽然 C2C 网站上有说明买家在验货后再签收，但是目前大部分物流快递人员都要求客户先签字再拿货，而后买家才有机会验货，然而一旦买家签字，货物就与物流公司没有关系了。如果货物有损坏或者不符买家的要求，就会陷入无限期的投诉，可能会造成卖家与物流公司互相推诿，责任归属难以确定。此外，由于物流公司很多，良莠不齐，因此难免会出现配送人员违规操作（如偷换物品）等情况。

3. 第三方物流配送公司布局不合理

我国第三方物流行业发展的重要瓶颈就是尚未完全建立公共的第三方物流信息平台，缺少有效的监督机构。大部分第三方物流公司（快递公司）一般根据自身的业务范围划定业务活动区域，而且往往会出现这样的局面，在同一小区范围内会同时出现三家以上的第三方物流公司的业务代理点，从社会系统的角度考虑，这显然会造成物流资源浪费。

7.3.2 C2C 电子商务物流新模式

物流、商流、资金流、信息流是电子商务的四个重要组成部分，依靠互联网可以实现商流、资金流、信息流等合理匹配，但解决物流的主要问题还需要先进的商业模式。在这种情况下，探析 C2C 电子商务物流新模式势在必行。

1. 自营物流

由 C2C 网站建立统一的物流公司，优点是信息传递快，商品从成交到发货，以及确认付款，整个交易的信息都在企业内部完成，信息传递快、不易出错且保密性好。商品和商家的信息不会外泄，即使出现纰漏，追究责任时也容易处理，不会出现商家和快递公司相互推诿的情况。但是自营物流需要巨大的资本投入，对于 C2C 网站来说可行性不大。

2. 物流联盟模式

由于 C2C 网站自营物流缺乏可行性，所以 C2C 网站可以和比较成熟的物流公司合作建立物流联盟。此类物流联盟，一般是指电子商务网站与邮政、快递公司等物流企业组成的物流产业链，电子商务平台在其中扮演产业链中的中枢或桥梁角色，对各方面的物流资源进行合理且高效的整合与利用。如支付宝与天津大田集团和宅急送共同成立了我国第一个电子商务第三方物流联盟，解决物流瓶颈，打造适合电子商务发展的现代化物流模式。整合物流之后，支付宝在"全额赔付"制度的基础上，又推出"推荐物流赔付制度"。快递业限额赔偿有法律依据，《中华人民共和国邮政法》第四十七条第二款："未保价的给据邮件丢失、损毁或者内件短少的，按照实际损失赔偿，但最高赔偿额不超过所收取资费的三倍。"第五十九条规定，关于邮件的损失赔偿的规定，适用于快件的损失赔偿。所以，在支付宝交易过程中，卖家在交易中直接使用支付宝系统，用下订单的方式选择由支付宝推荐的物流服务，享有支付宝与推荐物流公司商定的相应理赔内容，即对物品在运输过程中的遗失、破损及非本人签收给客户造成的损失，给予相应的赔偿，进一步强化了对买卖双方的利益保障。

3. 指定或推荐物流模式

对于市场渗透率高达 80% 的淘宝网来说，淘宝网实施指定或推荐物流的新模式。

利用自身的优势与规范的专业化物流快递公司建立战略合作伙伴关系，向全体网商推荐这些物流快递公司，鼓励网商使用合作的物流快递公司的物流服务。这样淘宝网可以对自己指定或推荐的物流有效地实施监督和管理，这样双方之间建立战略合作伙伴关系，形成利益共同体，有利于物流企业针对C2C平台的要求做出相应的调整和改善，有利于整个物流企业的发展。

4. 便利店模式

便利店营业时间较长，网点贴近居民区，如果辅以社区网格化的宅配服务，就可以成为电子商务的商品展示点、配送中转和服务中心，帮助网商实现商品销售、样品展示、实物交接、代收货款、退换货、宅配等增值服务。简单地说，当客户通过互联网完成订单后，电子商务中心可以通知客户到距离最近的那家连锁店完成交易，或者由宅配人员上门完成交付。通过与电子商务结合，便利店可以充分利用网络的便利性、无限性、交互性，使得虚拟销售成为可能，并可成为电子商务企业的物流服务商。

以广州的7-11连锁店为例，便利店一般开设在居民区内，其70%以上的客户都在距其连锁店步行10分钟以内的地方居住或工作，这为在C2C平台订购商品的客户提供了取货和送货的方便，能够充分体现网络购物方便和快捷的特点。7-11连锁店陆续装置了高速终端机，消费者通过终端机可以选择或订购店内没有现货的任意一种商品，而且可以进行电子转账，实现全方位的联网。这样一来，家里没有电脑或上网手机的居民来到便利店，一样可以享受电子商务服务。

关于C2C电子商务平台物流模式的选择以及不同物流模式的特点，如图7-5所示。

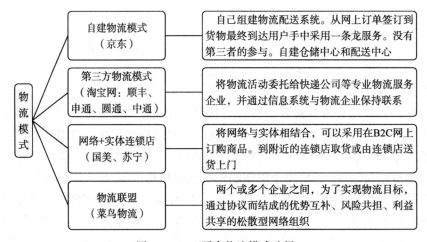

图 7-5 C2C 平台物流模式选择

7.4 电子商务物流 O2O 模式

互联网时代，电子商务公司、资本市场和各大互联网公司等都在紧紧抓住时代的机遇，希望能够在创新活动中获取更多的利润，占有更大的市场份额。根据 CNNIC

第 35 次《中国互联网发展状况统计报告》（简称《报告》），2016 年中国网民规模达 7.10 亿，半年共计新增网民 2 132 万人，互联网普及率为 51.7%，较 2015 年年底提升了 1.3 个百分点，网购规模达到 3.61 亿元。如此庞大的网购规模也会在客观上推动电子商务物流的快速进步。但是应该面对的现实是，消费者的消费行为和消费意愿变得越来越个性化，传统的电子商务物流模式已经不能够满足快速发展的消费者需求。

7.4.1 电子商务物流 O2O 产生的背景

O2O 顺应了时代发展的需求，它结合线上线下的优势，使得整条供应链变得更加快捷，提高了电子商务物流的时效，从而提高消费者的满意度，为企业带来更多的利润。

一线城市率先得到电商企业、互联网公司的青睐，庞大的消费者群体使得一线城市的 O2O 快速发展起来，这些消费者群体都是一些消费能力较强的群体，同时也是互联网应用水平较高的群体，根据 CNNIC 第 35 次《报告》，一线城市 O2O 中度和重度用户占比共 39.2%，也就是说，一线城市的消费者对于 O2O 企业的要求会更高，更加注重服务水平。这也是电子商务物流企业重点关注的内容。与此同时，在二三线城市，O2O 模式已经兴起，但是此类模式发展并非像一线城市那样从数量向质量渐进性转变，而是处于跳跃式高速增长阶段。所以，电子商务物流企业应该理性分析形势，对物流业务有所取舍、有所侧重，而不是盲目跟进。图 7-6 是 O2O 物流企业业务融合生态圈。

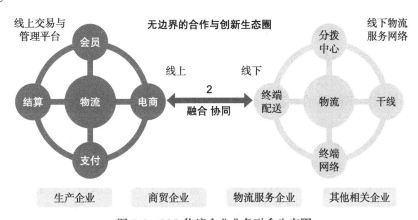

图 7-6　O2O 物流企业业务融合生态圈

7.4.2 电子商务物流 O2O 国外服务基本模式

O2O 这个概念是在 2010 年，最早由亚历克斯·兰佩尔（Alex Rampell）率先提出，发展至今虽然只有短短五年时间，但是其基本理念已经深入各行各业中，世界各国都在充分利用 O2O 模式，由此也带来的巨大的经济效益。O2O 模式的广泛运用与快速发展已经使得物流服务不断寻求新的创新，也进一步提升物流服务水平，促使其迈向新台阶。根据资料显示，国外 O2O 模式下的物流服务基本模式已经较为成熟，特别是美国、英国、日本、德国等国家，它们利用完善的物流服务模式进一步提升了整个O2O模式下的经济效益，已经组成了一个完善的供应链体系。

1. 美国O2O模式下物流服务的基本模式

O2O模式在美国的发展非常迅速，因为美国的物流体系较为完善。他们利用完善的物流体系使得O2O模式在社会中的运用变得更加迅速，避免了类似库存与需求不符、信息不匹配等问题。

（1）"自建＋外包"的物流服务模式。以亚马逊为代表，作为北美和欧洲最大的综合型网络零售电子商务平台，以强大的物流配送体系实现了O2O模式在企业中的应用，解决好消费者的综合性需求。在O2O模式中，消费者更注重体验，如果在线上下单线下却不能及时拿到实物，那就失去了O2O的目的，而"自建＋外包"的物流服务模式解决了这个问题。

（2）"直达配送"的物流服务模式。这一模式是O2O模式下物流服务模式的一个重要形式，它避免了供应链中的多重环节，在顾客下单后，企业直接进行配送，减少了物流中心运作程序。以生鲜O2O为例，电子商务平台因为拥有强大的仓库和先进的配送系统，顾客下单后就可以直接送到顾客手中。

（3）"预约配送"的物流服务模式。消费者可以通过提前在移动端直接下单，然后与商家预约，商家根据消费者的需求进行准时配送。这样就可以避免时间上的不对称，在提高消费者满意度的同时也提高了物流企业的效率。

2. 英国O2O模式下物流服务的基本模式

O2O模式在英国企业中的应用普及率较高，消费者喜欢英国高效率、高质量的物流服务模式。根据相关数据显示，在O2O领域，英国的订单正确率达到95%以上。如此高的订单正确率使得消费者对企业的O2O模式更加满意，而企业的效益也因此变得更加可观。

英国O2O模式下的物流服务最主要的是"准时配送"。英国企业非常注重时间，企业最看重的是消费者的需求。当消费者在线上下单之后，根据消费者的时间要求，企业会准时甚至提前给消费者提供实物。企业的配送主要是以自己定制和规划为主，也就是以自建物流为主，在信息端、技术端都完善的基础上，让企业的配送达到实时化。

总之，国外O2O模式下的物流服务基本模式主要是"自主＋外包"模式，如直达配送模式、预约配送模式和准时配送模式。

7.4.3 我国O2O模式下物流服务典型模式

O2O模式在我国的应用是近几年才逐渐兴起的，特别是移动互联网的应用，使得O2O模式发展得更加迅速。在我国，O2O模式的发展主要集中在环渤海经济圈、长江三角洲经济圈、珠江三角洲经济圈，这三大经济圈中又因城市发展水平不同而各异。O2O 模式应用较为成熟的行业主要是餐饮、旅游等,也就是在服务业较为成熟,但是在传统行业、生鲜行业、3C 行业等则缺乏一定成熟度。图 7-7 是 O2O 物流模式运作流程。

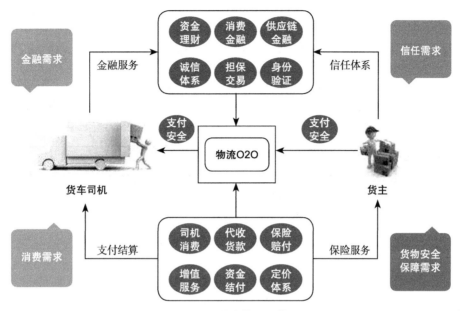

图 7-7　O2O 物流模式运作流程

随着这几年的发展,O2O 模式也逐渐变得更加完善,一二线城市已经较为普遍,但是在三四线城市还是有待拓展的。根据 CNNCI 第 35 次《报告》的数据,我们了解到 O2O 发展水平较好的主要还是集中在一二三线城市,但是,无论是综合实力、环境因素还是应用水平、发展潜力,O2O 模式在全国范围内并没有普及。也就是说,三四线城市还有待发展。虽然 O2O 模式只是集中或者说是主要在一二三线城市,但是也不能忽略 O2O 模式下电子商务物流的服务模式,唯有两者互相匹配才能更好地发展。

1. 供应链配送模式

供应链配送模式就是我国 O2O 模式下物流服务的典型模式之一。国内的物流服务大多数都是以外包为主,绝大多数电商企业并没有完善的物流配送系统。所以国内会派生出很多物流配送平台,通过整合资源,使得物流配送变得更加灵活,如菜鸟网络、云配送等平台,它们通过整合整条供应链的资源,使物流服务更加顺利。

2. 极速达模式

京东、苏宁易购等我国的电商平台,因为拥有自己的物流配送系统,它们了解消费者的需求,所以特别注重企业的配送时效。特别是在 O2O 模式下,无论是拥有自建物流的企业,还是外包物流的企业,它们都在追求速度,不断推出当日达、半日达、三小时达,发展到现在已经可做到一小时送达。在"最后一公里"的问题中,比如社区 O2O,已经可以实现 15 分钟送达。这样追求时间的极致,其实就是追求极速化（见图7-8）。对于消费者来说，这样的物流服务是非常好的；对于企业来说，这是占有市场的一个有力途径。很多企业因为不能实现极速达，很难获得消费者的认可。

供应链配送模式和极速达模式都是我国的O2O模式下物流服务典型模式。这两种模式对于企业来说都是一个严峻考验，但对消费者来说是一个优质的服务模式。目前，这两个模式尚未得到普及，一二线城市可以实现这种模式，但是在三四线城市或者是县域地区却较为困难。物流O2O是否代表着整个物流行业未来的发展方向，现在尚无定论。物流O2O

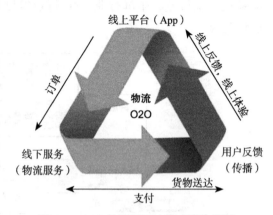

图7-8　O2O物流极速达模式运作机制

同样也存在市场痛点，比如计费标准、交易安全、线下货车资源整合、跳单等问题。所以从当前出现的不同模式的物流O2O看，每一种模式有其优缺点。

3. 众包模式

提到物流O2O，可能很多人就会联想到众包模式，以达达、人人快递、京东众包、闪送、快收等为代表的众包模式受到了诸多快递人员与消费者的欢迎，O2O物流众包模式原理如图7-9所示。

（1）全民众包模式。全民众包的快递O2O模式在一定程度上解决了大批就业问题，这是这类平台对于社会的最大贡献。目前在国内有相当一部分的闲散人力，同时也有相当一部分人想在工作之余获得更多的收入，这类O2O平台无形之中就会受到这部分人群的欢迎。无论是白

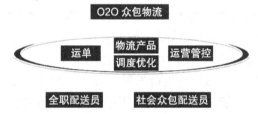

图7-9　O2O物流众包模式原理图

领阶层、学生阶层、公务员、企业老板、下岗工人，还是自由职业者，只要愿意，符合基本条件，都可以申请成为该类平台的自由快递人。

此外，对于顺道送快递的人员来说，这种模式也将大大降低平台的运营成本，同时也能提升寄送效率。一般来说，传统上门取快递的时间至少要半个小时，发货至少需要1个小时，但众包模式都是匹配离用户最近的快递人员，能提升发货速度。除了闪送所推出的专人快速配送价格比较高之外，其他众包物流模式相对来说配送价格都比较低。

我们也注意到，这种全民众包模式存在两个非常严重的问题。第一个问题是用户货品的安全性无法保证，即便是平台在最开始对快递员的资质进行严格审核，但是也无法避免这类问题的发生。对于一个快递员来说，如果该用户发送的货品比较贵重，就有发生占为己有的可能。目前，闪送的全程监控实际上也只是手机客户端的位置识

别，这个位置识别作用有限，如果该快递员作弊，收到货品后就完全可以把GPS关闭，闪送很难做到派专人24小时盯着每个快递员。显然，这种全程监控并不是一个解决货品安全的好办法。当年淘宝网推出了支付宝担保交易和商家诚信金，有效解决了交易信任问题，但众包O2O物流却不同于淘宝网。第二个问题则是配送的专业性不够，快递都会涉及上门取件、上门送件，众包模式在对送件人与取件人的服务水平及质量上也会存在不足。目前几个众包模式平台除了闪送在前期会对快递人员进行系统培训之外，其他平台都只是通过认证的方式来审核快递员的资质，有的偶尔也针对部分快递人员进行简单培训。

（2）物流公司众包模式。PP速达、运宝网则采用的是针对物流公司的众包模式。PP速达通过与国内12家大型快递公司达成合作，运宝网则集合了8 000家专线物流公司。

当前线下传统物流公司正在受到全民众包模式物流O2O的冲击，传统物流公司缺乏线上的流量来源，这类众包平台通过把它们的物流人员资源整合到一起，如此能够给它们带来用户，它们自然也就比较愿意接入。

同时，相比全民众包模式而言，这种物流公司众包模式可以在一定程度上保证货品的安全问题。全民众包模式全部都是由独立的个人组成，一旦货品出了问题就难以找到负责人来承担，但是物流公司众包模式不一样，即便出了问题也能找到物流公司来承担责任。此外，物流公司的快递人员都经过公司系统严格的培训之后才正式上岗，在服务的专业性上相比全民众包模式的快递人员相对优质。

物流公司众包模式也存在两个比较严重的问题。首先是流量入口问题，一旦这类平台没有足够的流量作为支撑，就很难为其他物流公司导入真正的用户。既然不能带来用户，这类平台也就失去了存在的价值与意义。尤其是在平台的发展初期，缺乏品牌效应，还要面对众多物流O2O的竞争，没有足够的资金实力支撑市场，可能难以发展壮大。其次是跑单问题，做流量入口平台需要防范的就是商业信息被他人免费使用，很多全民众包模式平台几乎把所有的收入都全部给了快递人员，这样在一定程度上就避免了跑单现象。但是与物流公司众包模式不同，一旦客户比较认可某一家公司的服务之后，定然就会指定这家物流公司为其发货。

4. 自建物流模式

与众包模式不同，趣活美食送是一类自建物流团队的配送平台，不过与传统自建物流团队的公司不同，这类物流平台主要以服务O2O配送为主。目前，趣活美食送主要为广大消费者提供特色美食和餐厅外卖服务。

当前，在国内众多的O2O领域，物流配送是决定胜负的重要因素。对于这类O2O平台来说，依托第三方物流配送将帮助平台节省大量的运营成本，同时依托这种专业的物流配送，也能大幅提升平台的运作效率和用户体验。仅仅就外卖而言，目前几大外卖平台几乎都是采取自建物流团队和借助趣活美食送这种第三方物流相结合的方式。

自建物流相比众包模式而言，所有的快递人员都是平台自己招聘并进行统一培训的，这样有利于配送服务的标准化建设。无论是从专业的角度，还是从服务水平、质量上来看，自建的第三方物流相比众包模式的零散物流更有保障。

但是对于趣活美食送这类的第三方自建物流的O2O配送平台而言，在前期的成本会相当高，一般公司可能难以承受这个成本。而且这种O2O物流配送的利润非常低，只能靠规模取胜，也就是前期盈利会比较难，如果平台前期不具备足够的资金实力，那么很可能难以继续经营，这一点从众多的校园物流O2O配送经营困难就可以看出。

另外，由于扩张成本非常高，这种自建物流的O2O配送模式相比众包模式而言，在前期的规模扩张速度上会进展缓慢，很容易失去市场先机。一旦其他的平台在某一个城市已经建立起了规模和壁垒，这时要打进该城市市场的难度与成本就会更高。

5. 货运O2O模式

从整个市场需求的角度来看，同城货运具有相当大的市场规模。货主与车主之间的信息不对称问题可以提供给同城货运O2O一个巨大的生存空间，通过智能匹配与推送，这类O2O平台能够在第一时间匹配离用户最近最适合的车主为货主服务，既节省了货主的时间成本，也提升了车主的运营效率。

神盾快运、运拉拉、1号货的、蓝犀牛、速派得等同城货运O2O平台也正在受到资本的追逐，这类平台的出现就是为了解决货主与车主之间信息不对称问题。数据分析与智能匹配对于货运O2O来说至关重要。对于广大私家货车主来说，目前存在两个比较严重的情况。一种情况是目前国内整体的货车市场体量非常大，可是有相当一部分货车主并没有更多的盈利收入来源，货运O2O的出现定然会受到这些车主的大力欢迎；另一种情况是返程的浪费，目前油费、货车维修费等成本都在不断上升，如何降低返程的空载率提升利润率也成了车主考虑的问题，货运O2O同样也满足了这部分车主的需求。

目前，国内同城货运的O2O平台数量较大，据统计，当前整个国内的货运O2O平台已经多达200家，还有很多同城、长途兼做的货运O2O平台，市场的竞争十分激烈，可以想象这个领域的竞争将趋于白热化，因此对于同城货运市场来说情况相同。

影响货运O2O发展壮大的原因主要是信任问题。对于货主来说，要将如此重大的一批货物全部交给线下司机运送，信任度会打折扣，这一点实际上与物流众包模式非常相似。这就要求平台对于货车司机端要进行严格把控，同时也要对整个运送过程有严格的监督，否则一旦出了问题，平台难以推卸责任。

货运O2O的标准化问题把控难度更大，由于每台货车的大小不同、所承载的重量不同、货主发送货品重量大小相差较大、价格变化幅度比较大，因此整个货运O2O市场存在很多不确定因素和非标准化因素。此外，对于很多有着货运需求的企业来说，一般都需要长期稳定可靠的货运司机。

6. 抢单模式

值得注意的是滴滴快车的抢单模式已经创造了一种成功的商业模式，并且被货运

O2O 平台诸如货拉拉、罗计物流等平台效仿。与同城货运 O2O 平台的智能匹配模式不同，货拉拉、罗计物流则采用车主抢单的模式（见图 7-10）。

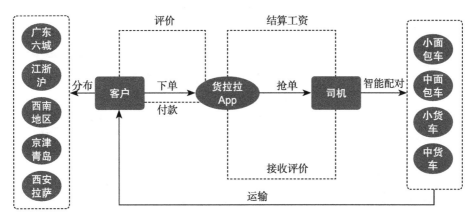

图 7-10　货拉拉 O2O 物流抢单模式

对于货运的抢单模式，许多货车车主对此并不看好。因为打车是高频事件，但是对于打货车可能就是低频事件，所以用何种方式调动货车司机的积极性是问题所在。如果货车司机每天接不到几单业务，像出租车司机一样去抢单则会受到城市市场容量的限制。对于一些大城市来说，散货运输市场较为乐观，人口集中需求相对旺盛，而在一些小城市，其需求可能就会大幅度减少。所以货车抢单模式仍然只是智能匹配，无法实现滴滴快车的叫车规模效应，也就是说并不是任何行业都能适合滴滴快车的叫车模式，这需要根据行业的业务特性及市场容量来决定。

7. 跨城货运

区别于同城货运，诸如快狗速运、云鸟配送（见图 7-11）、货车帮、运满满、物流小秘等平台并不只做同城货运市场，同时它们也会做长途货运市场，而运策网、省省回头车则专注于做中长途返程货运。在解决车主与货主的信息对称问题上，跨城货运 O2O 与同城货运的出发点是一致的。

相比同城货运而言，跨城货运的业务不确定性会更大，主要原因包括以下几方面。

首先就是货品安全问题，货品的安全系数要比同城货运更低，同城货运如果是比较贵重的货品，货主还可以一起随货车运输。但是跨域货运路途较远，随车难度大，同时在高速上的危险系数也增加了，货主很难随同，也无法追踪监测车主的实时动态，毫无疑问货品的安全问题将是个大问题，所以，要打破信任障碍对于跨域货运来说至关重要。

其次是司机的人身安全问题，跨域货运运行时间长，很多司机都有可能会疲劳驾驶。尽管很多平台都与保险公司达成了合作，但是一旦货车司机在中途出现了交通事故，平台是否要承担一定的事故责任，目前这个在法律上也存在一定的空白。

与同城货运一样，诸如服务的标准化、跑单等问题也都是跨域货运 O2O 所要面临的问题。从目前情况来看，未来整个物流的发展将会密切与互联网相关，而且将会分成三大阵营。

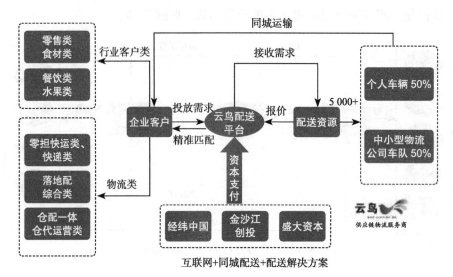

图 7-11　O2O 云鸟配送模式配送解决方案

第一大阵营是电商系。目前几乎所有的传统物流诸如圆通、申通等快递公司很大一部分都是依托于电商，而京东物流则主要服务于自家的京东商城。不过这一类阵营正在受到物流 O2O 的冲击，最大的威胁则来自全民众包模式。

第二大阵营则是货运系。虽然货运 O2O 存在非常多的难点，但是货运 O2O 能够解决信息不对称这个行业痛点，但是，这些难点无法影响货运 O2O 的推广，未来在货运 O2O 领域一定也会逐渐加入新的运营商。

第三大阵营则是 O2O 服务系。通过依托各种外卖 O2O、蛋糕 O2O、鲜花 O2O、便利店 O2O 等发展起来的物流体系，一种是自建物流团队模式，另一种则是众包模式，目前这两种模式的 O2O 都占有一定的市场空间。

本章小结

电子商务物流基本模式包括：B2B 模式、B2C 模式、C2C 模式、O2O 模式。电子商务物流 B2B 模式以第三方物流模式为主流模式。B2B 公共平台大致可划分为同城物流、城际物流、跨境物流三个方面。电子商务物流 B2B 企业主要可分为两类：一类是交易型的平台，一类是系统解决方案的企业。B2B 电子商务物流产业发展的现状：行业地位重要，竞争压力增大；专业企业涌现，抢占市场份额；基础设施助力，信息化速度加快。

电子商务物流 B2C 模式包括：自营物流模式、外包物流模式、混合物流模式、共同配送模式。

平台型 B2C 模式可以细分为：邮政特快专递（EMS）服务、网站自建配送、借助第三方物流企业、网站与传统商业结合的模式。

电子商务物流 C2C 模式包括：自营物流、物流联盟模式、指定或推荐物流模式、便利店模式。电子商务物流 O2O 模式国外目前以美国、英国为代表，美国模式："自建＋

外包""直达配送""预约配送"等物流服务模式。英国 O2O 模式下物流服务模式最主要的是"准时配送"模式。中国 O2O 模式下物流服务典型模式包括：供应链配送模式、极速达模式、众包模式、自建物流模式、货运 O2O 模式、抢单模式、跨城货运。

复习思考题

1. 电子商务物流 B2B 模式以何种物流模式为主流模式？B2B 电子商务物流发展未来面临的情况表现在哪几个方面？
2. 举例说明平台型 B2C 模式可以细分为哪几种模式？其运营特点是什么？过程如何？
3. 中国 O2O 模式下物流服务典型模式主要有哪几种？选出两种你最熟悉的模式，画图说明其运营流程及优势。

课内实训

通过对当地一家 B2C 物流企业做市场调查，将课堂中所学习的该类物流企业的特点与所调查的企业的特点进行比较，说明该项物流模式未来的发展前景以及目前存在的问题，并提供相应的解决方案。

课外实训

以小组为单位，利用业余时间对校园电子商务物流 C2C 模式市场进行一次调查，设计电子商务 C2C 模式创业计划，设计简单电子商务 C2C 模式物流综合解决方案，方案中应有图片和文字说明。

案例分析

快跑者，打造物流 O2O 新生

随着餐厅、超市、便利店等传统线下餐饮和零售都开始向线上融合，即时配送类的 O2O 业务渐成生态。想在这个生态中做出规模的玩家都必须是一个"交易平台 + 物流平台"，而快跑者想做的就是帮助那些没有足够物流能力的商户或 O2O 平台补齐物流这块短板，做这个生态中的基础设施，帮助商户或 O2O 平台更顺利地完成订单。

快跑者短距离物流配送管理系统，是怎样将一系列流程跑通的？

承接本地短距离配送服务的创业者通过快跑者管理系统，可以邀请到当地有配送需求的商户和兼职或者全职配送人员，构建良性的物流 O2O 配送系统。快跑者短距离物流配送管理系统可为整个 O2O 生态搭建配送通道，以"配送群"的概念沟通连接，当商家有配送需求时，可将订单发送至配送群，配送群里所有的配送员都可以自由选择，抢单接单。另外，商家也可以跳过配送群，将订单直接发送给长期合作的那位配送员。配送员接到任务后及时规划路线，安排配送。

快跑者短距离物流配送管理系统，还有向管理员推荐附近商家和配送员信息的功能，管理员根据这些信息，可以进行筛选，选择联系自己想要合作的商家或者配送员，然后加入自己的物流 O2O 生态中。

订单一键发送

快跑者短距离物流配送管理系统无缝对接三餐美食智能餐饮管理系统，使用三餐美食智能餐饮系统的商户，当店铺有需要配送的订单时，商户可一键将订单发送至快跑者短距离物流配送管理系统的配送群中，无须手动录入订单信息，高效提高运营水平。

路程的合理规划

用快跑者短距离物流配送管理系统搭建的物流 O2O 生态，对配送员而言最便利的是，每次接单成功后，系统会根据订单的送达地址，为每位配送员推荐最佳配送路线规划图。同一时段配送员可以多次抢单，配送员可根据接单的先后顺序选择派送，每个订单都会有独立的路线规划。

配送实时追踪

快跑者短距离物流配送管理系统，有强大的配送员实时追踪功能，商户和管理员都可以实时看到配送员的配送情况，包括哪个时候在哪个位置。方便管理员进行订单调度，确保区域内 O2O 生态高效运行。

资料来源：http://www.admin5.com/article/20170103/706015.shtml。

问题：本案例中，快跑者做"交易平台 + 物流平台"的目的是什么？快跑者短距离物流配送管理系统的主要功能是什么？为什么说"快跑者系统可为整个 O2O 生态搭建配送通道"？

Chapter 8 第8章

电子商务物流的扩展模式

学习目标

1. 了解电子商务物流的扩展模式形成过程及与其他电子商务物流的区别,理解电子商务物流的扩展模式产生的行业发展背景。

2. 熟知电子商务物流的扩展模式的四种主要类型;熟悉企业实施电子商务物流扩展模式的战略考虑,熟悉电子商务物流扩展模式的运营过程及扩展的内在条件。

导引案例

中国电子商务与物流协同发展大会落幕

2017年4月20日,由中国电子商务协会指导,中国电子商务协会物流专业委员会主办,中国电子商务物流产业联盟承办,上海安能聚创供应链管理有限公司协办的"2017第七届中国电子商务与物流协同发展大会暨电商物流技术装备创新峰会"(简称协同大会)在杭州开幕。中国电子商务协会、中国快递协会、中国电子商务协会农业食品分会等行业协会领导以及400余名企业代表出席本届大会。

本届协同大会以"协同创新 共建可持续发展的电商物流产业生态圈"为主题,分为主论坛、分论坛、企业展示、等级评定企业授牌等若干部分,针对行业热点及痛点,下设B2B互联网生态物流服务分论坛和绿色、智能电商物流供应链服务分论坛。

中国电子商务协会副理事长陈震、中国快递协会副秘书长杨骏分别做大会致辞。陈震副理事长就如何降低物流成本,提高物流组织管理水平与大家进行了交流。他表示,与世界其他各国相比,我国物流成本仍然很高,科技创新是提质增效降低成本的根本,电子商务物流企业应把提高用户体验作为唯一的标准,众包物流等新兴业态是市场的最大亮点。随着"一带一路"倡议的提出和发展,如何降低物流成本,促进行业健康发展已经成为全行业的重要课题。

杨骏副秘书长代表中国快递协会向大会的召开表示热烈的祝贺。杨骏副秘书长认为，快递的服务质量直接影响了消费者对待电子商务的态度和看法。杨骏副秘书长表示，2016年我国快递业务量稳居世界首位，快递支撑网络零售额超过4万亿元，占社会零售总额比重已经达到了12.5%。近年来，国家相继出台一系列政策促进电子商务和物流快递业发展。未来，快递与电子商务继续协同发展，共同推动模式革新，拓展新渠道，为行业的健康发展注入新活力。根据日程安排，协同大会还对第二批全国电子商务物流企业服务等级评定企业举行了授牌仪式，上海安能聚创供应链管理有限公司、普洛斯投资管理（中国）有限公司、山东盖世国际物流集团有限公司、贵州盘江物流有限公司等五家优秀企业获评。据了解，为深入贯彻商务部发布的《电子商务物流服务规范》（SB/T 11132—2015）行业标准，推动我国电子商务物流企业创新管理与服务模式，全面提升服务水平，中国电子商务协会物流专业委员会、中国电商物流产业联盟、中国标准化研究院协同相关协会共同组织开展了"全国电子商务物流企业服务等级评定"工作，首批"全国电子商务物流企业服务等级评定"结果已经在"第六届中国电子商务与物流企业家年会"公布并授牌。

主论坛上，组委会同时邀请了上海安能聚创供应链管理有限公司首席战略执行官郭凌峰、美国意联科技副总裁马克、厦门锐特信息技术有限公司执行副总裁伍惠忠、杭州天谷信息科技有限公司执行副总裁程亮、雅玛多（中国）运输有限公司梅津克彦、汉森供应链总裁黄刚六位嘉宾给大家带来了精彩的主题演讲，就如何"协同创新 共建可持续发展的电商物流产业生态圈"给出了自己的解决方案。

为了给企业搭建展示平台，大会还专门设立企业展示区，旨在展示行业优秀企业，促进企业间的交流与合作。

资料来源：http://www.ebrun.com/20170421/227309.shtml.

8.1 电子商务协同物流

电子商务物流模式主要指为获取经济系统总效益最优化，以适应互联网经济发展的创新模式。这种模式顺应了互联网共享经济的要求，目前，在电子商务背景之下的物流扩展模式正逐渐产生其价值，被更多的企业看好并在物流行业推广应用。

8.1.1 电子商务协同物流概述

电子商务的兴起为共享经济的发展提供坚实的行业和技术基础，协同物流也是在电子商务的背景下逐步产生并成熟的，其本身具有网络经济的成本优势，同时，也是供应链管理发展的必然结果。

1. 协同物流的概念

协同物流又称"协作物流"，是指各企业通过互联网提供服务并协调所有的商务活动，以提高利润和绩效。它创造协同环境使各企业共享信息和资源，是电子商务物流资源整合的社会化和规模化（见图 8-1）。协同物流通过改变物流方式、物流资源整合流程，不断挖掘物流新利润、新源泉，它通过综合供应者到消费者的供应链运作，使物流、信息流和资金流的流动达到最优化，并追求全面的、系统的综合效果。

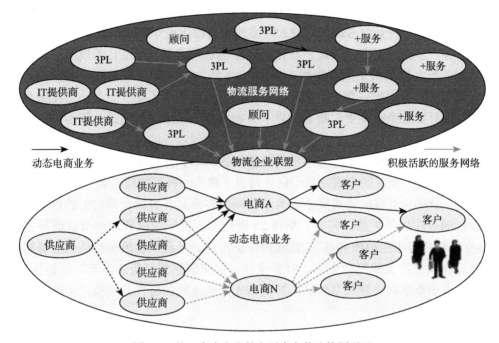

图 8-1 基于中小企业的电子商务物流协同联盟

协同物流将企业控制范围扩大到供应链上所有节点企业，第一次让企业有可能及时获得供应链中完整的信息，而最重要的是它使企业了解供应链产品的状态，如生产、运输以及能否按时到达等。协同物流也是以网络为基础的主机软件服务，它使生产企业、零售企业、运输企业用更低的成本解决企业内外物流问题。表 8-1 是传统物流、现代物流和协同物流的比较。

表 8-1 传统物流、现代物流和协同物流的比较

	传统物流	现代物流	协同物流
经济特征	产品经济	有竞争的商品经济	满足个性需求的服务经济
技术特点	重点提高物流作业技术与装备	信息系统与系统优化	供应链与协同商务
产品服务特征	被动消费	可选择的产品	个性化服务、大规模定制
运作管理目标	提高物流各环节作业效率	系统成本最优	关注商务系统整体价值
系统特点	包装、运输、储存功能环节串联集成	物流系统综合集成	与协同商务系统融合集成
关注内容	关注作业效率	关注成本	关注客户反映，建立合作伙伴间协同关系，创造"共赢"
IT 作用	作业环节间信息沟通	物流信息管理系统与网络	商务系统的信息共享与协同

2. 协同物流产生的背景

目前，在"互联网+"背景下，随着买方市场和竞争格局的形成，企业对物流作

为"第三利润源泉"有了比较深刻的认识。优化企业内部物流管理流程，降低物流成本已经成为当前多数国内电子商务物流企业强烈的愿望和要求。许多企业已经认识到物流成本降低、效率提高要依赖于物流信息化，尽管一些企业还只是从本企业的角度去审视物流信息化，仅仅从与企业有关的供应链角度去提高物流效率，但是物流活动的社会性，将会促使企业考虑如何最大限度地提高物流运作整体效率。

由于客户多变的需求，因此企业物流运作越来越表现出个性化的服务特征，越来越多的企业与客户结成了战略联盟。早在 1998 年，美国物流管理协会就已经把物流定义成供应链过程中的一部分，这实际上不仅把物流纳入了企业间互动协作关系的管理范畴，而且要求企业在更广阔的背景下考虑自身的物流运作模式，即不仅要考虑自己的客户，而且要考虑自己的供应商；不仅要考虑到客户的客户，而且要考虑到供应商的供应商；不仅要致力于降低某项具体物流的成本，而且要考虑使供应链运作的总成本最低，而这一要求的实现在电子商务背景下成为一种可能或现实。

总之，就是所有供应链成员企业为了共同的客户服务目标协调它们的行动，直至建立稳定的合作伙伴关系。同时，早在 20 世纪初，美国物流管理协会就倡导主题为"在多变经济环境中的协作关系"，物流协作供应链，开辟了物流运作从供应链物流向协同物流和社会物流转变的先河。时至今日，供应链思想已经逐渐被区块链所取代，竞争性的市场竞争模式被共享经济所替代，未来企业间的协作是经济活动进步的最终表现。

8.1.2　协同化物流战略

协同化物流战略就是指通过打破单个企业的业务界限，通过相互协调和统一，创造出最适宜物流运行结构的战略组织。

1. 协同化物流战略的产生

在当今商品流通形式多样化的情况下，各经济主体都在构筑自己富有效率的物流体系，因而反映到流通渠道中必然会积极推动有利于自身的物流模式和流通形式，这无疑会产生经济主体间的利益冲突。

除此之外，不同规模的企业也会因为单个企业物流管理的封闭性产生非经济性。随着消费者消费个性化、多样化的发展，客观上要求企业在商品生产、经营和配送上必须充分顺应消费者不断变化的趋势，这无疑大大推动了电子商务背景下多品种、少批量、多频度的配送，而且这种趋势会越来越明显。

在这种即时化物流的背景下，一些中小型的电商企业面临着经营成本上升和竞争的巨大压力。一方面，由于自身规模较小，不具备商品即时配送的能力，也没有相应的物流系统。另一方面，由于经验少、发展时间短等各种原因，因此它们也不拥有物流服务所必需的技术，因此，难以适应如今多频度、少量配送的要求。即使有些企业具有这些能力，出于经济上的考虑，也要等到商品配送总和能达到企业配送规模经济要求时才能开展，这又有悖于即时化物流的宗旨。面对上述问题，作为企业物流战略发展的新方向，旨在弥合流通渠道中企业间对立或企业规模与实际需要对应矛盾的协同化物流应运而生。

2. 协同化物流战略的类型

协同化物流战略又分为横向协同物流战略、纵向协同物流战略和第三方物流协同战略等类型。

（1）横向协同物流战略。横向协同物流战略是指相同或不同产业的企业间通过物流或配送中心，集中统一进行物流管理和运营的战略形式。不同产业的企业间的横向协同，既能保证物流集中处理的规模经济，又能克服产业协同易于泄露企业商业秘密的缺点，处理的商品范围也较广，因此相对发展较快。

（2）纵向协同物流战略。纵向协同物流战略是指位于流通渠道不同阶段上的企业相互协调而形成合作性、共同化的物流管理系统，主要有批发商与生产商之间的物流协作和零售商与批发商之间的物流协作等形式。

（3）第三方物流协同战略。第三方物流协同战略是指第三方物流企业依托下游的零售商业企业或上游的生产企业，成为零售店铺的配送、加工中心或生产企业的物流代理。

案例　菜鸟：大数据和社会化协同是物流的未来

亿邦动力网了解到，目前菜鸟已经拥有49个跨境物流合作伙伴，74座跨境仓库，搭建起了串联224个国家的物流链路网络。在网络深度上，菜鸟网络和16个仓配合作伙伴在国内共拥有128个仓库，实现了7个城市当日达和50个城市次日达，并建立了由3.5万个菜鸟驿站构成的末端网络。

童文红透露，"双十一"期间，菜鸟网络及其合作伙伴受到众多大牌商家的信任与支持。威露士一家就有超过6 000吨的洗护用品通过菜鸟网络进行5地分仓来管理与配送。"今天是三点几亿的包裹总量，我相信在不久的未来，一定会是一个常态化的量。"童文红说，"当三点几亿的包裹总量成为常态的时候，菜鸟会继续相信，大数据和社会化协同一定是物流行业的未来。"

资料来源：http://www.ebrun.com/20151111/155339.shtml.

3. 协同物流战略的原则

协同物流需要各参与企业在企业文化、组织规模等方面相近或相似；各参与企业要做到物流决策的统一；提供一个灵活的安全模型，防止企业机密泄露；所有成员共同得到利益且公平分配成本和收益；需要建立可靠的服务质量保证机制，防止货物在物流过程中的破损和污染；提高发货和送货的及时性，避免服务水平的下降，抑制物流成本的上升；允许成员自觉地创造、评估和发展合作伙伴关系；使协作贯穿于所有商业流程整合。

4. 协同物流效应

借助于电子商务技术的运用，目前电子商务物流行业正在逐渐接受了协同思想，并逐渐创新出众多的协同物流模式，协同物流打破了技术层面、政策层面、地域层面、业务层面的界限，突破了行业内外企业面对的各种观念与制度障碍，通过物流活动的互补和物流资源的共享来实现高效便捷的物流服务，并产生了相应的协同物流效应。

（1）规模经济效应。"1+1＞2"的协同定义首先使人们想到的是规模经济效应，这种规模经济带来的协同效应与企业的储存、运输等物流过程密切联系，所获得的规模效应具有可视化。企业通过对仓储和运输过程的协调管理，发挥资源的组织协同效应，就可以在技术水平和要素组合比例不变的条件下，通过扩大规模来降低单位产品的物流成本。发生规模经济效应的主因是仓储协同和运输协同。

（2）范围经济效应。范围经济效应更能反映出物流协同的实质，即通过不同业务之间的协调管理，企业以更低成本和更快速度发挥已有的资源优势，并建立起新的竞争优势。范围经济与规模经济既相互联系又有所区别。如果增大投入，企业能够减少单位成本，则存在规模经济；如果随着企业物流业务多样化增加而减少成本，则存在范围经济。

企业通常用平均成本来定义规模经济，而用相对总成本来定义范围经济，即企业多个物流业务同时进行的总成本小于单个业务各自分别进行的成本总和。范围经济效应主要体现在配送协同，如多个环节共同分摊物流费用；仓储协同，如共用仓库和设备；包装和加工工序的操作协同，如共同利用操作设备、技术、人力上。

（3）管理协同效应。管理协同效应是指贯穿于不同物流业务之间，在财务、法律、会计和人力资源等企业基础设施与管理活动方面形成的协同效应，主要指管理效率的提高和管理技巧的顺利迁移。

（4）学习效应。学习效应是指因物流活动中产生经验而导致单位成本减少以及业务中新协同的产生。学习效应是通过物流环节间的相互沟通和协调，形成内部价值网络，从而建立有效的协同合作方式。学习效应是物流协同效应的核心，不仅为物流系统的协调合作提供了坚实的基础，而且还可以创造新的协同机会。

8.1.3 协同物流管理

协同物流管理是顺应协同理论的当代物流管理理念，是指运用协同学自组织原理，围绕协同物流任务和目标要求，通过建立"竞争 – 合作 – 协调"的协同物流自组织运行机制，从企业或行业网络中挑选出满足协同物流要求的各个物流实体，并将它们组织成一个具有自组织能力的物流体系，协同一致地工作，共同实现统一的物流目标的一种物流管理活动。图 8-2 是物流协同模型图。

1. 协同物流管理的特点

（1）协同物流管理以协同学自组织原理为主要理论依据，研究如何将参与协同物流的各个物流实体构造成一个具有自组织能力的协同物流系统。

（2）由于各物流实体来自地理上分散、组织上独立和有不同利益要求的企业组织。因此，协同物流系统是建立在虚拟企业组织形态之上以实现协同商务的一种物流组织与管理系统，是协同商务系统中的一个重要子系统。

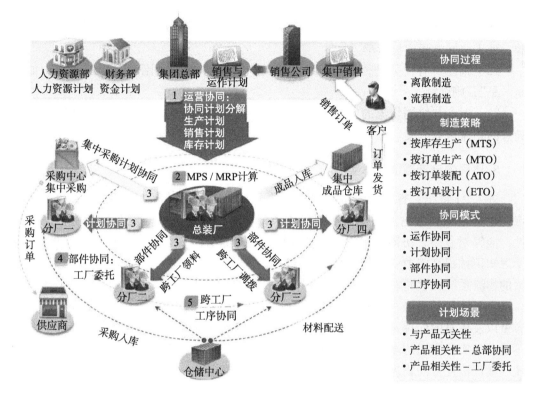

图 8-2　基于某一中心企业的物流协同模型

（3）协同物流管理的研究对象是协同物流系统，并以"竞争－合作－协调"协同物流自组织运行机制为手段，使协同物流系统不被任何外界因素干预，能自发地进行宏观结构的调整，以适应外部环境的变化。这是协同物流管理区别于传统物流管理的重要特性，也是协同物流管理的重要标志。

（4）协同物流管理通过自组织运行机制，使参与协同物流的各个物流实体协同一致地工作，以实现协同物流任务和目标。由于虚拟企业具有动态性、分布性、自治性、自利性等特点，而各物流实体存在动态变化的和难以预测的相互作用，几乎每个物流实体都需独立、自主地做出局部决策。

2. 协同物流管理的实施步骤

协同物流管理的最终任务是要建立一种使参与协同物流的各物流实体能协调一致工作的协同物流系统，高效、快速、敏捷地提供能满足用户定制要求的解决方案。

（1）核心企业不断捕捉市场机会。通过市场机会确认机制，将可行的市场机会转化为可实施的任务。

（2）按运输、仓储、装卸、包装、配送、流通加工等物流功能，对物流任务进行分解。

（3）核心企业进行自身资源的优势与劣势分析，为自身优势资源分配相应任务。对其他任务，通过互联网/企业内部网向企业发布资源请求，寻找所需资源。

（4）寻找物流资源，依据评价指标选择符合要求的物流资源。

（5）与被选资源进行协商，安排任务，达成协同物流协议，将承诺承担任务的资源，列入协同物流成员清单。

（6）判断所有任务是否被全部承诺承担。如果是"否"，则返回步骤（4）；如果是"是"，则继续。

（7）对参与协同物流的所有资源进行动态自组织协同物流组织，直至为市场提供满意的物流服务方案。

3. 协同物流管理的技术实现

进入21世纪，智能体（Agent）技术得到广泛应用，成为人工智能研究领域的热点，也为未来智慧物流的全面实现提供条件。智能体最大特点是具有自主性和协作性，能够对复杂、协同和难以预测的问题进行处理，可随环境变化修改自己的目标，学习知识并提高能力。与此同时，信息融合技术也在飞速发展，各种面向复杂应用背景的物流系统大量涌现。

（1）协同管理技术产生的基础。在以上系统中，信息表现形式的多样性、信息容量以及信息的处理速度等要求越来越高，原有的一些信息处理与融合手段已经渐渐不能满足实际应用的需要。考虑到以上因素，企业将智能体技术引入物流信息协同领域，就可以使协同物流系统的性能有所提高，并根据这一设计理念，构建基于多智能体技术的协同物流管理系统。

（2）协同管理技术的特点。智能体是由具有知识、信念、意向、期望等因素组成的一个实体，具有自主性与交互性的特点，它可以感知系统环境的变化，并对这种变化做出自主的反应。一般认为，智能体是一个具有自治性、社会性、反应性及能动性的基于硬件或软件的系统，由通信交互模块、信息获取模块、人机交互模块、知识库模块及规划推理模块等组成。

（3）协同管理技术的机理。多智能体系统（Multi-agent System，MAS）是由不同的单个智能体为完成某一特定任务而组成的集合，单个智能体总是处在多智能体系统的环境中，多个智能体构成的系统是动态、复杂和不确定的，智能体要对熟悉的环境做出迅速的响应，同时能够处理与其他智能体的冲突，或者与其他智能体协调解决冲突，规划其行为，并最终做出决策。智能体通过感知来了解环境，通过执行动作实现其目标并影响环境，智能体不仅要有知识，而且要有自我意向。

物流系统是一个动态、复杂和具有不确定性的系统，具有明显的时间性和空间性。而智能体技术特别适合于分布式系统。因此，协同物流可由基于MAS的智能体系统来实现。根据物流系统的特点提取智能体的模型结构，构建包括知识、感应器、通信器和行为操作等四个部分的系统架构。

8.1.4 协同物流实施的意义

对于充满竞争性的物流协作活动来说，无论公司在协作物流供应链中处于何种地位，制造商、零售商或服务提供商，理解、拓展和采用物流协作活动都将使公司在竞争中取得强势的地位，从而获取一个全新的、有竞争力的开端。协同物流实施的重要意义体现在以下几个方面。

1. 信息交流互动，多方协作共赢

近年来，企业投入大量的资金及人力物力，积极打造基于物流行业的信息化协作平台，充分发挥业内优势，广泛建立协同物流概念，加强物流资源的合理化调控，通过信息化平台的建设，使加盟企业与客户需求之间形成紧密的互动联系，进而提高物流运作效率，达成协作双赢的物流新模式。

2. 专业物流操控，合理调配资源

依赖协同物流营运信息平台中先进的综合物流管理系统（VLMS）和全球卫星定位系统等管理平台，如双程配载、MILK-RUN 和 VMI 等专业物流作业技术的运用，可以极大地提高加盟企业物流资源的使用和调配效率，在有限的资源前提下，大幅提升了有效物流实载率，降低了运作成本，使客户和加盟企业增益无穷。

3. 专业资源共享，提升营运空间

企业通过不断运营的经验积累，凭借协同物流平台整体运营实力及规模，很多企业可以成功地获取多项物流专业资质，使加盟企业的业务领域获得广泛提升空间，能够进入前所未有的物流市场，加强市场竞争实力。

4. 多种加盟模式，共享协同红利

协同系统通过全面分析物流产业的业态状况，充分评估加盟会员的收益模式，将协同物流的特许经营连锁加盟模式划分为四大类型：收购/控股加盟模式、协同加盟模式、托管加盟模式、投资加盟模式，方便客户及加盟企业根据自身实际情况选择合作类型，共享物流产业的丰富资源。

5. 强势资金扶持，获取持续收益

如何提高资金的使用效率、加快资金的流通速度一直是困扰物流企业的重要问题，资金是企业发展的基础，但是目前行业通行的支付模式又困扰着物流企业，协同物流连锁加盟体系的倡导者，更加理解快速支付对加盟企业的重要性，为此特别制定了系列资金支付保障措施用以帮助加盟企业实现资金的快速流动，获取持续收益。

6. 物流生态环保，利国利民利己

目前，世界的生态环境恶化已经成为影响人类生存和发展的最大障碍，而物流产业由于其作业方式的特殊性更是污染环境的重要环节之一。协同物流由于大量使用先进的如双程配载、MILK-RUN、VMI 等作业方式，提高了物流行业的作业运作效率，在一定程度上实现了物流行业的生态环保概念，虽然尚不能做到全面环保，但是在减少汽车尾气污染及节约人类不可再生资源上迈出了重要一步。

8.2 电子商务物流联盟

电子商务物流联盟是指核心企业打破了供应链伙伴之间传统的交易关系，以合同或非合同的形式，积极寻求与供应商、分销商、顾客等供应链外部参与者的合作或联盟，形成广泛的跨业团队，通过共担风险、共享收益、共享信息、共同完成长期目标，实现对顾客需求的快速反应以及整条供应链总利润的最大化。

8.2.1 电子商务物流联盟概述

电子商务物流联盟是基于正式的相互协议而建立的一种物流合作关系，参加联盟的企业汇集、交换或统一物流资源以谋取共同利益；同时，参加联盟的企业仍保持各自的独立性。

1. 物流联盟构建基础

物流联盟就是为了达到比单独从事物流活动取得更好的效果，在企业间形成相互信任、共担风险、共享收益的物流伙伴关系。企业间不完全采取导致自身利益最大化的行为，也不完全采取导致共同利益最大化的行为，只是在物流方面通过契约形成优势互补、要素双向或多向流动的中间组织。联盟是动态的，只要合同结束，双方又变成追求自身利益最大化的单独个体。

2. 电子商务物流联盟构建标准

企业在选择物流联盟伙伴时，要注意物流服务提供商的种类及其经营策略。一般可以根据物流企业服务的范围和物流功能的整合程度这两个标准，来确定物流联盟的类型。

（1）物流服务的范围主要是指业务服务区域的广度、运送方式的多样性、保管和流通加工等附加物流服务的广度。

（2）物流功能的整合程度是指企业自身所拥有的，提供物流服务所必要的物流功能的多少，必要的物流功能是指包括基本的运输功能在内的经营管理、集配、配送、流通加工、信息、企划、战术、战略等各种功能。

总之，组成物流联盟的企业之间具有很强的依赖性，物流联盟的各个组成企业明确自身在整个物流联盟中的优势及担当的角色，减少内部的对抗和冲突，分工明晰，使供应商把注意力集中在提供客户指定的服务上，最终提高了企业的竞争能力和竞争效率，满足企业跨地区、全方位物流服务的要求。

物流战略联合是 2017 北京国际服务贸易交易会的重要合作成果，参与战略合作的均为快递行业领先企业，包括中国邮政、EMS、顺丰、圆通、申通、中通、韵达、宅急送、百世、天天、优速、全峰、快捷、国通和德邦等。根据协议，这 15 家企业与菜鸟网络将基于云计算服务，通过电子面单、云客服等产品上的合作来推动行业的信息化升级。

案例　顺丰、EMS 等与菜鸟战略合作 备战未来每天 10 亿件快递

2013 年是电子商务物流相对理性发展之年，电商企业自建物流的步伐有所减缓，而电子商务物流联合成为资源整合的主旋律。易迅与顺丰的强强战略合作，可以说是电子商务物流的第二次回归，真正实现了电商企业自建物流与社会化物流的优势互补。

电子面单是快递行业信息化的基础。最新数据显示，在中国零售平台上，菜鸟网络标准化的电子面单使用率达到了 81%，已经成为智慧物流的基础设施。智能云客服能把消费者的客服需求直接推送到最近的快递服务网点，可以做到秒级响应。这些大数据基础能力将帮助行业加快升级，让物流企业变得更加科技、时尚，备战未来"每天 10 亿件包裹"。

中国 2016 年产生了 300 多亿件快递包裹，其中电商包裹占到 7 成左右，是快递业务市场最大的蛋糕。预计最快到 2020 年，中国年均快递数量将突破千亿大关。庞大的业务体量迫切需要全行业"联合作战"。

资料来源：http://www.sohu.com/a/144422492_327914.

8.2.2　物流战略联盟典范

2017 年，15 家物流快递企业与菜鸟网络在合作中表示，双方数据将进一步相互开放，以便共同整合电子商务快递上下游的数据资源，对电子商务快递行业进行市场分析和服务质量诊断，为邮政快递企业提供决策支撑。

除了数据层面的合作外，本次 15 家企业还将与菜鸟网络一起优化和提升快递流转各环节的服务能力。重点是通过环节优化共同探索新信息化产品和末端服务项目，从末端入手提升行业整体服务水平，国家邮政局和中国快递协会见证了物流战略联盟合作的达成。

"平台化电商 + 平台化物流"，强强联合成必然趋势，在 2017 年多次行业高层研讨活动中，各大电子商务物流总监达成共识，就是电商企业自建物流的时机已过，未来，电商平台化发展是趋势，需要平台化的物流整合，双核驱动下打造高质量的电子商务购物体验，在选择合作对象时，互溶、互补将是联合或联盟的最佳模式（见图 8-3）。

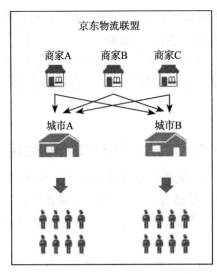 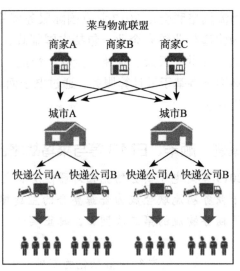

图 8-3　京东物流联盟与菜鸟物流联盟模式对比

8.2.3　物流战略联盟的价值及趋势

1. 物流战略联盟的价值

以易迅与顺丰战略合作联盟为例，这一联盟是电子商务物流合作模式的典型，对易迅而言，彻底借顺丰优势弥补了易迅自建物流的短板，短期内实现了易迅物流全网快速物流服务的需求，为易迅下一步的全品类扩张打下坚实基础，同时与竞争对手进一步拉开差距。值得一提的是，顺丰从易迅物流中心打包线上提货，完成一系列称重、扫描、装车操作，不停顿的业务对接充分体现出物流的高效协作。

对顺丰而言，2013 年是顺丰电商业务线快速孵化的一年，专家就顺丰如何快速从传统商务件向电商转型给出了各种建议，希望顺丰能找对合适的合作伙伴，实现平台化对接，实现重要战略价值转移。目前，直接入住易迅有全国 16 个分仓驻场操作，这对其业务发展有着重要战略意义。从当前数据看 2017 年 7～10 月顺丰配送易迅华南仓订单达到 20 万单，这是其他快递企业无法获取的大客户资源。

2013 年是中国电商平台化转型发展之年，也是中国电子商务物流理性发展之年。物流在 2016 年成为资本关注和投资的重点，电子商务物流目前将进入新一轮的洗牌调整，真正的电商企业和物流企业需要的是联合后的硬实力。

> **案例　未来电子商务物流趋势：强强联合**
>
> 从美国 Amazon Zappos 电商平台与 UPS 合作的模式看模式的价值：这种模式在美国 Amazon Zappos 电商平台与 UPS 早就有类似合作，充分实现双方的共赢服务。
>
> 1. UPS 可以根据历史的物流数据帮助 Zappos 做订单预测。
> 2. 将运输费用计入营销费用，对于忠实客户一年内免费退货时限延长为四年，体

现出物流对于电商品牌的营销功能。

3. 在高峰期，UPS 到 Zappos 这里的取件频率可达到每小时一次，实现无缝的协同。

资料来源：http://tieba.baidu.com/p/2745865822?red_tag=2598554168.

2. 物流战略联合发展趋势

从易迅与顺丰战略合作来看，未来电子商务物流的发展方向是：平台化电商与平台化物流联盟成必然；电商自建物流已成格局，未来电子商务与物流平台整合不仅仅是业务整合，战略、系统、供应链一体化的整合成必然趋势；移动互联的融合、大数据共享将成为未来电子商务与物流发展的另一个价值；未来物流将是电子商务末端营销的重要工具，目前尚未开发的深度战略合作为未来的发展带来了扩展的空间。

未来移动互联发展前景广阔，无论是电商的交易还是线下的物流服务，都会因移动互联而发生本质改变。2013年易迅和顺丰两家企业在移动互联上加大了资金投入力度，易迅成功借助腾讯母公司的优势打通了微信购物渠道；易迅成功打通微信支付；易迅推出可视化物流服务，快递在距离1.5千米时自动提醒顾客，真正实现以移动互联来变革物流服务体验，最终实现突破时空界限的精准合作。

整体来看，两家公司在移动互联上都走在同行的前列，其他电子商务物流企业将会紧随其后，为未来的移动互联的融合带来很大的想象空间，这也是拉开与竞争对手距离的重要利器。

8.3 电子商务物流一体化

物流一体化是以电商平台为依托，以物流系统为核心的由生产企业经由物流企业、电商销售企业，直至消费者的供应链的整体化和系统化，它是在第三方物流的基础上发展起来的新型物流模式，也是物流业发展的高级和成熟阶段。只有当物流业高度发达、物流系统日趋完善时，物流业才能成为社会生产经营链条的领导者和协调者，才能够为社会提供全方位的物流服务。

8.3.1 电子商务物流一体化概述

20世纪90年代，西方发达国家如美、法、德等国就提出物流一体化现代理论，应用于并指导其物流业发展，取得了明显效果。在这种模式下，物流企业通过与生产企业建立广泛的代理或买断关系，使产品在有效的供应链内迅速移动，使参与各方的企业都能获益，使整个社会获得明显的经济效益。这种模式还表现出为用户之间的广泛交流供应信息，从而起到调剂余缺、合理利用、共享资源的作用。在电子商务时代，这是比较完整意义上的一种物流配送模式，它是物流业发展的高级和成熟阶段。

1. 物流一体化的三个层次

（1）物流自身一体化。物流自身一体化是指社会物流系统的观念逐渐确立，运输、仓储和其他物流要素趋向完备，子系统协调运作，系统化发展。

（2）微观物流一体化。微观物流一体化是指市场主体企业将物流提高到企业战略地位，并且出现了以物流战略作为纽带的企业联盟或协作体。

（3）宏观物流一体化。宏观物流一体化是指物流业发展到这样的水平：物流业占到国家国内生产总值的一定比例，处于社会经济生活的主导地位，它使跨国公司从内部职能专业化和国际分工程度的提高中获得规模经济效益。

2. 物流一体化发展的前提与目标

物流一体化是物流产业化的发展形式，它是以第三方物流充分发展和完善为基础。

（1）物流一体化发展的前提。物流一体化的实质是一个物流战略管理的问题，即专业化物流管理人员和技术人员，充分利用专业化物流设备、设施，发挥专业化物流运作的管理经验，以取得社会整体最优的效果。同时，物流一体化的趋势为电商企业第三方物流的发展提供了良好的发展环境和巨大的市场需求。

（2）物流一体化发展的目标。物流一体化的目标是应用系统科学的方法充分考虑整个物流过程的各种环境因素，对商品及其连带服务的活动过程进行整体规划和运行，实现整个系统的最优化。在美国等发达国家的企业物流普遍实行了一体化运作，而且企业物流的一体化不再仅仅局限于单个企业的经营职能，而是贯穿于生产和流通的全过程，包括了跨越整个供应链的全部物流，实现由内部一体化到外部一体化，直至跨行业、跨地域一体化的转变。

3. 物流一体化发展过程

物流一体化的发展过程经历了企业对自身资源的重视到对外部资源整合的关注，目前，企业在内部资源有限的情况下，为取得更大的竞争优势，企业仅保留其最具竞争优势的功能，而把其他功能借助于整合，利用外部最优秀的资源产生巨大的协同效应，使企业获得竞争优势，提高对环境的应变能力。

（1）企业物流的内部一体化阶段。在20世纪70年代末之前，物流一体化只是针对企业内部的各个职能部门的运作与协调。欧美等发达国家的许多企业都设立了物流部或物流服务部，全面负责生产经营过程中的采购、物料管理、生产制造、装配、仓储、分销等所有环节的物流活动，实现了采购物流、生产物流和分销物流的统一运作和管理，被称为企业物流的内部一体化。

（2）企业物流的外部一体化阶段。20世纪80年代，许多企业把物流管理的一部分或全部分离出来，由一个具有法人资格的独立企业，实行社会化、专业化经营。物流子公司的成立，使物流管理人员的工作从仅仅面向企业内部，发展到面向企业同供货商以及用户的业务关系上。这一阶段可以称为物流的外部一体化阶段。

（3）物流外包或缔结战略联盟阶段。20世纪90年代，企业纷纷与上游供应商和下游分销商走向合作，以最优的商品供应体系，实现了跨企业的供应链管理一体化。供应链管理是集生产商、供应商、分销商、零售商，以及运输、信息及其他物流服务供应商于一体的管理，是物流管理的最高境界。企业通过与外部组织对整个供应链的计划以及从原料采购、加工生产、分销配送到商品销售给顾客的物流过程进行统一运作和管理，降低了整个供应链的物流成本，实现了对顾客的快速反应，提高了顾客服务水平和企业竞争力，典型的运作模式是物流服务外包或缔结跨业跨域的战略联盟。

20世纪兴起的物流外包是物流一体化的前奏，物流外包是指企业整合利用外部最优秀的专业化资源，从而达到降低成本，提高效率，充分发挥自身核心竞争力和增强企业对环境的迅速应变能力的一种管理模式。

（4）电商与物流融合性一体化。随着电子商务的高速发展，在消费者对物流配送体验日渐提高的情况下，电商后端仓储配送要求也随之提高，21世纪电商与物流融合性一体化成为一种趋势（见图8-4）。未来，电商企业只有在整个供应链条上的衔接与配合都足够出色时，才能在众多电商企业中脱颖而出。由此来看，仓配一体化已经成为电子商务物流和第三方物流新的发展方向。

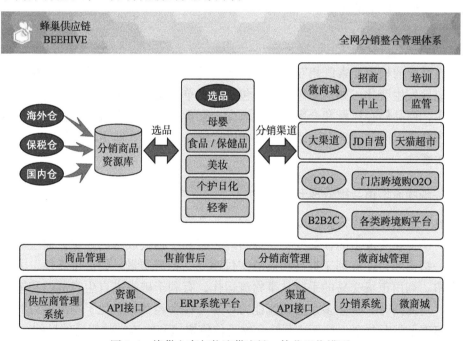

图8-4 蜂巢电商与物流供应链一体化运作模型

仓配一体化实际上就是仓和配的结合，既要有仓储的网络，又要有配送的网络，仓配一体化服务已成为部分物流企业发展的重要方向。截至2017年，顺丰与特步、安踏等本土企业深度合作，为它们提供多点多仓、分仓备货服务。比如，特步在全国六个城市入驻顺丰仓库，这意味着，商家可以预先把一部分货送到区域分仓中，并由顺丰为消费者就近配送，从而实现物流快递服务的高效与及时。这在实际操作中表现为托管客户的仓储和为客户提供仓储两种模式。

8.3.2 物流一体化产生的原因

传统的物流活动被分散在不同部门，各部门有各自追求的目标，这些目标由于存在二律背反，因此往往相互冲突，难以形成统一的目标。为了克服部门间的利益冲突，发达国家的企业将各种物流活动集成在一个部门诸如物流部，对物流进行统一运作与管理，消除部门间利益冲突，这是企业内部物流一体化产生的主要原因，而外部一体化以及打破行业界限的供应链一体化则是共享经济与平台经济的客观要求。

1. 减少成本的交替损益

从物流企业内部情况看，二律背反情况客观存在，物流活动各项成本间存在交替损益关系。例如，减少商品储存的数量可以降低储存成本，但由于储存数量减少，在市场规模不变的情况下，为了满足同样的需求，势必要频繁进货，增加了运输次数，从而导致运输成本的上升。这就是在追求库存合理性时又牺牲了运输的合理性。如果采用分项物流管理，各个部门追求自身的最优化，势必会影响到整个系统的优化性。只有通过采用一体化物流管理综合考虑相关的物流成本，才能实现整个系统的最优化，实现最低总成本的物流。

2. 提高整体运作效率

物流系统的构成要素既相互联系又相互制约，其中一项活动的变化会影响到其他要素相应地发生变化。如运输越集成，包装越简单；反之，杂货运输对包装要求很严格。再者，商品储存数量和仓库地点的改变，会影响到运输次数、运输距离甚至运输方式的改变等，因此，只有对系统各功能进行统一管理，才能更有效地提高整个系统的运作效率。

3. 实现物流增值与绩效提升

物流子公司作为代行企业专门从事物流业务管理的组织部门，通过独立核算、自负盈亏，使得物流成本的核算变得简单明确，有利于物流成本的控制。通过对物流业务的统一指挥和运作有利于提高物流的交付速度、物流质量、物流可靠性、柔性和劳动生产率。利用市场交易的手段从事物流运作，有利于破除来自生产部门和销售部门的限制。与此同时，企业多余的物流能力可参与社会经营，避免了物流能力的闲置和浪费，实现了资源共享，从而达到社会物流价值增值和物流绩效提高的目的。

4. 提高供应链的竞争力

内部一体化只能实现厂商内部的最优化，供应链上的所有企业各自孤立地优化它们的物流活动，跨越供应链的物流很难达到优化。如果实行的仅仅是内部一体化，由于没有与供应商和分销商实现一体化管理，供应商或分销商往往保有大量原材料或产成品库存，这些库存保管成本归根结底都要转嫁给最终消费者，这种成本的转移并不能提高企业的竞争力。因此，要真正做到减少甚至消除原材料和产成品库存，降低交付成本,就必须与上游供应商和下游分销商合作,进行统一管理、统一行动,降低整个供应链的成本,提高企业的竞争力。

5. 扩大整个行业竞争优势

核心竞争力被认为是企业借以在市场竞争中取得并扩大优势的决定性力量,其内涵十分丰富,反映在技术资源、知识文化、组织与管理系统中。任何企业所拥有的资源都是有限的,它不可能在所有的业务领域都获得竞争优势。有的企业具有核心技术能力、核心制造能力,却不具备核心营销能力、核心企业组织协调管理能力和核心企业战略管理能力。21世纪以来,在快速多变的市场竞争中,单个企业依靠自己的资源进行自我调整的速度很难赶上市场变化的速度,因而企业纷纷将有限的资源集中在核心业务上,强化自身的核心能力,而将自身不具备核心能力的业务通过外包或战略联盟等形式交由外部组织承担。通过与外部组织共享信息、共担风险、共享收益将上述五种核心能力加以整合集成,从而以供应链的核心竞争力赢得并扩大竞争优势。物流一体化是通过竞争来实现的,它体现了竞争的活力,可以达到资源的优化组合,以提高整个社会的经济效益。

8.3.3 物流一体化的形式

物流一体化本质上是资源的有效整合,目的是减少内耗,实现资源的最大价值,所以在企业还有增长潜力和空间时,实行物流一体化战略是十分必要的,物流一体化的主要形式有以下几个方面。

1. 纵向一体化

纵向一体化,一般是指上游供应商与下游客户之间在所有权上纵向合并。之前一般企业认为这是一种理想的组织模式,但现在企业更注重发挥其核心业务功能,即它们所擅长的具有明显优势的业务,其他属于"资源外购",即从企业外部采购。这时作为被弱化的环节,相应的企业可以因其他同行企业退出本市场而获得较大的生存空间,以及利用规模经济等方式来解决。

21世纪,随着全球制造、敏捷制造、虚拟制造等先进制造模式以及电子商务的出现和市场竞争环境的快速变化,包括以动态联盟为特征的新企业组织形式的出现,原有的企业生产组织和资源配置方式发生了质的变化,企业的生存越来越需要更多地利用外部资源。借助电商的互联网技术优势,电子商务物流供应链一体化已从企业内部的采购获取、制造支持和实物配送,向后延伸到顾客,向前延伸到供应商,也就是采购物流、生产物流和销售物流的一体化,即实现整个供应链一体化。

2. 横向一体化

横向一体化物流也称水平一体化物流,是指通过同一行业中多个企业在物流方面的合作而获得规模经济效益和物流效率。例如,不同的企业可以用同样的装运方式进行不同类型商品的共同运输。当物流范围相近,而某个时间内物流量较少时,几个企业同时分别进行物流操作显然不经济，于是就出现了一个企业在装运本企业商品的同时，也装运其他企业商品的物流现象。从企业经济效益上看，它降低了企业物流成本；从社会效益来看，它减少了社会物流过程的重复劳动。显然，不同商品的物流过程不仅在空间上是矛盾的，而且在时间上也是有差异的。这些矛盾和差异的解决，就要依靠掌握大量物流需求和物流供应信息的信息中心。此外，实现横向一体化的另一个重要条件就是要有足够数量的企业参与，并且有大量的商品存在，这样企业间的合作才能提高物流效益，而后续产品配送方式的集成化和标准化等问题也应引起重视。

3. 物流网络

物流网络是纵向一体化物流与横向一体化物流的综合体。当一体化物流每个环节同时又是其他一体化物流系统的组成部分时，以物流为联系的企业关系就会形成一个网络关系，即物流网络。这是一个开放的系统，企业可自由加入或退出，尤其在业务最忙的季节最有可能利用这个系统。因为，在业务繁忙的时段，生产企业原有供应链的物流体系仍然存在，同时还必须增强业务外包，这样以物流企业为节点的物流网络就显得尤为重要。物流网络能发挥规模经济作用的条件就是一体化、标准化、模块化。实现物流网络首先要有一批优势物流企业率先与生产企业结成共享市场的同盟，把过去那种直接分享利润的联合发展成优势联盟、共享市场，进而分享更大份额的利润。同时，优势电子商务物流企业要与中小型电子商务物流企业结成市场开拓的同盟，利用相对稳定和完整的营销体系，帮助生产企业开拓销售市场。这样，竞争对手成了同盟军，物流网络就成为一个生产企业和物流企业多方位、纵横交叉、互相渗透的协作有机体。

8.3.4 物流一体化战略操作要点

要使物流一体化战略达到供应链一体化水平，关键要做到以下两点。

1. 信息集成

信息集成是广泛的物流供应链一体化的基础，涉及供应链成员之间的信息和知识的共享。它们共享需求信息、交货情况、生产能力计划、生产进度、促销计划、需求预测和装运进度等，同时成员间还协调预测和补充供货等。企业若要协调它们物料、信息、资金的流动，必须随时掌握那些反映其真实供应链情况的信息。供应链成员还可以共同协调和分享整个供应链的资源，如实现仓库共享、库存集中等。资源能够重新配置、合并或分享，以使供应链中的众多成员获益，从而实现协同的利益。

2. 协调和组织

随着信息和知识的共享，供应链成员朝着进一步的一体化方向发展。协调涉及决策权、工作和资源向处于最适宜地位的供应链成员转移。在协调决策权转移时，应当注意成员之间不仅需要以信息集成为基础，也需要高度的信任和配合，一个供应链成员有时可能在决策制定上比另一个成员处于更好的位置，那么这个决策的制定就应当委托有利位置的成员，这种协调对提高整个供应链的效率非常重要。

供应链作为一个价值链，单纯地通过公司自己的信息集成和协调无法确保整个物流一体化战略的实现，必须在组织上重构各成员企业的关系（见图 8-5）。没有成员企业之间的紧密关系，一体化将无法完成。供应链伙伴需要确定并维系它们的沟通渠道，无论是采取 EDI、Incement 还是网络小组或书面材料的方式。

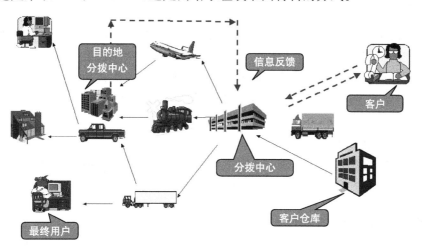

图 8-5　物流一体化战略操作流程

8.4　第四方物流

《全国电子商务物流发展专项规划（2016—2020 年）》中指出，"支持具有较强资源整合能力的第四方电商物流企业加快发展，更好整合利用社会分散的运输、仓储、配送等物流资源，带动广大中小企业集约发展"。这说明发展第四方物流模式对电子商务物流的发展意义重大。

8.4.1　第四方物流概述

第四方物流（Fourth Party Logistics）是 1998 年美国埃森哲咨询公司率先提出的，第四方物流是一个供应链的集成商，是供需双方及第三方物流的领导力量。它不是物流的利益方，而是通过拥有的信息技术、整合能力以及其他资源提供一套完整的供应链解决方案，以此获取一定的利润（见图 8-6）。它是帮助企业实现降低成本和有效整合资源，并且依靠优秀的第三方物流供应商、技术供应商、管理咨询以及其他增值服务提供商，专门为各方提供物流规划、咨询、物流信息系统、供应链管理等活动。

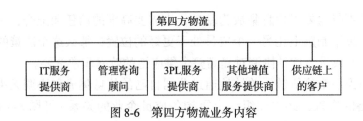

图 8-6　第四方物流业务内容

1. 第四方物流的性质

第四方物流供应商是一个供应链的集成商，它对公司内部与具有互补性的服务供应商所拥有的不同资源、能力和技术进行整合和管理，从而提供一整套供应链解决方案。相关的咨询公司也开始使用类似的服务，被称为"总承包商"或"领衔物流服务商"。第四方物流供应商并不实际承担具体的物流运作活动。

（1）第四方物流有能力提供一整套完善的供应链解决方案，是集成管理咨询和第三方物流服务的集成商。

（2）第四方物流是通过对供应链产生影响的能力来增加价值，在向客户提供持续更新和优化的技术方案的同时，满足客户特殊需求。

2. 第四方物流存在的条件

第四方物流企业需具备一定的条件，主要包括以下几个方面：能够制定供应链策略、设计业务流程再造、具备技术集成和人力资源管理的能力；在集成供应链技术和外包能力方面处于领先地位，并拥有较雄厚的专业人才；能够管理多个不同的供应商并拥有良好的管理和组织能力。

3. 第四方物流模式

第三方物流缺乏跨越整个供应链运作以及真正整合供应链流程所需的战略专业技术，而第四方物流可以不受约束地将每个领域的最佳物流提供商组合起来，为客户提供最佳物流服务，进而形成最优物流方案或供应链管理方案。第四方物流在物流活动中扮演三种角色。

（1）协助提高者。第四方物流为第三方物流工作，并提供第三方物流缺少的技术和战略技能。

（2）方案集成商。第四方物流为货主服务，是与所有第三方物流提供商及其他提供商联系的中心。

（3）产业革新者。第四方物流通过对同步与协作的关注，为众多的产业成员运作供应链。

第四方物流无论扮演哪种角色，都突破了单纯发展第三方物流的局限性，能真正地低成本运作，实现最大范围的资源整合。第三方物流单独运作或通过与自己有密切关系的转包商来为客户提供服务，但在提供技术、仓储与运输服务的最佳结合方面仍处于劣势。

8.4.2 第四方物流的价值

据专家分析，建立第四方物流要比第三方物流利润更加丰厚，因为它们拥有专业化的咨询服务（见图8-7）。尽管这一块服务目前规模尚小，但在我国竞争激烈的物流市场上将是一个快速增长的部分。

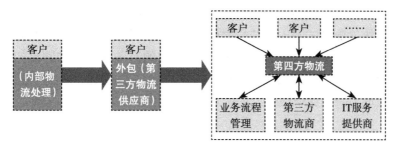

图 8-7 第四方物流提供服务的模型

1. 具有对整个供应链及物流系统进行整合规划的优势

第三方物流的优势在于运输、储存、包装、装卸、配送、流通加工等实际的物流业务操作能力，在综合技能、集成技术、战略规划、区域及全球拓展能力等方面存在明显的局限性，特别是缺乏对整个供应链及物流系统进行整合规划的能力。第四方物流的核心竞争力就在于对整个供应链及物流系统进行整合规划的能力，这也是降低客户企业物流成本的根本所在。

2. 具有对供应链服务商进行资源整合的优势

第四方物流作为有领导力量的物流服务提供商，可以通过其影响整个供应链的能力，整合最优秀的第三方物流服务商、管理咨询服务商、信息技术服务商和电子商务服务商等，为客户企业提供个性化、多样化的供应链解决方案，为其创造超额价值。

3. 具有信息及服务网络优势

第四方物流公司的运作主要依靠信息与网络，其强大的信息技术支持能力和广泛的服务网络覆盖支持能力，是客户企业开拓国内外市场，降低物流成本极为看重的，也是取得客户信赖，获得大额长期订单的优势所在。

4. 具有人才优势

第四方物流公司拥有大量高素质、国际化的物流和供应链管理专业人才与团队，可以为客户企业提供全面、卓越的供应链管理与运作，提供个性化、多样化的供应链解决方案，在解决物流实际业务的同时实施与公司战略相适应的物流发展战略。

总之，发展第四方物流可以减少物流资本投入，降低资金占用，提高资金周转速度，减少投资风险。通过第四方物流，企业可以大大减少在物流设施，如仓库、配送中心、车队、物流服务网点等方面的资本投入，降低库存管理及仓储成本。第四方物流公司通过其卓越的供应链管理和运作能力可以实现供应链"零库存"的目标，大大提高了客户企业的库存管理水平，还可以改善物流服务质量，提升企业形象。

8.5 第五方物流

电子商务物流是融合性物流模式，是未来专业行业融合的起点，这种融合在一定程度上是对传统物流模式及人才结构的颠覆，这是电子商务物流变革的趋势所在。当传统的物流方式正在被人们否定的时候，在大量的有关建立新的物流知识体系过程中，从业人员的知识短板表现就会日益明显。因此，提供现代综合物流新理念以及实际运作方式便成为物流业中的一个重要的行业，即现代物流人才的培养。

8.5.1 新时代物流人的能力架构

对于一个物流部门而言，它所需要的人才在专业知识和相关技术能力上，应具备以下一些能力。

（1）物流理念创新。对于现代综合物流的新理念和运作模式有突破传统的认识，由此能进一步发展对物流的认识，提出新的物流运作模式。物流人才需要具有眼光的前瞻性和思维的发散性，即不受现有的机构、制度和一些做法的约束，通过运用放射性思维方式，在不同观念的碰撞中寻求创新模式。特别是物流管理人员应该具有能够创造合理化的物流条件，并具有组织年轻人为物流合理化而奋斗的魄力。电子商务物流业务本身就是一项新事物，应具备开拓未知领域的先驱者气概。

（2）熟知物流环节。对于物流各个环节的业务具有高度的认知能力，未来从事物流业的人才往往从事的是物流业中的某一个环节的业务，例如航运、仓储、公路运输、铁路运输、货物包装、信息管理等。但是，一个物流业务人员应该将其知识延伸到物流的其他领域，逐步建立其物流系统的概念，并能统筹考虑整个物流运作的安排。

（3）信息技术过硬。对于计算机网络技术有较深刻的理解，并能在业务中对物流信息管理的计算机网络系统提出需求。对于物流各个环节的物流实现的有关技术有一定的知识储备，能够合理使用和调配这些设施与设备。

（4）系统思考。物流的专门人才除了要具有上述的专业知识和技术以外，知识的融合与跨界知识的掌握也应成为未来人才培养的核心。因为现代电子商务物流较多地受其他因素的制约，所以必须具有向这些制约因素挑战的精神。为构筑最好的物流系统，应具有系统思考、总体思考的能力。为使物流适应已经或将要变化的环境，包括物流领导在内的全体人员必须有从战略高度考虑问题的素养。鉴于信息技术在物流中的核心地位，从事物流管理的人员应具备构筑信息系统的能力。

培养具有这样思想和能力的人才，应当清楚这是一个需要长期为之努力的事业，必须制订中长期的人才培养计划。在制订计划时应确定基本理念、基本方针和进修体系，确定物流业经理等各类人员所必须具备的知识、技术、技能等的培养要求以及实施办法，这些都是第五方物流的从业人员需要做的工作（见图8-8）。

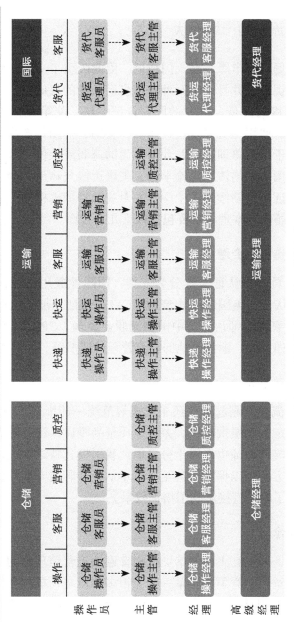

图 8-8 长风物流职业认证岗位架构

巨大的人才供需缺口直接推动第五方物流市场的发展，形式各异的物流职业培训和短期培训伴随市场的巨大需求而产生。加之《国务院关于大力推进职业教育改革与发展的决定》和《中华人民共和国民办教育促进法》等中央政策法规的支持，更加速了第五方物流市场的快速发展。

8.5.2 第五方物流国内市场现状

第五方物流市场利润丰厚、准入门槛低，因此吸引了众多投资者。大大小小的机构纷纷开办物流培训班，并且大都对外宣传自己认证的权威性，尤其是行政机构对职业资格认证干预程度的降低，巨大的职业认证空档，使第五方物流市场竞争日趋激烈。各培训机构纷纷使用送听课费、送赠品、赞助、折扣等方法吸引消费者，手段层出不穷。另外，由于国内培训在实践环节方面的薄弱或缺位，所以致使大量国外培训机构进入，例如英国皇家物流与运输学会、美国运输与物流学会、加拿大采购管理协会等机构的物流认证已经陆续进入中国，并对我国培训机构发起了巨大的挑战。我国第五方物流国内市场的基本现状主要包括以下几个方面。

1. 知识需求者选择机会增多

第五方物流人员资格认证大致分为三类：国际性通用认证，代表有英国的皇家ILT国际物流资格认证、美国注册物流师（CTL）认证、加拿大的CIP认证等；全国性认证，代表有国家物流师认证、中国物流职业经理（CPLM）认证、物流经理认证等；地方性认证，如上海、浙江等地的物流管理员证书等。

2. 培训效应参差不齐

我国第五方物流业刚刚起步，还未形成规范统一的市场，也无明确有效的机制，物流培训机构的稳定性和层次有很大差异，质量尚难以保证。随着第五方物流业的迅猛发展，合格的物流培训师也变得十分紧俏。我国极其缺乏本土培训师，因此许多物流培训机构在师资方面难以保证，甚至不得不从境外聘请专职培训师，但是，由于他们对我国市场缺乏了解，直接影响了培训效果。

3. 缺乏营销理念

第五方物流市场虽然红火，但培训机构普遍缺乏营销理念的指导，表现为缺乏长远规划，缺乏品牌意识，竞争手段单一等。很多物流培训机构在做市场推广、客户销售时，没有详细的营销计划，即便有营销理念指导，多半也是以传统的4P营销组合为理论基础，仅关注产品、价格、分销、促销。另外，还缺乏以顾客为核心的服务意识。

第五方物流市场在发展、变化，这就需要培训机构的管理、经营者的经营理念，特别是营销理念也要随之改变。

8.5.3 第五方物流国内市场经营策略

在传统营销理念 4P 的基础上，为适应培训等服务业市场的需要，布恩斯和比特纳两位学者将营销组合修改、扩充为 7 个因素，增加了 3 个 P：人员（People）、有形展示（Physical Evidence）和过程（Process），提出以 7P 组合作为服务业的营销理念。重点对新增的 3 个 P 进行阐述。

（1）人员。第五方物流是以人为中心的产业，人是服务对象也是服务的一部分，尤其是物流培训师，对培训的影响至关重大。同样的课程，不同的培训师，效果可能有天壤之别，所以一个培训机构必须选择高素质的培训师。此外，还必须重视其他员工的培训、激励和控制，没有满意的员工，就不会有满意的顾客。

（2）有形展示。培训是无形的，消费者在接受培训之前，几乎无法感知各种物流培训的优劣。情境化、可视化教学是未来的培训趋势，所以为了减少不确定性，他们会努力寻求培训质量的标志或证据，这就要求培训机构要"化无形为有形"。著名的外语培训机构新东方在全国的巡回走场，也是这一理念的运用，获得了巨大的成功，这很值得借鉴。

（3）过程。培训服务的生产与消费在时间上具有不可分离性，因此要在培训过程中让受训者满意，而不是事后进行补救。一方面，培训过程中培训师高超的授课技巧，在一定程度上能消除学员因其他问题造成的不满；另一方面，同一个培训师，由于学员的反应不同，培训效果也可能差别巨大，所以还应该重视学员与培训师的互动沟通。

8.5.4 第五方物流服务理念的变革

与传统营销的 4P 相对应，美国学者劳特朋教授又从消费者角度出发，提出了 4C 理论，即消费者需求与欲望（Consumer Needs and Wants）、消费者愿意付出的成本（Cost）、购买商品的便利（Convenience）和沟通（Communication）。4C 理论的提出引起了营销传播界及工商界的极大反响，随之推广。

目前学界认为，第五方物流就是指基于电子商务的供应链信息网络物流，是利用互联网整合整个社会的物流资源，为其他物流企业提供全方位的信息服务。在构建区域物流服务体系中，第五方物流服务商主要借助系统优化理论、电子商务、网络以及信息技术，对多条供应链进行整体协调和物流运作，其中包括物流资源整合板块、物流活动组织板块、物流业务运作板块、物流服务需求板块、物流产业支撑板块、产业融合延展板块等。第五方物流服务产品具有集成化、标准化、差异化、系统化四大特征。这一理论显然与之前的第五方物流仅仅局限于职业培训有较大差异，这说明第五方物流已经突破原有的培训业务局限，甚至向区块链性质的物流业务方向拓展。

构建第五方物流平台是第五方物流提供共享信息服务最主要的方式。由于目前市场上物流传统的运营模式依据有相当价值的空间，所以目前提出的共生物流理念和企业模式会以第五方物流为切入点，进入整个物流服务领域。一定意义上说，第五方物流平台就是共生物流平台。这一平台就是由商品买方、商品卖方、物流服务组织方、物流实际运作方以外的机构建立一个公共服务平台，也是用互联网、物联网等手段，科学迅速连接商品买方、商品卖方和参与该商品等相关物流活动的各方，使各方能够共享物流信息和物流资源，使社会各类要素实现其最大的经济价值。

第五方物流平台一般不直接参与运营，主要起到促进物流效率和物流服务水平提升的作用。由于不进行实际物流运作，使得平台严格保持了中立性，也避开了与物流公司以及信息部的恶性竞争，在当今行业融合和跨界经营中保持了一定的自保优势，同时起到提供信息、技术、大数据、共享等服务的作用。目前，已经进入新零售和共享经济时代，客观上要求物流运作要更快、小批量、多频次，物流流程再造与升级势在必行。目前看来，现有的物流企业，只有少量物流企业开始供应链协同进入物流3.0时代，而随着人工智能、物联网的爆炸式发展，物流将全面进入物流4.0时代，所有的物流企业都应该积极拥抱互联网，利用互联网实现升级。第五方物流平台起到媒介和衔接作用，尤其在促进物流效率和物流服务水平提升方面应用价值更大。如当下的"共生物流"就是在努力打造第三类平台，也就是物流产业互联网，打造一个物流新生命，营造一个共存共生的物流生态圈。自2016年1月19日共生物流平台正式上线，目前B端用户已经超过一百家，适合上共生物流平台的业务接近100亿元，2018年开始，平均每天新增加的B端用户超过3个。B端用户现在已经覆盖了12个省、27个地级市。共生物流团队目前将近100人，主要是技术团队，再加部分地面支持人员和客服人员。这一精干的第五方物流服务团队，成为未来物流服务模式创新的新锐，也是开拓物流价值空间的"轻骑兵"。

总之，第五方物流是物流信息服务提供商，它的主要业务是提供信息处理设施设备、技术手段和管理方法等，物流信息可能只是其提供信息的一部分，它并不从事任何具体的物流活动，严格地讲它属于电子商务或信息中介企业。这就为未来区块链的去中介、去中心的信息服务模式提供了良好的应用范本。第五方物流培训服务成为整个服务中的一个传统内容，它也将会在互联网经济的熏陶下产生新的服务模式，实现更广泛的社会经济价值。

本章小结

协同物流是指各企业通过互联网提供服务并协调所有的商务活动，是电子商务物流资源整合的社会化和规模化。它分为横向协同物流战略、纵向协同物流战略和第三方物流协同战略等类型。

电子商务物流联盟是基于正式的相互协议而建立的一种物流合作关系。一般可以根据物流企业服务的范围和物流功能的整合程度这两个标准，来确定物流联盟的类型。

电子商务物流物流一体化是指以电商平台为依托，以物流系统为核心，由生产企业经由物流企业、电商销售企业，直至消费者的供应链整体化和系统化。物流一体化的三个层次：物流自身一体化、微观物流一体化、宏观物流一体化。物流一体化的形式：纵向一体化、横向一体化、物流网络。

第四方物流供应商是一个供应链的集成商，主要是提供一整套供应链解决方案。第四方物流在物流活动中扮演三种角色：协助提高者、方案集成商、产业革新者。

第五方物流人员资格认证大致分为三类：国际性通用认证；全国性认证；地方性认证等。

复习思考题

1. 协同物流三种模式的特点和运作模式是什么？
2. 以菜鸟物流为例，说明电子商务物流联盟是如何"基于正式的相互协议而建立的一种物流合作关系"的？
3. 为什么说电子商务物流一体化是物流业发展的高级阶段？物流一体化与供应链整体化和系统化的关系如何？
4. 第四方物流供应商通过何种方式为物流企业提供一整套的供应链解决方案？

课内实训

找到一家第五方物流服务企业，对该企业的物流职业技能培训项目进行一项市场调查，了解该企业在物流技能架构设计上包括哪些基本内容？其资历架构设计的原则和科学性如何？

课外实训

以小组为单位，利用业余时间模拟设计建立一家第四方物流公司，调查了解社会对物流整体解决方案需求状况，针对"最后一公里"配送问题，拟订初步物流配送系统解决方案，设计问题解决流程，做出方案PPT和文字说明。

案例分析

"以前担心电话号码被泄露，现在再也不用撕面单了！"在处理近期从各地发来的包裹时，上海的张女士突然发现，来自各地的快递有了一个同样的变化：面单上电话号码的中间四位被*代替。

不仅是上海，全国各地的网购用户都陆续发现了这一变化。新变化背后是菜鸟隐私面单的全线推广。这是继在西北地区试点之后，菜鸟网络加快进度，联手主要快递公司在全国范围内实现新隐私面单的落地。

全行业全社会落地，隐私面单受欢迎

2017年4月下旬到5月上中旬，通过联合EMS、百世快递、中通、申通、中国邮政集团公司、天天、德邦、圆通、韵达等主要快递公司，菜鸟网络上线了新的隐私面单，其中用户手机号码不再完整显示。

这是隐私面单第一次在全行业、全社会落地，受到用户大力好评。随着商家的逐步采用，将有更多消费者的电话号码得到保护。

"买家可以不撕面单了，能省心省力保护个人信息，他们觉得很友好。"一位在淘宝网主营女装的店主说："隐私面单能够提升用户体验和保护个人隐私，这也给网店带来不少回头客。"

隐私面单面向所有商家开放。"试运行时，就有不少商家打听怎么样才能使用。"菜鸟快递服务专家李洪雨介绍，因为有菜鸟电子面单和云打印技术，对用户手机信息的保护才得以实现。想要接入这一服务的商家，需要先安装云打印组件，这比传统面单打印更便捷、更高效。

传统面单终将被淘汰，信息保护逐步升级

2017年5月9日，司法机关对个人信息保护进行升级，重拳打击侵犯个人信息犯罪。最高法院、最高检察院发布司法解释称，窃取个人财产信息50条即可能构成犯罪。其中明确，个人信息包括姓名、通信联系方式、住址等，这些信息通常包含在传统面单上。

"对用户来说，面单上的电话是最重要的个人信息，也是最容易泄露个人隐私的一个环节，短信和电话也是诈骗的高发方式。"业内专家表示，隐去手机号能有效杜绝这方面的安全隐患。

这只是第一步。接下来，会有更多个人信息受到保护。"隐私面单只是刚刚开始，这是一个逐渐信息化的过程。"菜鸟CTO王文彬表示，"现在快递公司一天要处理近1亿件包裹，处理流程每家都不一样，运营规则、操作流程等的改变有一个过程"。

王文彬表示，在菜鸟网络和各快递企业的协作下，印有消费者信息的传统面单终将被淘汰，提升线下的隐私保护；同时，物流云作为更安全的解决方案，会通过对数据全程加密，实现线上安全化，从源头上保护消费者隐私。

资料来源：http://www.techweb.com.cn/news/2017-05-16/2524376.shtml.

问题：本案例中，菜鸟网络个人信息保护问题是如何产生的？隐私面单在物流联盟企业之间协同进行说明了什么？物流联盟就此问题提出了哪些具有前瞻性的建议？

Chapter 9 第9章

电子商务物流的创新模式

学习目标

1. 了解电子商务物流的创新模式产生的社会原因及自身特点等,熟悉各种创新模式形成的基本过程、创新点和经济价值。

2. 熟悉电子商务物流的创新模式的四种主要类型,了解电子商务物流各种创新模式功能实现所需要的内外部条件;熟悉电子商务物流创新模式的未来发展趋势。

导引案例

日日顺物流荣获"年度中国物流产业创新奖"

2017年5月25日,以"探寻物流商业模式及技术创新"为主题的物流产业创新峰会2017在上海召开。同时,为表彰在2016年度物流行业做出杰出贡献的企业,大会现场颁发了物流产业年度系列奖项,作为中国大件物流领导品牌的日日顺物流凭借其开放的创新模式获得了年度中国物流产业创新奖。

物流产业创新峰会2017吸引了全球10多个国家超过150家企业以及400多位专业嘉宾的积极参与,作为中国物流领域标志性的且唯一聚焦于全产业端到端的大会,物流产业创新峰会2017颁发的奖项也代表了物流行业的顶尖水平。日日顺物流在众多企业中脱颖而出体现了行业对其开放平台化模式的认可,这也为当下物流行业的创新转型提供了参考方向。

建设智慧物流信息平台,打造全流程生态

互联网无论如何发展,不管任何形态,最后都离不开物流,如果说电子商务实现的是线上产品信息的零距离对接,那么物流承担的则是与信息匹配的货品及服务的无缝对接,需要一整套复杂、全面又灵活的体系实现上下游信息、货品和资金的高效流转。真正的物流企业必须是供需链的经营者,不仅仅提供仓储、运输、配送安装等服务,而且要向上游和下游延伸,实现各产业链环节的无缝对接,能够服务到整个链条。

在此背景下，日日顺物流相继上线预约管理、智慧物流 TMS、配送协同平台、轨迹可视平台及一路顺智能管车平台系统，搭建智慧物流信息平台，将原来割裂的各环节物流信息资源聚合起来，形成平台化的信息共享、数据赋能体系。同时通过搭建 OMS、TMS、BMS、WMS、CRM、GIS 业务运营平台及完善的数据对接机制，实现对物流运作的全流程自动化、智能化、可视化管理。创新物流共享管理 SaaS 平台模式，客户、资源方可以通过日日顺的系统实现无缝对接，打造了全流程生态体系，有效提高了整个供应链管理效率，降低了物流运作成本。

开放的资源共创平台，实现生态共赢

中国物流行业经过 10 多年爆发式增长，已经面临拐点，互联网经济的发展带来了需求碎片化和多样化，现有物流模式很难满足市场需求，企业必须整合社会化力量，搭建物流开放平台才能实现共创共赢。日日顺物流推进仓、干、配资源平台转型升级，以差异化的模式和机制吸引海量物流资源的加盟，搭建智能多级云仓方案、干线集配方案、区域可视化配送方案、"最后一公里"送装方案四大能力，不断吸引一流的物流资源进入平台，搭建共创共赢的物流资源生态圈平台。

业内专家指出，在平台思维模式下，物流平台的价值不在于拥有多少仓储、车辆，而在于能够使用多少资源方，能带来多少交易量，最终达到资源引爆点，启动"滚雪球效应"。日日顺物流搭建开放的共创平台，一方面与优质的区域物流公司战略合作，实现双方的优势互补；另一方面孵化的车小微吸引了社会上 9 万辆车和 18 万名服务兵，通过用户评价机制使其对碎片化的用户需求进行快速、灵活的响应，吸引了众多合作伙伴的加入。截至现在，日日顺物流吸引了天猫、京东等平台企业，小米、微鲸、联想 17TV 等互联网电视品牌，美乐乐、芝华士、喜临门、顾家、酷漫居等家居类客户，小牛电动车，以及亿健、伊吉康、蓝堡等健身器械品牌等 2 000 多个品牌，共同打造共赢生态。

资料来源：http://news.163.com/17/0526/11/CLC146UA000189DH.html。

9.1 电子商务虚拟物流

电子商务时代就是信息化时代的代名词，信息化使不同的经济体之间通过虚拟信息平台建立的连接更加紧密，共享经济的产生更加速了智能化、网络化、虚拟化的全面实现。虚拟物流正是在信息技术、网络技术、物联网技术不断进步的基础上产生的，伴随信息技术与互联网、物联网技术的推广与应用，未来虚拟物流发展空间会逐渐增大。尤其对于中小企业来说，虚拟物流的意义十分重大。

9.1.1 电子商务虚拟物流概述

传统的相对固定的物流企业组织结构已经不能满足网络时代市场的发展要求。如何建立一种组织结构灵活、经营模式多变、管理机制健全、能够快速响应市场需求的物流配送模式，成为众多物流企业关注的焦点。但是单凭某一个物流企业自身内部资源的整合很难建立这样一种灵活多变、具有较强柔性的物流服务模式。于是众多物流企业开始将注意力转移到企业外部，建立一种以"双赢"为基础的企业合作模式已成为现代物流企业适应新的竞争环境的最佳选择。虚拟物流是指以计算机网络技术进行物流运作与管理，实现企业间物流资源共享和优化配置的物流方式。通过利用日益完善的通信网络技术及手段，将分布于各地区、全国乃至全球的企业物流资源虚拟整合为一个大型物流支持系统，以完成快速、精确、稳定的物流功能性活动，满足以电商企业为主导的市场多品种、多频度、小批量物流需求。

1. 虚拟物流的本质

虚拟物流（Virtual logistics）实现的基础是计算机网络技术，通过虚拟化的物流运作与物流管理，最终实现企业间物流资源共享和优化配置。多个具有互补资源和技术的成员企业，为了实现资源共享、风险共担、优势互补等特点的战略目标，在保持自身独立性的条件下，建立较为稳定的虚拟合作伙伴关系。

虚拟物流是虚拟企业的理论运用于物流服务行业的产物。虚拟物流的本质是"即时制"，在全球范围内的应用，是适应目前电商企业小批量、多频度物流配送过程所产生的。虚拟物流能使企业在世界任何地方以最低的成本跨国生产或销售产品，以及获得所需资源，以赢得市场竞争速度和优势。虚拟物流管理模式的一个主要的优势就是可以在较短的时间内，通过外部资源的有效整合，实现对市场机遇的快速响应。图9-1是虚拟物流平台系统功能示意图。

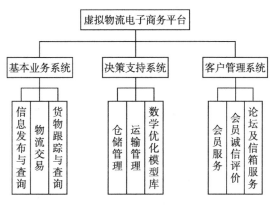

图 9-1　虚拟物流平台系统功能

2. 虚拟物流产生的原因

虚拟物流的提出和产生是信息技术飞速发展的最新成果。由于物流业是一个涉及环节多、牵扯范围广、业务分散的服务领域，所以在现代物流发展的过程中，物流服务企业所提供的服务对象和范围受传统技术条件的影响，受到了不同程度的约束。表现在两个方面：一方面物流服务市场需求十分强劲，另一方面大量的物流需求者难以找到物流服务方。这其中的根本原因在于现行的物流组织方式。因物流服务市场所面对的是跨行业、跨地区、众多的供需方，数量庞大，随时发生物流商务活动。让物流供需双方方便、快捷地达成物流服务，物流的电子化、网络化、自动化和集成化是必然的选择。虚拟物流的目的就是通过物流组织、交易、服务、管理方式的虚拟网络化，使物流商务活动能够方便、快捷地进行，实现物流服务快捷、安全、可靠、低费用的目标。

3. 虚拟物流的特点

虚拟物流是通过构建虚拟物流组织，完成信息化到智能化直至智慧化的推演过程,将物流企业、承运人、仓库运营商、产品供应商以及配送商等通过计算机网络技术集成到一起,实现"一站式"的物流服务,从而有效改善单个企业在物流服务市场竞争中的弱势地位。

(1)信息化。电子商务时代,物流信息化是电子商务的必然要求。物流信息化表现为物流信息的商品化、物流信息收集的数据库化和代码化、物流信息处理的电子化和计算机化、物流信息传递的标准化和实时化、物流信息存储的数字化。信息化是虚拟物流的基础,没有物流的信息化,任何先进的技术设备都不可能应用于物流领域,而信息技术及计算机技术在物流中的应用将会彻底改变当今物流的面貌。

(2)自动化。自动化的基础是信息化,自动化的核心是机电一体化,自动化的外在表现是无人化,自动化的效果是省力化,另外还可以扩大物流作业能力,提高劳动生产率,减少物流作业的差错等。虚拟物流就是调动社会资源,实现宏观意义上的信息化。实现物流自动化的设备日益先进,如条码/语音/射频自动识别系统、自动分拣系统、自动存取系统、自动导向车、货物自动跟踪系统等。这些设施在发达国家已普遍用于物流作业流程,而在我国将伴随物流业振兴,高起点实现物流自动化技术的全面普及。

(3)网络化。物流的网络化是物流信息化的必然,也是虚拟物流的趋势与走向,更是电子商务下物流活动的主要特征之一。目前互联网等全球网络资源的可用性及网络技术的普及为物流的网络化及物流虚拟化提供了良好的外部环境,物流网络化与虚拟化成为大势所趋。物流领域网络化的基础也是信息化,这里说的网络化也包括物流配送中心与供应商或制造商的联系,这些都要通过计算机网络。另外,与下游顾客之间的联系也要通过计算机网络通信,比如物流配送中心向供应商提交订单这个过程就可以使用计算机通信方式,借助于增值网(Value Added Network,VAN)上的电子订货系统和电子数据交换来自动实现,物流配送中心通过计算机网络收集下游客户的订货过程也可以自动完成。

(4)智能化。未来虚拟物流是物流自动化、信息化的一种高层次应用,物流作业过程大量的运筹和决策,如库存水平的确定、运输与搬运路径的选择、自动导向车的运行轨迹和作业控制、自动分拣机的运行、物流配送中心经营管理的决策支持等问题都需要借助大量的知识才能解决。在物流自动化的进程中,物流智能化是不可回避的技术难题。目前,专家系统、机器人等相关技术在国际上已经有了比较成熟的研究成果。为了提高物流现代化水平,物流智能化已成为电子商务条件下物流业发展的一个新趋势。

(5)柔性化。柔性化原本是为实现"以顾客为中心"理念而在生产领域提出的,在虚拟物流中,虚拟化企业组织也要倡导柔性。虚拟企业属于一种介于市场和一体化企业之间的中间性组织,它作为一种多企业的联盟可能呈现多种形式,大多数虚拟企业的管理者认为虚拟企业是企业之间的一种非股权联合,因此各个成员不是严格受控的,而是各自享有自主权。各成员企业只是为了共同的目标,在互相信任的基础上,进行必要的合作,以实现目标;并且成员之间的合作具有灵活性,随着市场需求的变动,拥有某项核心能力或资源的成员会动态地退出或加入虚拟组织。

由于虚拟物流并没有改变各节点企业在市场中的独立法人属性，也没有消除其潜在的利益冲突。因此，虚拟物流也给各联盟企业带来了一些新的风险问题。

9.1.2 虚拟物流的基本构成要素

虚拟物流是运用现代技术手段，对企业原有资源要素进行整合之后，形成的新的组织模式。其主要构成要素包括以下几个方面。

1. 虚拟物流组织

虚拟物流实现的基础性工作就是构建虚拟物流组织，可以使物流活动更具市场竞争的适应力和盈利能力。有效的虚拟物流企业的组织结构模式是由一个牵头企业与若干个合作企业组成的企业联合体。牵头企业与合作企业之间通过合同的方式约定双方的权利与义务，共同为物流服务需求方企业提供全方位个性化服务（见图9-2）。

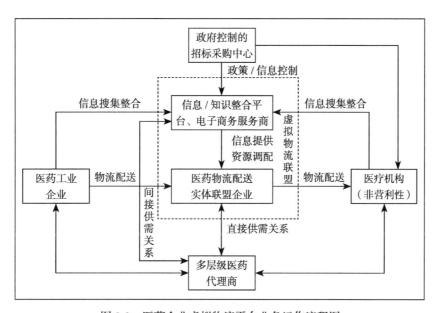

图9-2　医药企业虚拟物流平台业务运作流程图

（1）牵头企业。牵头企业一般在物流企业联合体中处于核心地位，其规模一般较大，且拥有自己的核心竞争优势，但由于不具备为物流需求企业提供全方位的物流服务，因此需要与其他企业合作来完成。虚拟物流如同供应链管理，处于核心地位的企业成为虚拟物流组织的核心和灵魂。

（2）合作企业。单个企业可以在物流服务的过程中提供某方面专业且高效的服务，但由于诸多原因，其在物流服务过程中只能以服务供应商的身份出现，成为物流服务某环节的服务提供者，合伙企业必须与牵头企业合作才能确保自己企业的正常运营，因此，合伙企业既是物流服务整个环节中必不可少的因素，又依附整个物流服务赖以生存。它能够实现物流服务的高效，加速社会商品的迅速流通，提高各个社会商品的整体效益。

2. 虚拟物流服务

虚拟物流可以提供多项虚拟服务内容，以此降低固定成本和可变成本。为了实现后台服务以及与其平行的服务功能，虚拟物流的前端服务是至关重要的。前端服务包括咨询服务即确认客户需求、网站设计/管理、客户集成方案实施等，这部分功能是用户经常接触的。虚拟物流的后端服务则包括六类主要的业务：订单管理、仓储与分拨、运输与交付、退货管理、客户服务以及数据管理与分析等。这些业务在各个企业节点之间形成网状，构成了上述的虚拟物流企业。

3. 虚拟物流储备

虚拟物流是以计算机网络技术进行虚拟化物流运作与全程物流管理，保证企业间物流资源共享和优化配置，它可以通过集中储备、调度储备来降低成本。虚拟物流可以采取不同形式，如电商企业与物流企业之间的虚拟物流联盟及中小型物流企业构筑虚拟物流的合作模式，共同完成物流业务。虚拟物流企业是通过物流功能合理分配的、信息和运作一体化的、利益共享的，对于社会物流需求而言又是整合众多原来物流各环节承担者所组成的物流虚拟共同体。

4. 虚拟物流运营

虚拟物流无须大量资金投入，可以随需应变，保持弹性的组织方式，这将对现有的物流行业产生很大的吸引力。其主要优势在于：若干独立的配送中心或运输、仓储、流通加工等组织，为了响应客户的个性化需求，可以组成临时性组织，利用彼此的物流资源，提供全方位的、覆盖面广的配送功能。它可以使供应商通过最接近需求点的产品，并运用遥控运输资源实现交货等。

由于中小企业在竞争中规模上处于劣势，在强大的竞争对手面前经常处于不利的地位，因此它们从自己的物流活动中不但无法获取规模效益，而且还会加大物流成本的消耗。虚拟物流可以使这些小企业的物流活动并入一个大的物流系统中，从而实现在较大规模的物流中降低成本，提高效益。

9.1.3 构建城市物流信息平台

虚拟物流组织的实质是供应链信息集成平台，它是以获取物流领域的规模化效益为目的，以先进的信息技术为基础，以共享供应链信息为纽带而构建的物流企业动态联盟。

城市物流信息平台是发展城市虚拟物流的基础，通过对区域内物流相关信息的采集，为生产、销售及物流企业等信息系统提供基础物流信息，满足企业信息系统对物流公用信息的需求，支撑企业信息系统各种功能的实现（见图9-3）。同时，物流共享信息，支撑政府部门间行业管理与市场规范化管理方面协同工作机制的建立。它将城市物流资源整合到一起，组成城市虚拟物流企业联盟，构建城市虚拟物流体系。

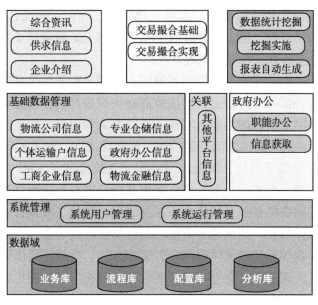

图 9-3 城市物流信息平台基本功能架构

1. 城市物流信息平台的构建及作用

城市物流信息平台是连接企业与企业、企业与政府的桥梁，它既同各类型企业的信息系统相连，又同政府的电子政务系统、公共服务系统和物流基础设施系统相对接。实现城市物流信息平台的四个功能：物流交易平台功能、物流数据中心功能、第三方认证功能、其他增值服务功能。

城市物流信息平台最重要的作用主要体现在以下几个方面。

（1）整合资源，实现信息共享。城市物流信息平台能整合区域内各种物流信息系统的信息资源，完成各系统之间的数据交换，实现社会各类组织之间的信息共享，实现信息价值最大化，为虚拟物流组织构架形成创造条件。

（2）强化合作，优化供应链。虚拟物流企业可以加强物流企业与上下游企业之间的合作，形成并优化供应链。在物流领域，企业核心竞争能力不仅表现在供应链的构建之上，而且也表现在依靠信息形成整套解决方案上，实现生产力硬件的优势互补，这就需要通过虚拟平台将第三方物流企业和虚拟仓库、网上的物流服务交易等组织整合。

（3）横向对接，实现平台集成。物流信息平台的建设，有利于实现与电子商务 B2B 或 B2C 系统的对接，高效的物流信息平台是与电子商务系统高度集成的统一平台，这为虚拟电子商务物流企业平台的拓展与深耕提供技术条件。

总之，物流公共信息平台作为政府、行业和企业衔接的公共服务平台，作为城市现代服务业发展的重要组成部分，能够大幅度提高政府、行业和企业的协作水平，提高虚拟企业的数据连接性和供应链可视化，以及普遍降低现代物流社会总成本。

2. 城市物流信息平台的技术框架

城市物流信息平台实际就是一个城市虚拟物流企业联盟，它包括了一个传统企业所应具有的供应链管理的全部职能,需要处理采购、库存、运输、销售等各个职能,包括网上电子采购子系统、网上库存管理子系统、网上运输管理子系统、网上销售管理子系统、客户关系管理子系统等内容。

(1)网上电子采购子系统。虚拟物流的网上电子采购子系统可以向制造商或经销商提供生产经营所必需的采购信息,向供应商提供销售产品和原材料的舞台。网上电子采购子系统具有网上交易的功能,实现了企业的采购功能,即生产企业可以通过虚拟物流企业的强大查询功能和辅助决策功能,确定供应商,制定采购策略和方案。

(2)网上库存管理子系统。网上库存管理子系统借鉴了 VMI 系统的思想,信息平台实现了对供应商、生产商、制造商、销售商持有库存的新型物流企业的集中库存管理,实现了社会物资储备信息的集中控制与管理,降低了社会持有的安全库存,实现了风险分散和整体效益。这种基于市场法则的物资控制与管理,具有极大的灵活性和适应性。不同于我国传统经济体制的物资管理方法,在战术层面即业务层面上,网上库存管理子系统实现了对社会仓储资源的管理,持有库存的新型虚拟物流企业可以选择适合自己的仓储策略。

(3)网上运输管理子系统。网上运输管理子系统要对运输资源的时空分布进行管理,使生产营销企业可以根据运价水平、到货时间以及自己的个性化需求来选择承运商、运输方式。据统计,目前我国干线运输费用占社会物流总成本的 50% 左右,在物流功能价值中,干线运输的重要性也并不亚于仓储、配送等业务。虚拟物流企业可以构建电子商务物流供应链的上下游之间的共享信息平台,利用信息管理系统对虚拟环境中的干线运输作业进行高效管理。

(4)网上销售管理子系统。销售管理的目的是辅助企业推广产品,寻找和拓宽销售渠道,通过虚拟企业间的销售管理子系统,企业一方面可以将自身的产品库存状况发布给虚拟物流企业,一方面可以通过查阅采购信息,向产品需求者发出征订单。与采购子系统一样,网上销售管理子系统也具备网上交易功能。

(5)客户关系管理子系统。客户关系管理子系统中的客户是指信息平台的用户及其用户的客户。城市物流信息平台需要对使用信息平台的所有用户进行客户关系管理,对客户的满意程度、个性化需求进行管理,并向其提供准确及时的信息服务。另外,信息平台还要为其用户建立客户关系管理系统,对其用户在信息平台上的业务信息进行跟踪、分析,为信息平台用户的客户建立档案,为信息平台的用户拓展市场提供信息支持。

另外,信息平台可以设立客户管理子系统,目的在于与政府的相关电子政务系统对接,为政府提供一个实施行业管理的窗口,向交通、海关、税务、经贸部门提供一个信息发布的渠道。

9.1.4 虚拟物流企业的构建基础

电子商务物流具有向国际化和远程化发展的趋势,宏大的物流系统,已经不可能由一两个确定的企业去构建,而实际上是由以信息技术和网络技术为支撑的虚拟企业去运作。虚拟物流企业虽然不具备独立企业的名分，但是可以像一个超大规模的独立企业一样，把整个系统运作得十分有效。这有利于提高社会大量闲置物流资源的利用率，起到调整和调配社会物流资源、优化社会供应链、理顺经济链的重要作用。

1. 突破传统经济模式的限制

我国现阶段正在经济新常态下实现企业的转型升级优化，在许多领域，由于受传统经营理念的影响较深，部门之间、行业之间仍然存在孤岛现象。实施高效虚拟物流必须整合各种物流社会资源，形成全域供应链或区块链。应该针对当前物流组织模式现状，通过社会形成合力推动物流企业建立全面的、形式多样的物流虚拟合作模式。

2. 提高物流企业自身运营实力

物流企业是一个提供物流服务的企业，现在的政策对物流企业的建立没有设置更多的资格障碍，这导致物流企业的进入门槛较低，部分企业运营实力较差。相当多的中小型物流企业的竞争能力较弱，难以购置各种现代物流服务设施和设备，网络软硬件技术设备的购置也受到资金的影响难以配置到位。由于业务量有限，因此企业的效益不佳，在短期内很难进行全面的横向扩张。但是通过虚拟合约的方式，以虚拟企业的形式来从事物流经营可以使企业扬长避短。

3. 强化虚拟物流核心企业的实力

目前，电子商务物流企业的建立，一方面是从电商向物流端的发展，一方面是从物流向电商端的发展。企业的业务内容及运作能力受原有业务范围影响，其核心竞争能力与现代电子商务物流企业的要求有相当大的差距。由于电子商务物流涉及的行业多、环节多、周期长、地域广，因此牵头企业由于自身能力因素的限制，短期内不可能构建起如此庞大的物流信息网络。但是，通过虚拟企业的形式，可以借助地域性乃至全国性、全球性的信息平台，整合社会资源，实现电子商务物流企业业务的专业化和规模化。

4. 满足物流需求的多样化要求

物流企业提供的服务产品需要根据需求方的要求来安排具体的物流服务活动，而需求方是根据自己的产品特点、商业模式、经营目标等，接受电子商务物流企业的服务并提出个性化的需求。这些个性化的物流需求，单个电子商务物流企业很难满足，实行虚拟化经营把那些能够提供特色服务的企业联合起来，相互匹配，就能够满足客户所需的各类个性化服务。

5. 创新虚拟化物流实现模式

从发达国家物流发展的历史来看，物流业的发展也经历了物流服务内容的完善到物流服务形式创新的过程，通过虚拟化的方式整合社会资源能够确保充分利用社会资源，形成生态物流产业圈，在节省资源、降低物耗、减少污染的情况下，为社会提供满意的物流服务。对单个企业而言，这既可以降低物流经营的风险，同时又可以保证物流业务的深耕与扩展。

9.1.5 虚拟物流企业的优势

虚拟物流企业通过合约的方式把物流服务的许多供应商联合起来，每个物流服务供应商都在自己的专业领域内为客户提供服务，所有的物流服务提供商联合起来为客户提供全面高效的物流服务。这样既可以保证每个物流服务供应商的专业化，又可以保证每个环节的有效运作，同时，通过有效整合也能够确保整个物流服务的有效性，实现物流服务需求方和供应方的经济效益与社会效益。

1. 机制灵活，有利于提高企业的效益

由于物流企业实行的是虚拟化经营，社会上的许多企业为物流服务的各个环节提供服务，因而每个企业都可能与若干个企业签订物流服务合作协议，这保证了物流服务提供商能够根据自己的经营状况、市场需求以及自己签约伙伴的要求，调整自己的企业经营方针，使企业能够实现经营的灵活性，提高物流服务各个环节所涉及的企业经济效益。

2. 降低成本，有利于提高经营的柔性

有物流服务需求的企业使用物流服务的主要目的之一是降低成本，提高产品的竞争实力，这必然要求物流企业也实行专业化经营，努力降低物流各个环节的成本，整合社会资源是虚拟物流企业实现降低成本目标的最快最有效的方式。

3. 外部经济，有利于实现规模经营

生产企业生产的产品以及服务企业提供的各类服务项目同质化趋势加剧，市场竞争程度加深，低成本战略是每个企业在激烈竞争中取胜的关键。通过虚拟物流的方式可以让生产企业实行专业生产，物流企业提供专业的物流服务，这样生产企业生产的产品就能够以较低的成本送到消费者手中。

总之，虚拟物流的建设需要社会与政府同时发力，尤其在物流标准化体系建设方面，政府要重视物流标准化工作。做好计量标准、技术标准、数据传输标准、物流作业和服务标准等方面的基础工作，加强对标准化工作的协调和组织。要重视物流人力资源的开发。一方面，要加大物流人才培养和选拔力度，充分利用城市优质的教育资源，培养和选拔虚拟物流方面的物流人才；另一方面，要支持物流人才的合理流动，加大地区和行业吸引人才的力度。

9.2 电子商务金融物流

电子商务金融物流是适应市场需求和业务扩张的需要，在面向物流业的运营过程中，通过应用和开发各种金融产品，有效地组织和调剂物流领域中货币资金的运动。简而言之，就是物流企业与金融机构联合起来为资金需求方提供融资。金融物流是一种创新型的第三方金融物流服务产品，其为金融机构、供应链企业以及第三方物流企业之间的紧密合作，提供了良好的平台，使得所有合作能达到"共赢"的效果（见图9-4）。

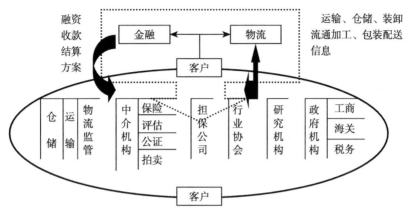

图 9-4　金融物流的业务内容及客户组成

9.2.1　金融物流的概念与实施方式

金融物流是为物流服务的新型模式，目前阿里巴巴等大型电商企业进入金融领域，导致金融机构面临激烈的市场竞争，为了在竞争中获得优势，银行、保险、证券等金融机构不断地进行业务创新，金融物流也应运而生。金融物流起源于物资融资业务，在国内，中小型企业存在着信用体系不健全的问题，所以融资渠道贫乏。金融物流服务的提出，可以有效支持中小型企业的融资活动。

金融物流作为一种创新产品，企业界还没有大范围地进行实践运作，理论界尚未形成有体系的理论框架。但是，实践已经走在理论的前面，随着金融物流实践的不断积累和理论研究的不断深入，未来金融物流服务在国内将拥有广阔的市场和良好的前景。

1. 金融物流的概念

（1）广义的金融物流是指在整个供应链管理过程中，通过应用和开发各种金融物流产品，有效地组织和调剂物流领域中货币资金的运动，实现商品流、物流、资金流和信息流的有机统一，通过融资经营活动，为物流企业"自身输血和献血"，提高供应链运作效率，最终实现物流业与金融业融合发展的状态。

（2）狭义的金融物流是指在供应链管理过程中，第三方物流供应商和金融机构向客户提供商品与货币，完成结算和实现融资的活动，是实现同生共长的一种经济模式。

2. 金融物流的实施方式

金融物流的服务和实施方式不可能仅局限于货物质押，我国目前的金融物流服务已经突破了最初的模式，金融物流的实施方式主要有如下四种。

（1）仓单质押。由于仓单质押业务涉及仓储（配送）企业、货主和银行三方的利益，因此要有一套严谨、完善的操作程序。

首先货主（借款人）与银行签订《银企合作协议》《账户监管协议》，仓储企业、货主和银行签订《仓储协议》，同时仓储企业与银行签订《不可撤销的协助行使质押权保证书》。

货主按照约定数量送货到指定仓库，仓储企业接到通知后，经验货确认后开立专用仓单。货主当场对专用仓单做质押背书，在仓库签章后，货主交付银行提出的仓单质押贷款申请。

银行审核后，签署贷款合同和仓单质押合同，按照仓单价值的一定比例放款至货主在银行开立的监管账户。

贷款期内当实现正常销售时，货款全额划入监管账户，银行按约定根据到账金额开具分提单给货主，仓库按约定要求核实后发货。贷款到期归还后，余款可由货主（借款人）自行支配。

（2）动产质押。动产质押是指债务人或者第三方将其动产移交债权人占有，将该动产作为债权的担保。当债务人不履行债务时，债权人有权依照法律规定以该动产折价款或者以拍卖、变卖该动产的价款优先受偿。前款规定的债务人或者第三方为出质人，债权人为质权人，移交的动产为质物。

动产质押就是指出质人以银行认可的动产作为质押担保，银行给予融资，有逐笔控制和总量控制两类。

（3）保兑仓。保兑仓是指以银行信用为载体，以银行承兑汇票为结算工具，由银行控制货权，卖方（或仓储方）受托保管货物，并对承兑汇票保证金以外的金额部分由卖方以货物回购作为担保措施，由银行向生产商（卖方）及其经销商（买方）提供的以银行承兑汇票的一种金融服务。

简而言之，就是企业向合作银行缴纳一定的保证金后开出承兑汇票，且由合作银行承兑，收款人为企业的上游生产商，生产商在收到银行承兑汇票前开始向物流公司或仓储公司的仓库发货，货到仓库后转为仓单质押，若融资企业到期无法偿还银行敞口，则上游生产商负责回购质押货物。

（4）开证监管。开证监管是指银行为进口商开具立信，进口商利用信用证向国外的生产商或出口商购买货物，进口商会向银行缴纳一定比例的保证金，其余部分则以进口货物的货权提供质押担保，货物的承运、监管及保管作业由物流企业完成。

图9-5是金融物流业务的实施方式流程图。

9.2.2 金融物流的产生与作用

金融物流是为物流产业提供资金融通、

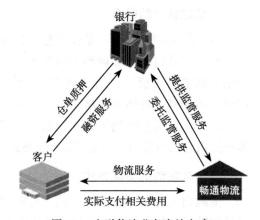

图9-5 金融物流业务实施方式

结算、保险等服务的金融业务,它伴随着物流产业的发展而产生。在金融物流中涉及三个主体:物流企业、客户和金融机构。物流企业与金融机构联合起来为资金需求方(企业)提供融资,金融物流的开展对这三个主体都有非常迫切的现实需要。

1. 金融物流产生的原因

(1)第三方物流服务的革命。金融物流是物流与金融相结合的产物,其不仅能提高第三方物流企业的服务能力和经营利润,而且可以协助企业拓展融资渠道,降低融资成本,提高资本的使用效率。金融物流服务将开国内物流业界之先河,是第三方物流服务的一次革命。在国内中小型企业中存在融资困境,这是由于中小型企业信用体系不健全,所以融资渠道贫乏,生产运营的发展资金压力大。国内金融物流服务的产生,可以有效支持中小型企业的融资活动,缓解资金压力。另外,金融物流可以盘活企业暂时闲置的原材料和产成品的资金占用,优化企业资源。

(2)供应链"共赢"目标。对于现代第三方物流企业而言,金融物流可以提高企业一体化服务水平,提高企业的竞争能力,拓大企业的业务规模,增加高附加值的服务功能,提高企业的经营利润。对于供应链企业而言,金融物流可以降低企业的融资成本,拓宽企业的融资渠道;可以降低企业原材料、半成品和产品的资本占用率,提高企业资本利用率,实现资本优化配置;可以降低采购成本或扩大销售规模,提高企业的销售利润。对于金融机构而言,金融物流服务可以帮助金融机构扩大贷款规模,降低信贷风险,甚至可以协助金融机构处置部分不良资产。

(3)金融机构创新意识增强。由于互联网金融的出现,传统金融机构因此面临的竞争也越来越激烈。为了在竞争中获得优势,金融机构(比如银行)不断地进行业务创新,这就促使了金融物流的诞生。金融物流可以帮助银行吸引和稳定客户,扩大银行的经营规模,增强银行的竞争能力;可以协助银行解决质押贷款业务中银行面临的"物流瓶颈"——质押物仓储与监管;可以协助银行解决质押贷款业务中银行面临的质押物评估、资产处理等服务。

案例 顺丰的金融布局

顺丰以物流为主业,其业务流是信息流、物流、资金流的融和,这一过程中有付款行为,以及和供应商、客户的业务来往。基于这些业务做支付、供应商贷款等金融业务也是顺理成章。

顺丰旗下的顺丰金融有各类融资业务,包括针对电商平台商户的顺丰E贷、针对顺丰及顺丰客户上游供应商的保理融资与订单融资、针对企业客户的融资租赁、针对顺丰员工的伙伴车辆融资租赁、针对在顺丰仓和监管仓中有库存的融资客户的仓储融资。

资料来源:http://www.admin5.com/article/20170301/721702.shtml.

2. 金融物流的作用

国内金融物流服务的推动者主要是第三方物流公司,金融物流服务也是随着现代第三方物流企业的出现而产生与发展的。在金融物流服务中，现代第三方物流企业业务更加复杂，除了要提供现代电子商务物流服务外，还要同金融机构合作一起提供部分金融服务。

金融物流作为物流业和金融业的有机结合，不仅是金融资本业务创新的结果，还是物流业发展壮大的需要，金融物流对行业发展的作用体现在以下几个方面。

（1）推动行业竞争与发展。资金是行业发展的血液，整个供应链的有效运转需要金融业的大力支持。物流金融是基于物流增值链中的供应商、终端用户、金融机构和物流企业等各方的共同需要所产生和发展的。

（2）促进金融服务业务创新。目前，金融机构拓展表外业务以应对日益激烈的融投资市场以及互联网金融的竞争成为战略选择，参与物流供应链的实际运作是业务拓展的重要方面，主要创新表现在信用贷款、仓单质押、权利质押、信托、贴现、融资租赁、保险、有价证券的交易和担保业务中。

（3）提高供应链管理的效率。供应链管理的效率有赖于物流金融的发展，金融物流的提出和金融物流业务的应运而生，解决了供应链上相关企业因资金短缺而产生的困难，拓宽了供应链上相关企业发展的利益空间，提升了供应链的运作效率。

2016年，中国物流与采购联合会金融物流专业委员会估算，物流业仅运费垫资一项，每年就存在约 6 000 亿元的融资需求，但这约 6000 亿元的融资需求中只有不到 5% 是通过银行贷款方式获得的。所以专家建议，加速发展金融物流，并积极进行业务创新，为现代物流寻找新的利润增长点。所以，物流业与金融业的结合不仅代表了一种全新的理念，而且还是金融业开辟的一个新的业务领域。

9.2.3　金融物流的组织模式

作为创新型电子商务物流模式，金融物流企业都是集金融物流创新、存货质押监管、物流信息服务于一体的综合性服务企业。其经营理念是以金融物流创新为主要手段，通过整合行业资源、客户资源及渠道资源，专门致力于为广大的中小型企业提供优质的融资服务，同时，以产业群为主体引入供应链创新管理模式，形成专业供应链集成服务。其基本的商业模式如下。

1. 银企结合模式

作为金融创新成果的金融物流，是金融界与物流界的有机结合，可以在最大限度上满足中小型物流企业融资的需求。为物流业的发展创造更加良好的服务环境，提供更加新型的服务技术，开辟更加多样化的服务渠道。如中储发展股份有限公司是国内最早开展质押监管业务的企业之一，其与工商银行等 20 多家金融机构签署了合作框架协议，监管物品种涉及建材、家电、煤炭、化工产品等。2013 年 9 月，阿里金融正式向相关金融监管部门提交拟设立阿里网络银行申请，拟成立的阿里网络银行注册资本为 10 亿元，提供小微金融服务，业务范围涉及存款、贷款、汇款等业务。相关部门已经听取阿里金融汇报，并开始着手研究网络银行。这是企业以银行作为自己的贷款银行并接受该银行的金融服务以及财务监管的一种银企结合制度。

商业银行在这种结合中仍处于被动地位，股权联系松散、规模小、实力不强。比如银行资本与产业资本仅是单一类型的结合，即仅是工商企业对银行的单向资本渗透。主办银行制度仅强调主办银行对企业的服务，没有体现银行对企业的监控，而且只限于合作协议，没有长期稳定的产权纽带。

因此，应完善主办银行制度，采取债权债务关系为纽带的模式。这一模式下的金融业和物流业之间的关系不是短期、小额和松散的借贷关系，而是金融机构与有实力的物流企业集团之间长期、大额、稳定的借贷关系。在这种关系的基础上，金融机构对物流企业形成一定程度的控制，对企业的经营管理保留审核监督的权力。

2. 股权关系模式

这种模式有两种表现：当金融机构和物流企业、生产企业单方面持有对方的股权时，就是单向持股模式；当金融机构和物流企业、生产企业互相持有对方的股权时，就是双向持股模式。

金融机构和物流企业、生产企业间从外在的债权关系发展到内在的股权融合，加大了商业银行与物流企业利益的关联度，提升了供应链运作和管理的效率，降低了金融机构的信贷风险，增强了各方的实力，实现了互利共赢。许多跨国公司和跨国银行多是借助这样的融合方式迅速发展起来的。

3. 债权转股权模式

针对部分经营管理和市场前景良好，但由于注资不足而陷入困境的物流企业、第三方物流服务供应商，金融机构可将超过一定年限的部分贷款转为对该类企业的股权投资。通过这种模式取得银行的信用，可以有效地解决在金融服务中的效率问题。

具体的做法就是商业银行把贷款额度直接授权给相关物流企业，再由物流企业根据客户的需求和条件进行质押贷款和最终结算。物流企业向商业银行按企业信用担保管理的有关规定和要求开展信用担保，并直接利用这些信贷额度向相关企业提供灵活的质押贷款业务，商业银行则基本不参与贷款项目的具体运作。

该模式有利于相关企业更加便捷地获得融资；有利于商业银行提高对供应链全过程的监控能力，更加灵活地开展金融服务；有利于解决物流企业融资难问题。

4. 高负债组建金融控股公司模式

这种模式是利用实力较强的物流公司的物流专业服务，将商业银行、生产企业以及多家经销商的资金流、物流、商品流、信息流有机结合，封闭运作，为企业提供全程金融服务。它打破了传统的地域限制，在无分支机构的地区开展动产质押业务，保证了生产企业、物流企业及经销商资金的有效运转，保证物流企业及时提供配送服务，优化供应链。

在此可借鉴美国持股公司的做法，由商业银行向物流企业集团的金融公司等非银行金融机构参股、控股或直接建立自己的控股公司实现间接的物流业和金融业的结合。

5. 人事渗透模式

这种模式是商业银行和物流企业之间双向人事渗透，互派人员。由于大型物流企业集团和第三方物流服务供应商资金流量大，信贷资金占用多，经济效益比较稳定，合作风险小。监管机构应允许金融机构与大型优质物流企业集团之间的双向股权融合，通过互派股权代表，建立以股权为纽带，集商品流、资金流、物流和信息流为一体的银企集团，这是保全银行资产、强化银行对相关企业监督和管理的一种途径。

9.2.4 金融物流业务创新模式

金融物流起源于物资融资业务。金融和物流的结合可以追溯到公元前 2 400 年，当时的美索不达米亚地区就出现了谷物仓单，而英国最早出现的流通纸币就是可兑付的银矿仓单。所以，金融物流创新由来已久，经历工业革命的洗礼，全新的金融物流模式也不断涌现。目前金融物流正成为国内银行一项重要的金融业务，并逐步显现其作用。

1. 融资物流

融资物流（业务）是质权人（通常是指银行）为了更安全地控制质押货物，利用物流公司对货物进行实时、实地监管的能力，是银行与物流公司合作推出的一种业务模式。融资物流是传统物流的增值服务，是企业以处于正常贸易流转状态的产品向银行质押作为授信条件，借助物流公司的物流信息管理系统，获得融资的综合服务业务。它的意义在于引用物流（动产）质押解决了中小型企业融资难的问题。资金短缺是制约众多企业发展的瓶颈难题。融资物流业务可提供灵活的质押贷款和结算、信用担保等银行综合服务，并引入专业的物流管理，在享受融资便利之时，还可享受库存管理带来的收益。

融资物流的基本操作服务有仓单质押（厂家动态）和海陆仓全程监管模式两种。

（1）仓单质押。仓单质押是指融资企业把质押商品存储在银行指定的物流企业仓库中，然后凭借物流企业开具的仓单向银行申请授信，银行根据质押商品的价值和其他相关因素向融资企业提供一定比例的授信额度。

（2）海陆仓全程监管模式。采用多式联运、点线结合监管模式，负责在境内外派出人员在途/异地监管，主要结合国内信用证模式、订单融资模式、国际保理模式，海陆采用提单质押，仓采用仓单质押。

2. 供应链金融

供应链金融就是金融机构围绕核心企业，管理上下游中小型企业的资金流和物流，并把单个企业的不可控风险转变为供应链企业整体的可控风险，通过立体获取各类信息，将风险控制在最低的金融服务。

目前，商业银行在进行经营战略转型过程中，已纷纷将供应链金融作为转型的着力点和突破口之一。供应链管理已成为企业的生存支柱与利润源泉，几乎所有的企业管理者都认识到供应链管理对于企业战略举足轻重的作用。

供应链金融对商业银行的价值还在于以下几个方面。首先，供应链金融实现银企互利共赢，在供应链金融模式下，银行跳出单个企业的局限，站在产业供应链的全局和高度，向所有成员的企业进行融资安排，通过中小企业与核心企业的资信捆绑来提供授信。其次，供应链金融能够降低商业银行资本消耗。根据《巴塞尔协议》的有关规定，贸易融资项下风险权重仅为一般信贷业务的20%。供应链金融涵盖传统授信业务、贸易融资、电子化金融工具等，为银行拓展中间业务提供了较大空间。

9.3 电子商务物流地产

据公开资料显示，普洛斯是中国、日本、美国以及巴西市场领先的现代物流设施提供商，更是亚洲最大的物流地产商。截至2017年3月31日，普洛斯拥有并管理了约5 500万平方米的物流基础设施，业务遍及全球117个主要城市。目前万科已经联手普洛斯在全球拥有超过500个现代化物流园区，占地近6 000万平方米，服务超过800家优质客户，对应的资产价值约410亿美元。

目前我国人均物流设施面积仅为美国的1/8（见图9-6），其中现代物流设施占比仅3%。未来伴随零售消费升级、电子商务快速发展，物流地产潜在发展空间广阔。电商企业进军地产市场已经成为一种转型模式，但是电商、物流加地产的三方融合则是商业模式创新的又一个趋势。

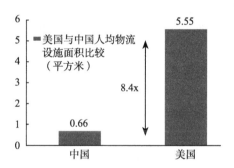

图9-6　美国与中国人均物流设施面积比较

9.3.1　物流地产概述

物流地产是由美国的普洛斯率先提出并实践的，开始于20世纪80年代，迄今为止已有30多年的历史，目前，物流地产发展较快的地区和国家以欧洲与美国为主。

1. 物流地产的概念

物流地产是经营专业现代化的物流设施的载体，是出于房地产开发企业对利润的追求，根据物流企业客户的需要，选择一个合适的地点，投资和建设企业业务发展所需的现代物流设施。物流地产属于工业地产的范畴，特指投资商投资开发的物流设施，比如物流仓库、配送中心、分拨中心等，这里的投资商可以是房地产开发商、物流商、专业投资商等。现代物流地产的范畴包括物流园区、物流仓库、配送中心、分拨中心等物流业务的不动产载体,同传统的物流地产相比,它更强调管理的现代化、规模效应、协同效应。

2. 物流地产产生的背景

随着住宅地产限购政策的出台,电子商务物流行业的房地产投资者作为后来者,纷纷转向其他地产领域,此时物流地产才真正开始被房地产企业重视。物流地产投资的动力不仅受住宅地产发展受限的影响,其中物流设施的供不应求是各开发主体跃跃欲试的原动力。目前我国的国际标准仓库总存量为1 300万平方米,仅相当于美国波士顿一个城市的水平,且其中60%位于一线城市。

(1)物流地产产生的行业背景。最初的物流地产是简单的"地产+物流"模式,自电子商务盛行后也一直备受关注。此类物流地产,指的是由企业选地建成相关物流设施后,再转租给制造商、零售商、物流公司等客户,并组织资产管理队伍进行物业管理,提供物业相关服务。

据业内测算,这种模式仅有10%的投资回报率。值得注意的是,物流仓储设施必须压低到在5%的空置率下,才能保持10%的回报;如果空置率达到15%,利润就会被挤压。

阿里巴巴创始人马云发起的菜鸟网络,先后在天津、上海、广州、武汉布局物流地产,共涉及9个核心城市,20多个中转城市,2 000多个城市网点,总投资规模超过3 000亿元。然而电商企业、房企、物流公司大规模且超出实际需要的圈地方法,大多都是因工业用地的价格较为便宜而去囤积,再以物流地产的方式去运营,而这样投入的巨额资金,将对企业的现金流和财务安全提出严峻的考验。

根据《2013—2017年中国物流地产行业发展模式与投资前景分析报告》数据显示,2011年,北京、广州、济南等城市的仓储价格同比增长了20%~30%,而上海的不少大型仓储的租金更是上涨了近50%。专家预计,中国将成为全世界最大的物流合同市场,其最大推动力来自电子商务的发展。

随着2011年全球制造业的复苏和国内消费市场的急剧增长,环渤海、长江三角洲、珠江三角洲地区的仓储空置率一直处于下降趋势,很多地区甚至出现"一库难求"的情况。由此,传统物流公司和电商企业,如阿里巴巴、京东、亚马逊、当当网、凡客诚品等,也大举进军物流地产,由"轻资产"向"重资产"转化。

(2)物流地产的政策背景。政府政策的优惠在一定程度上刺激了物流地产的发展。2012年2月,财政部、国家税务总局联合发布《财政部国家税务总局关于物流企业大宗商品仓储设施用地城镇土地使用税政策的通知》,对物流企业自有的(包括自用和出租)大宗商品仓储设施用地,按所属土地等级适用税额标准的50%计征城镇土地使用税。相比制造商、零售商和第三方物流企业自建物流地产项目,房地产商拥有土地资源,地产项目的规划设计、建设以及资源的整合等诸多优势。房地产商在进行物流地产的开发时,需要避免盲目开发,同时必须拥有强大的招商能力、充沛的客户资源以及专业的服务品质,这些因素会对后期的投资回收造成关键影响。这也是我国的物流地产商需要向国际物流地产商学习之处。因此，物流地产不仅是我国房地产商面临的机遇，更是对其综合实力的一种挑战（见图9-7）。

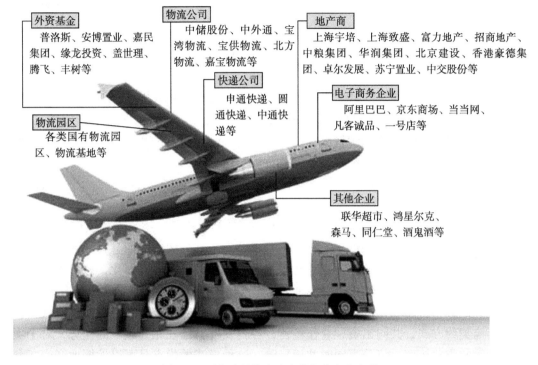

图 9-7　国内涉足物流地产的部分企业名单

9.3.2　物流地产的运营模式

从物流地产的商业模式来看，包括融资、选址拿地、开发建设、招商运营和资本退出等几个阶段。其中低成本融资能力、拿地选址能力及退出渠道是衡量一家物流地产商竞争力的重要指标。目前市场主流物流地产商均会成立物流地产基金，在项目初期通过基金模式放大杠杆提供资金支持，在项目后期将成熟的物流仓储项目出售给基金或第三方，实现物业销售开发收入的提前兑现和项目的轻资产运营。目前物流地产商的典型代表是普洛斯，2015年市场份额达到55%。

案例　苏宁设立 300 亿元物流地产基金　开启轻资产运营模式

根据苏宁云商2017年11月14日公告，公司全资子公司江苏苏宁物流有限公司（简称苏宁物流）携手深创投不动产基金管理有限公司（简称深创投不动产）发起设立基金总规模为300亿元的物流地产基金。其中首期基金目标募集资金规模50亿元，主要用于收购苏宁建成的成熟仓储设施，市场化收购及投资开发符合条件的高标准仓储物流设施。

苏宁云商表示，此举可以有效盘活存量资产，加速资金循环，实现轻资产、高周转运营,最终推动公司物流仓储规模的快速扩张。

在接受《中国经营报》记者采访时,多位业内人士表示,苏宁物流运用基金杠杆转向轻资产运营模式,可以有效盘活存量资产,加速资产循环,实现物流仓储规模的快速扩张。

资料来源:http://finance.sina.com.cn/roll/2017-11-17/doc-ifynwnty4374129.

物流地产的运营模式按照投资和管理的主体不同可分为四种。

(1)地产商主导,租售给物流商并代其管理。房地产开发商是开发投资的主体,开发商选地建成相关物流设施后,再转租给物流企业。日常物流业务由物流公司操作,房地产开发商只负责投资开发和物业管理。这种模式的优点是更有效地帮助物流企业客户管理资金、降低成本,进而提高企业的核心竞争力;缺点是对于小规模的物流企业而言,租金成本可能过高。

(2)物流商自有地产,自己经营管理。物流企业是相关物流设施投资建设的主体,建成后也是自己经营和管理。优点是可以节省一部分租金,而且物业的折旧费用可以享受到税收减免的好处。缺点是管理水平可能比较低、非专业化,同时需要占用大量的资金,运营成本比较高,而且由于建设上的非专业性,建设成本可能较高。

(3)地产、物流商直接合作经营。物流商、地产商通过成立项目公司或协议、合同等其他契约方式,共同出资,合作经营,各自发挥自己在相关领域的优势,对于项目建成后的收益按照协议分享同时共担风险。这种模式的优点是可以发挥地产商在拿地、设施建设等方面的优势,同时发挥物流商在物流效率设计、物流运营方面的优势,实现物流商和地产商的共赢。但是缺点在于双方前期面临信用风险,同时在后期利益分配问题、风险分担上可能出现矛盾。

(4)由第三方牵头,联系物流商和地产商。通过第三方将物流商和地产商各自的资源进行整合,同时对物流商和地产商的资格、实力进行审查,确保强强联合。物业建成后由第三方中介组织负责对管理企业进行招标,而企业收益也由第三方代为审查并根据协议分配。这种模式的优点是充分利用了独立第三方的审查,从而避免了物流商和地产商的信用风险,同时避免了后期产生的矛盾。但是这种模式对于第三方的要求很高,而且要求中介市场有较高的行业自律性,同时需要社会信用信息的支持。

9.3.3 物流地产的盈利模式

根据国内外物流地产运营经验,物流地产商以物流平台提供商的身份,通过将地产资源与其他资源整合,带动人员流、物流、信息流、资金流的全面汇集,实现资源价值的最大化。总的来说,物流地产的盈利主要来自五个方面:土地(资产)增值、出租收入、服务费用、项目投资收益及其他收益。

1. 土地(资产)增值

对物流地产所有者与经营者来说,均将从土地增值中获取巨大收益。所有者即初期投资者从政府手中以低价购得土地，等完成初期基础设施建设后，地价将会有一定的升值，而到物流园区正式运营后，还将大幅上涨。对于经营者（即物流运营商）来说，土地增值将能提高其土地、仓库、房屋等出租收入。目前，运作最为成功的是深圳，其物流园区的主要盈利来自土地价值的增长。

案例　254亿美元中国资本投向物流地产

在仲量联行华东区物流地产部总监黄晖看来，电子商务零售业的蓬勃发展推动了物流地产市场的兴盛，投资市场的交易规模也有望逐年增长。戴德梁行的另一份报告指出，过去十年间，随着经济的发展，中国物流地产市场迎来爆发式增长。整体市场规模从2005年的不足3亿元增长到2016年的超过100亿元，如此快速的发展主要得益于国内消费市场的繁荣。预计至2020年，电子商务、消费品、物流服务和工业对高标准仓库的需求将达到1.4亿～2.1亿平方米，而届时供应量或只有5600万～6600万平方米，供应缺口超过1亿平方米。在相当长一段时期内，中国物流地产市场将维持供不应求的态势。这也是吸引众多企业参与的原因。

资料来源：http://www.sohu.com/a/191937850_99989567.

2. 出租收入

园区所有者与经营者按一定比例对出租收入进行分配。

（1）仓库租赁费用。经营者将园区内所修建的大型现代化仓储设施租给一些第三方物流商、生产型企业等，从中收取租金，这是出租收入的主要来源之一。

（2）设备租赁费用。将园区内一些主要的交通设施（如铁路专用线）、物流设备（如装卸、运输设备等）租给园区内企业使用，收取租金。

（3）房屋租赁费用。主要包括园区的一些办公大楼及用作各种其他用途的房屋租金。以浙江传化物流基地为例，该基地的交易中心总建筑面积10 758平方米，营业用房总面积7 476平方米，交易大厅近600平方米，共3层，有300多间商务用房。建成不到一年，该基地已吸引逾200家第三方物流企业和93家第三产业的企业入住，仅房屋租金就可以收回除土地外的一半支出。

（4）停车场收费。物流园区凭借强大的信息功能吸引众多运输企业入驻，园区内修建现代化停车场，也将收取一定的停车费用。

（5）其他管理费用。其包括物业管理费等其他费用。

3. 服务费用

（1）信息服务费用。这是最主要的服务费用之一。一是提供车辆配载信息，帮助用户提高车辆的满载率和降低成本，并从节约的成本中按比例收取一定的服务费。二是提供商品供求信息，可以为园区内的商户服务，从本地和周边地市配送它们所要的各种商品，以降低它们的经营成本。同时可以专门为社会上大的商场、批发市场和广大客户服务，为企业从全国各地集中配送其所需要的各种商品。在收费方式上采取按成交额提取一定比例的中介费的方式。

（2）培训服务费用。利用物流园区运作的成功经验及相关的物流发展资讯等优势，开展物流人才培训业务，从中收取培训费用。

（3）融资中介费用。园区运营商通过介绍投资者进驻园区，从中收取中介费用。

（4）其他服务费用。其包括技术服务、系统设计等服务费用。

4. 项目投资收益

对于园区所有者来说，还可以根据对前景好的物流项目如加工项目、配送业务等进行投资，从中获取收益。

5. 其他收益

园区运营商还可以通过增资扩股、上市等方式获取收益。

● 案例　万科2016年上半年掷1 152亿元拿地

2014年5月，万科借签约河北廊坊项目宣布进军物流地产，2015年，联手黑石成立万科物流地产发展有限公司，引入黑石为物流地产注入金融元素，便于利用基金等手段实现物流地产运营的轻资产化。2016年1～5月，万科新增物流地产项目7个，对应建筑面积52.8万平方米，超过2015年全年水平。

资料来源：http://www.sohu.com/a/158103408_115124.

9.4　电子商务智慧物流

当前，物联网、云计算、移动互联网等新一代信息技术的蓬勃发展，正推动着中国智慧物流的变革。可以说，智慧物流将是信息化物流的下一站。我国正在把数字物流、智慧物流作为物流信息化的标志语（见图9-8）。

图9-8　智慧物流运作模式

9.4.1 智慧物流概述

智慧物流是指利用集成智能化技术，使物流系统能模仿人的智能，具有思维、感知、学习、推理判断和自行解决物流中某些问题的能力。智慧物流标志着信息化在整合网络和管控流程中进入一个新的阶段，即进入一个动态的、实时进行选择和控制的管理水平，智慧物流是未来发展的方向。

从技术层面看，智慧物流是利用互联网、物联网、信息技术，在流通过程中获取信息从而通过分析信息做出决策，使商品从源头开始被实时跟踪与管理，实现信息流快于物流，即可通过 RFID、传感器、移动通信技术等使物流活动自动化、信息化和网络化。

目前，我国先进的信息技术在物流行业的应用和推广水平有待提高，自主创新和产业支撑能力需要加强，物流设施设备的自动化、智能化程度和物品管理的信息化水平与发达国家还尚有差距，电子商务物流企业利用自身的信息技术与网络技术优势将对智慧物流的发展产生巨大推动力。

1. 智慧物流的产生

2009 年，IBM 提出了建立一个面向未来的具有先进、互联和智能三大特征的供应链，通过感应器、RFID 标签、制动器、GPS 和其他设备及系统生成实时信息的"智慧供应链"概念，紧接着"智慧物流"的概念由此延伸。与智能物流相比，智慧物流强调构建一个虚拟的物流动态信息化的互联网管理体系，更重视将物联网、传感网与现有的互联网整合起来，通过以精细、动态、科学的管理，实现物流的自动化、可视化、可控化、智能化、网络化，从而提高资源利用率和生产力水平，创造更具社会价值的综合内涵。

2009 年，中国物流技术协会信息中心、华夏物联网、物流技术与应用编辑部率先在行业中提出了"智慧物流"的概念。华夏物联网总经理王继祥发表了"物联网推动智慧物流变革"的文章，在业界引起广泛反响。

IT 产业下一阶段的任务是把新一代 IT 技术充分运用在各行各业之中，具体地说，就是把感应器嵌入和装备到电网、铁路、桥梁、隧道、公路、建筑、供水系统、大坝、油气管道等各种物体中，并且被普遍连接，形成物联网，然后将物联网与现有的互联网整合起来，实现人类社会与物理系统的整合。在这个整合的网络中，存在能力超级强大的中心计算机群，能够对整合网络内的人员、机器、设备和基础设施实施实时的管理和控制。在此基础上，人类可以以更加精细和动态的方式管理生产与生活，达到"智慧"状态，提高资源利用率和生产力水平，改善人与自然间的关系。

2. 智慧物流发展的条件

物流是控制商品等物质资料在空间、时间变化中的动态，因此，很大程度上物流管理是对商品、资料的空间信息和属性信息的管理。在以物联网为基础的智能物流技术运用流程中，智能终端利用 RFID、红外感应、激光扫描等传感技术获取商品的各种属性信息,再通过通信手段传递到智能数据中心对数据进行集中统计、分析、管理、共享、利用,从而为物流管理甚至是整体商业经营提供决策支持。

(1)技术条件。目前,我国很多先进的现代物流系统已经具备了信息化、数字化、网络化、集成化、智能化、柔性化、敏捷化、可视化、自动化等先进的技术特征。很多物流系统和网络也采用了最新的红外线、激光、无线、编码、认址、自动识别、定位、无接触供电、光纤、数据库、传感器、RFID、卫星定位等高新技术,这种集光、机、电、信息等技术于一体的新技术在物流系统中的集成应用就是物联网技术在物流业应用的体现。

当前以信息技术为核心的新一轮科技革命和产业变革正在孕育升级,物联网作为新一代信息技术的高度集成和综合应用,对产业变革和经济社会绿色、智能的持续发展具有重要意义。2016年以来,我国物联网发展取得了显著成效,目前正在加速进入跨界融合、集成创新和规模化发展的新阶段,智慧物流面临着重大的发展机遇。

(2)政策红利。在智慧物流概念出世的同一年即2009年,国务院出台《物流业调整和振兴规划》并提出:积极推进企业物流管理信息化,促进信息技术的广泛应用;积极开发和利用全球定位系统、地理信息系统、道路交通信息通信系统、不停车自动缴费系统、智能交通系统等运输领域新技术,加强物流信息系统安全体系研究。2011年8月,《国务院办公厅关于促进物流业健康发展政策措施的意见》持续强调,加强物流新技术的自主研发,重点支持货物跟踪定位、射频识别、物流信息平台、智能交通、物流管理软件、移动物流信息服务等关键技术攻关。适时启动物联网在物流领域的应用示范。两项政策都从国家宏观层面,强调了地理信息系统等关键信息技术在物流信息化中的作用。

目前,政府正在实施"互联网+流通"行动,这是推动流通革命,促进"大众创业、万众创新"发展新经济的重要举措,有利于降本增效,拉动消费和就业。为此,一要突破信息基础设施和冷链运输滞后等"硬瓶颈",打造智慧物流体系,发展物联网。2016年4月6日,国务院总理李克强主持召开国务院常务会议,会议决定,部署推进"互联网+流通"行动,突破信息基础设施和冷链运输滞后等"硬瓶颈",破除营商环境"软制约",促进线上线下融合发展,加快分享经济成长。事实上,业内对供应链、物流链的"进阶"创新已经迫不及待了。

案例 电子商务与物流互促试点政策将推向全国,智慧物流发展望提速

事实上,以智慧物流为代表的物流新模式正方兴未艾,包括亚马逊、海航云商等电商企业也在纷纷布局智慧物流。

"举个智慧物流的例子,比如要运送一个发动机到某一个工厂,这是个B2B服务。这中间我们可以提供的服务是,当订单生成以后可以帮助订单来进行融资,在订单进入仓储以后我们有重复的一系列保底工作,能提供征信、保险等其他一系列服务。也就是车后服务后续向供应链金融延伸,已经有了实实在在的支撑。"云商智慧物流总裁程丹认为,目前全球的经济环境在变,市场环境在变,中国的物流还处于4.0阶段,

物流 4.0 主要还是靠数据和科技制胜。

目前，亚马逊在全球范围内推出多项创新举措，涵盖智能仓储、末端配送、"无人驾驶"智能供应链系统等。

例如，在智能仓储运营层面，除了配备摇臂机器人、自动分拣线、智能运算推荐包装等多种自动化技术之外，亚马逊还率先启用了体积小、承重大的 Kiva 机器人用于存储和拣货。目前，亚马逊已在全球部署了 10 万台 Kiva 机器人。

在供应链层面，亚马逊开启了一个全新的"无人驾驶"智能供应链系统，它基于云技术、机器学习和大数据分析的系统，实现自动预测、自动采购、自动补货、自动分仓，并自动根据客户需求智能调整库存精准发货，对海量商品库存进行自动化、精准化管理。该系统已经开始在全球采用。

资料来源：http://baijiahao.baidu.com/s?id=1580902143373963162&wfr=。

9.4.2 智慧物流的作用

智慧物流理念的提出顺应了历史潮流，也符合现代物流业发展新趋势，还符合物联网发展的趋势。

1. 降低物流成本，提高企业利润

智慧物流能大大降低制造业、物流业等各行业的成本，切实提高了企业的利润，生产商、批发商、零售商三方通过智慧物流相互协作，信息共享，物流企业便能更节省成本。其关键技术诸如物体标识及标识追踪、无线定位等新型信息技术应用，能够有效实现物流的智能调度管理，整合物流核心业务流程，加强物流管理的合理化，降低物流消耗，从而降低物流成本、减少流通费用、增加企业利润。

2. 加速产业发展，成为技术支撑

智慧物流的建设，将加速当地物流产业的发展，集仓储、运输、配送、信息服务等多功能于一体，打破行业限制，协调部门利益，实现集约化高效经营，优化社会物流资源配置。同时，将物流企业整合在一起，将过去分散于多处的物流资源进行集中处理，发挥整体优势和规模优势，实现传统物流企业的现代化、专业化和互补性。此外，这些企业还可以共享基础设施、配套服务和信息，降低运营成本和费用支出，获得规模效益。

3. 奠定业务基础，促进智能融合

随着 RFID 技术与传感器网络的普及，物与物的互联互通，将给企业的物流系统、生产系统、采购系统与销售系统的智能融合打下基础，而网络的融合必将产生智慧生产与智慧供应链的融合，企业物流完全智慧地融入企业经营之中，打破工序、流程界限，打造无数智慧企业。

4. 提供消费信息，增加购买信心

智慧物流通过提供货物源头自助查询和跟踪等多种服务，尤其是对线上线下销售的日用商品源头查询,能够让消费者买得放心、吃得放心,增加消费者的网上购买信心,同时促进消费,最终对整个市场产生良性影响。

5. 提升政府效率,助力体制改革

智慧物流可全方位、全程监管商品的生产、运输、销售,大大减轻了相关政府部门的工作压力,使监管更彻底、更透明。通过计算机和网络的应用,政府部门的工作效率将大大提高,有助于我国机构改革,精简政府机构,裁汰冗员,从而削减政府开支。

6. 推动区域经济,夯实综合竞争力

智慧物流集多种服务功能于一体,体现了现代经济运作特点的需求,即强调信息流与物流快速、高效、通畅地运转,从而降低社会成本,提高生产效率,整合社会资源。

案例　何黎明:迎接智慧物流大发展的春天

随着物流业与互联网深度融合,新技术、新模式、新业态不断涌现,智慧物流开始起步,成为物流业发展的新增长点和提质增效的新路径,为物流业转型升级注入了新动力。2016年7月,国务院常务会议决定把"互联网+"高效物流纳入"互联网+"行动计划。随后,经国务院同意,国家发展与改革委会同有关部门研究制定了《"互联网+"高效物流实施意见》。推进"互联网+"高效物流与大众创业、万众创新紧密结合,创新物流资源配置方式,大力发展商业新模式、经营新业态,对于提升物流业信息化、标准化、组织化、智能化水平具有重要意义。

当前,政府从政策层面大力推动智慧物流,消费升级、市场变革倒逼智慧物流创新发展,现代信息技术迅猛发展为智慧物流创造了条件。智慧物流已成为深化供给侧结构性改革,推动物流业转型升级的强大动力。但从目前来看,发展智慧物流还存在一定的现实障碍,主要是互联网基础设施布局和投入不足,物流业和信息化复合型人才严重匮乏,互联网信息接口和相关标准尚未统一,社会诚信体系建设任务艰巨等。

资料来源:http://news.hexun.com/2017-05-08/189105104.html。

9.4.3　智能物流到智慧物流

在引进物联网、推进智能物流建设的过程中,更多企业未雨绸缪,遵循电子商务物流发展的内在规律,创建企业智能物流管理系统,从智能物流到智慧物流主要基于以下考虑。

1. 建立基础数据库

现代企业必须建立内容全面丰富、科学准确、更新及时且能够实现共享的信息数

据库，这是企业建设信息化和建立智能物流的基础。尤其是数据采集挖掘、商业智能方面，更要夯实基础，对数据采集、跟踪分析进行建模，为智能物流的关键应用打好基础（见图9-9）。

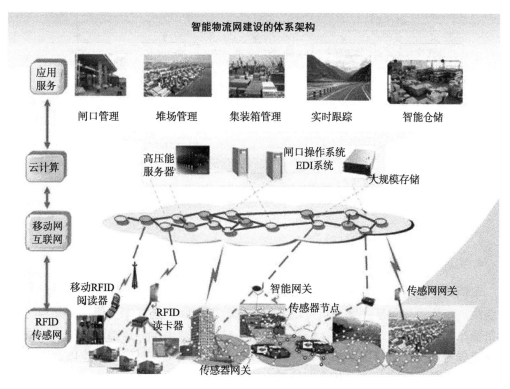

图 9-9　智能物流网建设的体系构架

2. 推进业务流程优化

目前，企业传统物流业务流程信息传递迟缓，运行时间长，部门之间协调性差，组织缺乏柔性，制约了智能物流建设的步伐。电子商务物流企业需要以科学发展观为指导，坚持从客户的利益和资源的节约保护为出发点，运用现代信息技术和最新管理理论对原有业务流程进行优化与再造（见图9-10）。

3. 重点创建信息采集跟踪系统

信息采集跟踪系统是智能物流系统的重要组成部分。物流信息采集系统主要由射频识别系统和传感器数据处理中心（Savant）系统组成。每当识读器扫描到一个电子编码系统标签所承载的物品制品的信息时，收集到的数据将传递到整个 Savant 系统，为企业产品物流跟踪系统提供数据来源，从而实现物流作业的无纸化。物流跟踪系统则以 Savant 系统作为支撑，主要包括对象名解析服务和实体标记语言，这主要涉及产品生产物流跟踪、产品存储物流跟踪、产品运输物流跟踪、产品销售物流跟踪，以保证产品流通安全，提高物流效率。但是，创建信息采集跟踪系统，应先做好智能物流管理系统的选型工作,而其中信息采集跟踪子系统是重点建设内容。

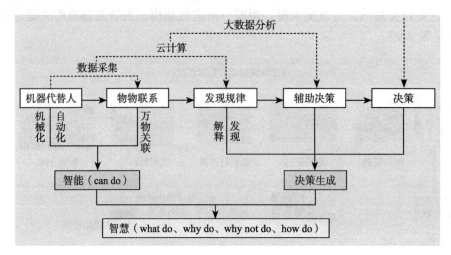

图 9-10　智慧物流运行逻辑图

4. 实现车辆人员智能管理

车辆调度包括:提供送货派车管理、安检记录等功能,对配备车辆实现订单的灵活装载。车辆管理包括:管理员可以新增、修改、删除、查询车辆信息,并且随时掌握每辆车的位置信息,监控车队的行驶轨迹,这样可避免车辆遇劫或丢失,并设置车辆超速告警以及进出特定区域告警;监控司机、外勤人员实时位置信息以及查看历史轨迹;划定告警区域,进出相关区域都会有告警信息,并设置电子签到,最终实现物流全过程可视化管理。实现车辆人员智能管理,还要做到高峰期车辆分流控制系统,避免车辆的闲置。物流企业可以通过预订分流、送货分流和返程分流实行三级分流。高峰期车辆分流功能能够均衡车辆的分布,降低物流对油费、资源、自然的破坏,有效确保客户单位的满意度,对缓解提高效率与降低成本的矛盾具有重要意义。车辆人员智能管理也是智能物流系统的重要组成模式。

5. 实施智能订单管理

推广智能物流一是要实现智能订单管理,是让公司呼叫中心员工或系统管理员接到客户发(取)货请求后,录入客户地址和联系方式等客户信息,管理员就可查询、派送该公司的订单;二是通过 GPS / GPSone 定位某个区域范围内的派送员,将订单任务指派给最合适的派送员,而派送员通过手机短信来接受任务和执行任务;三是系统还要能提供条码扫描和上传签名拍照的功能,提高派送效率。

6. 制定危机管理应对机制

智能物流的建设不仅要加强企业常态化管理,更应努力提高危机管理水平。物流企业应在物联网基础上建设智能监测系统、风险评估系统、应急响应系统和危机决策系统,这样才能有效应对火灾、洪水、极端天气、地震、泥石流等自然灾害、瘟疫、恐怖袭击等突发事件对智能物流建设的冲击，尽力避免或减少对客户单位、零售终端、消费者和各相关人员的人身和财产造成的伤害与损失，实现物流企业健康有序地发展。

7. 物联网技术集成应用于智能物流

物联网建设是企业未来信息化建设的重要内容，也是智能物流系统形成的重点组成部分。目前在物流业应用较多的感知手段主要是 RFID 和 GPS 技术，今后随着物联网技术不断发展，激光、卫星定位、全球定位、地理信息系统、智能交通、M2M 技术等多种技术也将更多集成应用于现代物流领域，用于现代物流作业中的各种感知与操作。例如，温度的感知用于冷链物流，侵入系统的感知用于物流安全防盗，视频的感知用于各种控制环节与物流作业引导等。

案例　M2M 技术

广义上 M2M 可代表机器对机器（Machine to Machine）、人对机器（Man to Machine）、机器对人（Machine to Man）、移动网络对机器（Mobile to Machine）之间的连接与通信，它涵盖了所有实现在人、机器、系统之间建立通信连接的技术和手段。M2M 技术的目标就是使所有机器设备都具备联网和通信能力，其核心理念就是网络一切（Network Everything）。M2M 技术具有非常重要的意义，有着广阔的市场和应用，推动着社会生产和生活方式新一轮的变革。M2M 是一种理念，也是所有增强机器设备通信和网络能力技术的总称。人与人之间的沟通很多也是通过机器实现的，例如通过手机、计算机、电脑、传真机等机器设备之间的通信来实现人与人之间的沟通。另外一类技术是专为机器和机器建立通信而设计的。如许多智能化仪器仪表都带有 RS-232 接口和 GPIB 通信接口，增强了仪器与仪器之间、仪器与计算机之间的通信能力。目前，绝大多数的机器和传感器不具备本地或者远程的通信与联网能力。

资料来源：https://baike.baidu.com/item/M2M%E5%2001495.

当前，物联网发展正推动着我国智能物流到智慧物流的转变。随着物联网理念的引入、技术的提升、政策的支持，相信未来物联网将给物流业带来革命性的变化，我国电子商务智能物流将迎来大发展的时代。因此国内企业必须将更多物联网技术集成应用于智能物流，推动未来智能物流向物流智能化、物流一体化、物流层次化、物流柔性化与物流社会化方向发展。同时，基于先进信息技术与互联网技术，新经济环境下，众创、众包等协同经济新业态层出不穷，为电子商务物流发展提供了新动力。

本章小结

虚拟物流是指以计算机网络技术为基础进行虚拟化的物流运作与管理，实现企业间物流资源共享和优化配置的物流方式。虚拟物流的特点包括信息化、自动化、网络化、智能化、柔性化。

虚拟物流的基本构成要素包括：虚拟物流组织、虚拟物流服务、虚拟物流储备、虚拟物流运营。虚拟物流组织的实质是供应链信息集成平台。城市物流信息平台包括网上电子采购子系统、网上库存管理子系统、网上运输管理子系统、网上销售管理子系统、客户关系管理子系统等内容。

金融物流是一种创新型的第三方物流服务产品，其为金融机构、供应链企业以及第三方物流企业之间的紧密合作提供了良好的平台。金融物流实施方式：仓单质押、动产质押、保兑仓、开证监管。

金融物流的组织模式包括：银企结合模式、股权关系模式、债权转股权模式、高负债组建金融控投公司模式、人事渗透模式。金融物流业务创新模式：融资物流、供应链金融。

电子商务物流地产是经营专业现代化的物流设施的载体，是出于房地产开发企业对利润的追求。物流地产的运营模式：地产商主导，租售给物流商并代其管理；物流商自有地产，自己经营管理；地产、物流商直接合作经营；由第三方牵头，联系物流商和地产商。物流地产的盈利主要来自五个方面：土地（资产）增值、出租收入、服务费用、项目投资收益和其他收益。

智慧物流是指利用集成智能化技术，使物流系统能模仿人的智能，具有思维、感知、学习、推理和自行解决物流中某些问题的能力。智慧物流发展的条件包括：技术条件和政策红利。

复习思考题

1. 什么是虚拟物流？为什么说城市物流信息平台建设是实现虚拟物流的重要条件？城市物流信息平台建设的构架和意义是什么？
2. 结合实际案例谈谈物流金融业务的实施方式。
3. 电子商务物流地产的运营模式有哪几种？我国物流地产发展与国外的差距有哪些？
4. 智慧物流发展需要的主要技术是什么？

课内实训

对当地的城市物流信息平台建设情况进行调查，结合地区电子商务物流企业的经营现状，力求将此项调查活动做得圆满且完善，找出城市物流信息平台建设存在的问题以及具体改进的方案。

课外实训

请根据自己学校周边的某家快递物流企业的经营现状，设计出帮助其实现智慧物流的初步方案，借鉴成功的智慧物流案例，将先进的信息技术和互联网、物联网技术应用在解决方案之中。

案例分析

物流发展大会提升徐州市国际影响力，成果显著

中国网11月2日讯 记者从徐州市发改委获悉，2017年以来全市上下紧紧抓住重大战略机遇，聚焦淮海经济区中心城市建设，大力推进领导招商、小分队招商、专业招商，围绕"互联互融、开放共享"的主题，更加突出重大项目引进和产业链招商、产业融合招商，着力构建以物流节点为依托、物流平台为支撑、第三方物流为主导的功能齐全、覆盖面广、辐射力强的现代物流新格局，这是徐州市贯彻落实党的十九大精神，全力打造淮海经济区商贸物流中心的具体举措。江苏省徐州市举办的第四届中国国际物流发展大会正在举行，在第四届中国国际物流发展大会期间，全市各地积极开展项目洽谈，23个产业带动力强、洽谈成熟的项目在大会现场集中签约，总投资1 278.07亿元，协议利用外资1.3亿美元，这是徐州市近年来持续推动现代物流产业发展的重要成果体现。

智慧物流平台项目发展迅猛。围绕全面构建物流综合信息服务体系，徐州市加快实施"互联网+物流"行动计划，进一步推进线上线下融合发展，以加快物流公共信息平台建设为核心，从供需两端发力，物流环节入手，加快引进智慧物流营运平台、智慧物流交通运输平台、智慧物流公共信息平台等智慧物流平台项目，全力推动物流服务支撑能力快速提升物流信息的互联共享。此次签约的智慧物流平台项目11个，总投资额37.8亿元，如徐州经济技术开发区智慧物流产业园项目、鼓楼区金驹智慧物流园项目、铜山区与传化物流集团有限公司签订的重点打造"智能公路港"的转化公路港项目等。

开放物流平台成为发展新趋势。围绕参与"一带一路"倡议、长江经济带建设等重大战略，徐州市充分发挥区位和交通优势，加大力度招引具有双向开放功能的物流园区平台，全面推动区域物流协调发展，积极打造"一带一路"核心物流高地，充分发挥物流平台开放功能推动徐州市实现更高水平的双向开放。此次签约的双向开放型物流项目8个，总投资额1 015.07亿元，如邳州市跨境电子商务物流平台项目，打造集公铁水多式联运与进出口口岸功能于一体的贾汪区淮海经济区现代物流服务枢纽战略合作项目等。

资料来源：http://www.china.com.cn/travel/txt/2017-11/02/content_41834211.htm.

问题：本案例中，徐州智慧物流平台项目建设的指导思想是什么？徐州市开放物流平台的战略意义体现在哪些方面？

第10章 Chapter 10

电子商务物流的理念创新

学习目标

1. 熟悉电子商务物流理念创新理论基础和现实需求，掌握电子商务物流理念创新的体系构架、系统目标、运作模式及运作特点。

2. 熟悉几种主要电子商务物流理念创新模式，了解互联网技术、信息技术、物联网技术在电子商务物流创新模式中的作用。

3. 熟悉电子商务物流创新模式中的流程再造、无人货车等形式，了解我国电子商务理念创新的现状以及未来发展方向。

导引案例

浙江省首张"无车承运"牌照花落传化易货嘀

2017年3月29日，在杭州萧山诞生了浙江省首张具有"无车承运"资质的道路运输经营许可证，传化易货嘀（简称易货嘀）CEO秦愉从萧山区运管局工作人员手中接过了这张具有历史意义的烫金牌照。

2016年11月，传化易货嘀通过省局现场答辩评审，以全省第一名的成绩入选浙江省无车承运物流试点企业，无车承运物流试点工作是"互联网+"高效物流工作的重要探索和创新，是降低物流成本、提高物流效率的有力举措。此次获得无车承运物流牌照，不仅是对传化易货嘀前期无车承运创新实践的肯定，而且促进了相关道路运输部门与易货嘀的深度融合升级。

据了解，易货嘀经浙江省道路运输管理局审查，通过国家交通运输物流公共信息平台，完成与交通运输部无车承运运行监测平台的互联接入工作，实现无车承运业务相关运行数据的互通，这意味着传化易货嘀实现了数据的信息化处理及线上资源共享，而依托传化易货嘀物流实体平台，有效地对资源进行实体运作和调配整合，可以说易货嘀在无车承运物流领域走在了前列并跨出了历史性的一步，未来易货嘀将会利用大数据等信息技术推动物流行业健康发展，帮助实体企业转型发展，提供整个运输和供应链的服务。

传化易货嘀作为 G20 杭州峰会指定城市配送服务商，一直致力于打造国内"专业的城市物流无车承运人"。立足"一个基础，两类服务"，以"优质社会运力为底座"，打造了针对小微客户的"网约货车服务"，针对企业级客户的"KA-SDS 定制化解决方案"，最终为小微客户和企业级客户提供确定性的城配服务。

目前，易货嘀已在杭州、济南、成都、天津、苏州、淄博、无锡、重庆、长沙等地服务近 10 万家小微物流企业（零担专线），及全国多家顶尖 3PL、制造业、电商等，如德邦、天地华宇、百世、传化化工、顺丰速运、京东、苏宁易购等。

资料来源：http://www.bosidata.com/news/V350430BWW.html。

10.1 电子商务物流 BPR

企业流程再造（Business Process Reengineering，BPR）理论是 20 世纪 90 年代美国经济学家哈默与钱皮提出的。20 世纪 60 年代，信息技术革命使企业的经营环境和运作方式发生了很大变化，企业面临着巨大的挑战，主要来自三个方面：顾客、竞争和变化。企业流程再造理论的原则就是以流程为中心，坚持以人为本的管理团队，以顾客为导向，企业再造理论的核心就是业务流程再造。随着 21 世纪的到来，信息技术叠加互联网与物联网，使企业在经营环境和运作方式方面又发生了更加深刻的变化，企业流程再造具有更加现实的意义。

10.1.1 企业物流系统的流程概念

企业物流系统的流程就是企业以输入的各种原材料和顾客要求为起点到企业创造出对顾客有价值的产品或服务为终点的一系列活动。例如，订单处理流程、仓储管理、运输管理流程等。在传统的组合中，输入和输出之间的一系列活动是：接收订单、输入计算机、检查顾客的信用、查找仓库产品目标、在仓库配货、包装、送上卡车等。

大量的企业物流系统流程再造成熟的经验表明，企业因此采购成本降低 10%，利润增加 50%，企业的市场竞争力十分显著，物流系统的服务增强，企业的生产效率成倍提高。

企业物流业务流程优化和再造包括管理观念再造、工作流程优化和再造、无边界组织建设、工作流程优化，主要指对客户关系管理、办公自动化和智能监测等业务流程的优化和再造。

以阿里巴巴电子商务生态系统进行物流业务流程再造为例。首先是在现有电子商务生态系统内引入菜鸟网络和物流伙伴，使长期游离于阿里巴巴电子商务生态系统外缘的快递企业与相关物流企业成为其生态系统的一部分；其次是基于新的生态系统结构进行业务流程再造，主要是建立在线支付和货到付款两种业务流程与结算流程，特别是对货到付款业务流程的再造（见图 10-1）。

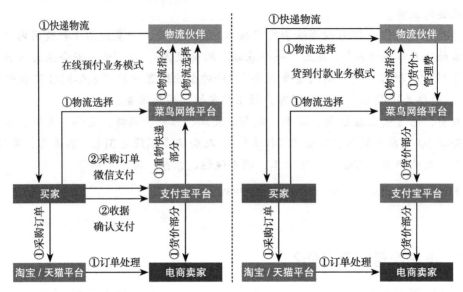

图 10-1　阿里巴巴电子商务生态系统货到付款业务流程再造的模型

10.1.2　电子商务物流企业流程再造的原则

目前，京东智慧化物流已经形成集自动化运作、数据化运营和智慧化供应链为一体的运营体系，京东在全国各大区域的"亚洲一号"智能物流中心也已经陆续投入使用，与此同时，京东在无人机、无人仓和无人车方面的研发和应用成效显著。

同时，聚焦智慧供应链创新和应用的 Y 事业部首次对外发布了 "Y-SMART SC" 京东智慧供应链战略，围绕数据挖掘、人工智能、企业流程再造和技术驱动四个原动力，形成覆盖"商品、价格、计划、库存、协同"五大领域的智慧供应链解决方案，电子商务物流企业流程再造的外因和内在动力已经具备。

1. 以客户为中心

电子商务物流企业流程再造的起点是客户，终点也是客户，体现出服务企业以"客户为中心"的思想，对客户需求的关注是这一流程的起点和终点。如果无法满足客户需求，流程再造就会面临失败，这是流程再造的第一原则。尤其是进入 21 世纪，先进生产技术的普及和成熟，促进了劳动生产率不断提高，产品的数量与品种急剧增加，部分产品已使市场逐渐饱和，大部分的产品市场已成买方市场，买卖双方关系中的主导权转移到了客户一方。竞争使顾客对商品有了更大的选择余地，随着生活水平的不断提高，客户对各种产品和服务也有了更高的要求。

2. 完善物流体系

企业物流信息系统是随着计算机技术、网络技术等信息技术的发展而发展起来的，唐纳德 J. 鲍尔索克斯在《物流管理：供应链过程的一体化》[⊖]一书中明确指出：在计算机技术广泛应用之前，没有理由认为物流和各种功能可以被结合，或者这种交叉功能的综合会提高整体性能。例如，过去的存储企业的仓库里摆放有成千上万种商品，单靠人脑记忆和手工记录，在进行货场的查询时不仅麻烦，还容易出错。计算机技术得到应用后，库存管理实现了自动化，利用计算机相关设备能够很容易得查出某种货物的存储状态。推进计算机技术、网络技术的全面运用，这可以使流程再造工程有充足的实现条件和价值增值空间，这也是成功完成现代物流企业流程再造的前提和基础。

3. 重建组织机构

企业流程再造是借助先进技术和现代思维理念的人实施的。我们在流程再造之前要考虑其内容是"什么"，由"谁"来实施再造。企业如何挑选真正实施组织再造的人是再造取得成功的关键与必要条件。具有互联网思维、新经济理念、电子商务物流创新思维的人才能承担再造的重任。在理想的环境中，这些人之间的关系应该是：管理层任命流程主持人，流程主持人在再造项目主管的帮助下和指导委员会的支持下召集流程再造小组进行流程再造。

4. 实施知识管理

企业物流流程再造的知识管理强调对原有知识进行重新整合甚至颠覆，所以要求企业必须提高其物流知识管理能力，这是企业物流流程再造成功的关键，这也是知识经济、网络经济、信息经济、共享经济对现代企业的要求之一。随着时代的发展，以竞争理论的提出者波特为代表的学者，认为企业的竞争优势来源与行业结构和市场机会的传统管理理论，逐渐暴露出其不足。实践证明，同一行业的企业在同样的市场机会中，其盈利能力相差甚远的主要原因是知识管理能力的高低，知识管理可以保证实现流程再造的目标，逐渐缩小与标杆企业的差距。

10.1.3 企业物流流程再造的途径

企业物流流程再造是当今企业界流行的企业物流运作变革的专用名词，但在整合企业物流资源过程中，再造企业物流流程并不是在浅层面进行的，它不仅需要先进科学的观念做保证，还要有企业的组织、制度、技术、文化、信息等做保证，还要有足够的软硬件技术做支撑。根据物流流程再造的原则和实质，结合当前我国企业物流流程再造存在的主要问题，如果要成功实施物流流程再造，实现企业物流资源的整合，就应围绕以下几个方面进行。

1. 企业的观念再造

"观念先行"是企业一切变革的客观要求，只有先树立正确的观念，才有可能做

⊖ 此书中文版已由机械工业出版社出版。

正确的事。在现代经济社会条件下，整合企业物流资源，再造企业物流流程，必须树立以下几个方面的观念：一是再造物流流程的使命是为顾客创造价值；二是企业物流流程在为顾客带来价值方面有着举足轻重的作用；三是企业物流业务的成功源于优异的物流流程绩效；四是优异的流程绩效是通过科学的流程设计、先进的物流技术、合适的人员配置与良好的工作环境共同作用达成的，尤其是科学的流程设计，包括先进物流网络技术的应用，它是企业对顾客需求做出快速反应和物流流程本身有效性的根本保证。

2. 企业的制度再造

企业的发展需要有完善的市场制度，即游戏规则做保证。目前，在当今的经济转型升级过程中，无论从企业的宏观层面，还是从企业的微观层面看，基本制度都存在着一定的缺失。企业发展所需的制度资源供给不足，致使企业难以进行市场化、规范化和程序化的运作。如当前物流资源分割管理局面的存在，造成企业物流运作中存在大量的非市场化行为，这些行为的存在，破坏了社会的基本信用制度，使得以合作信誉为前提的，以物流运作虚拟为方向的企业物流流程再造的组织形态即虚拟企业（即供应链企业联盟）的运作变得十分艰难。这可能成为抑制企业物流效益发挥和先进管理制度演进的障碍，所以企业制度再造成为流程再造的政策保证。

3. 企业的组织再造

由于企业资源投入的有限性和企业规模运作边际替代效应的存在，因此，企业不可能以无限制地进行企业资源投入和规模扩张来获取利益的增加。专家认为：企业是价格机制的替代物，其之所以存在就在于企业可以节省通过市场价格运转的交易成本。当企业内部交易成本增加并超出其外部价格的调节费用时，必然导致其市场竞争能力的削弱。在新经济条件下，科技的发展，特别是计算机网络技术的发展，使企业与社会在物流资源方面进行无缝化对接成为可能。因此，可以依此对企业组织进行再造，在识别企业核心竞争能力的基础上，顺应社会分工越来越细的要求，将企业的非核心业务外包给世界范围内的"专家"企业，通过外部资源克服企业传统规模运作的缺陷，以较少的物流资源投入来获取规模物流运作的效果。

案例　菜鸟贴身争夺"最后一公里"市场

"最后一公里"指的是商品从物流中心配送到分流中心后，从分流中心到达客户手中的这段距离是"最后一公里"配送，是配送的最后一个环节。对整个物流环节来说，"最后一公里"可能距离并不长，但其占到了整个物流配送成本的30%以上，可见其重要性，这也是目前物流行业发展最大的瓶颈。

我们知道，电子商务企业的发展离不开基础物流网络的支持，也正是基于此，马云联手"四通一达"、天天以及顺丰等快递巨头组建了菜鸟网络，并开始对驿站进行布局，通过社会化协同，形成覆盖全国主要城市的末端公共服务网络。

菜鸟网络希望从阿里巴巴作为大型电子商务平台擅长的大数据入手，充当整个物流网络的"脑部"，推动数据协同下的高效运营和技术支撑下的流程再造，进行解决"最后一公里"的配送问题。顺丰随后也当仁不让，并联合申通、中通、韵达、普洛斯共同投资创建深圳市丰巢科技有限公司，通过运营"丰巢"智能快递柜提供平台化快递收寄交互业务。

在物流"最后一公里"的角逐中，丰巢和驿站成了最有实力的一对竞争对手。丰巢背后最大股东是顺丰，申通、中通与韵达这三家快递业前五名的快递公司也在丰巢中各自占股20%。而菜鸟网络的驿站先期合作的伙伴是圆通与百世汇通，后两者均是阿里巴巴投资的企业，与菜鸟网络有"血缘关系"。至此，"四通一达"正式被丰巢与驿站割裂成为两大阵营，领衔者分别是菜鸟网络和顺丰。

但随后两大平台呈现出不同的发展路径。作为"平台"方，阿里巴巴始终需要依靠广大的第三方物流服务商，通过协作的方式完成自己的物流大业。用菜鸟网络总裁童文红的话说，"有一点我们从一开始就是非常坚定的，我们不做快递，不是抢物流公司的饭碗，菜鸟要做物流企业想做但自己做不了的事情"。

资料来源：http://www.askci.com/news/chanye/2015/06/11/99497eci.shtml。

4. 企业文化的再造

企业文化的再造是一种较高形式的流程再造，企业文化对企业具有巨大的软约束力和硬驱动力，能保证企业物流流程再造的顺利完成。企业文化的再造，包括企业的宗旨和使命、基本目标和战略方向，这是最为复杂和艰难的部分。成功实施企业文化的再造，需要对企业注入一种全新的价值理念，应在企业高层领导的重视下进行。企业文化的再造，应有远景目标的规划，重视企业组织的持续发展。基于前述，企业核心竞争能力的提高是基于企业所拥有的知识存量。因此，企业文化再造必须以提高企业的知识存量及知识管理能力为目标，在企业内部及虚拟企业成员之间建立学习型组织，进行第五项修炼，改进其心智模式，进行自我超越。在企业文化再造的过程中，激励学习和创新机制是其重要内容，它需要以人为本，重新设计企业的考评体系。以学习为手段使整个企业的知识存量得以提高，并不断创新，最终实现企业素质的提高。

5. 技术再造

技术再造是企业物流流程再造的基础设施和硬件，是实施再造的物质依托。技术再造应以企业物流流程的需要为前提，主要考虑物流运作技术、互联网技术、信息技术和管理技术。依据企业物流技术设备水平、物流运作的特点和信息化的状况及再造后的总体要求而进行。企业在采用其物流运作需要的新技术后，应建立自己的物流信息系统，采用网络技术连接物流流程再造的各个工作单元，构建物流企业内部网络，以协调和管理企业的各种物流资源，再将其与外部互联网进行连接，为企业物流流程再造的动态运作组织的运作提供可靠的技术支持。

总之，随着信息技术、网络技术推广运用与更新，市场竞争更加残酷，瞬息万变的市场使得全球企业面临着前所未有的挑战，人们对生活质量要求越来越高，需求越来越个性化。企业的管理模式也发生了质的变化，从职能型向协作团队及立体化柔性管理模式发展。垂直关系变成了扁平化关系。以客户为中心是企业管理的宗旨与根本，企业对物流流程再造正体现了企业管理的变革，它是科学技术、生产力高度发展、市场需求变化的必然结果。

10.2 电子商务精益物流

精益，在中文里是"精益求精"的简称，反映的是"少而精"的概念，能够非常妥帖地阐释 20 世纪末在发达国家出现的"精益思想""精益企业""精益生产"，以及在农业、工业、建筑业、物流乃至军事领域的一种趋势。进入工业社会以后，精益生产思想在经济领域得到推广应用。20 世纪末，我国逐渐开始认识和接受精益思想，经济主管部门在全国生产企业，尤其是制造业中推动"精益生产方式"，农业领域开始重视和实践"精益农业"，建筑业提出"精益房地产"概念等，这种趋势也必然影响到以配送系统为支持的电子商务物流企业。

10.2.1 电子商务精益物流概述

后工业化社会市场需求出现了多批次、小批量、多品种的局面，同时，随着工业产品出现的轻、薄、短、小的发展趋势，物流的组织方式和运作方式必然要发生变革。这种变革，使物流领域难以沿用过去和大批量生产相适应的大宗物流形式。大宗物流，确实可以像大批量生产一样有低成本、高效率的优势，但是这种物流形式受渠道因素的影响很难贯穿物流全程。更多情况是接近末端，当渠道变得细而密时，就会出现成本迅速增高和效率迅速降低的现象。所以，"大物流"的形式不能适应电子商务时代的"多批量、小批次、多品种"的市场需求，这不但在技术上和流程上难以解决，而且还会使企业物流成本高企而难以承受，精益物流的实施可以从根本上解决这些问题。

1. 精益物流的概念

精益物流是以精益思想为指导的，能够全方位实现精益运作的物流活动。精益物流概念的提出与现代经济社会的发展紧密相关，这是因为电子商务物流企业面对的是长尾客户，其本身受客户及市场需求的要求拉动，迅速实现了精益化，根据精细化的原理，这种拉动作用必然会沿着价值的流程一级一级地向上拉动，这种拉动作用会深入物流的各个领域。

2. 精益物流运作原则

精益物流的根本目的是使物流企业在提供客户满意的服务水平时，把物流费用降到最低程度。企业物流活动中的浪费现象很多，常见的有无需求造成的积压和多余库存、不必要的流通加工程序、不必要的物料移动、因供应链上游不按时交货而等候、提供顾客不需要的服务等，努力消除各种浪费现象是精益物流最重要的内容（见图10-2）。

精益物流是运用精益思想对企业物流活动进行管理的活动，其基本原则有以下几个方面。

（1）从顾客的角度而不是从企业的角度来研究业务活动的价值。

（2）按整个价值流确定供应、生产和配送产品中所有必需的步骤与活动。

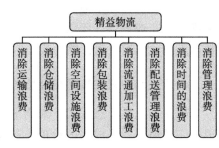

图 10-2　精益物流的主要作用

（3）创造无中断、无等待、无回流的增值活动流。

（4）及时创造由顾客需求拉动的有价值活动。

（5）不断消除物流过程中的浪费现象，追求完美。

精益物流的实施就是要消除物流活动中的浪费现象，但是如何有效地识别浪费，则是精益物流的出发点。

10.2.2　精益物流管理的核心

运用供应链管理的整体思维，站在客户的立场，无限追求物流总成本的最低是精益物流管理真正核心所在。

1. 正确认识价值流是实施精益物流的前提

价值流是企业产生价值的所有活动过程，这些活动主要体现在三项关键的流上：从概念设想、产品设计、工艺设计到投产的产品流；从顾客线上订单到制定详细进度到送货的全过程信息流；从原材料制成最终产品并送到用户手中的物流。因此，认识价值流必须超出企业划分单位的标准，整体考察创造和生产一个特定产品所必需的全部活动，理清每一步骤和环节，并对它们进行描述和分析。

2. 价值流的顺畅流动是精益物流的保证

消除浪费的关键是让完成某一项工作所需步骤以最优的方式连接起来，形成无中断、无绕流和排除等候的连续流动，让整个价值流顺畅流动。在具体实施时，首先，要明确流动过程的目标，使价值流动朝向明确；其次，把沿价值流的所有参与企业集成起来，摒弃传统的各自追求利润极大化而相互对立的观点，以最终客户的需求为共同目标，共同探讨最优物流路径，消除一切不产生价值的行为。

3. 把顾客需求作为价值流动力是精益物流的关键

在精益物流模式中，价值流的流动要靠下游顾客的拉动，而不是靠上游计划来推动,当顾客没有发出需求指令时,上游的任何部分都不要去生产产品或准备服务;当顾客的需求指令发出后,则快速生产产品,提供服务。在实际操作中,要区分是哪一种类型的产品,如是需求稳定、可预测性较强的功能型产品或服务,可以根据准确预测进行生产或提供,而需求波动较大、可预测性不强的创新型产品或服务,则要采用精确反应、延迟技术,缩短反应时间,提高顾客服务水平。

4. 改进和追求完善是精益物流的使命

精益物流是动态管理,对物流活动的改进和完善是不断循环的,每一次改进就会消除一批浪费,形成新的价值流的流动,同时又存在新的浪费需要不断改进。这种改进是持续性的,最终使物流总成本不断降低,提前期不断缩短而使浪费不断减少。实现这种不断改进如同全面质量管理,需要全体人员的参与,各司其职、各尽其责,达到全面物流管理的境界。

10.2.3 精益物流系统的基本框架

精益物流模式设计也要追求准时制生产,即在合适的时间里提供合适的数量、品种、价格产品。精益物流倡导的是服务提供的个性化,以满足客户的需求为驱动力。在多品种、小批量、多频次的物流需求模式下,网上商品流通和物流服务的随机性不断增强。尤其是与电商销售模式对接之后,客户的需求将会有更多的不确定性,对应市场客户千差万别的准时化服务,精益物流在实现这一管理方式上将起着承上启下的作用。其尤为重要的关键环节是系统基本构架与整体规划,规划实施的好坏直接关系到品类物流能否顺利进行,也直接决定了企业供应链物流成本以及管理水平的高低。

1. 需求拉动

在精益物流系统中,系统的生产是通过顾客需求拉动的。精益物流系统通过合理配置基本资源,以需定产,充分合理地发挥优势和表现实力。通过电子化的信息流,进行快速反应、准时制生产,从而消除诸如设施设备空耗、人员冗余、操作延迟和资源等浪费,保证企业物流服务的高质量和低成本。在满足客户需求方面,物流服务的准时概念是与快速同样重要的方面,也是保证货品在流动中的各个环节以最低成本完成的必要条件。

2. 准时准确

在精益物流系统中,互联网平台的信息流保证了信息流动的迅速、准确无误,还可以有效减少冗余信息传递,减少作业环节,消除操作延迟,这使得物流服务准时、准确、快速,具备高质量的特性。线下物品在流通中能够顺畅、有节奏地流动是物流系统的目标。保证物品的顺畅流动最关键的是准时。准时的概念包括物品在流动中的各个环节按计划按时完成,包括交货、运输、中转、分拣、配送等各个环节。另外,准时还包括准确的信息传递、准确的库存、准确的客户需求预测、准确的送货数量等，准确是保证物流精益化的重要条件之一。

3. 快速高效

精益物流系统的快速包括两方面含义：第一是物流系统对客户需求反应速度，第二是货品在流通过程中的速度。

物流系统对客户个性需求的反应速度取决于系统的功能和流程。当客户提出需求时，系统应能对客户的需求进行快速识别、分类，并制定出与客户要求相适应的物流方案。客户历史信息的统计、积累会帮助企业制定快速的物流服务方案。货品在物流链中的快速特征包括：货物停留的节点最少，流通订单处理时间最短，所经路径最短，仓储时间最合理，整体物流的快速。速度体现在产品和服务上，是影响成本和价值的重要因素，快速的物流系统是实现货品在流通中价值增加的重要保证。

4. 系统集成

精益系统是由资源、信息流和能够使企业实现"精益"效益的决策规则组成的系统。精益物流系统则是由提供物流服务的基本资源、电子化信息和使物流系统实现"精益"效益的决策规则所组成的系统。拥有能够提供物流服务的基本资源是建立精益物流系统的基本前提。在此基础上，需要对这些资源进行最佳配置，资源配置的范围包括：设施设备共享、信息共享、利益共享等。只有这样才可以最充分调动优势和实力，合理运用这些资源，消除浪费，最经济合理地提供满足客户要求的优质服务。

5. 信息化

高质量的物流服务有赖于信息的电子化。物流服务是一个复杂的系统项目，涉及大量繁杂的信息数据。传统的物流运作方式已不适应全球化、知识化的物流业市场竞争，必须实现信息的电子化，不断改进传统业务项目，寻找传统物流产业与新经济的结合点，提供增值物流服务。电子化的信息便于传递，这使得信息流动迅速、准确无误，保证物流服务的准时和高效。电子化的信息便于存贮和统计，可以有效减少冗余信息传递，减少作业环节，降低人力浪费。

总之，要想让物流系统实现精益效益，必须使管理层与执行层共同理解并接受精益思想，即消除浪费和连续改善，用这种思想方法思考问题、分析问题、制定和执行，能够使物流系统实现精益效益的预期。

10.3 电子商务冷链物流

电子商务冷链物流将物联网技术应用于冷链物流的原材料采购、产品储存、运输、销售等各个环节，能够对整个过程实施智能化监控。目前，在电子商务冷链物流中利用互联网与物联网的技术给企业带来了很多的利益回报，保证了产品的安全和质量，提高了生产效率和顾客满意度，降低了生产成本和物流成本，也有利于政府部门对冷链上产品的监测。

10.3.1 冷链物流的概念

冷链物流泛指冷藏冷冻类食品在生产、贮藏运输、销售,以及到消费前的各个环节中始终处于规定的低温环境下,以保证商品质量、减少商品损耗的一项系统工程。它是随着科学技术的进步、制冷技术的发展而建立起来的,是以冷冻工艺学为基础,以制冷技术为手段的低温物流过程。

冷链物流大多是生产端结合市场的情况进行生产和配送,由于电商企业信息获取的及时性不足、准确性低以及成本高,生产和配送无法达到最优化,因此在生产和用户之间存在着大量的库存,造成生产厂家的资金积压,影响其资金的流动周期。因此,在冷链物流中运用互联网技术、物联网技术,能够以较低的成本控制从生产到销售以及到用户的全部信息,在销售端也能够很迅速地把销售情况反馈给厂家或商家。厂家或商家获得了信息后,能够根据市场的具体变化来安排生产或库存及配送,在减少库存的同时也降低了企业生产经营风险,使得从生产到销售的全过程变得更加智能化,更加可控。

案例 我国冷链运输损耗高,智能化能够实现监督和预警

相比于国际水平我国冷链物流处于发展初期,生鲜运输损耗严重。我国综合冷链应用率仅为19%,果蔬、肉类、水产品冷链流通率分别为5%、15%和23%。美、日等发达国家的蔬菜、水果冷链流通率超过95%,肉禽冷链流通率接近100%。落后的冷链物流造成严重的浪费,据统计,我国果蔬、肉类、水产品腐损率分别为20%~30%、12%、15%,发达国家是5%左右。若通过冷链物流使腐损率达到发达国家水准,果蔬、肉类和水产品供给将分别增长19%~36%、8%、12%。

智能化是我国冷链物流一大短板,冷链物流处于领先地位的加拿大,其成功的关键因素之一是建有农产品信息系统,包括仓库管理系统、电子数据交换、运输管理系统、全球定位和质量安全可追溯系统等,实现信息化、自动化和智能化,物流、商流和信息流三流合一,提高物流效率,降低损耗。最新智能化冷链物流成果是GPRS+GPS双模块智能一体化冷链监控系统,能够实现对分布的冷链系统进行集群化管理,实现提前预警。

资料来源:http://www.vccoo.com/v/e79ce0?source=rss。

10.3.2 冷链物流流程环节

由于电子商务营销存在销售点分散随机、销售量小、销售次数多、销售过程复杂多变等情况,同样的商品在相同时间可能面临不同的温度,造成商品,尤其是食品质量难以保证。目前,通过物联网的电子标签可以清楚地了解商品的物流情况,运用互

联网，根据冷链物流的控制中心，控制其制冷设备；通过销售人员数据的提示，可以快捷查询包括生产日期在内的产品信息。

1. 采购环节的冷链

传统的产品生产在原材料的采购过程中很少采取预冷措施，对操作的规范性要求不高。生产过程依照生产厂商的规定进行操作，操作过程的透明度不高，不能确定具体是哪方面出了问题，更不能确定相应的责任人。物联网、互联网的采用，能够解决这个问题。在采购原材料的时候就对其进行电子标记编码，建立数据库，通过电子标签能够对产品在整个生产加工的过程中进行连续的监控，包括当前的温度、湿度以及相应的操作人员，全部录入数据库，很容易地清楚了解是哪些因素造成的问题。能够有针对性地立刻进行改善，也能够确定责任归属。

2. 生产结束后的冷链

在产品生产完成以后，不是直接进入市场，而是要进行储存，然后根据需求进行物流配送到物流中心或者是销售点。储存水平相对于以前来说，已经有了很大的改善和提高，但是在这个过程中仍存在着一些问题。比如，不能保证所有的产品都是按照先进先出的原则储存，这样可能造成部分产品在仓库的储存时间过长、后面销售时间很短的情况，特别是冷藏产品的保质期短，更容易出现这类问题。物联网技术得到运用之后，储存管理变得更加简便、快捷、高效。

3. 库存过程中的冷链

在生产加工时给产品嵌入电子标签，在储存的时候运用其自动识别功能，在入库的时候通过读写器就能很快地记录产品的入库时间和相应的数量等信息。仓库的管理过程不再需要人员逐个进行清点盘查，通过读写器进行快速的读取或者通过数据库查询相应的数据就清楚仓库库存的详细情况。产品出库的时候，利用数据库能够快速确定产品，从而避免了货品先进后出现象的发生。产品上的电子标签还能够对周围的环境进行监测，并把数据反馈给物联网，物联网通过智能处理，调节仓库的环境，提高储存质量。

4. 运输过程中的冷链

产品运输过程是冷链物流中最薄弱的环节，在移动设备上制冷的成本高、效果差。特别是运输车辆多种方式并存，长距离的冷藏效果更差，这是造成大部分产品质量下降，甚至使产品失去使用功能的重要原因。冷链物流智能系统通过产品上的电子标签，把在运输途中的信息反馈给系统的控制中心，控制中心根据反馈的信息进行智能处理，及时控制制冷设备，就可以保证产品在运输过程中的质量。

5. 特殊商品的冷链

目前，冷链物流的适用范围包括以下几种产品。初级农产品：蔬菜、水果；肉、禽、蛋；水产品；花卉产品。加工食品：速冻食品、禽、肉、水产等包装熟食、冰激凌和奶制品；快餐原料。特殊商品：药品。由于食品冷链是以保证易腐食品品质为目的，以保持低温环境为核心要求的供应链系统，所以它比一般常温物流系统的要求更高、更复杂，建设投资也要大很多，是一个庞大的系统工程。

由于许多商品，尤其是食品的时效性要求较高，冷链各环节应具有更高的组织协调性，所以，食品冷链的运作始终是和能耗成本相关联的，有效控制运作成本对食品冷链的发展有着关键作用。

10.3.3 冷链物流的发展策略

在我国，冷链物流处于起步阶段，一些物流企业尚未建立专业的冷链物流运作体系，冷链物流配送中心建设滞后，同时，因为冷链物流中心的建设是一项投资巨大、回收期长的服务性工程，资金不足成为影响其建立冷链物流中心的主要原因。但是这些企业可与社会性专业物流企业结成联盟，有效利用第三方物流企业，完成冷链物流业务。

1. 创建电子商务物流企业联盟

物流企业可与工商企业结成联盟，先按条块提供冷链分割的冷链运输环节功能服务，输出有针对性改进的物流管理和运作体系。冷链运输是冷链物流的关键环节，尤其是鲜活商品要求严格，需要天天配送。鲜活商品的质量要求比较高，需要特殊条件的运输，零售业与厂商结盟实现鲜活商品的保质运输。由于生产厂商有一整套的冷链物流管理和运作系统，能在运输中保证鲜活商品的质量，建立由厂商直接配送的运输服务。

例如，一些大型超市与鲜活商品厂家或产地建立长期的合作关系，由厂家直接配送，利用厂家运输要求和运输工具直接到达超市的冷柜，避免在运输过程中的产品变质，给超市造成重大损失，因此影响厂家的信誉度。随着合作的进展，与客户建立起的合作关系趋向稳固，以及操作经验的不断积累，通过对生产商自有冷链资源、社会资源和自身资源进行不断整合，建立起科学的、固定化的冷链物流管理和运作体系。

2. 企业联盟实现共同配送

共同配送是经过长期的发展和探索优化出的一种追求合理化的配送形式，也是美国、日本等一些发达国家采用较为广泛、影响面较大的一种先进的物流方式，它对提高物流运作效率，降低冷链物流成本具有重要意义。

由于冷链物流需要低温环境，因此物流企业单独建立冷链物流中心，投资成本高，而且回收期较长。因为冷链食品的特点相同，社会中的整个冷链物流业应该联合起来，共同建立冷链物流配送中心，实现冷链物流业的共同配送。

从微观角度看，实现冷链物流的共同配送，能够提高冷链物流作业的效率，降低企业营运成本，可以节省大量资金、设备、土地、人力等。企业可以集中精力经营核心业务，促进企业的成长与扩张，拓展市场范围，消除封闭性的销售网络，共建可共存共享的经营环境。

从宏观角度来讲，实现冷链物流的共同配送可以减少社会车流总量，减少城市卸货影响交通的现象，改善交通运输状况。通过冷链物流集中化处理，有效提高冷链车辆的装载率，节省冷链物流处理空间和人力资源，提升冷链商业物流环境进而改善整体社会生活品质。

10.3.4　冷链物流发展模式

目前，国内的线上与线下商家虽然希望提高冷链的可靠性，但他们普遍认同应由供应商负责将产品运送至零售点或客户，可是大多数供应商由于成本考虑和实力原因，很难在商品安全以及物流设备上投入更多。同时，由于电商背景下多数的实体店密度不足、布点分散、扩张较快，加上更加分散的个体客户，因此配送成本的增加难以估算。大多数供应商基本处于独立运营状态，由此使冷链物流难以实现规模效应。

冷链物流要发展就要从冷链市场上下游的整体规划和整合这个关键问题着手，努力建立一个能满足消费者、供应商和零售商三方面需求的、一体化的冷链物流模式。

整合冷链必须着手于建立一个基于整合冷链市场现有资源，为冷链市场提供一体化服务的平台，这个平台可以通过现代化信息技术、网络技术以及先进的全温层配送解决方案，为冷链市场发展开创一种全新模式。从而在节约社会资源、降低物流成本、提高效率、减少社会环境污染的同时，创造企业效益。这个公共服务平台分为三个层次：网络平台、信息化服务中心、实体冷链物流网络。

1. 建立冷链物流网络平台

建立冷链物流公共信息平台与冷链应用服务网络平台是实现冷链物流一体化的第一步。通过公共信息平台可以整合冷链物流从上游供应商到下游用户各个环节，并将冷链物流产品供需资源数据库与冷链物流行业商业资源数据组织起来，为供需双方及冷链物流等各环节服务；设备提供商等各方方便、及时、准确地提供信息，实现平台的信息共享、交互、全程交易、决策支持、数据挖掘等功能，从而建立面向交易、综合服务的冷链物流行业的完全电子商务化。

2. 提供信息化综合解决方案

通过冷链物流公共信息平台，可以整合现有冷链资源，为冷链各环节的企业和服务商提供高效的信息化解决方案，提升冷链物流效率，节约社会资源。通过推进现代先进物流信息技术的应用（如 RFID、GNSS、GIS、GPS 等技术），实现数据的采集与应用，提高冷链物流的作业效率，降低冷链物流成本。目前，根据冷链物流企业特点及信息化需求状况，针对不同的应用主体，研究论证并建立相关的信息化系统。

3. 加快实体冷链物流平台建设

加快冷链物流实体平台的建设，整合现有社会冷链实体资源，结合新型冷藏仓储、运输技术、材料等（如蓄冷保温箱）、先进的物流作业方法，运用科学、先进的物流管理方法与商业模式，优化冷链物流实体网络，探讨及建立新型高效的冷链物流业务模式（见图10-3）。

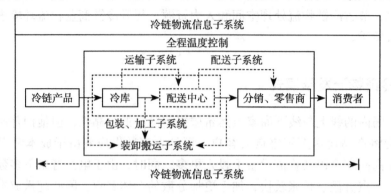

图10-3　冷链物流信息子系统

案例　河南物流业今后如何转型发展　具体规划来了

河南省政府办公厅2017年11月印发河南省物流业转型发展三个工作方案的通知，包括《河南省冷链物流转型发展工作方案》《河南省快递物流转型发展工作方案》《河南省电商物流转型发展工作方案》（以下均简称《方案》）。到2020年，全省基本建成链条完整、设施先进、标准健全、服务高效的冷链物流体系，郑州国际冷链物流枢纽和全国冷链集散分拨中心地位基本确立，冷链物流发展水平位居全国前列。

冷链流通方面，河南省果蔬、肉类、奶类冷链流通率分别达30%、50%和60%以上，冷藏运输率分别达50%、85%和80%以上，可追溯率分别达30%、65%和65%左右。为了提升冷链物流设施水平，文件提出河南省将加快推广末端生鲜快递柜。

规划方面，《方案》提出，河南省冷链物流发展将实施郑州国际冷链物流枢纽建设、冷链物流园区建设、城市低温配送中心建设、冷链共同配送、产地冷库建设、农产品配送直销平台、冷链物流信息平台、冷链多式联运示范、冷链技术装备升级、冷链质量追溯和安全监管等十大工程。《方案》提出，构建冷链物流信息平台，推动建设具有行业影响力的冷链信息平台。文件提出要在2020年年底前完成建设冷链产品质量追溯和全程温控管理信息平台。这一平台以生鲜乳、苹果、茶叶、食用菌、中药材等农产品为重点，选择具备条件的省辖市开展追溯试点，推动追溯管理与市场准入相衔接，逐步实现食用农产品从农田到餐桌全过程的追溯管理。

资料来源：http://henan.qq.com/a/20171014/004024.htm.

10.4　电子商务无车承运物流

2016年9月1日，交通运输部发布了《交通运输部办公厅关于推进改革试点加快无车承运物流创新发展的意见》，明确提出鼓励无车承运物流创新发展，加快完善与新经济形态相适应的体制机制，提升服务能力，推进物流供给侧结构性改革，促进物流业"降本增效"。

10.4.1 无车承运人的基本概念

"无车承运人"由美国 Track Broker（货车经纪人）这一词汇演变而来，是无船承运人在陆地的延伸，指不拥有车辆而从事货物运输的企业，以承运人身份接受托运人的货物，签发自己的提单或者其他运输单证，向托运人收取运费，通过实际运输经营者完成货物运输，承担承运人责任的道路货物运输经营活动。无车承运人是以承运人的身份，与托运人签订货物运输合同，承担承运人的责任和义务，通过委托实际的承运人，完成运输任务的道路货物运输经营者。

1. 无车承运人的主要特点

（1）双重身份。无车承运人对于真正的托运人而言是承运人，以承运人身份与委托人签订运输合同并承担相应的运输责任，但对于实际承运人而言又是托运人。

（2）不拥有车辆。无车承运人无须拥有车辆直接从事运输业务，而只从事运输组织、货物分拨、运输方式和运输线路选择等工作。

（3）收入来源于差价。无车承运人的收入来源主要是规模化的"批发"运输而产生的运费差价，无车承运人收取的是运费，因此收入和利润也来自运费。

（4）管理手段科学。无车承运人利用互联网信息技术手段对实际拥有车辆的运输者进行委托，完成对运输过程实现实时管理和服务，实现运输过程的透明化和科学化。

2. 与货运代理和经纪人的区别

（1）从角色与责任角度看。无车承运人对货主负责，承担着运输过程中所有的责任和风险，而货运代理则是货主的代表，只承担代理合同规定的责任和风险，经纪人是在合规的货主和承运人之间牵线搭桥的人，不承担相应的运输责任和风险。

（2）从收入与利润角度看。无车承运人赚取的是规模化"批发"运输的差价，而货运代理和经纪人则分别赚取专门约定的货运代理费用与撮合成交服务费。

（3）从操作和运行角度看。无车承运人需要分别与货主和实际承运人签订两份运输合同；货运代理在与货主签订委托合同后，与实际承运人签订运输合同；经纪人则与货主和实际承运人签署中介服务合同。

案例　这家央企无车承运人，如何玩转供应链生态圈

中储南京智慧物流科技有限公司是南京首批获得无车承运牌照的企业之一。这家"没有一辆卡车"的企业很像一个"货运版的滴滴"——在用互联网和大数据算法整合社会运力资源后，他们向企业货主提供线上运力服务，并为物流公司、车队以及个体司机提供一手货源。同时，他们还与车货主双方签订电子运营合同，并承担全程货

物安全，开具运输发票。在中储智运上，货主发出运力需求后，平台通过分析货主的历史发货时点、发货线路、发货种类、发货批量及用车情况，把握货主的发货规律及用车需求，向货主发送车源预报与空车信息，同时通过分析承运人的历史发车频率、常驶线路、承运货物类型及批量，把握承运人的承运偏好及流向规律，向承运人发送货源预报与常驶线路的货源推荐。

经营过程中，平台在公平竞价后选取价格最低的5家承运人推送给货主，由货主或托运方选择最合适的车主。在匹配成功后，平台会与上下游双方均签订运输合同，上游货主企业向平台支付运费，货物运抵目的地后，平台再与承运人结算运费。

为预防运输过程可能出现的风险，中储智运设立了严格的资质审核机制和身份认证机制（证件照、资格证、人脸识别等），以确保平台上的车、货信息的真实可靠。运输过程中，货主可以随时查看运输车辆的运输位置和行驶轨迹。

资料来源：http://www.cn156.com/article-85826-1.html。

10.4.2 无车承运人行业现状

中国公路物流被认为是一个潜力市场，但极度分散。长期以来，我国的公路货运业具有"多、小、散、乱"的特点。绝大多数的货车司机都是个体司机，他们局限于有限区域，采取面对面的熟人交易模式，货与车匹配效率不高，空驶率较高，导致物流成本过高。同时，行业还面临着个体承运人无法开票、漏税、虚假抵扣等非法行为带来的运输市场税源管理难题，以及"物流慢、价格乱"的运输困境。无车承运人一方面需要筛选优质的供应商、优化运输线路、配载，促进物流业降本增效；另一方面还需要获得大型货主的青睐，提高车辆利用效率，减少无效投资和规避财务风险。

1. 货运发展的基本情况

在4.3万亿元的公路运输市场领域，发展火热的快递领域只占据了7%左右的市场份额，剩余的大部分公路货运市场可以分为零担（占23%）和整车（占70%）。在这两个领域中呈现了一些新特点。

（1）从经营主体看，截至2015年年底，我国共拥有道路货运业户718万家，个体户共659万户，占总数的92%，从业人员2 138万人，全国道路货运业户平均拥有车辆1.9辆。

（2）从运输车辆看，截至2015年年底，我国共拥有营业性货车1 389万辆，平均吨位7.5吨；普通货车1 012万辆，占总数的73%，单车年运货量2 268吨，里程利用率约为60%。

（3）从行业产值看，截至2015年年底，我国营业性货车共完成年货运量315亿吨、货物周转量57 956亿吨每千米，平均运距184千米。

2. 存在的主要问题

我国无车承运人试点的推行预示着该模式获得了政府的许可，无车承运人已经不是传统意义上的"黄牛"了，减少了企业进行市场推广的阻力，同时，车货匹配平台的创业创新正在从各个方面对物流产业产生影响。但是，目前我国车货匹配平台仍面临着小额纳税人开票难、没有合适的物流责任险、物流监管尚未统一认知等困难。

（1）供给侧结构性矛盾突出。当前我国货运与物流行业最突出的问题是经济社会及人民生活对运输需求的多样化、差异化及高品质化与运输服务供给侧有效供给不足、无效供给过剩之间的矛盾，无论是企业类型、服务质量还是运输工具、人员素质，都与公众社会提出的更高要求有较大差距。

（2）经营主体发展方式粗放。我国的道路货运行业整体经济效益低，挂靠经营多，部分运输企业单纯收取管理费，企业经营管理水平有待提高，应用信息技术提升生产效率动力不足，组织货源困难，单纯靠车轮被动获取利润的情况还比较普遍，导致大多数经营主体都是"车主＋司机"，分散经营，自我生存和发展。

（3）行业集中度过低。截至 2015 年，全国道路货运与物流行业缺乏龙头企业，缺乏能够在全国发挥示范作用的特大型企业，以及在地区起到引领作用的地方骨干企业，个体户占据行业经营的绝大多数，这反映了行业的实际情况，同时也凸显通过政策引导扶持行业龙头，通过制度建立企业等级管理体系的紧迫性。

（4）物流成本过高。道路货运是综合物流服务的主体和关键环节，我国的物流总费用占 GDP 的 16%，约 10 万亿元，其中 70% 的成本沉淀在物流的保管和管理环节，这与流通环节的层层"盘剥"关系紧密，如何在支持道路货运健康发展的同时有效压缩流通环节成本，是我国物流业降本增效需要考虑的重要课题。

（5）道路货运市场秩序不规范。市场经营主体的小、散、弱，运输组织方式的落后，以及个别企业违规但仍获得合法身份的实际情况，导致大量本该淘汰的经营主体在市场竞争中"僵而不死"，合规守法企业在残酷的市场竞争中获取优势地位比较困难，市场支配资源的作用发挥得不尽如人意。过度的竞争导致超载超限的出现，以及恶性压价的行为；导致司机疲劳驾驶和超速的无奈；导致行业诚信经营，保护经营主体信用，创建企业品牌成为空中楼阁。

10.4.3　无车承运人发展的政策导向

当前，我国道路货运与物流行业的管理思路正在发生重大转变，正在从既往单纯依靠政府主管部门的行政管理，向集合社会共治理念下的行业治理创新转变。推动无车承运人发展就是国家加快货运与物流行业供给侧结构性改革步伐、促进物流业降本增效的重要方式，旨在通过市场化手段规范企业行为，促进行业转型升级，改善市场环境，全面提升我国的综合运输服务水平和能力。

1. 政策的出发点

无车承运人以运用移动互联网促进交通运输转型升级为主线，促进物流业降本增效，逐步调整完善无车承运人在许可准入、运营监管、诚信考核、税收征管等环节的管理制度，建立健全无车承运人在信息共享、运输组织、运营服务等方面的标准规范,推动大数据、云计算等先进技术在物流领域的广泛应用。培育一批理念创新、运作高效、服务规范、竞争力强的无车承运人,引导货运物流行业的规模化、集约化、规范化发展,全面提升综合运输服务能力和水平,为经济社会发展提供安全、高效、绿色的物流运输保障。

案例 罗宾逊全球物流(CHRW)有限公司

C.H. 罗宾逊全球物流有限公司(C.H.Robinson Worldwide Inc,简称C.H. 罗宾逊公司)创建于1905年,是北美最大的第三方后勤物流公司。通过在北美、南美及欧洲地区的办公网络,它提供全球多模式的运输服务及后勤解决方案。通过与汽运公司的合约,它拥有全美唯一的汽运能力最大的运输网络。

1905年成立之初C.H. 罗宾逊公司是一家农产品和一般商品的经纪公司,以经营水果和蔬菜为主。之后C.H. 罗宾逊公司将业务拓展到水果和蔬菜的保鲜运输业务上,并在1919年将总部搬到明尼苏达州明尼阿波利斯。

1968年,公司进入调节的货运业务,被称为肉类包装快递合同承运人,在内布拉斯加州奥马哈市和更高版本中创建一个不规则的路线载体ROBCO运输。

1980年的《汽车运输法》放开货运业,允许更灵活的定价与承运人和托运人之间的服务安排。这为C.H. 罗宾逊公司的业务扩宽提供了基础。1989年,C.H. 罗宾逊公司扩大该公司的服务作为货运代理、无船承运业务经营者承运人和报关。

1997年10月成立C.H. 罗宾逊全球物流有限公司,公司经营空间与范围不断拓宽,目前公司的经营范围遍及美国、加拿大、墨西哥、南美、欧洲和亚洲。2010年3月,该公司被《财富》杂志评为全球最受尊敬的运输、货运和物流公司。

资料来源:https://www.mg21.com/chrw.html.

2. 政策的落脚点

(1)探索完善无车承运人的管理制度和标准规范。从许可准入、运营监管、诚信考核、税收征管、运营服务等方面,推动市场结构性调整,培育中国版的"C.H. 罗宾逊"。

(2)引导行业创新发展,从传统运输业向现代服务业转变。培育一批具有引导示范作用的无车承运人,吸引以信息技术为特长的互联网企业主动参与行业现代化进程,更鼓励传统运输企业转型升级,积极投身于"互联网+货运"的行业创新发展事业之中。

(3)用产业链与共赢思路推动货运和物流发展。无车承运人法律地位的明确和相应政策的推动,使能够承接货运产业链上下游具有货源车源组织能力,拥有互联网信息平台和大数据处理能力,以及能够对货主和实际承运人负责,具有相应风险责任抵御能力的无车承运人,在市场竞争中脱颖而出,以此改善我国货运与物流市场结构。

(4)整合现有资源,提升物流服务效益。就我国单车运行效率而言,里程利用率仅有60%,改善空间很大,需要无车承运人这样的组织者进一步提高运输效率;就我国货运场站和物流枢纽而言，基础设施对货运与物流服务的支撑作用尚未发挥充分，信息孤岛现象还比较普遍；就专业化分工而言，无车承运人通过货源和车源的组织、管理，可以使"专业的人干专业的事"，细化社会分工，提升物流整体效益。

10.4.4 物流货运企业的应对策略

我国的无车承运人政策在行业广泛的关注下出台，广大货运与物流企业既感到机遇的来临，又备感压力的巨大。行业转型升级、物流降本增效、货运供给侧结构性改革都随着新政的出台变成实实在在的现实，如何迎接面临的新形势，争取主动，行业内都在积极地努力。

1. 未来成为无车承运人主力军的群体

从物流服务的属性来看，无车承运人的出现将彻底改变我国货运与物流企业的存在形态，行业壁垒被打破，外部力量的强力介入以及内部力量的破壳而出，将使得如下几类企业成为未来无车承运人的主力军。

（1）互联网平台企业。互联网信息技术的突飞猛进，给互联网平台企业参与某一专业领域、开展相关业务的机遇。在无车承运人政策出台之前，我国货运与物流行业就已经出现了各种车货匹配平台、供应链管理平台、物流信息交易平台，这些平台利用自身的技术优势，都从不同角度或多或少地介入无车承运人业务之中。据不完全统计，2015年年底我国有超过200家无车承运企业，这个数字还在不断攀升，这些企业中涌现了一些有特色、经营效果较好的企业（见图10-4）。

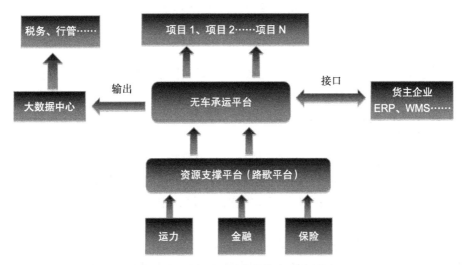

图10-4 无车承运平台功能实现过程图

（2）龙头货运企业。在我国货运与物流市场中，有些骨干龙头企业通过自身努力，在货源组织、车队管理方面引领众多中小企业参与，形成了一定程度上的行业集中度，对于树立自身品牌，通过品牌效应占领市场，以及对货运市场的规范、中小企业合规守法地生存和发展起到了积极作用。这些依靠服务品牌和行业影响力的龙头货运企业，与政府主管部门和行业协会推动行业转型升级、供给侧改革、主动拥抱互联网的政策思路不谋而合，努力方向一致，并积极参与到货运行业等级管理制度建设和行业诚信体系建设之中，将成为未来无车承运人的中坚力量。

（3）其他相关企业。卡车智能技术提供商正随着车辆制造技术水平的提高，纷纷提出了通过技术构造实时调度、车货联网、车辆安全、在线交易的运力系统，同时提供增值服务；物流园区则借国家相关政策如《国务院办公厅关于推进线上线下互动加快商贸流通创新发展转型升级的意见》，在转型成为无车承运人方面获得政策认可和支持；第三物流企业和传统货代企业，也正在积极迎合政策不断调整，建立整合社会运力的信息系统，汇聚大量需求信息，占领无车承运人市场。

2. 货运企业开展无车承运的策略

从国外经验来看，物流业未来的发展将随着社会化分工进程的加深，变得既整体又分离。整体指的是，以货运为主体的物流业需要整合上下游，与货主和车辆提供商建立以利益为纽带的合作共赢机制；分离指的是，运输车队的管理、运输组织的管理、货源组织的管理、物流服务的管理将更加具体、专业、透明、科学。

（1）关注行业管理特点，规范开展业务。交通运输行业管理部门将按照新政策的总体要求，细化并制定各地无车承运人的试点管理细则，主要通过准入许可、年度审验、行政处罚三种手段，对无车承运人的运力控制情况、自身企业信用情况、服务标准规范情况，进行审查和考核。

（2）掌握无车承运特点，创新发展模式。货运与物流企业如果计划创新发展模式，开展无车承运人相关工作，应把握好如下几个必备原则。

1）具有较强的货源组织能力与货运车辆整合能力，运输经营组织化、集约化程度较高。

2）具备较为完善的互联网物流信息平台和与开展业务相适应的信息数据交互及处理能力，能够通过现代信息技术对实际承运人的车辆运营情况进行全过程管理。

3）具备健全的安全生产管理制度和经营管理规范，具备较高的经营管理水平和良好的社会信誉。

4）具备较强的赔付能力，能够承担全程运输风险。

（3）积极参与行业试点，主动占领先机。货运与物流企业如果计划参与无车承运人试点，应积极向当地交通运输主管部门提出申请，主动进行自查和整改，使自身满足如下几个条件。

1）具有企业法人资格，具有保障服务的办公场所。

2）具备开展无车承运平台服务的线上能力（专业人员、机房场地、App、在线支付能力等）。

3）购买履行承运人责任的相关保险。

4）具有经营管理、安全生产管理、服务质量保障制度。

5）与政府相关监管信息交互平台的接入。

6）与货主、实际承运人间的格式合同和运单的报备。

7）企业等级规模、质量信誉等相关要求。

（4）树立物流服务理念，建立管理系统。无车承运要求运行主体拥有先进的物流发展理念、丰富的管理经验、敏捷的市场反应能力，并根据市场供求变化实时调整发展策略，提高抗风险能力。在运营方面，用技术驱动的强运营模式，提供合理定价，调度车货对接，处理纠纷；在货源方面，成立专门团队，开发维护各利益相关者的货源信息；在运力方面对接司机，建设运力池，打造诚信体系，应用企业等级管理制度，筛选优质运力；在线路方面，建立基于数据平台的调度系统，科学设计线路并为车辆提供最优往返路径。

总之，无车承运人这一旨在提高运输组织效率、降低物流成本的新事物，已经并将在行业内迅速发展、壮大，对货运与物流行业将产生重大影响，货运与物流企业需要在新政策的指引下，进一步明确自身定位，确定发展战略，摆脱单纯依靠车轮盈利的思维，发展信息技术，主动拥抱互联网，积极进行布局，注重专业化规模化创新发展，才能主动迎合新政策和行业发展趋势，诚信经营、创新发展，在发展好自身的同时为行业的转型升级做出新的贡献。

本章小结

电子商务物流企业流程再造的原则：以客户为中心，完善物流体系，重建组织机构，实施知识管理。企业物流流程再造的途径：企业的观念再造，企业的制度再造，企业的组织再造，企业文化的再造，技术再造。

精益物流是以精益思想为指导的，能够全方位实现精益运作的物流活动。精益物流运作原则是：从顾客的角度而不是从企业的角度来研究业务活动的价值；按整个价值流确定供应、生产和配送产品中所有必需的步骤与活动；创造无中断、无等待、无回流的增值活动流；及时创造由顾客需求拉动的有价值活动；不断消除物流过程中的浪费现象，追求完美。精益物流的基本框架：需求拉动，准时准确，快速高效，系统集成，信息化。

冷链物流流程环节：采购环节的冷链，生产结束后的冷链，库存过程中的冷链，运输过程中的冷链，特殊商品的冷链。冷链物流的发展策略：创建电子商务物流企业联盟，企业联盟实现共同配送。

电子商务无车承运物流主要特点：双重身份，不拥有车辆，收入来源于差价，管理手段科学。货运企业开展无车承运的策略：关注行业管理特点，规范开展业务；掌握无车承运特点，创新发展模式。

复习思考题

1. 为什么物流流程再造要坚持知识管理的原则？
2. 结合实际案例说明精益物流基本框架的主要内容。
3. 从食品安全角度说明冷链物流流程环节控制的方法。
4. 查阅资料，说明电子商务无车承运市场的现状以及应对策略。

课内实训

运用制造业的精益制造思想,结合具体物流企业设计精益物流实施的基本构架,并提出降低物流成本、节约社会资源的一体化方案。

课外实训

个人或小组,利用业余时间尝试设计无车承运平台构架创业方案,对学校周边的货运市场和货源单位进行调查,自行拟定创业方案,利用微信公众号、QQ群、网络社区、专业网站等媒介,建立车货信息交流平台,并撰写详细的运营方案。

案例分析

麦当劳和夏晖:独特的外包模式

谈到麦当劳的冷链物流,不能不说到夏晖公司,这家几乎是麦当劳"御用 3PL"(该公司客户还有必胜客、星巴克等)的物流公司,它与麦当劳的合作,在很多人眼中至今还是一个谜。

麦当劳没有把物流业务分包给不同的供应商,夏晖也从未移情别恋,这种独特的合作关系,不仅建立在忠诚的基础上,麦当劳之所以选择夏晖,还在于夏晖为其提供了优质的服务。

随着商品流通市场买方地位的日益增强,消费者的选择越来越多,流通链也越来越长,麦当劳要求夏晖提供一种网络化的支持,这种网络能够覆盖整个国家或者整个地区,不同环节之间需要高效的无缝对接。与麦当劳合作了整整30年的夏晖,流通网络的整合能力得到了长足进步,拥有其他公司不可匹敌的经验。即便如此,对于夏晖来说,在中国完成这项工作也非轻而易举。"在北京、上海、广州这些大城市,至今也没有形成网络化的物流系统。从批发站订购货品然后用面包车运送,还是很多企业通用的方法。在这种单批量送货模式下,不仅无法保障产品的质量,还直接导致物流市场的低价竞争。"夏晖的一名物流经理对此颇有感触。他认为,这种低价竞争将会给中国的物流市场带来很大的压力。

麦当劳对物流服务的要求是比较严格的。在食品供应中,除了基本的食品运输之外,麦当劳要求物流服务商提供其他服务,比如信息处理、存货控制、贴标签、生产和质量控制等诸多方面,这些"额外"的服务虽然成本比较高,但它使麦当劳在竞争中获得了优势。"如果你提供的物流服务仅仅是运输,运价是一吨4角,而我的价格是一吨5角,但我提供的物流服务中包括了信息处理、贴标签等工作,麦当劳也会选择我做物流供应商的。"为麦当劳服务的一位夏晖物流经理说。

另外,麦当劳要求夏晖提供一条龙式物流服务,包括生产和质量控制在内。这样,在夏晖设在台湾地区的面包厂中,就全部采用了统一的自动化生产线,制造区与熟食区加以区隔,厂区装设空调与天花板,以隔离落尘,易于清洁,应用严格的食品与作业安全标准。所有设备由美国 SASIB 专业设计,生产能力为每小时 24 000 个面包。在专门设立的加工中心，物流服务商为麦当劳提供所需的切丝、切片生菜及混合蔬菜，拥有生产区域全程温度自动控制、连续式杀菌及水温自动控制功能的生产线，生产能力每小时 1 500 千克。此外，夏晖还负责为麦当劳上游的蔬果供应商提供咨询服务。

资料来源：http://info.jctrans.com/xueyuan/czal/20142192009072.shtml.

问题：本案例中，麦当劳要求夏晖提供一条龙式物流服务的主要内容包括哪些？夏晖在提供传统的物流服务的同时，又增加了哪些增值服务内容？从物流流程再造角度看，对其他物流服务供应商提高服务质量有何启示？

第 11 章 • Chapter 11

电子商务物流政策法规

学习目标

1. 了解我国电子商务物流政策法规的法律地位、制定背景及完善过程，理解政府电子商务物流政策法规制定与实施的必要性和重要性。

2. 熟知我国电子商务物流政策法规的主要类型和相关文件，熟悉电子商务物流政策法规基本构架和完善过程。

导引案例

无人机加速进入快递业，商业应用面临政策法规限制

近年来，最早只在军事领域应用的无人机悄然成为消费级产品，应用范围越来越广。轻小快灵、成本低廉是无人机的主要优势，正是得益于这一优势，无人机正加速进入快递行业。

从 2014 年开始，国内的主要电商都开始下沉渠道，布局农村市场。然而，农村快递配送的"最后一公里"问题始终难以解决。相对城市而言，农村因为地广人稀，订单分散，物流配送范围大、成本高、难度大，使得包括京东在内的电子商务平台都面临着成本压力，而无人机技术为破解农村电子商务发展瓶颈带来了转机。运用无人机作为物流配送工具，在全国村镇间建立无人机物流配送网络，未来，农村用户可以充分体验到电子商务所带来的便捷与实惠，这将带动农村消费理念，甚至整个农村经济的"升级"。

用无人机送快递是大势所趋

随着电子商务行业的飞速发展，越来越大的物流配送量也让快递企业面临大考。国家邮政局的统计数据显示，截至 2016 年 12 月 20 日，中国的快递业务量已突破 300 亿件，同比增长 51.7%。一边是快速增长的快递业务量，另一边是越来越"迫不及待"取包裹的消费者，这促使快递行业必须思考和解决一个难题——如何让海量包裹更

快、更好地送达每个消费者手中。

有专家曾表示，快速高效的配送已成为必须，然而在过去10年中，快递行业的发展只是一种量的变化，如单纯的网点数量的增加、仓库面积的扩大、快递员人数的扩张，但没有出现质的变化，现在的物流行业依然是一个劳动密集型行业，没有先进的科技技术的支撑，一旦面临用工荒，网点运营可能陷入瘫痪。

这一观点已变成现实。近期，国内一些知名快递企业就出现了多个网点爆仓导致快件积压的现象，有的甚至陷入"被倒闭"的舆论风波。

另外，快递行业薄利多销的低价竞争模式很难维持。作为劳动密集型行业，快递业如今正面临外卖行业的用工争夺战。据了解，目前上海的快递员月收入六七千元，而外卖送餐员的收入能高出50%左右，由此出现了很多快递员改行来送外卖的现象。

业内人士认为，产品单一，利润快速下降，消费者投诉不断，一些网点陷入增量不增收的困境，这让快递行业面对巨大的生存压力。因此，传统的快递业需要一场技术革命，进行转型升级。无人机替代人工运送包裹不仅能节省更多配送时间，同时也能节省不少人力成本，从这个角度看，将无人机技术应用于快递行业提质增效是大势所趋。

政策法规或成为"紧箍咒"

无人机技术虽然前途一片光明，但在商业应用的道路上并非一片坦途，目前还面临许多政策法规的限制。

早在2013年年底，亚马逊CEO杰夫·贝佐斯就首次对外透露了亚马逊的"Prime Air"物流计划，即希望通过遥控无人机运送小型包裹。此后，受美国政策影响，亚马逊甚至将无人机测试搬到了澳大利亚、加拿大等国家，以此规避美国政府的限制。

现在，无人机的安全问题也引起了相关部门的重视。由于无人机主要以电机和电池作为驱动系统，而电池的容量决定了无人机的飞行时间不可能太长。在复杂的飞行环境条件下，续航能力和能否做到零事故将考验无人机的综合能力。

飞行区域的限制和管控也是一个不得不面临的现实问题。由于无人机涉及高空作业，而在居民区特别是机场管制区，杜绝一切飞行器使用，这大大限制了无人机的使用。

目前国内无人机应用范围控制在500米以内，飞行高度一旦超过1000米即有可能危及飞机航线安全。无人机的大规模应用意味着需要申请大量航线，在目前情况下并不现实。

无人机市场的繁荣已经促使国内相关部门加速制定相关标准。据了解，以中国航空器拥有者及驾驶员协会（AOPA）为代表的组织，正在推动无人机行业的飞行标准及合规化。同时我国的《无人机飞行管理规定》也在制定中，可能将对此类飞行器的商业应用做出明确规定。

专家表示，无人机技术作为一个新生事物，依照目前的发展速度，解决和完善技术上的缺陷只是时间问题。无人机真正大规模应用于快递物流行业，最关键的还是政策的松绑和积极引导。

资料来源：http://finance.people.com.cn/n1/2017/0228/c1004-29111640.html.

11.1 电子商务物流政策法规制定的背景

随着人们生活水平的不断提高和生活质量的提升，越来越多的人通过网上购物，商品渠道模式由此发生巨大变化，线上线下结合趋势日益明显，电子商务物流模式已经成为未来商品流通的主流模式，电子商务和物流两个行业的快速发展，需要相应的政策给予支持，电子商务与物流市场主体行为也需要不断规范，所以，电子商务物流政策法规应为行业繁荣保驾护航。

11.1.1 政策法规建设战略思考

联合国国际贸易法委员会于 1996 年通过《联合国国际贸易法委员会电子商务示范法》，主要包括"电子合同法规""电子商务税收法规""电子商务物流管理法规"。但是，我国目前还没有一部完整的电子商务物流管理法规，相关法规的建立是物流产业发展的基础。我们需要建立符合我国国情的电子商务物流法规，即包括"法律法规""行政法规"和"部门法规"的我国电子商务物流管理法规，以推动我国物流产业健康、快速发展，尽快使我国物流业适应中国入世后国民经济发展的需要。

1. 抓住政策法规建设重点

伴随着互联网经济的飞速发展，目前我国已经进入了一个电子商务高速发展的时期，并逐步呈现出方兴未艾的趋势。电子商务的迅猛发展，需要建立高效的现代物流体系，需要依靠法律手段去理顺电子商务物流过程中发生的各种经济法律关系。然而，我国现有的关于电子商务物流方面的法律法规，很多已经落后于电子商务发展的需要。从历史上看，现代物流发展之初，就缺少相应的法律依据已成为不可回避的事实。因此，如何整合现有电子商务物流法律法规，确立目前电子商务物流立法的重心和建设的重点，构建电子商务物流法律体系框架，从而最终制定出适合我国国情的统一电子商务物流法，进而建立一个专业性强又赋有前瞻性的现代电子商务物流法律体系，已成为当务之急。

2. 正视电子商务物流行业的问题

虽然经济环境与政策法律双重推动电子商务蓬勃发展，但是在物流为王的电子商务时代，电子商务物流政策法规滞后却成为当前电子商务发展中的明显短板。规范有序的电子商务物流市场，优质高效的电子商务物流服务商是电子商务企业打开商品服务市场、提高用户体验的关键所在。目前，物流市场尚不规范，电子商务物流服务质量有待提高，优秀企业在竞争中难以彰显其核心能力，导致宝贵的物流资源的浪费。所以，政府需要不断改革完善与新业态、新模式相适应的电子商务物流市场的需要，制定对扩大电子商务模式创新有利的政策环境，以此给新经济形态下的电子商务物流带来了新的生机。

3. 做好法律体系的底层设计

电子商务物流法律体系的底层设计基础是物流法规体系。物流业历史比电子商务更早一些，物流业作为电子商务物流发展的基础，法律建设也应走在前面，为电子商务物流法律奠定坚实的基础。现代物流的快速发展使得人们的网络消费不仅是一种时尚，而且是一种消费习惯。电子商务之所以能够快速发展，就是因为满足了人们方便及时的要求，现代物流通过信息技术、人工智能等高科技，可以将不同的商品以最优的方式、最快的速度运送到消费者手中。如果没有现代物流快速及时的运输，就很难吸引人们在网络上消费。

电子商务大大方便了人们的信息沟通，但其核心还是商品的交换。为了客户的需要，把商品从生产地运送到消费地，中间可能经历商品的包装、存储、质检、运输，甚至二次加工，就是我们所说的物流。可以看出，物流是电子商务发展的重要基础设施，也是电子商务能够发展的关键。随着电子商务的快速发展，我国电子商务物流保持较快增长，企业主体多元化，经营模式不断创新，服务能力显著提升，已成为现代物流业的重要组成部分和推动国民经济发展的新动力。

4. 鼓励商业模式创新

推动电子商务发展和促进模式创新成为电子商务物流政策法律制定的导向。随着经济的全球化以及互联网技术的发展，电子商务也获得了极大的发展，尤其是我国的电子商务发展速度更是超过了其他国家。当前政府对实施的"互联网＋战略"，给电子商务的发展提供了更加广阔的平台和机遇，电子商务带来商业模式的创新，引发利益主体之间法律关系内容的变化。为了加快电子商务物流的发展，提升电子商务水平，降低物流成本，提高流通效率，商务部等 6 部门印发了关于《全国电子商务物流发展专项规划（2016—2020 年）》（简称《规划》）的通知。《规划》适应了物流为王的电子商务时代特殊要求，把打造优质高效的电子商务物流服务商作为电商企业打开市场、提高用户体验的重要途径。针对电商商品门类众多，商品种类直接影响到信息传递、服务水平、监管条件以及配送要求等情况，对物流公司的物流服务能力提出更高的要求，《规划》重点鼓励服务全、能力强、配送效率高、物流安全、服务周到的企业能够在竞争中胜出，使用户能够享受优质的服务和体验。

11.1.2 法规体系建设主要内容

电子商务物流法规体系是物流法规体系和电子商务法规体系以既相互独立又相互融合的方式构建起来的。近年来，政府又陆续出台电子商务物流融合性的法规，这对这一行业的规范起到了巨大作用。

1. 物流法规体系建设

我国现代物流业起步比较晚，与发达国家相比有的地方还比较落后，电子商务也是在 2002 年以后才逐渐被政府和社会所接受。现代物流的发展与电子商务结合起来，可以使企业对商品流、物流、信息流和资金流有更全面的了解，从而对产品市场以及消费趋势有更精准的把握，以此全面提高企业的效益。现代物流的快速发展可以提供更多的附加服务，让购物更加方便和友好。比如免除人们携带、运输的麻烦，交货的时间和地点更加自由，这些都能极大地促进电子商务的发展。

物流本身不是独立的产业，必须和其他行业结合在一起，它的服务才有明确的方向和目标。目前，我国物流配送体系尚处于发展初期，其规模还比较小，发展水平也比较低，在电子商务的快速发展过程中更是体现了我国物流体系的不足。因此，构建高效、快速及合理的现代物流体系已经成为电子商务发展中亟待解决的问题，同时也是建立科学的电子商务物流政策法律体系的关键所在。

目前，就我国已经出台的主要的物流法律法规来看，从效力层次上大致可以划分为三类：一是法律，如全国人民代表大会常务委员会通过（有些通过后又有修订）的《中华人民共和国海关法》《中华人民共和国海商法》《中华人民共和国公路法》《中华人民共和国民用航空法》等；二是行政法规，如国务院发布的《中华人民共和国国际海运条例》《中华人民共和国公路管理条例》等；三是国务院各部、委、局颁布的行政规章，如原国家经贸委、铁道部、交通部、信息产业部、原外经贸部、民航总局等部门联合印发的《关于加快我国现代物流发展的若干意见》和交通部发布的《关于促进运输企业发展综合物流服务的若干意见》。

2. 电子商务法规体系建设

目前，中国没有专门的电子商务法，因为电子商务涉及业态比较广泛而且发展尚处于初级阶段，所以需要根据不同的细分领域逐步完善。目前，主要通过其他先前颁布的法律来规范电子商务，比如《合同法》《电子签名法》《计算机信息系统安全保护条例》《中国互联网络域名注册暂行管理办法》《互联网电子公告服务管理规定》《中国互联网络域名管理办法》。各部委办的相关行政法规包括：商务部《商务部关于促进电子商务规范发展的意见》（2007年12月）；国家发展改革委、国务院信息办《电子商务发展"十一五"规划》（2007年6月）；国务院办公厅《国务院办公厅关于加快电子商务发展的若干意见》（2005年1月）等。

案例　总理站台　跨境电子商务将如何发展

2017年9月，李克强总理召开的国务院常务会议，对此前一个阶段的跨境电子商务发展给予了积极评价，肯定了跨境电子商务发展的重要意义。会上要求新建跨境电子商务综合试验区，并将跨境电子商务监管过渡期政策延长一年。

统计数据显示，2014年、2015年及2016年的中国跨境电子商务总体交易规模分别为4.2万亿元、5.4万亿元和6.7万亿元，增速分别达到了33.3%、28.6%和24%，远超同期的社会消费品零售总额增长。2018年，中国跨境电子商务将达到8.8万亿元。从这些数据可以看出，近年来跨境电子商务对国际贸易及经济发展有明显的促进作用，而有关部门也意识到了跨境电子商务的重要意义，积极给予政策红利促进和推动跨境电子商务的发展。

可以看出，在这些政策的推动下，跨境电子商务必将迎来新一轮快速发展。跨境电子商务相关的技术，以及物流产业也都将迎来红利，办公室仓库减租及相关政策补贴会极大地增强中国跨境电子商务的竞争力，减小中小企业的经济负担，并促进相关技术的创新及体系的成熟完善。而"一带一路"周边国家市场，更是充满了机会。

资料来源：http://www.ec.com.cn/article/kjds/201709/21563_1.html.

3. 电子商务物流融合性法规建设

伴随电子商务物流的相互融合，从业态发展和商业模式创新角度来看，电子商务物流已经成为一个完整业态，需要系列融合性法规对行业经营行为进行规范。

（1）行政法规。国务院《关于促进快递业发展的若干意见》（2015年10月26日），探索实行快递企业工商登记"一照多址"模式，扩大电子商务出口快件清单核放、汇总申报的通关模式适用地域范围；对快递专用车辆城市通行和临时停靠作业提供便利。出台快递专用电动三轮车国家标准以及生产、使用、管理规定；快递企业可按现行规定申请执行省内跨地区经营总分支机构增值税汇总交纳政策，依法享受企业所得税优惠政策。

（2）部分行政规章。

1）财政部、商务部、国家邮政局《关于开展电子商务与物流快递协同发展试点有关问题的通知》（简称《通知》，2014年10月）。该《通知》决定在天津、石家庄、杭州、福州、贵阳5个城市开展电子商务与物流快递协同发展试点，财政部将划拨专项资金，帮助5个试点城市推进电子商务快递协同发展工作。明确了5个试点城市的重点任务，即统筹规划基础设施建设，推行运营车辆规范化，解决末端配送难题，加强从业人员基本技能培训，鼓励电子商务企业与物流快递企业合作。

该《通知》的出台为5个试点城市的电子商务与快递的发展指明了方向，财政部专项资金的扶持可以缓解行业整体资金紧张的问题；合理利用资金，有利于改善基础设施建设滞后，有利于推行运营车辆规范化，有利于提高从业人员的素质和服务水平。这对推动电子商务与快递协同发展是一项重大利好政策。在出台利好政策的同时，还要着力解决制约电子商务和快递发展的一些政策瓶颈问题。

2）我国电子商务物流领域的第一个行业标准《电子商务物流服务规范》2016年11月9号正式对外发布，2016年9月1日起在全国正式实施。《电子商务物流服务规范》是由商务部流通发展司牵头，中国电子商务协会、中国电子商务物流企业联盟组织承接，顺丰速运集团与中国标准化研究院主笔起草。同时，该标准还得到中国电子商务物流企业联盟及其核心成员企业的大力支持和积极推进。本标准以消费者为导向展开，以全面提升消费者购物体验为指导思想。该标准深入电子商务物流系统、仓储、运输、配送及退换货等各个环节，规定了电子商务物流服务的服务能力、服务要求和作业要求。

（3）发展规划。商务部、发展改革委、交通运输部、海关总署、国家邮政局、国家标准委 6 部门共同发布《全国电子商务物流发展专项规划（2016—2020 年）》（简称《规划》，2016 年 3 月 17 日）。《规划》指出，近年来，我国电子商务物流保持较快增长，企业主体多元发展，经营模式不断创新，服务能力显著提升，已成为现代物流业的重要组成部分和推动国民经济发展的新动力。随着国民经济全面转型升级和互联网、物联网发展，以及基础设施的进一步完善，电子商务物流需求将保持快速增长，服务质量和创新能力有望进一步提升，渠道下沉和"走出去"趋势凸显，将进入全面服务社会生产和人民生活的新阶段。加快电子商务物流发展，对于提升电子商务水平，降低物流成本，提高流通效率，引导生产，满足消费，促进供给侧结构性改革都具有重要意义。

《规划》全文分为现状与形势，指导思想、规划原则与发展目标，主要任务，重大工程，组织实施和保障措施五部分。

《规划》提出，到 2020 年基本形成"布局完善、结构优化、功能强大、运作高效、服务优质"的电子商务物流体系。《规划》明确了建设支撑电子商务发展的物流网络体系，提高电子商务物流标准化水平，提高电子商务物流信息化水平，推动电子商务物流企业集约绿色发展，加快中小城市和农村电子商务物流发展，加快民生领域的电子商务物流发展，构建开放共享的跨境电子商务物流体系等七项任务。同时提出了与之相对应的电子商务物流标准化工程、公共信息平台工程、农村服务工程、社区服务工程、冷链物流工程、绿色循环工程、跨境工程和创新工程等八项重大工程。在组织实施和保障方面，《规划》提出了五项要求包括加强规划落实和组织实施，营造良好的发展环境，加强和完善政策支持，完善信用和监管体系，健全电子商务物流统计监测制度等。

《规划》要求，商务部、发展改革委、交通运输部、海关总署、国家邮政局、国家标准委等主管部门要在国家现代物流工作综合协调机制下，加强协调配合，突出重点，落实责任，形成合力。地方相关部门要按照《规划》确定的目标和任务，加强对本地电子商务物流发展的指导，尽快制订具体实施方案，完善和细化相关政策措施，扎实做好各项工作。相关协会、商会、联盟等社会团体要充分发挥在行业自律、产业研究、标准宣贯、统计监测、人员培训、宣传推广等方面的作用，推动行业健康发展。

同时，《规划》提出完善电子商务物流体系问题。结合城市商贸流通体系建设、"万村千乡市场工程"配送体系建设，鼓励整合利用现有物流配送资源，建设物流信息协同服务平台和共同配送中心，完善电子商务物流服务体系。

11.2　电子商务物流法规体系建设现状与重点

在我国，电子商务物流业经过十几年的快速发展，目前已经初具规模。然而我国的电子商务物流立法工作却相对滞后，与电子商务物流业的快速发展极不相称，两者间形成较大反差。事实上，电子商务物流业如同其他行业一样，也必须要有较为完善的法律制度对其加以规范、约束和引导，否则将会出现混乱无序的状态，最终将阻碍该行业的健康、持续发展。完善的电子商务物流法律体系是电子商务物流业健康、持续、快速发展的基本要求和保障，是提高电子商务物流业国际竞争力的重要前提。

11.2.1 现行电子商务物流法规体系存在的不足

我国现行物流法律制度已经不能适应形势的发展，面对方兴未艾的现代电子商务物流业，现有的电子商务物流法律制度日益显得捉襟见肘。存在的不足既有市场经济制度自身的问题，也有对电子商务与物流两者规制范畴界定的问题

1. 从总体构成上看，缺乏核心的电子商务物流法律法规

目前，我国尚没有一部处于核心地位的专门而系统地调整电子商务物流法律关系的部门法。相关规定散见于近百部法律、法规和规章中，涉及海陆空运输、消费者保护、企业管理、合同管理、海关管理、网络信息安全、企业行为规制，以及各部委分别制定的有关规程和管理办法之中，呈现出"政出多门""多龙治水"的局面和杂乱无序的状态。没有一部完备的法律对全国各地方、中央各部门电子商务物流业发展进行统一规划和宏观调控，以及对电子商务物流运行过程中的运输、仓储、信息等各环节业务进行统一系统组织。由于立法分散且缺乏系统性，因此有关电子商务物流的民事法律规范、行政法律规范、地方性法规，铁路、交通、航空等部门的规章之间规定交叉重复、冲突矛盾情况较多。

2. 从法律效力上看，层次与效力有待提高

部分电子商务物流法律法规层次不高，法律效力较低。由于直接具有操作性的电子商务物流法律法规多表现为由国务院各部、委、局，以及各个地方自行制定和颁布的条例、办法、规定、通知等，规范性不强，在具体运用过程中难以产生实实在在的法律效力。多数法规在诉讼过程中只适合作为法庭审判的参照性依据，这在一定程度上使得其对电子商务物流主体行为制约作用的发挥大打折扣。同时，有关电子商务物流业的多部法律法规涉及面零散，没有法律针对物流业的市场运行主体、行为、责任、保障等方面进行专门的规定。

3. 从时效性上看，法律法规相对滞后

飞速发展的电子商务物流业，新情况、新问题不断出现，这就要求相关立法的周期相对要缩短，以适应日益变化的形势。然而，事实却恰恰相反，我国现行有效的部分电子商务物流法律法规还留有计划经济体制的痕迹，它们的宏观调控能力和微观约束能力均显不足，已经难以适应当前市场经济环境下电子商务物流业的发展，更难以满足"互联网+"时代对电子商务物流业发展的需要。

4. 从与国际法律对接来看，空白较多

对于电子商务物流等新商业领域的商业模式、运作手段，尤其是后金融危机时

期,以及"一带一路"倡议的实施,现行电子商务物流法律规范虽然较多,但存在不少法律空白。很多电子商务物流关系没有法律法规进行调整和规范,涉及商务物流的专业技术标准严重缺乏。现行电子商务物流法律法规大多是中央各部委、地方政府制定和颁布的条例、办法、意见、通知,零散且透明度差,查阅掌握十分不便,且效力等级低,直接适用困难,调整作用不强,多数仅能作为法庭审判的参照性依据。由此可见,我国现有的物流法律法规与发达国家相比,有巨大差距,已无法适应现代电子商务物流业的发展需要,成为我国电子商务物流业健康发展的瓶颈,完善我国电子商务物流法律体系势在必行。

总之,加强和完善相关立法工作,构建现代电子商务物流法律体系成为解决问题的关键所在。加强对现行的物流法律制度的研究,确立我国电子商务物流法律体系构建的思路和实施步骤,并逐步建立和不断完善相关法律制度,对整个电子商务物流业的发展具有重要的现实意义。

11.2.2 我国电子商务物流法律体系构建的思路

目前,首先,应疏通各单行法律规范之间的层次结构,以及承接与递进关系,形成一个层次分明、结构严谨的电子商务物流法律法规框架;其次,确立目前以物流立法为重心,以电子商务法律为依托,为持续性的立法和司法解释提供一个合乎逻辑的脉络;再次,构建出物流法律法规体系框架;最后,借鉴国外的相关立法经验,如日本制定的物流法,以及美国对物流业者的审批制度等,遵循国际惯例,并结合我国市场经济体制的特征,以及电子商务物流发展的客观实际,制定出较为系统和完善的电子商务物流法。

1. 整合现有电子商务物流法律法规

目前,当务之急是对各种电子商务物流法律法规进行清理、修改、补充和整合,以提高电子商务物流法律规范的层级效力和立法水平,增强其可操作性和透明度,尽快完善现有的电子商务物流法律规范,以适应电子商务物流业的发展,我国加入世界贸易组织后出现的新局面和新情况,以及在全球金融危机之后,经济全球化带来的电子商务物流发展新模式。在电子商务物流立法方面,我国目前尚缺少基本的立法程序,主要法律规范表现为层级较低的行政法规和规章以及地方法规,且不少规定已经不适应电子商务物流发展的新形势。因此,应抓紧开展对这些规范的清理工作。对于老、旧的且确实已经不再适应电子商务物流业新发展的法律规范应及时废止;对于相互重复或彼此冲突的法律规范应及时进行整合;对于层级本来相对较高的法律规范,应及时进行修改、补充和完善,使其能够对行政法规和规章的出台起到规范与引领作用。

2. 确立目前电子商务物流立法的重心

(1)确立电子商务物流运行应共同遵循的原则。通过共同原则的确立,能够避免新的跨部门的立法出现重复和矛盾，防止地方与中央在电子商务物流管理过程中发生分歧和冲突，同时也有助于促进和实现电子商务物流融合性产业的内部自律。

（2）加强地方电子商务物流立法。在建立统一性的电子商务物流立法之前的过渡期内，各地方可根据自身基础和条件的不同，制定出一些符合本地区实际的电子商务物流规章。这样，既能为下一步建立全国性的电子商务物流法提供参考依据和积累经验，又有利于各地区的电子商务物流企业根据地区特点加快发展。

（3）强化国家级电子商务物流立法工作。21世纪以来，电子商务发展迅速，并推动了商业、贸易、营销、金融、运输、教育等社会经济领域的创新。物流的发展与电子商务有着极其密切的联系，我国电子商务发展突出问题之一就是物流体系的相对滞后。因此，应抓紧制定出切实可行的电子商务物流法律规范，从而促进电子商务和物流两方面深度融合，加快电子商务物流的发展。

11.3 我国电子商务物流法律法规体系框架

我国电子商务物流法律法规体系框架的主导思想是从根本上解决现行电子商务物流法律制度存在的问题，这需要在经历过一定立法积累的基础上，在时机成熟的条件下，可以借鉴国外的相关立法经验，遵循国际惯例，并结合我国市场经济体制特征，以及电子商务物流发展的客观实际，设计制定出系统、完善的电子商务物流法规。

从国外的经验和我国目前的经济体制，以及电子商务物流发展的客观实际来看，我国电子商务物流法律体系框架的建构应从四个方面展开。

11.3.1 电子商务物流主体法

电子商务物流主体法即确立电子商务物流主体资格，明确电子商务物流主体权利义务和电子商务物流产业进入与退出规制的法律规范。与其他企业一样，电子商务物流企业也必须具有由法律所确定的主体资格。电子商务物流主体可以是从事物流活动的组织和个人，也可以是具有法律人格的电子商务物流活动的承担者，电子商务物流企业自身的主体资格和权益是由法律来确定与保障的。

（1）符合法律对主体的资格要求。作为电子商务物流主体，必须符合法律对主体的资格要求，包括作为电子商务物流主体的自然人、法人和经济组织，必须具有独立的法律人格，具有完全的意识能力、行为能力和责任能力，能够为自己的行为结果承担责任。

（2）具备主体的资格条件。要求电子商务物流主体必须具备一定的注册资本和经营条件，经过合法注册才能从事相应的经济活动。

（3）主体应当享有的权益。电子商务物流企业享有法律规定的权益，电子商务物流主体的法律地位完全平等，各自享有自己的财产权，对自己的财产负有完全责任，法律保障电子商务物流主体的合法权益不受侵犯。

11.3.2 电子商务物流标准法

电子商务物流标准法即确定电子商务物流行业相关技术性标准的法律规范。电子商务物流标准法，逐步使物流信息系统像纽带一样把供应链上的各个伙伴、各个环节联结成一个整体，通过实现代码标准化，以消除不同企业及地区之间的信息沟通障碍。

1. 电子商务物流标准法实施的意义

标准化将给电子商务物流发展注入持久的动力，是提升电子商务物流效率的基础和关键。电子商务物流本身并非最经济的物流，实际上比一般物流的成本要高，之所以发展速度快，根本原因不是通过增加物流的成本来保障电子商务的快捷和便利，而是体现在电子商务和物流的结合上。鉴于电子商务利润在下降、人工费用在上升、城市交通的硬约束、环境压力等诸多因素，电子商务的物流效率问题会逐渐暴露出来。改善电子商务物流的效率，根本途径就是机械化、自动化、信息化和智能化，但是基础是标准化，包括操作单元、集装单元、工具设备、信息编码控制、服务流程、运输方式等多方面的标准化问题。

2. 试行标准化的收益

2016年以来，商务部联合财政部及国家标准委等部门推进电子商务物流标准化，重点是以托盘的标准化及循环共用为切入点，带动货架、叉车、货车车厢、周转箱、包装、产品规格、信息编码等上下游和相关装备的标准化，并且与标准集装箱进行匹配。

主要依托的载体是三批32个试点城市，第一批是北上广围绕京津冀、长三角和珠三角，第二批是在这个区域范围内进行延伸，第三批延伸到长江流域。还有与国家标准委一起启动的电子商务物流标准化行动计划，共确定190家企业。从试点企业和地区来看，试点起装卸货效率提升3倍以上，周转效率提升1倍以上，货损率降低20%～70%，人工费节约一半，试点城市减少托盘用量，1 500万块相当于节约成材树木247万棵，减排二氧化碳29.54万吨。

3. 电子商务物流标准法的内容

电子商务物流标准法应包含以下三个方面的内容。

（1）企业间流程信息标准化，包括供应链伙伴信息标准、产品信息标准、订单管理和库存管理标准等。

（2）物流术语名词标准化。如目前已有《物流术语》标准等，一般标准按照GB/T 1.1—2009给出的规则起草。

（3）物流信息交互的实施框架标准化。从物流系统的整体出发，制定其各子系统的设施、设备、专用工具等的技术标准，以及业务工作标准；研究各子系统技术标准和业务工作标准的配合性，并按配合性要求统一整个物流系统的标准；研究物流系统与相关其他系统的配合性，谋求物流大系统的标准统一。

总之，构建现代电子商务物流法律体系的紧迫性是不容置疑的，但立法工作需要的步骤也不能忽视，问题的解决应该是在坚持效率的基础上循序渐进的过程。

11.3.3 电子商务物流行为法与宏观调控法

通过电子商务物流法的制定与实施可以统一规范企业的经营行为，明确其业务范围、权利与义务，把所有主体的经营行为都纳入处于核心地位的电子商务物流法和与之相配套的附属法规中来加以调整，既能保证法律的权威性和严肃性，又能保证法律的科学性和适用性，从宏观上促进我国现代电子商务物流业的全面健康发展。

1. 电子商务物流行为法

电子商务物流行为法即调整电子商务物流主体从事电子商务物流活动行为的法律规范，它是各种电子商务物流交易行为和惯例法律化的产物。在市场经济环境下，为维护公共利益，需要调整线上与线下运输配送服务有关各方的权利和义务，电子商务物流服务也需要专项立法。有关线下运输配送服务市场的法律规范主要涉及市场秩序、电子商务物流交易或委托关系及有关货物损失的赔偿责任制度。在市场经济条件下，电子商务物流企业在从事经营活动中是相互独立、地位平等的主体，从事交易活动的任何一方都不能进行欺诈活动，不能把自己的意志强加于对方，电子商务物流供需交易只能在意思表示真实的条件下才能成立。电子商务物流法律体系应包含物流主体的行为规范，使各个主体按统一的原则建立相互关系，规范电子商务物流经营行为，对守法经营的企业给予保护，对违反法律规范的物流行为和弄虚作假的企业给予惩罚与制裁。

2. 电子商务物流宏观调控法

电子商务物流宏观调控法即调整国家与物流主体之间以及物流主体之间市场关系的法律规范。按照现代电子商务物流业的发展特点和规律，必须打破地区封锁和行业垄断行为，加强对不正当行政干预和不规范经营行为的制约，创造公平有序的市场竞争环境。具体来讲，就是要迅速改变电子商务物流业管理政出多门且不协调、电子商务物流运作功能条块分割、行业垄断严重、地方保护主义泛滥、对外超国民待遇对内非国民待遇等状况。

目前，构建我国电子商务物流法律体系的主体思路：首先，整合现有电子商务物流法律法规，确立目前物流立法的重心，构建电子商务物流法律法规体系框架，促进电子商务物流以最佳的结构、最好的配合，充分发挥其系统功能和效率；其次，在条件成熟时建立健全适应经济转型升级和现代电子商务物流产业发展的电子商务物流法，从而促进电子商务物流业的稳定、快速及有序发展。

总之，电子商务物流法律体系在物流业发展中要从制度方面提供保障，为电子商务物流企业参与市场竞争创造良好的宏观与微观环境。

11.4 跨境电子商务法律规范体系

跨境电子商务是电子商务物流在国际范围内的扩展，其中涉及国际贸易、国际物流、国际金融等方面的业务内容，是电子商务物流法规建设的新领域。目前，我国跨境电子商务呈现蓬勃发展之势，已成为国际贸易的新方式和新手段，对于扩大海外营销渠道，提升我国品牌竞争力，实现我国外贸转型升级有重要而深远的意义。但随着跨境电子商务的快速发展，有关法律法规与政策的缺失和不匹配已日益成为困扰行业发展的重大问题，主要体现在用以规范传统贸易方式的法律法规已无法满足跨境电子商务的需要，尤其是在海关、检验检疫、税务和收付汇等方面。

为解决这一问题，2013年8月29日，国务院办公厅发布了商务部等九个部委联合制定的《关于实施支持跨境电子商务零售出口有关政策的意见》（国办发〔2013〕89号，简称89号文），从海关监管模式、出口检验、收付汇、跨境支付和税收等方面提出了总体方针与政策。此后，为落实89号文的相关精神，包括税务总局、质检总局、海关总署、外管局等多个部委亦相继出台了相应的政策和规定来规范与促进跨境电子商务的发展，从而初步搭建起了我国跨境电子商务的法规和制度体系。

11.4.1 跨境电子商务概念的界定

目前的法律法规未对跨境电子商务进行明确的界定，因此理论界对此意见不一，且有多种不同的理解。商务部政策研究室主任沈丹阳认为："跨境电子商务指的是生产和贸易企业或者个人通过电子商务的手段，将传统贸易中的展示、洽谈和成交环节数字化、电子化，实现产品进出口的新型贸易方式。主要有B2B和B2C两种模式。"另一种观点认为，"跨境电子商务，是电子商务应用过程中一种较为高级的形式，是指不同国别或地区间的交易双方通过互联网及其相关信息平台实现交易，实际上就是把传统国际贸易加以网络化、电子化的新型贸易方式"。

从一般的行业理解而言，跨境电子商务是指分属不同关境的交易主体，通过电子商务平台达成交易，进行支付结算，并通过跨境物流送达商品、完成交易的一种国际商业活动。跨境电子商务从特征上而言，交易主体必须分属于不同关境，并且必须通过电子商务平台进行交易和结算，因此，仅仅通过线上电子商务平台进行展示和交易，但仍在线下按一般贸易等方式完成的货物进出口的，仍属于传统贸易，而非跨境电子商务。

跨境电子商务按照业务对象可以分为B2B、B2C、C2C；按照业务性质可以分为跨境小额贸易类跨境电子商务平台、外贸资讯服务类、贸易流程服务类、促进订单对接交易类。

11.4.2 关于跨境电子商务经营主体的问题

在货物进出境的层面，跨境电子商务的经营主体包括跨境电子商务出口主体和跨境电子商务进口主体。关于跨境电子商务出口的经营主体，89号文首次进行了明确的界定，即经营主体分为三类：一是自建跨境电子商务销售平台的电子商务出口企业，二是利用第三方跨境电子商务平台开展电子商务出口的企业，三是为电子商务出口企业提供交易服务的跨境电子商务第三方平台。对于跨境电子商务进口的主体，目前并无明确界定，但浙江省人民政府办公厅于2014年4月出台的《关于印发浙江省跨境电子商务实施方案的通知》（浙政办发〔2014〕59号）则将跨境电子商务的经营主体直接界定为89号文规定的三类主体，不区分出口和进口。

根据89号文的规定，经营主体要按照现行规定办理注册、备案登记手续，在政策未实施地区注册的电子商务企业可在政策实施地区被确认为经营主体。

11.4.3 关于跨境电子商务的海关监管模式

89号文明确提出建立电子商务出口新型海关监管模式，对出口商品进行集中监管，并采取清单核放、汇总申报的方式办理通关手续。为进一步落实这一要求，2014年7月23日，海关总署发布了《关于跨境贸易电子商务进出境货物、物品有关监管事宜的公告》（"总署公告〔2014〕56号"，简称56号文），明确规定了通过与海关联网的电子商务平台进行跨境交易的进出境货物、物品范围、企业注册和备案要求，同时明确了监管范围和监管要求。该公告第一条明确规定"电子商务企业或个人通过经海关认可并且与海关联网的电子商务交易平台实现跨境交易进出境货物、物品的，按照本公告接受海关监管"。即同时满足：一是主体上包括境内通过互联网进行跨境交易的消费者、开展跨境贸易电子商务业务的境内企业、未交易提供服务的跨境贸易电子商务第三方平台；二是渠道上，仅指通过与海关联网的电子商务平台的交易；三是性质上，应为跨境交易。对于未满足前述条件的货物和物品，仍按传统贸易办理通关手续。

56号文所确立的跨境电子商务的通关模式，即采取"清单核放、汇总申报"方式办理电子商务进出境货物报关手续，在该模式下，企业无须每进（出）口一票货物就要办理报关、结汇、退税等一系列手续，而是只要按该公告的规定提交《中华人民共和国海关跨境贸易电子商务进出境物品申报清单》（简称《货物清单》）办理报关手续，再于每月10日前将上月结关的《货物清单》按规定进行归并，汇总形成《进出口货物报关单》向海关申报。在传统货物贸易报关制度下，每一票货物均需要单独办理清关手续。由于跨境电子商务普遍具有单笔货物金额小、单量多的特点，56号文所确立的新型通关模式将极大地便利电子商务企业。56号文还进一步规定了电子商务企业如需办理报关业务，应按照海关对报关单位注册登记管理的相关规定，在海关办理注册登记。未进行登记注册的企业与个人将不能按此规定进行报关和办理收付汇及退税手续。

此外，海关总署还将对跨境贸易电子商务监管海关作业时间和通关时限进行调整，要求各地海关保持365天×24小时的作业时间。

11.4.4 关于跨境电子商务的检验检疫制度

89号文提出对电子商务出口企业及其产品实行检验检疫备案或准入管理，利用第三方检验鉴定机构进行产品质量安全的合格评定。实行全申报制度，以检疫监管为主，一般工业制成品不再实行法检。实施集中申报、集中办理相关检验检疫手续的便利措施。为进一步落实 89 号文的要求，推动跨境电子商务产品检验检疫的便利化，国家质检总局于 2015 年 5 月 14 日发布《质检总局关于进一步发挥检验检疫职能作用促进跨境电子商务发展的意见》（简称《意见》），提出加快构建跨境电子商务发展的检验检疫工作体制机制，建立跨境电子商务清单管理制度，实施跨境电子商务备案管理。该《意见》列出了八大禁止以跨境电子商务形式入境的包裹。此外，该《意见》提出了构建跨境电子商务风险监控体系和质量追溯体系。同时，进一步明确对跨境电子商务商品实行全申报管理，对出境跨境电子商品实行集中申报、集中办理放行手续，不断完善质量安全监督抽查机制，加大第三方检验鉴定结果采信力度。

11.4.5 关于跨境电子商务的税收制度

一直以来，跨境电子商务的出口退税和进口关税问题都是困扰行业发展的难题，为解决这一难题，89 号文提出对符合条件的电子商务出口货物实行增值税和消费税免税或退税政策。为落实这一要求，财政部、国家税务总局于 2013 年 12 月 30 日发布《关于跨境电子商务零售出口税收政策的通知》（简称《通知》），明确规定包括自建平台出口企业和电子商务应用企业在满足该通知有关要求的条件下，可以适用增值税、消费税退（免）税政策。该《通知》所规定的要求包括电子商务出口企业属于增值税一般纳税人并已办理出口退（免）税资格认定；出口货物取得海关出口货物报关单；出口货物在退（免）税申报期截至之日内收汇；电子商务出口企业属于外贸企业的，购进出口货物取得相应的增值税专用发票、消费税专用缴款书（分割单）或海关进口增值税、消费税专用缴款书，且上述凭证有关内容与出口货物报关单（出口退税专用）有关内容相匹配。

当然，有关跨境电子商务的进口关税的征缴，实务中还面临着跨境电子商务进口企业以化整为零和货运分拆方式进口，把每件商品的价格控制在行邮税免交税的额度之内，由此引发争议。

11.4.6 关于现行跨境电子商务法律规范支付体系的问题

89 号文提出鼓励银行机构和支付机构为跨境电子商务提供支付服务。支付机构办理电子商务外汇资金或人民币资金跨境支付业务，应分别向国家外汇管理局和中国人民银行申请并按照支付机构有关管理政策执行。完善跨境电子支付、清算、结算服务体系，切实加强对银行机构和支付机构跨境支付业务的监管力度。为了进一步推动跨境电子商务支付的改革，国家外汇管理局于 2015 年 1 月 20 日发布了《支付机构跨境外汇支付业务试点指导意见》（简称《指导意见》），在全国范围内开展支付机构跨境外汇支付业务试点。该《指导意见》规定支付机构办理"贸易外汇收支企业名录"登记后可试点开办跨境外汇支付业务，同时将跨境支付的单笔交易限额由 1 万美元提高至 5 万美元。《指导意见》允许支付机构集中办理收付和结售汇业务，事后完成交易信息逐笔还原，从而提高支付机构的办理效率，以满足跨境电子商务巨量的支付需求。

本章小结

我国电子商务物流法规体系建设主要内容：物流法规体系建设，电子商务法规体系建设，电子商务物流融合性法规建设。我国电子商务物流法律体系构建的思路：整合现有电子商务物流法律法规，确立目前电子商务物流立法的重心。

我国电子商务物流法律法规体系框架：电子商务物流主体法，电子商务物流标准法，电子商务物流行为法与宏观调控法。

跨境电子商务法律规范体系：跨境电子商务概念的界定，关于跨境电子商务经营主体的问题，关于跨境电子商务的海关监管模式，关于跨境电子商务的检验检疫制度，关于跨境电子商务的税收制度。

复习思考题

1. 我国电子商务物流法规体系建设面临的主要问题是什么？
2. 简述电子商务物流法律体系构建的思路。
3. 谈谈电子商务物流法律法规体系框架的构成要素。
4. 结合实例说明跨境电子商务的经营主体明确的意义。

课内实训

收集我国自 2002 年电子商务模式实施以来的相关政策法规。

课外实训

以小组为单位，开展电子商务法规竞赛活动，通过竞赛熟悉我国电子商务法规立法过程以及完善情况。

案例分析

过半网购用户信息遭泄露，电子商务、快递等未来将承担什么法律责任

《中国网民权益保护调查报告 2016》显示，4.8 亿网购用户，过半数的用户在网购过程中遭遇个人信息泄露。

《电子商务法（草案）》，加大对信息安全的保护力度，明确了包括第三方电子商务平台、平台内经营者、支付服务提供者、快递物流服务提供者等在内的信息安全保护责任主体。提出对未履行保护义务的，最高处 50 万元罚款并吊销执照；构成犯罪的，追究刑事责任。

这一法律能否有效解决网购信息安全问题？

明确信息保护责任主体：电子商务平台、商家、支付、快递

《中华人民共和国电子商务法（草案）》（简称草案）分别在多个章节明确了电子商务平台、商家、支付、快递等责任主体。草案第四十九条规定，电子商务经营主体应当建立健全内部控制制度和技术管理措施，防止信息泄露、丢失、损毁，确保电子商务数据信息安全。在发生或者可能发生用户个人信息泄露、丢失、损毁时，电子商务经营主体应当立即采取补救措施，及时告知用户，并向有关部门报告。

除电子商务经营者外，草案第二章第二节还专门明确了电子商务第三方平台的责任和义务，要求对进入第三方平台的经营者信息进行审查登记和检查监控，提供必要、可靠的交易环境和服务，公开、公平、公正地制定交易规则等，进一步为保障消费者合法权益保驾护航。

深圳前海征信公司信息安全总监戴鹏飞曾梳理网购订单的四大环节，发现有13种信息泄露的可能。中国电子商务研究中心数据显示，截至2016年上半年，我国网购用户规模达4.8亿人。中国互联网协会发布的《中国网民权益保护调查报告2016》反映，网民在网购过程中，遭遇"个人信息泄露"的占51%，84%因信息泄露受到骚扰、金钱损失等不良影响，因个人信息泄露等遭受的经济损失一年高达915亿元。另据中国电子商务投诉与维权公共服务平台近年来受理的数十万起投诉案件表明，天猫、淘宝、京东、当当等互联网O2O平台，均屡因用户信息被泄露造成平台上账户被盗，带来经济损失。

草案对网购信息泄露"三宗罪"提出规范

除了明确责任主体外，草案还有针对性地对信息收集得益者的行为，做了多层次的规范，对违法行为明确提出追责。根据草案，未履行个人信息保护义务的最高处50万元罚款，并责令停业整顿直至吊销营业执照，构成犯罪的，追究刑事责任。"换言之，如果没有能力保护好，就别收集；收集了，就得从管理和技术上保护好；泄露了或者有可能泄露，必须提前介入，不能只放马后炮。"中国政法大学副校长时建中说。

据了解，对于以往大量存在的网购过程中的信息泄露"三宗罪"，草案都制定了相关规定。

（1）监守自盗"内鬼"成泄露大户。草案第四十九条明确规定电子商务经营主体的义务，强调应该建立健全内部控制制度和技术管理措施，防止信息泄露、丢失、损毁。

（2）为信息贩卖提供平台。通过在一些电子商务平台进行调查发现，信息贩卖仍然存在。据被警方抓捕的"信息贩子"披露，信息可按地区定制，先试用后付款，根据信息"品质"不同，越精确或信息主体明显拥有更多财富的就越贵。其中，电子商务平台为"信息贩卖"提供了便利的销售渠道。

草案专门明确了电子商务第三方平台的责任和义务。草案第十九条要求，电子商务第三方平台应当对申请进入平台销售商品或者提供服务的经营者身份、行政许可等信息进行审查和登记，建立登记档案，并定期核验更新。专家认为，这有助于堵住在网络平台进行非法信息交易的行为。

（3）一些电子商务主体对保护信息不积极。目前，一些电商平台存在过度收集个人信息的问题。有的电子商务平台对于用户即便买个酱油都要把姓名、住址、身份证号码、职业等信息通通输入。

草案第四十六条明确，在收集用户信息方面，电子商务经营主体应事先向用户明示信息收集、处理和利用的规则，并征得用户的同意；不得以抗拒为用户提供服务为由强迫用户同意其收集、处理、利用个人信息。

同时，对于处理和利用用户信息，草案第四十八条规定，电子商务经营主体对个人信息的处理和利用应当符合用户同意的处理利用规则；处理、利用个人信息的行为可能侵害用户合法权益的，用户有权请求电子商务经营主体中止相关行为。

草案将对电子商务发展产生何种影响？

不少专家和业内人士表示，草案将会深刻影响电子商务平台、商户和快递的商业行为。

南开大学周恩来政府管理学院教授徐行认为，对个人信息安全保护的发展将促进电子商务获得长远的发展："个人信息安全是电子商务健康发展的基础，相关立法的推进，将优化电子商务的市场环境，规范市场秩序。"

百度法务部副总经理杜剑波称："谁采集、谁使用、谁负责。拥有数据多，承担责任就大。如果保管和使用不当，导致信息泄露，就应该承担相关的法律责任。互联网公司应该做表率。"

京东方面表示，将重视安全漏洞问题，针对可能存在信息安全风险的用户进行安全升级提示。阿里巴巴集团法律研究中心副主任顾伟认为，大量平台商家涉及订单泄露，平台设定规则，对于卖家泄露买家信息要进行扣分处理。

业内人士表示，草案未来通过审议，将倒逼平台、商家、快递投入大量人力、物力强化个人信息安全保护。

顾伟说，法案将促使电子商务主体向安全领域加大投资，主要的互联网公司都将向信息安全领域布局，其自身也将有动力推动安全保障体系升级。

据了解，为应对行业安全形势挑战，阿里巴巴集团于2016年7月成立了旨在提升全行业安全技术能力的"电子商务安全生态联盟"。该联盟不仅仅具有较大的技术意义，更有可能推动形成一个产值巨大的安全服务市场

阿里巴巴集团首席风险官刘振飞表示，目前，阿里巴巴为电子商务生态联盟伙伴提供了安全产品、标准等方面的解决方案，让服务商、商家、物流等合作伙伴及时感知数据风险，保障核心数据安全。同时，顾伟提出，执法机构本身缺乏高效有力的安全监管技术工具，将是未来治理信息泄露的难点之一。阿里巴巴将研发相关技术，为监管部门提供技术支持。

工信部信息中心工经所所长于佳宁强调，除了明确收集信息者的主体责任外，还需要进一步强化政府监督。需多部门联动，明确监管责任，实现收集——使用——监管的责任闭环。

资料来源：http://news.163.com/16/1223/10/C8VC32MJ00014Q4P.html.

问题：案例中处理和利用用户信息过程中的信息泄露主要表现是什么？草案对信息泄露问题提出哪些法律规定？这些法律规定对电子商务平台、商户和快递的商业行为的影响是什么？

参 考 文 献

[1] 中华人民共和国商务部商务部.等六部门发布《全国电子商务物流发展专项规划（2016-2020年）》[EB/OL].(2016-3-23)[2018-02-3].http://www.mofcom.gov.cn/article/ae/ai/201603/20160301281265.shtml.

[2] 中投顾问.2016-2020年中国电子商务行业发展趋势及投资预测报告[EB/OL].(2015-10-13)[2018-02-05].http://www.askci.com/reports/2015/10/13/1357515wp6.shtml0

[3] 托比研究.中国物流B2B行业发展报告（2017）[EB/OL].(2017-05-08)[2018-03-06].http://www.sohu.com/a/139054214_129010.

[4] 电子商务研究中心.艾媒报告：2017年中国智能物流行业研究报告[EB/OL].(2018-01-02)[2018-3-13].http://b2b.toocle.com/detail--6432428.html.

[5] 古姗鹭.基于ANP和TOPSIS电商企业物流模式的选择研究[D].成都：成都理工大学 2016.

[6] 闫丽萍.网络经济模式下中小企业的发展战略[J].城市地理，2014(4): 149-149.

[7] 常刘杰.浅谈电商三巨头对农村物流新"蓝海"的布局[J].商场现代化，2017(11): 80-81.

[8] 冯亚楠.中国跨境电子商务发展现状及创新路径[J].商业经济研究，2015(31): 78-80.

[9] 刘虹玉，王双金.大数据在仓储物流中的发展与应用[J].物流技术与应用，2017(3):12-15.

[10] 钟燕，李慧芳.B2C电子商务物流配送模式研究[J].产业与科技论坛，2012(18): 38-39.

[11] 程琳.FTP公司仓储物流业务市场营销策略研究[D].济南：山东大学，2016.

[12] 王晓晴.电子商务虚拟企业物流平台的设计与实现[D].长春：吉林大学，2015.

[13] 张铎，周建勤.电子商务物流管理[M].北京：高等教育出版社，2012.

[14] 宋华.电子商务物流与电子供应链管理[M].北京：中国人民大学出版社，2013.

[15] 田中宝.电子商务与物流[M].北京：高等教育出版社，2014.

[16] 詹继兵.电子商务与物流[M].大连：大连海事大学出版社，2014.

[17] 张华，李一辉.电子商务与物流管理[M].武汉：华中科技大学出版社，2015.

[18] 周训武.电子商务物流与实务[M].北京：化学工业出版社，2016.

[19] 胡燕灵，马洪娟.电子商务物流管理[M].2版.北京：清华大学出版社，2016.

[20] 刘胜春.电子商务物流管理[M].2版.北京：科学出版社，2016.

[21] 靳林.电子商务与物流配送[M].北京：机械工业出版社，2016.

[22] 李德库.电子商务环境下的物流管理创新[J].中国流通经济，2013(8)：38-39.